本译作题献给我尊敬的导师徐国栋教授

李飞，厦门大学法学博士，罗马第二大学（tor vergata）法学博士研究生

外国民法典译丛
主编 徐国栋

Collected Translation of Foreign Civil Code

马耳他民法典

Civil Code of the Republic of Malta

李 飞◎译
齐 云◎校

厦门大学出版社 国家一级出版社
XIAMEN UNIVERSITY PRESS 全国百佳图书出版单位

民法典译丛总序

"民法典译丛"是厦门大学法学院罗马法研究所与其他高校的学者进行广泛合作的成果,其目的在于为我国民法典的制定提供广泛的参考资料。

民法典是一个国家的百年大计。只有经过充分的理论准备,所制定的民法典才能经得起时间的考验。我国正处在制定民法典的前夜,全国人大的主要负责人、民法理论界的执牛耳者计划在近几年内,完成中国民法典的制定。尽管立法部门充分理解、理论界高度重视这一事业,由于长期的民法文化断层带来的缺憾,制定中国民法典的资料准备和理论准备仍嫌薄弱,急需加强。由于民法的法典编纂在很大程度上是一种罗马法现象,作为一个专业性的罗马法研究机构,为制定一部如此重要的立法文件提供资料准备和理论准备,实属分内的工作,为此,我们注重"藏"、"译"、"研究"外国民法典,并以私人的方式"编纂"中国民法典草案。

所谓"藏",指力争收全世界各国的民商法典。在合同法的起草过程中,我痛感连许多著名法典也极难到手利用,认识到"藏"的工作虽简单,但极必要。由于我国理论化的民商法研究起步较晚,而国外许多国家较早就有了民商法典以及成熟的民商法理论,在强调中国的法律和经济要与国际上的相应秩序接轨的前提下,更有必要借鉴国外的成熟经验。收藏外国的民商法典,是对它们代表的法律经验进行借鉴的必要准备步骤。为此,本所收集了128部外国民商法典。欧洲、拉丁美洲的民商法典,除少数不具典型意义外,已经无遗;其他大洲具有典型意义的民商法典,亦已尽备。令人自豪的是,在外国民商法典的收藏上,厦门大学罗马法研究所在全国居于前列,已成为中国最好的外国民商法典中心。

所谓"译",指对收藏的外文形式的民商法典进行翻译,俾能为广大读者直接利用。由于本所人力有限,我们与其他高校进行了广泛的合作,诸外国民法典的译者有的在长江之滨,有的在大漠之北,有的身处岭南荔枝之乡,有的舌耕京华弦歌之地,颇似当年各路大军会战原子弹。今天,我们为了重要的民法典,又协作在一起。

所谓"研究",是在上述资料工作的基础上,推动研究外国著名民法典的专著的诞生,以提高我国的民法理论研究水平,直接为我国立法服务。

所谓"编纂",即根据上述三方面之工作的成果编订中国自己的民法典草案。如果说上述三项任务的目标在于外国民商法典的获得、传播、掌握,那么,此项任务,则以中国现有民商立法的整理为目标。为此,我们已起草《绿色民法典草案》,希望以此举带动其他高校也起草自己的民法典草案建议稿,集思广益,加快中国民法典的制定进度。

现在,我们把"译"的工作成果奉献给公众,它主要分为"亚洲"、"非洲"、"美洲"和"欧洲"4个系列。《越南民法典》、《蒙古国民法典》是周边国家系列的头两本,以后还会有《泰国民商法典》、《菲律宾民法典》等相继出版。设立这个系列的主要目的,是加强对我们邻国法律的了解,有利于人民的交往和贸易。"美洲"系列将以拉丁美洲国家的三大典型民法典为主干,它们是《智利民法典》、《阿根廷民法典》和《巴西新民法典》,其他拉美国家的民法典都或多或少与它们类同。当然,新近的《秘鲁民法典》也会被我们考虑为工作对象。欧洲国家的民法典,除了《荷兰民法典》、《西班牙民法典》和《葡萄牙民法典》外,大都已被译成了中文,对此我们只能做拾遗补阙的工作。另外,我们已组织对非洲国家的重要民法典进行翻译,如《阿尔及利亚民法典》和《埃塞俄比亚民法典》,以拓展我们民族的法律视野。

民法典是一个民族之生活的镜子,是一个民族文化之精华的表现,它凝聚了一个民族的价值观和生活经验。欲了解一个民族的生活样态,看一下它的民法典就够了。无怪乎《意大利民法典》被译成中文后,意大利驻华使馆的工作人员有点伤感地说:"你们把我们最好的东西都拿走了。"如果把这个世界看作是一个由国家组成的市民社会,各民族都是这个社会的成员,人们生活方式的普遍性决定了民法典的普遍性,那么,各个民法典又是比较类似的,可以跨文化地移植或借鉴的万民法的成分居多。他山之石,可以攻玉。对于我国民法典的制定者来说,可以参考的外国民法典是愈多愈好,从根本上说,本丛书主要是为制定我国民法典服务的。如果提得更高一些,我们可以说,翻译外国民法典不仅仅是一项文化基本建设工作;它除了能满足立法、司法和学术研究的需要外,还可以满足通商的需要,因为在与一个国家进行贸易之前,了解其民商法是必不可少的。

愿我们的"民法典译丛"能够像狄德罗的《百科全书》和格林兄弟的《德语词典》一样,成为一项伟大的事业!

徐国栋
2009年4月2日重写于胡里山古炮台之侧

序题

第一编 人

预备性规定 ·· 2
第一题 产生于婚姻的权利和义务 ·· 2
　第一分题 配偶相互的权利和义务 ·· 2
　第二分题 直系尊血亲、直系卑血亲和兄弟相互的权利和义务 ······ 5
　第三分题 人身别居 ·· 10
　第四分题 离婚 ·· 20
第二题 亲子关系 ·· 27
　第一分题 婚生子女的亲子关系 ·· 27
　第二分题 婚生子女的亲子关系的证明 ···································· 31
　第三分题 非婚生子女的亲子关系及婚生子女的推定 ················· 32
　　第一节 非婚生子女的亲子关系 ·· 32
　　第二节 婚生子女的推定 ·· 36
第三题 收养 ·· 38
第四题 亲权 ·· 52
　第一分题 亲权对未成年人的效力 ·· 53
　第二分题 亲权如何终止 ·· 58

第五题　未成年与监护 ……………………………………………… 60
第一分题　未成年 ……………………………………………… 60
第二分题　监护 ………………………………………………… 60
第一节　监护人的指定与撤销 …………………………… 60
第二节　监护人的管理 …………………………………… 63

第六题　成年、禁治产与剥夺行为能力 …………………………… 66
第一分题　成年 ………………………………………………… 66
第二分题　禁治产与剥夺行为能力 …………………………… 67

第七题　失踪人 ……………………………………………………… 67
第一分题　对失踪人的保佐 …………………………………… 68
第二分题　对失踪人财产的临时占有 ………………………… 70
第三分题　对失踪人财产的终局占有 ………………………… 73
第四分题　失踪对失踪人最终权利的效力 …………………… 74
第五分题　对失踪人的未成年子女的保佐 …………………… 75

第八题　民事身份证书 ……………………………………………… 75
第一分题　一般规定 …………………………………………… 75
第二分题　出生证书 …………………………………………… 88
第三分题　结婚证书 …………………………………………… 94
第四分题　死亡证书 …………………………………………… 95

第二编　物

第一分编　物　权

第一题　物及其不同种类 …………………………………………… 100
第一分题　不动产 ……………………………………………… 100
第二分题　动产 ………………………………………………… 101

第二题　所有权 ……………………………………………………… 102

第三题　用益权、使用权与居住权 ………………………………… 104
第一分题　用益权 ……………………………………………… 104

第一节　用益权人的权利……………………………………… 105
　　第二节　用益权人的义务……………………………………… 107
　　第三节　用益权终止的方式…………………………………… 111
　第二分题　使用权与居住权……………………………………… 113
第四题　地役权……………………………………………………… 114
　　一般规定………………………………………………………… 114
　第一分题　由法律创设的地役权………………………………… 115
　　第一节　因财产的场所产生的地役权………………………… 115
　　第二节　相邻房地产的界墙与界沟…………………………… 116
　　第三节　某些情形下要求的距离……………………………… 120
　　第四节　檐滴…………………………………………………… 122
　　第五节　通行权与导水权……………………………………… 122
　第二分题　由人的行为创设的地役权…………………………… 123
　　第一节　可由人的行为创设的地役权的不同类型
　　　　　　及其创设方式………………………………………… 123
　　第二节　地役权的行使方式…………………………………… 126
　　第三节　地役权的消灭方式…………………………………… 128
第五题　财产共有…………………………………………………… 129
　第一分题　财产共有的性质及共有期间共有人的权利………… 129
　第二分题　共有财产的分割……………………………………… 132
　第三分题　拍卖…………………………………………………… 135
第六题　占有………………………………………………………… 137
　第一分题　占有的性质…………………………………………… 137
　第二分题　占有被侵扰时占有人的权利………………………… 138
　第三分题　占有人与所有权人间的权利和义务………………… 139
　　第一节　占有物的孳息、所发生的与之有关的
　　　　　　费用和留置权………………………………………… 139
　　第二节　占有人返还物的义务………………………………… 141
　　第三节　动产占有的特殊效力………………………………… 143

第二分编　取得和移转财产及其他物权的方式

一般规定	143
第一题　先占	143
第二题　添附	145
第一分题　对物之产物的添附权	145
第二分题　关于不动产的添附权	145
第三分题　关于动产的添附权	146
第三题　继承	148
一般规定	148
第一分题　遗嘱继承	148
第一节　遗嘱	148
第二节　通过遗嘱处分或取得财产的能力	150
第三节　可以通过遗嘱处分的财产	154
特留份与剥夺继承权	154
健在配偶的权利	157
超过可处分部分的遗嘱处分的扣减	159
第四节　遗嘱的形式	160
普通遗嘱	160
特权遗嘱	164
第五节　指定继承人、遗赠及增加权	166
指定继承人及遗赠	166
作为处分对象的人和物	167
附条件或受限制的处分	170
遗赠的效力及其履行	171
增加权	174
遗嘱处分的撤销与失效	175
第六节　替补与限定继承	176
第七节　遗嘱执行人	179
第八节　遗嘱的开启与公开	181
第九节　遗嘱的撤销	181

第二分题　无遗嘱继承·· 182
　　　　一般规定·· 182
　　　　继承能力·· 183
　　　　代位继承·· 184
　　第一节　直系卑血亲与健在配偶的继承······························ 185
　　第二节　直系尊血亲与旁系血亲的继承······························ 185
　　第三节　政府的权利··· 186
　　第三分题　遗嘱继承与无遗嘱继承的共同规定······················· 187
　　第一节　继承的开始、继承人的继续占有
　　　　　　及某些诉讼的时效·· 187
　　第二节　遗产的接受与放弃·· 189
　　　　遗产的接受··· 189
　　　　遗产的放弃··· 191
　　　　清单利益·· 193
　　　　无人继承的遗产·· 197
　　第三节　分割·· 197
　　第四节　合算·· 199
　　第五节　债务的清偿··· 202
　　第六节　分割的效力及份额担保····································· 203
　　第七节　父母或其他直系尊血亲在其直系卑血亲
　　　　　　之间作出的分割··· 204
第三A题　信托及其效力··· 205
第四题　债的一般规定··· 211
　　第一分题　合同··· 211
　　第一节　合同的有效要件·· 212
　　　　合同当事人的能力··· 212
　　　　同意·· 214
　　　　合同的标的··· 215
　　　　合同的对价··· 215
　　第二节　合同的效力··· 216
　　第三节　合同的解释··· 217
　　第二分题　准合同、侵权与准侵权·································· 218

第一节　准合同 …… 218
第二节　侵权与准侵权 …… 221

第三分题　债的各种类型 …… 227
第一节　附条件之债 …… 227
条件的一般规定及其种类 …… 227
停止条件 …… 228
解除条件 …… 229
第二节　附期限之债 …… 229
第三节　选择之债与任意之债 …… 231
第四节　连带之债 …… 232
连带债权人 …… 232
连带债务人 …… 233
第五节　可分之债与不可分之债 …… 235
可分之债 …… 235
不可分之债 …… 236
第六节　附违约金条款之债 …… 236
第七节　信义之债 …… 238

第四分题　债的效力 …… 240

第五分题　债的消灭方式 …… 242
第一节　清偿 …… 243
清偿的一般规定 …… 243
代位清偿 …… 245
指定清偿 …… 246
提示清偿与提存 …… 247
第二节　更新 …… 249
第三节　债务免除 …… 250
第四节　抵销 …… 251
第五节　混同 …… 252
第六节　标的物灭失 …… 253
第七节　解除 …… 253

第六分题　债及其消灭的证明 …… 257

第五题　婚姻合同 ································· 258
　　第一分题　嫁资与亡夫遗产的
　　　　　　　设立【为1993年第21号法案所代替。】 ··········· 260
　　　　第一节　嫁资的设立 ························· 260
　　　　第二节　丈夫对嫁资的权利 ····················· 261
　　　　第三节　嫁资的不可转让性 ····················· 261
　　　　第四节　嫁资的返还 ························· 261
　　第二分题　亡夫遗产 ···························· 261
　　第三分题　婚后所得共有* ························ 261
　　第四分题　个人特有财产* ························ 269
　　第五分题　单独管理外剩余财产的共有* ················ 270

第六题　买卖 ································· 272
　　第一分题　买卖合同 ···························· 272
　　第二分题　可为买卖之人 ························· 275
　　第三分题　可被买卖之物 ························· 276
　　第四分题　出卖人的义务 ························· 277
　　　　第一节　交付 ···························· 277
　　　　第二节　担保 ···························· 282
　　　　　　　对出售物之安静占有的担保 ················ 282
　　　　　　　对出售物之隐蔽瑕疵的担保 ················ 284
　　第五分题　买受人的义务 ························· 285
　　第六分题　买卖的解除与撤销 ······················ 287
　　　　　　　买回 ···························· 287
　　第七分题　债权及其他权利的转让 ···················· 292

第七题　互易 ································· 296
第八题　永租权 ······························· 297
第九题　租赁合同 ····························· 305
一般规定 ································· 305
　　第一分题　物的租赁 ···························· 306
　　　　第一节　出租人的权利和义务 ···················· 314
　　　　第二节　承租人的权利和义务 ···················· 318
　　　　第三节　租赁的解除 ························· 320

第四节　对能够产生孳息的乡村土地之租赁的特别规定………323
　　　第五节　物的租赁中的优先权…………………………………325
　　　第六节　转租……………………………………………………330
　第二分题　工作和劳务的租赁……………………………………332
　　　第一节　陆路或水路承运人……………………………………333
　　　第二节　承揽合同………………………………………………334

第十题　合伙合同……………………………………………………336
一般规定…………………………………………………………………336
　第一分题　合伙的不同类型………………………………………337
　第二分题　合伙人之间的义务……………………………………337
　第三分题　合伙人对第三人的义务………………………………341
　第四分题　合伙的解散……………………………………………342

第十一题　年金的设立………………………………………………343
　第一分题　永久年金………………………………………………344
　第二分题　终身年金………………………………………………346

第十一A题　人寿保险合同…………………………………………347
　第一分题　合同的事项……………………………………………347
　第二分题　有关已婚者的事项……………………………………353
　第三分题　有关亲权的事项………………………………………354
　第四分题　保单的质押……………………………………………355

第十二题　博戏和打赌………………………………………………356

第十三题　和解………………………………………………………357

第十四题　赠与………………………………………………………360
一般规定…………………………………………………………………360
　第一分题　通过赠与进行处分或取得财产的能力………………361
　第二分题　赠与的形式和效力……………………………………363
　第三分题　赠与不可撤销之规则的例外…………………………368
　第四分题　因婚赠与………………………………………………370
　第五分题　将来的配偶之间通过婚姻合同的赠与；
　　　　　　夫妻之间在婚姻存续期间的赠与……………………372
　第六分题　赠与的缩减……………………………………………373

第十五题　使用借贷…………………………………………………374

第十六题　容假借贷	376
第十七题　消费借贷	377
第十八题　委任	379
第一分题　委任的性质和形式	379
第二分题　受任人的义务	383
第三分题　委任人的义务	384
第四分题　委任终止的方式	385
第十九题　寄托	386
第一分题　本义上的寄托	386
第一节　自愿寄托	387
受寄人的义务	387
寄托人的义务	390
第二节　必要寄托	390
第二分题　约定的讼争物寄托	390
第二十题　保证	391
第一分题　保证的性质和范围	391
第二分题　保证的效力	392
第一节　保证在债权人与保证人之间的效力	392
第二节　保证在债务人与保证人之间的效力	393
第三节　保证在共同保证人之间的效力	395
第三分题　法定保证和裁判上的保证	395
第四分题　保证的消灭	396
第二十一题　质押合同	397
第二十二题　典质	401
第二十三题　优先权和抵押权	403
第一分题　优先权	405
第一节　一般优先权	405
第二节　特别优先权	406
对特定动产的优先权	406
对不动产的优先权	407
第二分题　抵押权	409
第一节　法定抵押权	411

  第二节 裁判抵押权 ··· 412
  第三节 约定抵押权 ··· 412
 第三分题 如何保持优先权和抵押权 ·· 413
 第四分题 登记的更新 ·· 418
 第五分题 登记的缩减和注销 ··· 419
 第六分题 优先权和抵押权对第三方占有人的效力 ····························· 421
 第七分题 优先权和抵押权的消灭 ·· 423
 第八分题 优先权和抵押权的优先顺位 ··· 424

第二十三A题 信托与债 ·· 425
 第一分题 夫妻财产制 ·· 425
 第二分题 年金 ··· 427
 第三分题 担保信托 ·· 427

第二十三B题 移转权利的担保 ·· 429

第二十四题 遗产分别利益 ··· 435

第二十五题 时效 ·· 437
一般规定 ·· 437
 第一分题 阻止时效的事由 ·· 438
 第二分题 中止时效的事由 ·· 439
 第三分题 中断时效的事由 ·· 440
 第四分题 时效期间 ·· 441
  第一节 10年、30年和40年时效 ··· 442
  第二节 某些特殊时效 ·· 443

附录一

第一部分 费用 ·· 447
第二部分 表格 ·· 448
第三部分 关于民事身份证书之更正的事项 ··· 460

附录二

- **第一题　法律组织** ································· 462
  - 第一分题　预备性规定与定义 ················· 462
  - 第二分题　外国组织与国际组织 ··············· 463
- **第二题　法律人格** ································· 464
  - 第一分题　法人 ································· 464
  - 第二分题　管理人 ······························ 468
  - 第三分题　登记员 ······························ 469
  - 第四分题　组织的登记 ························ 470
  - 第五分题　未登记的组织 ····················· 470
  - 第六分题　与组织有关之人的责任 ··········· 472
  - 第七分题　组织的责任 ························ 474
  - 第八分题　杂项规定 ··························· 475
- **第三题　基金会与社团** ···························· 479
  - 第一分题　预备性规定与定义 ················· 479
  - 第二分题　基金会 ······························ 481
  - 第三分题　社团 ································· 497
- **第四题　组织的终结** ······························ 501

附录三

城市房地产、住房和商业房地产的租约 ················· 505
2009年第10号法案——过渡性规定 ····················· 505

序 言

　　确保译文清晰与准确的必要性一直是翻译专业化背后最重要的因素之一。同时,将一种语言转化成另一种语言的行为已经呈现出日益专业化的特点。英国作家安东尼·伯吉斯(Anthony Burgess)写道,翻译的目标不仅是传达词意,而且要传达文化。当然,将马耳他具有几千年历史的文化遗产介绍给中国读者,可能会超出毕竟只是一个法律文本的范围。然而,《马耳他民法典》中包含的价值却是实实在在的,虽然本法典起初诞生于19世纪,但它所蕴藏的原则的法律有效性和道德有效性到今天仍然适用。

　　《民法典》只是构成马耳他法律的一个更大的规则框架的一部分。但正如在中国的情形,当试图描述马耳他法律制度的内容与结构时,必须提到它的历史。在不同的时期,中国历史的特征是周期性的和平与冲突、内战与帝国王朝,同时伴随着逐渐变成中国人的外来者的涌入。马耳他经历了多次不同外国人群的涌入——腓尼基人和罗马人、穆斯林和基督徒、法国人和英国人。这些文明,与其说成就了马耳他,不如说改变了马耳他,事实上,最明显的就是,在我们的闪米特语中有来自法语的、英语的和意大利语的外来词。

　　同样,我国的法律制度也受到在我国不同的历史时期登上我国海岸的法国人、英国人和罗马人的影响。马耳他的法律制度融合了英国法和法国法的因子,在此意义上它是一个混血儿。当我在下文描述《民法典》的历史时我们将会看到,法国的法律传统对马耳他民法产生了重大影响。可能由于英国人在我国存在了150多年,马耳他的刑事司法制度采纳了且仍在使用英国法的各种概念和程序。这有许多表现,其中一个就是我们的刑法。马耳他的刑法建立在对被告无罪推定的基础上,在实践中这就意味着原告有责任提供足够的证据使陪审团确信被告有罪的事实。此外,该推定保护被告,因为只有合法获得的证据才能在审判时提交。最后,只有当陪审团认为已经排除合理怀疑地证明有罪时被告才能被合法地定罪。

《马耳他民法典》也经历了类似程度的别国的影响。马耳他的民法起初受到罗马共同法的启发。共同法是罗马法与教会法的结合,它型塑了一种自12世纪以降持续数百年的欧洲共同的法律思想体系的基础。此外,马耳他民法的法典化只是在英国王室颁布了《1849年马耳他宪法》之时才成为可能。在此后一年,当时马耳他杰出的法学家阿德里安·丁利爵士(Sir Adrian Dingli)被任命为王室律师。在被任命之后,丁利爵士最紧迫的任务之一就是提出一部法典以调整当时的刑法以外的马耳他事务。丁利爵士所构想的《民法典》乃以法国民法,尤其是1804年《拿破仑民法典》为蓝本。同时,丁利爵士表现出对《两西西里民法典》和意大利诸国民法典的兴趣,以致当时著名的意大利法学家恩里克·佩西纳(Enrico Pessina)声称,总的来说,《马耳他民法典》结合了意大利法律思想流派的传统,并伴有英国法学传统中所包含的许多自由因子。14年后,他提出了一部由21项条例组成的包含大约2200个条文的法典。

为了保证给予个人、组织和法人适当的法律保护,《民法典》一直都在修订。同样,我知道,中国政府正在不断努力,以确保生活在中国的人们能够得到适当的民法和刑法的庇护,从而保护他们的权利和利益。由于中国广阔的地域和众多的人口以及中国社会正在且往往以令人炫目的速度发生的变化,这项任务变得更加困难。然而,中国政府在——鉴于因生活在全球化的经济环境下而面临的许多挑战——调整中国的法律监管框架时所表现出来的灵敏性与开放性给我留下了深刻的印象。中国政府修订和强化著作权法的努力尤其令我感到震惊,我知道,著作权法一直是中外许多矛盾的源头。

本文没有什么太高的目标,并非为了挑起关于某个特定法律问题的争论,而是试图弥合中国对一般意义上的马耳他法律,尤其是对《马耳他民法典》认识上的鸿沟。虽然我的中文并不流利,但确实懂中文的人已向我保证,这个中译本非常优秀。因此,我热情地向中国的学术界和法学界推荐该译本,希望能够引起读者对马耳他的好奇,并引领他们去研究我国丰富的法律遗产和文化遗产的其他方面。

托尼奥·博奇(Dr. Tonio Borg)
马耳他共和国副总理兼外交部长

1. 凡注释采脚注形式。
2. 凡注明为"译者注"者,为译者所加,一般以星号(＊)标注。
3. "译者注"以外以星号(＊)标注者,为法典原文脚注;以数列序号(如①等)标注者,在法典原文中为旁注,系各条文条名及对条文修订情况的说明,译者将之改为脚注。
4. 各条文条名在法典原文中为旁注,译者将之放在每条条目之后。

第 16 章[*]

民　法　典

本法典旨在修正与强化与人有关的法律、关于与物相关的权利以及取得和转让此等权利的不同方式之法律。

1870 年 2 月 11 日
1874 年 1 月 22 日

本法典整合了如下法律：

1868 年第 7 号条例（为如下法令所修正：1870 年第 1 号条例，1907 年第 4 号条例，1913 年第 14 号条例，1920 年第 2 号及第 5 号条例；1930 年第 3 号法案，1933 年第 42 号法案；1935 年第 40 号条例，1937 年第 19 号条例，1938 年第 3 号条例，1939 年第 39 号条例及 1940 年第 25 号条例）；1873 年第 1 号条例（为如下法令所修正：1908 年第 1 号条例，1932 年第 13 号条例；1933 年第 21 号法案；1934 年 20 号条例，1938 年第 18 号条例及 1939 年第 22 号条例）；1895 年第 6 号条例第 1 条和 1895 年第 13 号条例第 2 条、第 4 条、第 5 条、第 6 条、第 7 条第 1 款及第 9 条。

本法典之后为如下法令所修正：1944 年第 2 号和第 7 号条例；1948 年第 28 号法案，1952 年第 11 号法案；1961 年第 4 号和第 39 号条例，1962 年第 21 号和第 25 号条例；1963 年第 4 号法律通告；1963 年第 28 号法案；1965 年第 46 号法律通告；1965 年第 31 号法案，1966 年第 2 号和第 31 号条例，1967 年第 16 号法案，1968 年第 6 号法案，1972 年第 6 号和第 38 号法案，1973 年第 11 号和第 25 号法案；1973 年第 54 号法律通告；1973 年第 46 号法案，1974 年第 1 号和第 54 号法案，1975 年第 37 号、第 55 号、第 58 号法案；1975 年第 93 号、第 148 号法律通告；1976 年第 46 号法律通告；1976 年第 22 号、第 27 号和

---

[*] 自 1942 年 12 月 31 日起，马耳他官方组织汇编的《马耳他法律汇编修订本》正式刊行，各项法律按年代顺序编排，每项法律为一"章"，且各项法律连续编号，民法典被编排在第 16 章。——译者注

第39号法案;1977年第43号法律通告;1977年第7号和第11号法案,1979年第22号和第30号法案,1981年第30号、第49号和第50号法案,1982年第7号和第9号法案,1983年第6号和第13号法案,1984年第20号法案,1985年第7号法案,1986年第12号和第31号法案;1989年161号法律通告;1990年第8号法案,1991年第17号法案,1992年第9号法案,1993年第5号和第21号法案,1994年第3号和第28号法案,以及1995年第4号、第24号和第30号法案;1997年第212号法律通告;2000年第9号和第22号法案,2002年第20号和第31号法案,2004年第3号、第6号、第9号、第13号和第18号法案;2004年第355号法律通告;2005年第11号、第13号、第20号和第22号法案,2006年第5号法案,2007年第8号、第13号和第18号法案;2007年第407号法律通告;2008年第3号、第4号和第15号法案以及2009年第3号、第10号、第12号和第15号法案;2010年第5号、第8号、第20号和第23号法案;2011年第14号法案和第24号法案。

第一编

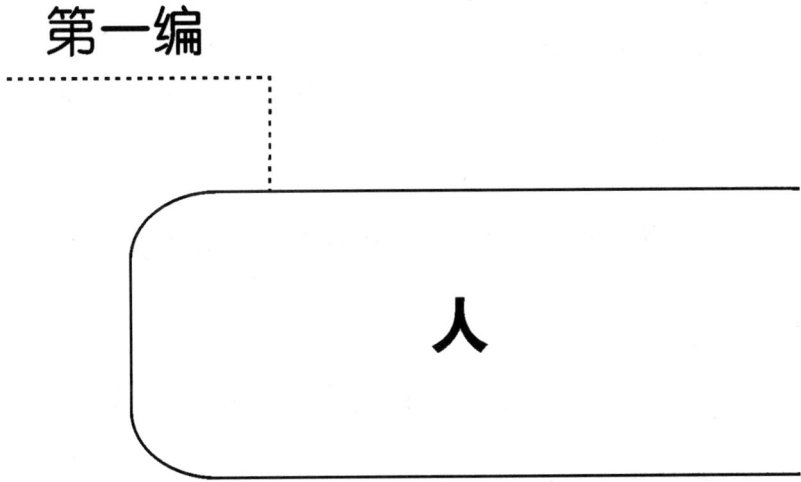

第 1 条（名称）

本法典的名称为民法典。

预备性规定

第 1A 条[①] （人）

(1)人可以为自然人或法人。

(2)任何法律中使用术语"人"时,除非上下文有其他规定,既包括自然人又包括法人。

(3)自然人由本法典第一编第一题至第八题调整。

(4)法人由本法典附录二调整。

(5)法人享有所有属于自然人的权利与权力,但因其性质、其设立文书或者法律的明示规定而被排除的,不在此限。

第一题　产生于婚姻的权利和义务

第一分题　配偶相互的权利和义务

第 2 条[②] （配偶的相互义务）

(1)本法促进家庭的团结与稳定。

(2)配偶在婚姻期间享有同等的权利并承担同等的责任。配偶双方互负忠实以及在精神和物质上相互扶助的义务。

第 3 条[③] （为家庭需要作出贡献的义务）

配偶双方应当,根据其经济能力的比例和因家庭利益需要而在家内、外工作的能力,相互扶养并为家庭需要作出贡献。

第 3A 条[④] （婚姻住所）

---

① 为 2007 年第 13 号法案第 2 条所增设。
② 为 1993 年第 21 号法案第 3 条所修正。
③ 为 1973 年第 46 号法案第 2 条所修正,后为 1993 年第 21 号法案第 3 条所代替。
④ 为 1993 年第 21 号法案第 3 条所增设,后为 2004 年第 9 号法案第 14 条所修正。

(1)根据配偶双方的需要和家庭本身的首要利益,如果他们能够通过共同同意而作出决定,应当设立婚姻住所。

(2)如果婚姻住所的全部或部分由配偶一方所有,或者以其他方式由配偶一方以任何名义持有,则只有在下列情形,该方配偶才能以生前行为的方式转让其对婚姻住所的权利:

(a)取得配偶他方的同意;

(b)或者如果这种同意被不合理地拒绝,取得适格法院的授权;

(c)或者在该配偶的任何债权人请求的司法拍卖中。

(3)没有对转让作出同意的配偶一方,可以在转让登记后的1年内,对没有按照本条第2款之规定进行的转让,提起撤销之诉。

第3B条① （配偶对子女的义务）

(1)婚姻施加给配偶双方根据子女的能力、天生爱好和愿望来照顾、扶养、指导和教育婚生子女的义务。

(2)第1款规定的父母提供扶养的义务还包括,根据子女的经济能力,在他们或他们中的任何人因如下合理的事由而不足以自我扶养的情形,向他们持续提供足够的扶养费的义务:

(a)系参加全日制教育、培训或学习的学生且不足23周岁;

(b)患有《(残疾人)机会平等法》②所定义的身体残疾或精神残疾。

(3)第1款规定的义务同样适用于如下之人:由于他与拥有子女的某人结婚而对后者的子女处于代理父母的地位,且该子女的另一方父母在上述婚姻之前或持续期间死亡或根据本法典第一卷第七题被宣告为失踪人或不为人知的。

但本款之规定不影响子女的生父母的义务,且在任何情况下均不影响第149条之规定。

第4条③ （配偶及家庭子女应使用的姓氏）

(1)基于婚姻,配偶双方应采用丈夫的姓氏,妻子可将其婚前的或前夫的姓氏加于其后。

---

① 为1993年第21号法案第3条所增设,后为2011年第14号法案第2条所修正。

② 第413章。

③ 为1993年第21号法案第3条所代替,后为2004年第18号法案第3条和2007年第13号法案第13条所修正。

(2)作为替代,妻子可以选择保持其婚前的或前夫的姓氏,并可将其丈夫的姓氏加于其后。

(3)婚生子女应采用其父亲的姓氏,并且可以根据第292A条,将母亲婚前的或其前夫的姓氏加于其后。

(4)妻子若要在婚后保持其婚前的姓氏,她必须在婚前依《婚姻法》①申请公示其结婚预告时声明该意思,并在结婚证书《婚姻法》第2条(对"结婚证书"的定义是:根据《民法典》第293条出具和作成的证书。——译者注)}中签署适当的声明。该声明不可撤销。

(5)【本款为"法律修订委员会"根据1980年《成文法修订法》的授权所增设。本款后来生成了1993年第21号法案第89条的第3款。】本条第1款适用于1993年12月1日之前结婚的妻子,除非且直至她将本法典附录一的第二部分所包含的表格Q提交或使之被提交给公共登记处,以表明其选择继续采用婚前的姓氏。自1993年12月1日起经过6个月后不能再作出此等声明。当此等声明提交给公共登记处,登记处主任应将其原样登记在为该目的而设的簿册中,并在妻子的婚前姓氏及其丈夫的姓氏下作一标记。

(6)妻子若要在婚后保持其前夫的姓氏,她必须在婚前依《婚姻法》②申请公示其结婚预告时声明该意思,并以本法典附录一的第二部分所包含的表格R的形式签署一项声明,且此等声明应包含所要求的事项,以代替本条第4款述及的《婚姻法》中的声明。该表格必须与结婚证书一起提交给公共登记处,并由配偶双方签字,且结婚证书中的所有其他签字人副签。

第5条 (扶养)

(1)对于扶养,配偶比父母或其他直系尊血亲享有优先权。

(2)子女与配偶一方都请求扶养的,他们处于同等的地位。

(3)配偶一方如果能够从另一方获得扶养,则不得向其子女、其他直系卑血亲或直系尊血亲请求扶养。

第6条③ (扶养义务的终止)

如果配偶一方离开婚姻住所,没有合理的理由拒绝返回的,另一方对该方的扶养义务终止。

---

① 第255章。
② 第255章。
③ 为1973年第46号法案第4条所修正,后为1993年第21号法案第4条所代替。

第 6A 条① （配偶间的争议）

(1)如果发生任何争议,配偶一方可向适格法院申请协助。主审法官在听取配偶双方以及如果认为合适,与该对配偶共同居住的14周岁以上的任何儿童的意见后,应尽量对该争议提出一个友好的解决方案。

(2)如果无法达成此等友好的解决方案,且该争议与婚姻住所的设立、变更或其他极其重要的事项有关,主审法官在配偶双方明确的共同要求下,必须提出一个他所认为对家庭利益和家庭生活最适当的解决办法,以确定该事项。

(3)在此情形,对主审法官的裁判不得上诉。

第二分题② 直系尊血亲、直系卑血亲和兄弟相互的权利和义务

第 7 条③ （父母对子女的义务）

(1)父母应当以本法典第3B条规定的方式照顾、扶养、指导和教育子女。

(2)在没有父母或者父母没有足够的经济能力时,扶养和教育子女的责任转移给其他直系尊血亲。

第 8 条 （子女对父母的义务）

子女应当扶养生活困难的父母或其他直系尊血亲。

第 9 条④ （配偶在提供扶养中的相互义务）

配偶一方对其直系尊血亲或直系卑血亲负有任何义务的,配偶他方不得拒绝其对该方的道义上的扶助。

第 10 条⑤ （何时女婿对岳父母不负义务）

第 11 条⑥ （产生姻亲关系的配偶和产生姻亲关系的婚生子女死亡的效力）

第 12 条⑦ （责任顺序）

---

① 为1993条第21号法案第4条所增设,后为2004年第9号法案第14条所修正。
② 为1993条第21号法案第5条所修正。
③ 为1993年第21号法案第6条所修正。
④ 为1993年第21号法案第7条所代替。
⑤ 为1993年第21号法案第7条所废止。
⑥ 为1993年第21号法案第7条所废止。
⑦ 为1993年第21号法案第8条所修正。

根据本分题的上述规定,数人负有扶养义务的,他们应以下列顺序承担该义务:

(a)请求扶养之人的子女或直系卑血亲,依他们将被依法赋予对他的／她的继承权的同样顺序;

(b)父母;

(c)其他直系尊血亲,依他们将被依法赋予对请求人的继承权的同样顺序。

第 13 条

(1)(连带义务)

根据前条规定的顺序,处于相同责任等级之人的义务,为连带义务。

(2)(补充义务)

但根据此等顺序处于较远亲等之人,仅在处于较近亲等之人未能履行其义务时负有补充责任。

(3)(紧急情况下法院的权力)

然而,在紧急情况下,法院有权判处负有扶养义务的处于任何亲等的人提供扶养,而保留此人对根据上述顺序负有提供此等扶养义务的其他人进行追偿的权利。

第 14 条① (数人请求扶养的情形)

(1)在数人对一人请求扶养,而后者没有能力对所有的请求人提供扶养时,应当依照第 12 条规定的顺序确定此等请求人的优先权。

(2)然而,考虑到请求人的健康、年龄或其他状况,在特别紧急的情况下,法院可以违反本条第 1 款确定的规则。

第 15 条 (兄弟姐妹)

(1)只有在没有其他扶养义务人的情形,扶养责任才延展至全血缘或半血缘的兄弟姐妹。

(2)在任何此等情形,兄弟姐妹的扶养责任为连带责任。

(3)在所有情况下,第 12 条述及之人对兄弟姐妹享有优先请求权,但考虑到健康、年龄或其他状况,在特别紧急的情况下除外。

第 16 条② (基于血亲或姻亲关系的扶养责任)

---

① 为 1993 年第 21 号法案第 9 条所修正。

② 为 1993 年第 21 号法案第 10 条所修正。

(1)基于血亲关系的扶养责任,只存在于本分题上述条文所规定的情形下提及的人之间。

(2)即使对于前款规定之人,如果请求人由于自己的过错变得生活困难,上述扶养责任终止。

但请求人是其父母或其他直系尊血亲的,本规定不予适用。

第 17 条① （可请求偿还扶养费的时间）

(1)收到扶养费的兄弟或姐妹,自收到最后一笔扶养费后的 10 年内,有能力偿还所收到的款项的,只要在该期限内被要求偿还,他/她应当将该款项偿还给提供扶养费之人。

(2)若无相反的协议,在任何其他情况下,均不得对依照本法典规定所提供的扶养费的款项提出偿还的请求。

第 18 条② （扶养责任何时移转给继承人）

第 19 条③ （扶养的定义）

(1)扶养应包括食物、衣物、健康和居住。

(2)对于子女及其他直系卑血亲,扶养还应包括健康和教育所必要的费用。

第 20 条④ （扶养费的数额）

(1)扶养费应根据请求人的需要和扶养义务人的经济能力的比例支付。

(2)在确定请求人是否能以其他方式自我扶养时,还应考虑其从事某些职业、手艺或贸易的能力。

(3)在判断扶养义务人的经济能力时,只需考虑其从事任何职业、技能或贸易的收入、政府或其他人为其支付的工资或退休金、动产或不动产的孳息和任何信托收入。

(4)只能通过将请求人接到家中的方式来履行扶养义务之人,不应被认定有提供扶养的足够的经济能力,除非请求人是直系尊血亲或直系卑血亲。

(5)在判断请求扶养之人的经济能力时,也应考虑到其占有的任何动产或不动产的价值以及任何信托收益。

---

① 为 1993 年第 21 号法案第 11 条所修正。
② 为 1993 年第 21 号法案第 12 条所废止。
③ 为 1993 年第 21 号法案第 13 条所修正。
④ 为 2004 年第 13 号法案第 37 条所修正。

第 21 条 （如果提供扶养之人不能继续提供扶养）

(1)提供扶养之人全部或部分不能继续提供扶养的,他可以请求免除扶养义务或者减少扶养费的数额,视具体情况而定。

(2)接受扶养之人生活困难的情形全部或部分终止的,适用同样的规定。

第 22 条 （扶养费的偿还）

(1)如果已经提供扶养费,在扶养事由终止后,对于已经提供的扶养费的部分,不得提起偿还之诉。

(2)原来有权要求扶养费之人,也不得在扶养责任人变得有能力提供此等抚养费时,请求后者提供由于他缺乏经济能力而没能在有扶养责任时应提供的扶养费。

第 23 条 （以实物扶养）

(1)扶养义务人提出将扶养权利人接到家中扶养的,没有正当理由,不得被强迫支付扶养补贴。

(2)扶养义务人在家外提供扶养的,基于正当理由,他得以实物提供扶养而代替支付金钱补贴。

第 24 条① （受赠人的首先扶养义务）

根据本法典第 1773 条之规定,如果请求扶养人作为赠与人,可从受赠人处获得扶养,则此等人不得向由于血亲关系而对他负有扶养义务的任何人请求扶养。

第 25 条 （诉讼系属期间的扶养）

(1)基于一项扶养请求,只要被告拥有足够的经济能力且明显是法律规定的原告的扶养义务人之一,法院有权在诉讼系属期间命令被告支付给原告一笔维持生存所必需的临时补贴。

(2)在任何此等情形,扶养请求被驳回的,被告应被授予请求原告本人或其扶养义务人偿还他已经支付的款项以及相应的利息的权利。

第 26 条② （儿子基于结婚等原因无权从父母处获得财产转让）

第 27 条③ （扶养义务的终止）

(1)如果为其利益而设定扶养义务之人不顾扶养义务人的反对而结婚,只

---

① 为 1993 年第 21 号法案第 14 条所修正。
② 为 1993 年第 21 号法案第 15 条所废止。
③ 为 1993 年第 21 号法案第 16 条所修正。

要该反对有正当理由,并且反对者在婚姻举行后的 6 个月内提出免除扶养义务的请求,则对他的扶养义务终止。

(2)此等反对只有以司法文书的方式提出并送达给拟结婚的当事人双方,且在反对者或即将结婚的当事人的一方居住之岛*上的民事法院的登记处备案,反对才有效。

第 28 条② (反对结婚的正当理由)

在前条规定的范围内,考虑到反对方的社会地位,反对方缺乏必要的生活来源,或者另一方品质恶劣,应视为反对提议的婚姻的正当理由。

第 29 条③ (没有先前的结婚预告公示而结婚的情形)

如果全部或部分免除先前的结婚预告而举行婚姻,且不能表明负有第 27 条提及的义务之人至少在婚姻举行前 15 日知晓提议的婚姻的,即使没有第 27 条提及的反对,此人亦得在婚姻举行后的 6 个月内,基于该反对本来可以因之产生效力的任何理由,请求免除其上述义务。

第 30 条④ (之前没有仪式和礼仪而举行婚姻的情形)

第 31 条⑤ (因血亲而产生亲属关系之人的丈夫、妻子或子女的扶养责任终止的情形)

第 32 条⑥ (父母可拒绝扶养子女的理由)

除第 27 条提及的理由外,父母或其他直系尊血亲可基于直系尊血亲得以剥夺直系卑血亲的继承权的任何理由,拒绝扶养子女或其他直系卑血亲。

第 33 条⑦ (可基于严重的伤害而拒绝扶养的情形)

任何人均得基于所实施的有损于他或他的妻子或她的丈夫,或者有损于任何叔、姑亲等以内的其他亲属的任何严重伤害,包括有损于侄子(外甥)或侄女(甥女)的任何严重伤害,拒绝扶养兄弟或姐妹。

---

* 马耳他由马耳他岛(Malta)、戈佐岛(Gozo)、科米诺岛(Comino)、科米诺托岛(Cominoto)和菲尔弗拉岛(Filfla)等五个岛组成,其中马耳他岛最大,也是首都瓦莱塔所在地,戈佐为第二大岛。——译者注

② 为 1973 年第 46 号法案第 6 条所修正。
③ 为 1993 年第 21 号法案第 17 条所修正。
④ 为 1993 年第 21 号法案第 18 条所废止。
⑤ 为 1973 年第 46 号法案第 7 条所修正,后为 1993 年第 21 号法案第 18 条所废止。
⑥ 为 1973 年第 46 号法案第 8 条所修正,后为 1993 年第 21 号法案第 19 条所代替。
⑦ 为 1993 年第 21 号法案第 20 条所修正。

第 34 条 （例外）

然而，在前两条述及的任何情形下，如果伤害或者其中提及的拒绝扶养的其他理由发生在提出扶养请求的很久以前，不得拒绝扶养。

第三分题① 人身别居

第 35 条② （同居义务因别居而终止）

(1)依适格民事法院的判决宣告的或者由适格民事法院的裁定授权的人身别居，就所有的民事效力而言，配偶的同居义务终止。

(2)任何其他法院宣告的别居不产生任何民事效力。

第 36 条③ （如何获得别居）

除配偶一方基于下列条文所规定的任何理由向另一方提出请求，或者依第 59 条规定的配偶双方的同意之外，不发生人身别居。

第 37 条④ （人身别居）

(1)所有的人身别居诉讼，必须向根据负责司法的部长制定的规章而设立的民事法院的适格部门提出。

但在诉讼开始之前，可以提出请求以确定诉讼系属期间扶养补贴的数额并请求作出一项裁定，命令支付此等补贴，或者如果有婚姻住所，可以请求法院通过裁定，决定配偶的哪一方在诉讼系属期间将继续居住于婚姻住所之中。

(2)对于包含第 1 款的但书中述及的请求的申请，法院必须适时地确定审理，并将它与该审理的通知一并送达给被告。

但涉及家庭暴力的，前述申请必须在 4 日以内确定，并且法院在听取各方当事人陈述之前或之后，可以依职权发布一项《刑法典》⑤第 412C 条规定的保护令，和／或一项《刑法典》第 412D 条规定的治疗令。这些条文的规定经适当的修改后适用于依据本条所发布的指令，如同依据《刑法典》的相关条文所发布的指令一样。

---

① 为 1993 年第 21 号法案第 21 条所代替。
② 为 1993 年第 21 号法案第 22 条所修正。
③ 为 1993 年第 21 号法案第 23 条所修正。
④ 为 1993 年第 21 号法案第 24 条所修正，为 2002 年第 31 号法案第 210 条所代替，后为 2005 年第 20 号法案第 22 条所修正。
⑤ 第 9 章。

在本条和第 39 条的范围内,"家庭暴力"与《家庭暴力法》①第 2 条赋予它的含义相同。

(3)法院应立即听审申请人和被申请人,然后通过裁定对该请求作出决定。

申请人或被申请人任一方,或当事人双方,在审理当日缺席的,法院可以对该请求作出决定。

(4)第 3 款提及的裁定应视为包含在《组织与民事程序法典》②第 253 条(a)项提及的裁定之中的一项可执行的权力,并得以此等法令在该法中被执行的同样方式、在同样的条件下强制执行。

(5)对于第 3 款提及的裁定,如果没有在该裁定作出后的 2 个月内或者法院可能在同一个或随后的裁定中所允许的更长期限内提起别居之诉,则其强制执行力终止。

(6)享有诉讼管辖权的法庭【马耳他的民事法院(Civil Court)由第一法庭和第二法庭两个法庭(Hall)组成,两者分别拥有诉讼管辖权(contentious jurisdiction)和自愿管辖权(voluntary jurisdiction)。前者受理超出地方法院管辖权的民商事案件,并包含一个家事法庭(Family Court);后者处理一些诸如未成年人监护、收养、禁治产宣告、确定遗嘱执行人的案件,等等。——译者注】得据以发布指令的《组织与民事程序法典》③第 381 条第 3 款之规定,经适当的修改后予以适用,如同该款中的法庭即为本条第 1 款的但书中述及的对之提出请求的民事法院的适格部门。

(7)本条提及的裁定和指令,仅得基于寻求复核、变更或撤销的当事人之申请,方可被复核、变更或撤销。

(8)在不违反《宪法》第 39 条之规定的条件下,依据该条而制定的规章可规定不公开审理的事由。

第 38 条④ (通奸)

配偶一方可以另一方通奸为由请求别居。

第 39 条⑤ (人身别居诉讼中的保护令和治疗令)

配偶一方提起人身别居之诉并有家庭暴力行为的证据的,为了保护相关

---

① 第 481 章。
② 第 12 章。
③ 第 12 章。
④ 为 1993 年第 21 号法案第 25 条所代替。
⑤ 为 2005 年第 20 号法案第 25 条所增设。

当事人的安全,或者为了子女或由配偶任一方扶养的任何其他未成年人的最大利益,法院可基于当事人一方的申请,或依职权发布一项《刑法典》[①]第412C条规定的保护令,和/或一项《刑法典》第412D条规定的治疗令。这些条文的规定经适当的修改后适用于依据本条所发布的指令,如同依据《刑法典》的相关条文所发布的指令一样。

第40条[②] (过激行为、虐待,等等)

配偶一方可基于另一方对他/她或他的/她的子女的过激行为、虐待、恐吓或严重伤害,或者基于配偶双方不能被合理地期待再一起生活而婚姻不可挽回地破裂,请求别居。

但以婚姻不可挽回地破裂为由的别居请求,自结婚之日起4年内不得提出;而且无论在本条生效之前或之后,[本条为1981年第30号法案所代替,于1981年7月31日开始生效。]尽管配偶的任何一方都没有依此提出请求,法院仍可依此事由宣告别居。

第41条[③] (遗弃)

如果配偶一方被另一方没有正当理由地遗弃2年或2年以上,他/她亦得请求别居。

第42条[④] (和解)

(1)配偶双方和解的,别居之诉消灭。

(2)然而,产生新的别居理由的,原告为支持其请求,同样可提出先前的理由。

第43条 (配偶一方的死亡)

配偶一方死亡的,即使该死亡发生在请求之后,别居之诉消灭,但别居的判决能够产生包括第48条至第52条提及的效力的情形,除外。

第44条 (配偶双方均得以之请求别居的理由不妨碍任何一方的诉讼)

配偶双方均得以之请求别居的理由的存在,不妨碍任何一方对另一方提起别居之诉。

第45条 (被告本来也可请求别居时法院的自由裁量权)

---

① 第9章。
② 为1981年第30号法案第2条所代替。
③ 为1993年第21号法案第26条所代替。
④ 为1993年第21号法案第27条所修正。

然而,被告也有本来可以请求别居的理由的,适用第52条之规定时,法院可将该理由考虑在内。

第46条[①] （诉讼系属期间的婚姻住所）

在别居之诉系属期间,配偶一方,无论原告还是被告,均可离开婚姻住所,并且无论他/她是否离开婚姻住所,均可请求法院决定,配偶的哪一方在该诉讼系属期间将居住于婚姻住所之中。

第46A条[②] （诉讼系属期间的扶养）

在别居诉讼系属期间,配偶一方,无论原告还是被告,均可根据其需要和配偶他方的经济能力的比例,并且还要考虑到配偶双方的其他状况,向配偶他方请求一笔扶养补贴。

第47条[③] （子女的照顾）

在诉讼系属期间,法院应对子女的监管作出它认为适当的指令,此时最重要的考虑应为子女的福利。

第48条[④] （导致别居发生的配偶承受的后果）

(1)因第38条至第41条提及的任何理由而导致别居发生的配偶一方,将丧失:

(a)本法典第631条、第633条、第825条、第826条和第827条所创设的权利;

(b)他/她已经通过因婚赠与,或者通过婚姻期间的赠与,或者以任何其他无偿的方式从配偶他方取得之物;

(c)在法院确定的一个日期——即该配偶被认为给别居提供了充分的理由之日——之后,他/她对主要以配偶他方的劳务所得之物的一半享有的权利。在本项规定的范围内,为确定某项所得物是否主要是以一方的劳务所得,应依照本法典第3条,考虑到配偶双方对之作出的任何形式的贡献;

(d)在任何情况下,强迫配偶他方根据产生于婚姻的义务向他/她提供扶养费的权利。

(2)本条第1款(b)项提及之物应返还于配偶他方,第1款(c)项提及的所

[①] 为1973年第46号法案第9条所修正,后为1993年第21号法案第28条所代替。
[②] 为1993年第21号法案第28条所增设。
[③] 为1973年第46号法案第10条和1993年第21号法案第28条所代替。
[④] 为1993年第21号法案第29条所修正。

得物应仍然完全由该方享有,但子女或其他第三人在别居判决登记于公共登记处之前已经取得的权利不受影响。

第 49 条① （妻子导致别居发生的情形）

第 50 条② （丈夫导致别居发生的情形）

第 51 条③ （法院在某些案件中的权力）

基于第 40 条提及的任何理由而准许别居的,如果法院考虑到案件的具体情况,认为全部或部分适用第 48 条的规定合适,可以产生该条提及的任何效力。

第 52 条④ （法院在某些案件中的自由裁量权）

如果配偶双方都对构成别居的正当理由的行为负有责任,根据具体情况,法院同样可以自由裁量,以决定是否第 48 条的规定全部或部分适用于配偶双方或一方,或者是否该规定完全不适用于配偶一方。

第 53 条 （获得别居的配偶一方的权利或利益予以保留）

获得别居的配偶一方将保留他／她已经从配偶他方取得的每一项权利或利益,即使该权利或利益可能是以互惠条件授予他／她的,而这种互惠并没有发生。

第 54 条⑤ （扶养义务）

(1)如果别居宣告的相对方配偶根据本题第一分题的规定对配偶他方负有扶养义务,该义务不因别居而解除。

(2)第 1 款述及的扶养费以及在别居的情形对子女承担的扶养费数额的确定,应考虑到配偶双方的经济能力,扶养权利人的工作能力及其需要,还应考虑到配偶双方和子女的所有其他状况,包括:

(a)在考虑到子女的所有状况后,他们的需要;

(b)《(残疾人)机会平等法》⑥所定义的任何身体残疾或精神残疾;

(c)疾病对损害该配偶或子女的自我扶养能力的严重程度;

(d)扶养权利人的获得无论何种性质的收入的能力是否因其在婚姻持续

---

① 为 1973 年第 46 号法案第 11 条所修正,后为 1993 年第 21 号法案第 30 条所废止。
② 为 1975 年第 58 号法案第 2 条所修正,后为 1993 年第 21 号法案第 30 条所废止。
③ 为 1993 年第 21 号法案第 31 条所修正。
④ 为 1993 年第 21 号法案第 31 条所修正。
⑤ 为 1993 年第 21 号法案第 32 条所代替,后为 2011 年第 14 号法案第 3 条所修正。
⑥ 第 413 章。

期间照料家庭、另一方以及婚生子女的成长而减损;

(e)配偶双方或任一方依法获得的各种收入或利益,但根据《社会保障法》①所支付给他们的社会救助性质的收入或利益除外。

但在本项规定的范围内,应将根据《社会保障法》②第27条所支付的残疾人补助金考虑在内。

(f)配偶或子女的膳宿需要;

(g)各方本来能够获得的收益额,包括但不限于根据养老金计划本来能够获得的收益,但由于别居将丧失获得此等收益的机会或可能。

(3)《组织与民事程序法典》③第381条第2款之规定经适当的修改后予以适用,但对上述条文应作如下解释:即使扶养权利人没有为自己或者为子女而请求适用该条文之规定,法院也可以依职权适用上述条文。

(4)在授予扶养费时,法院还应指出可能不时地提高扶养费的方式。

(5)不考虑本法典的任何其他规定,别居被宣告时,为了使接受扶养费的配偶一方在经济上独立或者较少依赖于配偶他方,如果在具体情况中法院认为适当,可命令负有扶养义务的配偶一方向配偶他方支付法院认为充足的一笔一揽子款项,以代替全部或部分扶养费(视具体情况而定)。

(6)适用第5款之规定时,法院在具体情况中应考虑接受扶养费之人接受职业、技能、贸易的培训或再培训,或者接受其他活动,或者为了开始或继续一项产生收益的活动的可能性;法院应出于此目的而裁定一揽子款项。

(7)根据具体情况,法院可以指令:本条前述各款提及的一揽子款项的支付,通过在一段合理的期间内等额或不等额分期付款的方式为之。

(8)法院同样可以指令负有义务的配偶一方向另一方转让财产的所有权、用益权、使用权或居住权,以代替第5款提及的一揽子款项的全部或部分。

(9)有提供扶养费义务的配偶一方的经济能力或另一方的需要嗣后发生变更的,法院可基于配偶任一方的请求,命令变更或停止提供扶养费(视具体情况而定)。但若一揽子款项的支付或者财产转让的进行是为了全部履行配偶一方对另一方提供扶养费的义务,前者向后者提供扶养费的责任终止。反之,如果一揽子款项的支付或财产转让的进行只是为了部分履行上述义务,法

---

① 第318章。
② 第318章。
③ 第12章。

院在命令支付一揽子款项或财产转让时,应同时确定它所抵偿的扶养费的份额;在此等情形,嗣后的任何变更只能针对没有如是得到抵偿的部分并且以与之相同的比例进行。

第 55 条① (婚后所得共有和单独管理外剩余财产的共有的终止)

(1)在别居诉讼期间,基于配偶任一方的请求,法院可以随时命令配偶之间存在的婚后所得共有或单独管理外剩余财产的共有终止。

(2)第 1 款规定的终止共有的命令应通过一项判决作出,各方当事人对该判决均享有上诉权而无须法院对此作出许可。

(3)终止共有的命令自对判决上诉之日起在配偶之间生效,如果没有提起上诉,自允许的上诉期限届满之时生效,并且即使别居诉讼终结,上述命令仍有效。

(4)在根据本条之规定命令终止共有之前,法院应考虑在作出别居判决之前终止共有是否会使任一方当事人因此遭受不成比例的损害。

(5)本条所规定的终止共有的命令应被通知给公共登记处主任,费用由请求此等终止的当事人承担,并且该命令如同通过公文书作出婚后所得共有或单独管理外剩余财产的共有的终止一样产生效力。

(6)除非基于一方当事人的请求,法院依其自由裁量而命令当事人之间存在的婚后所得共有或单独管理外剩余财产的共有自别居诉讼开始之时终止,否则,别居被宣告时,法院应指令:婚后所得共有或单独管理外剩余财产的共有自判决产生既判力之日起终止。

(7)但若法院认为情势需要,它可以指令:包含在共有中的一项或数项财产,在共有终止后,在法院于其指令中确定的一段期间届满之前,不得分割。

(8)法院依照第 7 款作出指令的,基于正当理由,法院可以变更或撤销之。

第 55A 条② (婚姻住所)

(1)作出别居判决时,基于任一方当事人的请求,法院应根据具体情况:

(a)在它认为适当的期限内和条件下,裁定某一方当事人相对于另一方当事人可以排他性地居住于婚姻住所;

(b)如果它确信,当事人及其子女有其他适当的替代性住所,裁定出售婚姻住所,并将出售所得的收益授予它认为适当的当事人;

---

① 为 1993 年第 21 号法案第 32 条所代替,后为 2011 年第 14 号法案第 4 条所修正。
② 为 1993 年第 21 号法案第 32 条所增设,后为 2011 年第 14 号法案第 5 条所修正。

(c)如果婚姻住所属于双方当事人,裁定将婚姻住所授予某一方当事人,但该方当事人应补偿另一方当事人遭受的经济损失。

但在各种情况下,法院都应考虑如下事项:

(a)未成年子女的最大利益,包括如果法院同意根据本条提出的请求将对未成年子女造成的影响;

(b)当事人以及子女的福利;

(c)当事人是否拥有或者是否有财力和能力拥有其他住所。

(2)如果存在实质性的情势变更,法院可基于任一方当事人的请求,变更根据第1款(a)项作出的决定。

(3)在配偶双方在法律上别居之情形,第3A条第2款的规定不予适用。但配偶之间达成相反的约定,或者对宣告人身别居享有管辖权的法院作出相反的指令的,不在此限。此等约定或指令自登记于公共登记处之日起始对第三人生效。

第56条[①] (别居后子女的监管)

(1)别居被宣告时,法院还应指令子女的监管将委托给配偶的哪一方,最重要的考虑应是子女的福利。

(2)考虑到所有的相关情况,如果法院认为此等措施完全有必要,它可以指令将子女置于处于代理父母之地位的第三人的监管或者其他形式的照顾之下。

(3)即使在与此有关的诉讼中没有对子女的监管提出请求,法院也可以在别居判决中作出任何此等指令。

(4)只要子女的利益需要,法院可随时撤销或变更关于子女的此等指令。

(5)如果情势需要,法院还可以决定全部或部分剥夺父母一方或双方的亲权。

第56A条[②] (监护之排除)

由于重大原因,在别居诉讼期间或者在当事人别居之后,基于一方当事人的请求,法院可以随时宣告另一方当事人不适于监管当事人的未成年子女。如果法院作出此等宣告,被如此宣告的当事人在另一方当事人死亡后,非经法院授权无权监管该未成年子女。

[①] 为1993年第21号法案第32条所代替,后为2011年第14号法案第6条所修正。
[②] 为2011年第14号法案第7条所增设。

第 57 条① （父、母对子女扶养的监督权）

(1)无论未成年子女被委托给何人,配偶双方均将保持他们对子女的扶养和教育的监督权,并仍然依法负有为此作出贡献的义务。

(2)根据具体情况,法院对配偶双方接近子女的时间、地点和方式,有自由裁量权。

(3)如果此等对其未成年子女的接近可能有损该未成年人的福利,法院可以完全禁止之。

第 58 条 （法院中止别居之诉的权力）

(1)如果认为如此而为有益于配偶双方和子女,法院可以裁定别居之诉中止一段它认为适当的期间,如情势需要,可作出此等临时指令。

(2)对命令诉讼中止或者作出此等临时指令的裁定,可以上诉。

第 59 条② （双方同意的别居）

(1)人身别居可因配偶以公文书形式的双方同意而为之,但以取得法院根据第 35 条通过裁定作出的授权为条件。

(2)法院应在作出授权之前告诫当事人别居的后果,尽力使之和解,并可撤销、变更或增加一些它认为适当的条件。

(3)该裁定与适格法院作出的判决具有同样的效力。

第 60 条③ （关于子女监管的指令）

(1)授权别居时,法院应在裁定中对子女将置于何人的监管之下作出指令。

(2)为了子女的更好的福利,法院可以随时撤销或变更该指令。

(3)(遗产的放弃)

不考虑任何其他法律的规定,配偶一方可以在别居的公文书中宣布放弃对配偶他方的继承权。

第 61 条④ （配偶之间关于子女监管的协议）

(1)如果子女的利益需要,配偶之间关于子女监管的任何协议,可基于配偶任一方或者配偶任一方的任何亲属的请求,随时被适格法院宣告无效。

---

① 为 1993 年第 21 号法案第 33 条和 2011 年第 14 号法案第 8 条所修正。
② 为 1993 年第 21 号法案第 34 条所修正,后为 2007 年第 8 号法案第 3 条所代替。
③ 为 1981 年第 30 号法案第 3 条所修正。
④ 为 1973 年第 46 号法案第 13 条所修正。

(2)在任何此等情形,法院应对子女将处于何人的监管之下及其扶养和教育的方式作出必要的指令。

第 62 条① (别居后妻子的姓氏)

(1)不考虑本法典第 4 条第 4 款之规定,妻子得因别居而选择恢复其婚前的姓氏。在两愿别居之情形,应在别居的公文书中对该选择作出声明;在司法别居之情形,应在最终判决之前,通过备案在案件记录中的一个说明,对该选择作出声明。

(2)如果妻子在别居后继续使用丈夫的姓氏可能给丈夫造成严重损害的,法院还可应丈夫于判决前的任何时间提出的请求,禁止此等使用。

第 62A 条② (别居对第三人的效力)

人身别居仅自判决或公文书,视具体情况而定,登记于公共登记处之日起,始对第三人产生效力。任何此等登记应包含一项关于判决后妻子的姓氏的任何声明或禁止的附注。

第 63 条 (当事人可终止别居)

无论是通过判决或双方同意而别居的配偶双方,可随时重新结合,并因此全部或部分终止别居的效力,但第三人已经取得的任何权利不受影响。

第 64 条③ (自愿同居如重新结合一样产生效力)

(1)自愿同居如重新结合一样产生效力,并恢复产生于婚姻的同居和扶养义务。

(2)(别居的其他效力可依公文书而终止)

但别居的任何其他效力,非依公文书,并不终止。

第 65 条 (文书可在恢复同居后作出)

任何此等文书可在即使已恢复同居后作出,但在任何此等情形,如果文书并非经法院授权而作出的,无效。

第 66 条 (别居的效力何时对第三人终止)

在所有情况下,仅自此等文书登记于公共登记处之日起,别居的效力始对第三人终止。

---

① 为 1993 年第 21 号法案第 35 条所代替。
② 为 1993 年第 21 号法案第 35 条所增设。
③ 为 1993 年第 21 号法案第 36 条所修正。

第四分题① 离 婚

第 66A 条② （离婚）

(1)配偶各方均有权根据本分题之规定请求离婚或解除婚姻。在请求离婚之前,不要求配偶双方已经根据合同或判决而相互别居。

(2)基于配偶一方或配偶他方的请求,适格民事法院应通过一项判决准许离婚或解除婚姻;或者如果配偶双方已经就解除其婚姻达成一致,适格民事法院应通过一项裁定准许离婚或解除婚姻。

(3)所有的离婚请求,必须向根据负责司法的部长制定的规章而设立的民事法院的适格部门提出。第37条之规定经适当的修改后予以适用。离婚的裁定和判决应在公开法庭作出。

(4)在离婚的裁定或判决中,法院应命令法院的登记员在它允许的期限内将当事人的离婚通知给公共登记处主任,从而将此等离婚登记于公共登记处。

第 66B 条【2011年第14号法案第12条:"根据本法案第9条之规定而修正、删除或代替第66B条(a)项、(b)项和(c)项之规定的议会法律的议案,除非满足下列条件,否则不得提交给校长以征得其同意:在此等议案于众议院获得通过后不少于3个月但不超过6个月的期限内被提交给有资格投票选举众议院议员的选举人且多数投票选举人同意该议案。

但如果在此等议案于众议院一读通过而公布于政府公报后不少于3个月但不超过6个月的期限内即被提交给有资格投票选举众议院议员的选举人且多数投票选举人同意该议案,则不要求本条所规定的在此等议案于众议院获得通过后被提交给有资格投票选举众议院议员的选举人。"】③（离婚的条件）

在不影响本条下列规定的前提下,只有在配偶双方共同提出请求或者配偶一方针对配偶他方提出请求的情况下,且法院确信如下事项方准许离婚:

(a)在离婚诉讼开始之日,配偶双方在过去的5年中分居时间总计至少4年,或者自合法别居之日起至少已经过4年;

(b)不存在配偶之间达成和解的合理预期;

(c)如果应予以扶养,根据第57条之规定和配偶及其所有的子女的具体

---

① 为2011年第14号法案第9条所增设。
② 为2011年第14号法案第9条所增设。
③ 为2011年第14号法案第9条所增设。

情况,他们均得到适当的扶养。

配偶可以随时放弃其扶养权。

在本项规定的范围内,法院在别居判决中命令的或者配偶之间在别居合同中约定的扶养被视为适当的扶养。

已经别居的配偶之间通过合同或判决被宣告离婚的,此等离婚除产生法律规定的离婚效力外,并不改变配偶之间此前所约定或被命令的事项。

第 66C 条[①]　(离婚宣告)

如果法院认为已经满足第 66B 条规定的条件,法院应对当事人根据本分题规定提出的请求予以审理并作出决定,并宣告当事人的离婚。

第 66D 条[②]　(基于配偶一方的申请而准许的离婚)

(1)在不影响本分题其他规定的前提下,如果配偶一方申请离婚,提出申请的配偶方无须将导致提出此等申请的任何过错归咎于配偶他方。

(2)如果配偶双方已经根据合同或法院的判决而别居,提出离婚请求的配偶方只能请求解除婚姻。配偶他方可以通过下列方式对该请求提出异议:证明第 66B 条(a)项规定的期间尚未届满,或者证明请求离婚的配偶一方尚未支付根据法院的命令或别居合同的约定应当支付的扶养费并且如果接受离婚请求,将更难从该方获得扶养费的支付。如果上述任一抗辩被证明有效,法院不得准许离婚请求。

(3)如果配偶双方并未根据合同或法院的判决而别居,提出离婚请求的配偶方可以在提出离婚请求的同时提出本题第三分题规定的别居之诉中允许的所有请求。法院应根据经适当的修改后的上述规定对这些请求予以审理并作出决定。配偶他方除可以提起前款规定的抗辩外,还可以提起该方在别居之诉中有权提起的所有抗辩。

(4)如果配偶双方并未根据合同或法院的判决而别居,关于法院有权在诉讼系属期间发布的指令,法院享有经适当的修改后的本题第三分题授予法院的所有权力。

(5)不考虑本条的其他规定,婚后所得共有或单独管理外剩余财产的共有终止的,在任何情形,如果配偶双方同意,他们有权在不对其共有的财产进行清算的情况下离婚。

[①] 为 2011 年第 14 号法案第 9 条所增设。
[②] 为 2011 年第 14 号法案第 9 条所增设。

第 66E 条①　（存在过错的配偶承受的后果）

在不影响本分题其他规定的前提下,基于一方当事人的请求,如果法院发现,由于第 38 条、第 40 条和第 41 条规定的理由导致婚姻破裂而另一方当事人应对此承担责任的,法院可以将第 48 条的规定经适当的修改后适用于该方当事人。

第 66F 条②　（别居之诉变更为离婚之诉）

(1)别居之诉的各方当事人在诉讼尚未休庭等待判决的诉讼期间,均可以随时通过申请,请求将该诉讼中的别居请求变更为宣告离婚的请求。如果此等请求被提出,法院应听取双方当事人的陈述以证实是否符合第 66B 条规定的提出离婚请求的条件。法院应通过在公开法庭作出判决的方式对上述请求作出决定,此等判决不得被上诉,但与最终判决一同被提起上诉的,除外。

(2)如果别居之诉变更为离婚之诉,在别居之诉中所声明的证人和提交的证据经适当的修改后予以适用。但这不影响各方当事人在离婚诉讼期间提出与离婚请求相关的其他证据和证人的可能性。

(3)如果各方当事人均不选择根据第 1 款之规定变更诉讼请求,已经根据本题第三分题提出别居请求,且在提出别居请求之后,至少一方当事人请求离婚的,在任何情形,别居请求与离婚请求应由同一法院根据如下方式一并被审理和作出决定:无须当事人提出任何请求,法院应按关联诉讼处理。

(4)提出离婚请求的一方应宣誓声明,该方或者另一方是否已经根据本题第三分题提出别居请求。

第 66G 条③　（原告的律师的义务）

(1)在根据第 66B 条提起诉讼之前,如果配偶双方并未根据合同或法院的判决而别居,协助原告的律师应当:

(a)与原告讨论和解的可能性,并告知原告有资格在配偶之间的和解程序中提供协助之人的名字和地址;

(b)确保原告知道可以选择人身别居代替离婚。

(2)提起离婚诉讼的请求时:

(a)如果配偶双方并未根据合同或法院的判决而别居,应当附带一份律师

---

①　为 2011 年第 14 号法案第 9 条所增设。
②　为 2011 年第 14 号法案第 9 条所增设。
③　为 2011 年第 14 号法案第 9 条所增设。

确认他已遵守第 1 款之规定的说明;

(b)如果配偶双方已经根据法院的判决而别居,应当附带一份别居判决的合法的副本;或者如果配偶双方已经根据合同而别居,应当附带一份两愿别居合同的合法的副本,以证明原告与被告已经在法律上别居至少 4 年。

如果在离婚诉讼中协助当事人的律师没有提供上述说明、别居判决的副本或两愿别居合同的副本(视具体情况而定),该律师应在诉讼第一次开庭之前或之中提供这些文件。

在本条范围内,"原告"是指为获得离婚而向法院提出请求、准备提出请求或打算提出请求之人。

第 66H 条① (被告的律师的义务)

(1)协助被告的律师在收到原告的起诉通知后,如果配偶双方并未根据合同或法院的判决而别居,则应当毫无迟延地与被告讨论和解的可能性,并告知被告有资格在配偶之间的和解程序中提供协助之人的名字和地址。

(2)如果配偶双方并未根据合同或法院的判决而别居,被告对离婚请求的答辩应附带一份律师确认他已遵守第 1 款之规定的说明。

如果在离婚诉讼中协助当事人的律师没有提供上述说明,该律师应在诉讼第一次开庭之前或之中提供此等说明。

第 66I 条② (法院的权力)

(1)配偶一方向适格民事法院提出离婚请求,或者配偶双方已经就解除其婚姻达成一致后提出离婚请求,且配偶双方并未根据合同或法院的判决而别居的,在准许配偶双方提出离婚诉讼之前,法院应将双方当事人召集到法院指定的或双方当事人相互同意的调解员面前,试图使配偶双方达成和解;如果未达成和解,且配偶双方没有就离婚的事项达成一致,则努力使双方当事人在达成协议的基础上离婚。上述协议应包含部分或全部下列事项:

(a)对子女的照顾和监管;

(b)双方当事人对子女的接近;

(c)对配偶双方或一方以及对每个子女的扶养;

(d)在婚姻住所中的居住;

(e)婚后所得共有或单独管理外剩余财产的共有的分割;

---

① 为 2011 年第 14 号法案第 9 条所增设。
② 为 2011 年第 14 号法案第 9 条所增设。

(2)配偶一方向适格民事法院提出离婚请求,或者配偶双方已经就解除其婚姻达成一致后提出离婚请求,且配偶双方已经根据合同或法院的判决而别居的,法院如果认为必要,可以依职权或基于调解员或配偶一方的请求:

(a)指定一名儿童律师来代表当事人双方或任一方的未成年子女的利益;

(b)如果法院认为最有利于当事人双方或任一方的未成年子女的利益,则听取他们的意见。

在向本条述及的适格民事法院提起的任何离婚诉讼中,法院可以命令当事人提供有关子女扶养费的支付情况的信息。

(3)在诉讼审理期间,另一方当事人应当向一方当事人或子女提供扶养费的,基于该一方当事人的请求,法院在接受离婚请求的判决中,根据当事人的具体情况,可以命令该另一方当事人提供适当、合理的担保以保障扶养费的支付。此等担保不得为超过5年扶养费数额的一笔款项。如果诉讼中的证据表明,在诉讼审理期间或诉讼开始之前,被请求提供担保的一方当事人曾迟延履行其支付扶养费的义务,或者如果存在严重的客观情况,表明有提供上述担保的必要,法院应当发布上述命令。如果应当支付扶养费,本款规定的请求也可以在上述判决之后的任何时间提出。

第66J条① （部长的权力）

(1)部长可以制定规章,就有资格协助和解程序中的当事人之人设置一本登记簿。

(2)部长可以制定规章,确定有关本分题规定的当事人之间的调解的程序。

第66K条② （不可采纳的证据）

配偶之间作出的,或第三人在试图调解的过程中作出的,或第三人为了使配偶之间就第66I条第1款提及的部分或全部事项达成协议而作出的任何口头或书面通知,或对此等通知的任何援引,在离婚诉讼中不可被采纳为证据。

第66L条③ （婚姻解除的效力）

(1)如果适格民事法院宣告配偶之间离婚,他们有权再婚。

(2)离婚宣告不影响当事人作为父母对其子女享有的权利和承担的义务,

---

① 为2011年第14号法案第9条所增设。
② 为2011年第14号法案第9条所增设。
③ 为2011年第14号法案第9条所增设。

也不影响当事人之间就其子女的监管达成的任何协议,但第 56A 条之规定不受影响。

(3)离婚宣告不影响产生于已离婚的当事人已经缔结或将要缔结的任何协议或债的第三人的权利。

(4)离婚宣告具有本款规定的如下效力:

(a)就所有的民事效力而言,当事人的同居义务终止;

(b)第 62 条经适当的修改后予以适用;

(c)自离婚裁定或离婚判决产生既判力之日起,配偶之间相互的继承权终止。

(5)如果法院在考虑到向它提出的原因后认为有必要适用第 54 条第 7 款、第 55A 条和第 56A 条,上述规定经适当的修改后予以适用。

(6)在不影响第 66D 条第 5 款之规定的前提下,第 1332 条第 4 款至第 10 款、第 1334 条、第 1335 条、第 1336 条、第 1337 条和第 1340 条经适当的修改后适用于配偶之间财产的分割。

第 66M 条① (再婚的效力)

通过法院的裁定或别居合同而接受扶养费的一方与第三人再婚或具有人身关系,该第三人因此对该方负有扶养义务的,自该方再婚或开始上述其他关系之日起,将丧失接受离婚的另一方应对该方支付的扶养费的权利。即使当事人在别居合同中约定,关于当事人双方或任一方的扶养在接受扶养费的一方如上所述与第三人再婚或具有其他关系的情况下继续有效且不得变更,本条同样适用。

如果为了本条规定的与第三人再婚或具有其他关系的一方的利益,法院曾命令以一笔一揽子款项的方式支付扶养费,此等命令继续有效,即使为其利益而发布此等命令的一方如上所述与第三人再婚或具有其他关系,亦同。

第 66N 条② (法院关于离婚的管辖权)

(1)不考虑任何其他法律的规定,只要至少满足下列条件之一,享有民事管辖权的法院即有权审理离婚请求并对之作出决定:

(a)在向适格民事法院提出离婚请求之日,至少配偶一方居住在马耳他;

(b)在提出离婚请求之前,至少配偶一方通常居住在马耳他达 1 年时间;

---

① 为 2011 年第 14 号法案第 9 条所增设。
② 为 2011 年第 14 号法案第 9 条所增设。

(2)不考虑第1款的规定,如果根据本题第三分题提出的人身别居之诉正系属于马耳他的享有民事管辖权的法院,包括诉讼正在上诉阶段的审理之中,且法院有权对该诉讼进行审理和作出决定的,马耳他的民事法院同样有权对同一当事人之间的离婚请求进行审理和作出决定。【2011年第14号法案第11条:"(1)应当设立一个委员会,名为'由于离婚的引入而修改法律的委员会'。

(2)该委员会由下列人员组成:负责司法的部长的代表(作为委员会主席)以及两名其他人员,其中一名为负责社会政策的部长的代表,另一名为负责财政的部长的代表。

(3)该委员会的职责为,为引入离婚而需修改直接或间接涉及配偶之间的人身别居的任何法律或规章的,就此等法律或规章应进行的任何修正,向总理提出建议。

(4)该委员会应于2012年2月29日之前向总理提交一份其建议的报告。

(5)在不影响马耳他议会之权力的前提下,总理如果认为必要或者适当,可以通过于2012年6月30日之前发布一项命令的方式,对第3款指出的任何法律或规章作出任何修正。此等修正可以被赋予溯及至2011年10月1日的溯及力,但不影响已经取得的任何权利。

(6)根据本条第5款发布的任何命令,在发布后应被立即提交给众议院,并在如是提交后的28日后生效,除非众议院在上述期间内宣告该命令无效或认为该命令应予修正,基于此,该命令将无效或将具有被修正后的效力,视具体情况而定。

(7)在第6款的范围内,计算其中提及的28日的期限时,众议院不处于会期的任何时间或众议院休会超过7日的任何时间不计算在内"。】

第二题 亲子关系

第一分题 婚生子女*的亲子关系

第 67 条 （婚内出生的子女）

婚内受孕的子女视为其母亲的丈夫的子女。

第 68 条 （婚内受孕的推定）

自婚姻举行之日起 180 日以后、婚姻解除或被宣告无效之日起 300 日以内出生的子女,视为在婚内受孕。

第 69 条 （丈夫不得拒绝承认子女的情形）

在下列任一情形,丈夫不得拒绝承认在结婚后 180 日经过之前出生的子女：

(a)如果在结婚之前他已经知道妻子怀孕的；

(b)如果他本人已作出制作结婚证书所需要的声明,承认他是该子女的父亲的；

(c)如果该子女被宣告不能存活的。

第 70 条① （丈夫得拒绝承认子女的情形）

(1)在下列情形,丈夫得拒绝承认婚内受孕的子女：

(a)如果他证明,在该子女出生前第 180 日至第 300 日的期间内,由于没有与其妻子在一起或者其他原因,他物理上不可能与她同居；

(b)或者如果他证明,在上述期间内他事实上或法律上与妻子别居。

但在这段期间内他与妻子有过即使是短时的重新结合的,不得拒绝承认

---

* 本法典中,凡"婚生子女"的译文,原文为"children conceived or born in wedlock",直译为"婚内受孕或出生的子女",译者从简译为"婚生子女"。——译者注

① 为 1993 年第 21 号法案第 37 条所代替,后为 2007 年第 8 号法案第 4 条和 2010 年第 23 号法案第 2 条所修正。

该子女；

(c)或者如果他证明,在上述期间内他患有性无能,即使这种性无能仅为不能生育;

(d)或者如果他证明,在上述期间内妻子有通奸行为,或者她隐瞒了该子女的怀孕和出生,并进一步提出能够排除父子关系的任何其他事实的证据(也可以是基因和科学的检测和数据)。

(2)仅有母亲的大意为丈夫不是该子女的父亲的单方声明,在关于排除丈夫的父亲身份的诉讼中应予考虑。

(3)在否认之诉中,民事法院(家事部)可要求各方或任一方当事人,包括其亲子关系处于争议中的子女,接受必要的检测,以确定与案件有关的基因证明。如果拒绝接受此等检测,法院有权据此作出推定。如果亲子关系处于争议中的子女为未成年人,法院应确定该子女是否将接受检测。

(4)对于1993年12月1日之前出生的子女,如果拒绝承认子女的事由于2008年12月31日之前向法院提出,丈夫也得以第1款列举的理由拒绝承认婚内受孕的子女,如同它们在该日期以后生效一样。

第71条[1] (性无能)

第72条[2] (通奸)

第73条[3] (提起否认子女之诉的期限)

丈夫有权提起否认子女之诉的,他必须在下列期限内提起该诉讼：

(a)如果子女出生时他在马耳他,在自子女出生之日起的6个月以内;

(b)如果子女出生时他不在马耳他,在他回到马耳他后6个月以内;

(c)如果他被隐瞒了子女的出生,在发现欺诈后6个月以内。

但在不影响第70条第4款之规定的前提下,家事法庭基于丈夫的申请,并且如果可能,在听取所有利害关系人的陈述以及考虑到丈夫和子女的权利之后,可随时授权丈夫对其妻子提起否认婚内出生的子女之诉。

但在(a)项、(b)项或(c)项规定的期间经过之后,丈夫根据本条第一个但书提起否认子女之诉的,据以否认子女的任何判决并不产生改变子女的姓氏或者改变从该子女取得姓氏的任何其他人的姓氏之效力,但基于任何当事人

---

[1] 为1993年第21号法案第37条所废止。

[2] 为1993年第21号法案第37条所废止。

[3] 为1993年第21号法案第38条和2008年第3号法案第3条所修正。

在诉讼据以开始的宣誓申请【马耳他为宗教国家,其国教为天主教,故本法典中有些规定涉及宣誓、圣职、誓愿、洗礼证等。——译者注】中提出的请求或者在诉讼期间提出的独立请求,法院作出其他规定的除外。

第 74 条① （如果丈夫在提起否认之诉前死亡）

丈夫尚未提起否认之诉即死亡的,在第 73 条(a)项、(b)项或(c)项规定的期限届满之前,继承人可在自死者的财产转移到该子女手中之日起,或者自继承人对该财产的占有受到该子女侵扰之日起算的 6 个月内提起该诉讼。

第 75 条 （诉讼相对人）

(1)否认之诉应:

(a)如果该子女是成年人,以该子女为被告;

(b)或者如果该子女是未成年人或者处于任何不能被诉的情形之下,以法院在该诉讼提起之前指定的保佐人为被告。

但法院可以委托已经为子女指定的监护人为代理人。

(2)在所有情况下,都应使母亲作为诉讼的一方当事人。

第 76 条② （婚姻解除 300 日以后出生的子女）

任何利害关系人均可对婚姻解除或被宣告无效 300 日以后出生的子女的亲子关系提出异议。

第 77 条③ （丈夫物理上不可能同居）

在不影响第 81 条之规定的前提下,任何利害关系人如果证明下列情形之一,也可对婚生子女的亲子关系提出异议:

(a)在该子女出生前第 180 日至第 300 日的期间内,丈夫由于没有与其妻子在一起或由于某些其他事故,物理上不可能与她同居;

(b)在上述期间,妻子有通奸行为,并进一步提出能够排除丈夫为子女的生父的任何其他事实的证据(也可以是基因和科学的检测和数据)。

第 77A 条④ （请求宣告父子关系）

在不影响第 81 条之规定的前提下,宣称是婚生子女的生父的任何人,或

---

① 为 1993 年第 21 号法案第 39 条和 2008 年第 3 号法案第 4 条所修正。
② 为 2004 年第 18 号法案第 4 条所修正。
③ 为 1993 年第 21 号法案第 40 条和 2004 年第 18 号法案第 4 条所修正,后为 2010 年第 23 号法案第 3 条所代替。
④ 为 2010 年第 23 号法案第 4 条所增设。

者如果此人在该子女出生之前死亡,其继承人可以通过宣誓申请向适格法院对妻子、丈夫和该子女,或者如果后三者中的任何人死亡,对其各自的继承人提起诉讼,请求被宣告为该子女的生父,但他应当提出证据,证明在该子女出生前第 180 日至第 300 日的期间内,妻子与他有通奸行为,并进一步提出能够排除丈夫为子女的生父的任何其他事实的证据(也可以是基因和科学的检测和数据)。

第 77B 条① （请求也可以由妻子提出）

前条提及的宣告父子关系的司法请求,也可以由妻子通过宣誓申请向适格法院对其丈夫、生父和她的婚生子女提出,但她应当提出证据,证明在该子女出生前第 180 日至第 300 日的期间内,她与请求被宣告为生父之人有通奸行为,并进一步提出能够表明此人为子女的生父的任何其他事实的证据(也可以是基因和科学的检测和数据)。

第 77C 条② （在子女出生后的 6 个月内提出宣誓申请）

在第 77 条、第 77A 条和第 77B 条提及的情形,宣称是婚生子女的父亲之人或妻子(视具体情况而定),如果在子女出生后的 6 个月内提出其宣誓申请,他们可以提起宣告父子关系之诉。

在宣称是婚生子女的父亲之人或妻子提出宣誓申请之后,并且如果可能,在听取所有利害关系人的陈述并考虑到原告和子女的权利之后,民事法院(家事部)可以随时授权宣称是婚生子女的父亲之人或妻子提起第 77A 条和第 77B 条提及的宣告父子关系之诉。

如果法院宣告了某人的亲子的关系,他由于此等宣告将要采用某个不同于他在此等宣告之前所使用的姓氏的,他或他的法定代理人可以向适格法院对公共登记处主任提出申请,请求被允许继续使用此前的姓氏。法院如果确信,第三人将不会因此受到损害,且如果申请系以未成年人的名义提出的,此等使用将最有利于该未成年人,它应同意该请求,并命令主任在其亲子关系被如是宣告之人的相关出生证书中对它的决定作出批注。

第 77D 条③ （第 70 条第 3 款提及的检测）

在第 77 条、第 77A 条、第 77B 条和第 77C 条提及的诉讼中,法院可要求

---

① 为 2010 年第 23 号法案第 4 条所增设。
② 为 2010 年第 23 号法案第 4 条所增设。
③ 为 2010 年第 23 号法案第 4 条所增设。

当事人接受第 70 条第 3 款提及的检测。

第二分题① 婚生子女的亲子关系的证明

第 78 条② （出生登记）

(1)婚生子女的亲子关系以登记于公共登记处的出生证书来证明。

(2)它也可以通过教区的登记证明。

第 79 条③ （婚生子女身份的占有）

没有前条规定的证据的,持续的婚生子女身份的占有即为已足。

第 80 条 （由一系列事实证明的身份占有）

(1)这种占有应由一系列表明一个人同他声称所属的家庭之间有亲子关系和亲属关系的事实共同确定。

(2)此等事实主要指下列事实：

(a)此人一直使用他声称为其子女的父亲的姓氏；

(b)父亲像对待自己的子女一样对待他,并且如是为他提供扶养、教育和生活场所；

(c)他/她一直被社会如是承认；

(d)他/她一直被家庭如是承认。

第 81 条④ （任何人均不得主张与出生证书所赋予的身份相悖的身份）

(1)任何人均不得主张与出生证书所赋予的婚生子女身份以及与此相一致的身份占有相反的身份。

(2)同样,任何人均不得对占有与其出生证书相一致的身份之人的婚生子女身份提出异议。

第 82 条 （没有出生证书及身份占有的情形）

没有出生证书及身份占有的,或者子女以假名登记的,或者生而父母不明的,或者有假冒或偷换子女的情形,即使在后两种情形存在与子女占有的身份相一致的出生证书,亲子关系的证明仍可由依法可采纳的任何其他证据为之。

---

① 为 2004 年第 18 号法案第 5 条所代替。
② 为 2004 年第 18 号法案第 6 条所修正。
③ 为 2004 年第 18 号法案第 7 条所修正。
④ 为 2004 年第 18 号法案第 7 条所修正。

第 83 条　（相反的证据）

相反的证明可由下列证据为之：能够表明原告并非声称为其母亲的妇女之子女的证据，或者如果母子关系被证明的，能够表明他并非其母亲的丈夫之子女的证据。

第 84 条①　（不受时效限制的诉讼）

对于子女，主张婚生子女身份的诉讼不受时效的限制。

第 85 条　（诉讼可由子女的继承人提出的情形）

(1)然而，子女未提出该诉讼的，不得由其继承人或直系卑血亲提出，但他未成年而死亡或者成年后 5 年内死亡的，不在此限。

(2)子女已经提起诉讼而在诉讼系属期间死亡的，他的继承人或直系卑血亲可继续该诉讼。

第三分题②　非婚生子女*的亲子关系及婚生子女的推定

第一节　非婚生子女的亲子关系

第 86 条④　（对非婚生子女的承认）

非婚生子女可被父亲和母亲共同或单独承认。

如果承认自己是子女的父亲之人为未成年人，该承认无效。

如果主张是子女的父亲之人独立于母亲而承认婚外出生的子女，承认无效且不得登记，除非任何利害关系人向该子女的母亲，或者如果母亲死亡的，向其继承人，以及如果子女成年的，向子女本人送达一个司法信函，声明此人拟申请对该承认的登记，而母亲或其继承人（视具体情况而定），以及该子女，自该送达后两个月的期间内，【在原文中，此处有一否定词 not，但根据本条的语境尤其是本条下一款的规定来看，该否定词不应存在，特此说明。——译者注】通过备案在上述司法信函文书中的一个说明同意该登记。在此等情形下，上述司法信函

---

① 为 2004 年第 18 号法案第 7 条所修正。

② 为 2004 年第 18 号法案第 8 条所代替。

* 本法典中，凡"非婚生子女"的译文，原文为"children conceived and born out of wedlock"，直译为"婚外受孕和出生的子女"，译者从简译为"非婚生子女"。——译者注

④ 为 2004 年第 18 号法案第 9 条所修正。

和表明同意的同意说明,应送达给公共登记处主任,后者应把上述同意登记于有关的民事身份证书中。

如果母亲或成年子女没有如上所述同意此等登记的,任何利害关系人均可以对没有作出如是同意之人向适格法院提起诉讼,申请法院宣告作出承认之人为子女的父亲并且请求命令在有关的民事身份证书中登记该承认。

第87条① (如何作出)

(1)对非婚生子女的承认可于子女出生前或出生后在出生证书或任何其他公文书中作出。

(2)由父母的一方或双方,或者由未成年人以其他方式作出的父子关系或母子关系的声明,只能在关系诉讼中作为亲子关系的证据。

第88条 (效力)

承认只对作出承认的父母一方产生效力,并不赋予被承认的子女对父母另一方的任何权利。

第89条② (婚前或婚姻期间出生的配偶一方的非婚生子女)

婚前或婚姻期间出生的配偶一方的非婚生子女,在婚姻期间被承认的,非经配偶他方同意不得被带进婚姻住所,但该配偶他方已经对承认作出同意的,不在此限。

第90条③ (对非婚生子女的亲权)

(1)承认非婚生子女的父母一方,对他享有亲权中除法定用益权以外的所有其他权利。

(2)如果子女的利益需要,法院可裁定仅由父母的一方行使亲权中的权利;法院也可限制这些权利的行使,并且案情严重的,可排除父母双方行使这些权利。

第91条④ (法院对监护人的指定)

没有亲权的,非婚生子女的监护人的指定,由不时生效的任何法律所指定或规定的法院为之。

---

① 为2004年第18号法案第10条所修正。
② 为1973年第46号法案第15条所修正,后为2004年第18号法案第11条所代替。
③ 为1973年第46号法案第16条所代替,后为1993年第21号法案第2条、第41条和2004年第18号法案第12条所修正。
④ 为1973年第46号法案第18条、1993年第21号法案第2条、2004年第3号法案第116条和2004年第18号法案第13条所修正。

第 92 条① （非婚生子女的姓氏）

(1)非婚生子女,已经被父亲承认的,应采用其父亲的姓氏,可将其母亲的姓氏加于后;否则,他应采用其母亲的婚前姓氏。

但婚外出生的子女已经被父母双方在出生证书中共同承认的,该子女将采用的姓氏应根据第 292A 条确定。

(2)本条:

(a)适用于 1966 年 1 月 1 日或之后被承认或出生之人;

(b)关于父亲姓氏的采用,适用于 1966 年 1 月 1 日之前被父亲承认的并且法院宣告一直采用父亲姓氏之人。

但此等宣告只能在以宣誓申请的方式向适格法院提出的、以公共登记处主任为被告的诉讼中作出(第 254 条和第 255 条的规定经适当的修改后将适用于该诉讼),并且作出此等宣告的法院应命令:在出生证书登记簿的有关条目的页边空白处,以批注的形式将它登记于公共登记处。

(3)在本条范围内,通过法院的判决对父子关系的宣告与承认具有同样的效力。

(4)没有被父亲承认的非婚生子女或其直系卑血亲,可保持他一直采用并被法院宣告他一直采用的姓氏——除母亲姓氏以外的任何姓氏。本条第 2 款(b)项的但书适用于此等宣告。

(5)不考虑本条第 1 款的规定,于 1966 年 1 月 1 日之前出生并被父亲承认的,并且既没有采用母亲的姓氏又没有依照本条第 2 款(b)项采用其父亲的姓氏的非婚生子女,或者该子女的直系卑血亲,可保持他一直采用并被法院宣告他一直采用的姓氏——除父亲或母亲姓氏以外的姓氏。本条第 2 款(b)项的但书适用于此等宣告。

(6)不考虑本条或者本法典任何其他条文先前的规定,如果某人的父子关系被承认的、某人的亲子关系被法院宣告的、或者第 101 条至第 112 条提及的推定被适用的,由于该承认、宣告或推定的适用而将采用除此人在该承认、亲子关系或推定的适用之前使用的姓氏以外的姓氏的任何人或其法定代理人,

---

① 为 1965 年第 31 号法案第 2 条所代替,后为 1975 年第 148 号法律通告、1979 年第 30 号法案第 2 条、1981 年第 30 号法案第 4 条、1986 年第 12 号法案第 2 条、1990 年第 8 号法案第 3 条、1993 年第 21 号法案第 42 条、2004 年第 9 号法案第 14 条、2004 年第 18 号法案第 14 条、2005 年第 22 号法案第 81 条和 2008 年第 3 号法案第 5 条所修正。

可通过针对公共登记处主任的申请,请求适格法院允许继续使用原姓氏。如果法院确信第三人不会因此受到损害,并且如果该申请是以未成年人的名义提出的,原姓氏的使用是为了未成年人的最大利益,则法院应同意该请求,并命令公共登记处主任在与被如是承认之人、其亲子关系被如是宣告之人或者与其有关的上述推定予以适用之人相关的出生证书上对该决定作出批注。

第 93 条① （父母与非婚生子女的义务）

在不影响第 89 条之规定的前提下,非婚生子女之父母对该子女及其直系卑血亲应承担与对婚生子女同样的扶养和教育义务;非婚生子女对其直系尊血亲及其他亲属应与婚生子女享有同样的权利并负担同样的义务。

第 94 条② （父子关系由法院的判决宣告的情形）

第 95 条③ （母亲的义务）

第 96 条④ （子女拒绝遵从父母的指示时父母拒绝扶养的权利）

父母,无论他/她是否承认了子女,如果该子女没有正当理由而拒绝遵从父母对他的行为和教育的指示,可拒绝扶养。

第 97 条⑤ （子女拒绝生活在父母指定的住所内时父母拒绝扶养的权利）

父母,无论他/她是否承认了子女,如果该子女拒绝生活在父母基于正当理由并得到法院批准而为其居住指定的住所内,同样可拒绝扶养该子女;在父母依法有权拒绝扶养婚生子女的任何其他情形,亦同。

第 98 条⑥ （非婚生子女的扶养义务）

第 99 条⑦ （子女可对承认提出异议）

对非婚生子女的承认可被该子女以及任何其他利害关系人提出异议。

第 100 条 （任何利害关系人可对宣告父子关系的请求提出异议）

---

① 为 1965 年第 31 号法案第 3 条和 1993 年第 21 号法案第 43 条所修正,后为 2004 年第 18 号法案第 15 条所代替。
② 为 1965 年第 31 号法案第 4 条所代替,后为 2004 年第 18 号法案第 15 条所废止。
③ 为 1965 年第 31 号法案第 5 条所修正,后为 2004 年第 18 号法案第 15 条所废止。
④ 为 1965 年第 31 号法案第 6 条和 1993 年第 21 号法案第 44 条所修正。
⑤ 为 1965 年第 31 号法案第 7 条、1993 年第 21 号法案第 45 条和 2004 年第 18 号法案第 16 条所修正。
⑥ 为 2004 年第 18 号法案第 17 条所废止。
⑦ 为 2004 年第 18 号法案第 18 条所修正。

对宣告父子关系或母子关系的司法请求,也可被任何利害关系人提出异议。

第100A条① （基因证明）

在前条提及的事由中,在不影响当事人可能依法提出的任何证据的前提下,法院可要求当事人接受第70条第3款提及的检测;如果拒绝接受检测,法院可以以同样的方式、在同样的情况下作出该款提及的推定。

第二节② 婚生子女的推定

第101条③ （产生推定的情形）

非婚生子女的父母随后结婚的,或者享有自愿管辖权的法庭如是作出裁定的,该子女被合法且依法视为自始即为婚生子女。

第102条④ （推定的条件）

除非父母双方已通过结婚证书中的声明或者通过第87条第1款规定的其他方式承认了子女,或者其父子关系和母子关系已经由法院的判决宣告,否则,不发生依照前条由于随后结婚而产生的推定。

第103条⑤ （由于随后结婚而产生的推定的效力）

由于其父母随后结婚而视为婚生的子女,如果他们被其父母在婚姻举行之日或之前承认的,或者其亲子关系在父母结婚前被法院的判决宣告的,则自婚姻举行之日起赋予其婚生子女的权利。

第104条⑥ （承认或宣告发生在结婚后的情形）

承认或司法宣告发生在结婚后的,非婚生子女只能自该承认或宣告之日起取得婚生子女的权利。

第105条⑦ （由于随后结婚而被推定为婚生的子女的直系卑血亲）

父母的结婚将产生如下推定:即使他们已经死亡的子女,为婚生子女。只要该先死的子女根据第102条的规定已被承认,或者其父子关系或母子关系

---

① 为1993年第21号法案第46条所增设。
② 为2004年第18号法案第19条所代替。
③ 为2004年第9号法案第14条所修正,后为2004年第18号法案第20条所代替。
④ 为2004年第18号法案第21条所修正。
⑤ 为2004年第18号法案第22条所修正。
⑥ 为2004年第18号法案第23条所修正。
⑦ 为2004年第18号法案第24条所代替。

已被法院的判决宣告,为先死子女的直系卑血亲——无论是婚生的还是由于随后结婚而被推定为婚生的——的利益,同样产生此等推定。

第 106 条① (依法院的裁定的推定)

依法院的裁定的推定,因该裁定本身而生效,不需要其他行为。在本条范围内,"法院"是指不时生效的任何法律所指定或规定的法院。

第 107 条② (依适格法院的裁定的推定的条件)

不得授予前条提及的推定,除非:

(a)希望将该推定适用于子女的父母提出请求;

(b)并且如果该父母已婚,能证明他的／她的配偶已对此作出同意;

(c)并且如果子女是成年人,能证明其同意;或者如果子女是未成年人,能证明对其有利。

第 108 条③ (法院拒绝推定的权力)

如果申请人可通过随后结婚使推定为其子女的利益而得以适用,或者其有婚生子女,或者有被随后结婚推定的婚生子女或该子女的直系卑血亲的,根据具体情况,法院有权拒绝根据第 102 条适用依上述法院的裁定的推定。

第 109 条④ (法院的登记员应使推定被登记)

基于上述法院的登记员的请求,应在裁定作出之日起的 15 日内,按照第 290 条和第 291 条的规定将推定登记于公共登记处。但它已经基于任何其他人的请求被登记的,不在此限。

第 110 条⑤ (依法院的裁定被推定为婚生的子女将采用的姓氏)

(1)为其利益而存在一项依法院的裁定的推定的子女,应采用基于其请求而被如是推定的父母一方的姓氏,但不得违反第 92 条第 6 款之规定。

(2)如果推定的发生系基于父母双方的请求,子女应采用其父亲的姓氏,可将母亲的姓氏加于后。

第 111 条⑥ (依法院的裁定的推定在父母和子女间的效力)

(1)父母与为其利益而依照第 102 条产生推定的子女,自裁定作出之日

---

① 为 2004 年第 3 号法案第 118 条和 2004 年第 18 号法案第 25 条所修正。
② 为 2004 年第 9 号法案第 14 条和 2004 年第 18 号法案第 26 条所修正。
③ 为 2004 年第 18 号法案第 27 条所代替。
④ 为 2004 年第 18 号法案第 28 条所修正。
⑤ 为 1993 年第 21 号法案第 47 条和 2004 年第 18 号法案第 29 条所修正。
⑥ 为 2004 年第 18 号法案第 30 条所修正。

起,彼此处于父母与婚生子女同样的地位,但本法典对继承有任何其他规定的除外。

(2)该子女将不取得产生于血亲关系的任何其他权利。

第 112 条① （子女可在父母死亡后请求推定）

如果父母的一方在遗嘱或其他公文书中,表明他／她将婚生子女的推定适用于其婚外出生的子女的愿望的,该子女可在该父母死亡后,请求将该推定适用于他。在死者留有婚生子女或者留有由于随后结婚而被推定为婚生的子女的情形,保留第108条规定的法院的权力。

第三题② 收 养

第 113 条③ （解释）

(1)在适用本题以及据此制定的任何规章的范围内,如果某人订立或作出对于或便于任何其他人收养某人的协议或安排,则被视为他作出或参与了收养某人的安排。

(2)在本法典以及任何其他法律中,除非其中有其他规定:

(a)对于收养人或被收养人或者经由收养人或被收养人追溯亲属关系时,每次提及在任何亲系或亲等内与另一个人有亲属关系之人,应被解释为是指,如果被收养人是收养人在合法婚姻中的亲生子女而非任何其他人的子女,将与他有如是亲属关系之人。在不影响本条一般规定的前提下,每次提及被收养人之父、母或者父母的名字或姓氏,应被解释为是指养父、养母或者养父母的名字或姓氏;

(b)"收养"是指,依据本法典和《收养管理法》④的规定实施的,符合其条件及其他规定的,并且如果负责司法的部长依据本款而作出的指令中包含生效日期,自该日起开始生效的收养,包括跨国收养;并且应对其语义上的变化

---

① 为2004年第18号法案第31条所代替。
② 为1962年第21号条例第2条所代替。
③ 为1973年第46号法案第21条、2004年第3号法案119条、2004年第18号法案第32条和2008年第4号法案第29条所修正。
④ 第495章。

或同源的表达作出相应的解释;

(c)"收养委员会"具有《收养管理法》①第2条所赋予它的相同含义;

(d)"非婚生子女"是指,婚外受孕和出生的子女,或者本法典第101条至第112条中提及的为其利益的推定并不适用,且在两种情形下均未被收养的子女;

(e)"家事调解员"是指,《民事法院(家事部)、民事法院(一般管辖权)和地方法院(戈佐【戈佐为马耳他第二大岛,详见第27条第2款的译者注。——译者注】)(高级管辖权)(家事部)规章》中所规定的调解员;

(f)"接受寄养人"具有《寄养法》②第2条所赋予它的含义;

(g)"跨国收养"具有《收养管理法》③第2条所赋予它的含义;

(h)"社会工作者"具有《社会工作职业法》④第2条所赋予它的含义;

(3)在本题范围内,除非上下文有其他规定:

(a)"受委任机构"具有《收养管理法》⑤第2条所赋予它的相同含义;

(b)"上诉委员会"具有《收养管理法》⑥第2条所赋予它的相同含义;

(c)"中央机关"具有《收养管理法》⑦第2条所赋予它的相同含义;

(d)"儿童"是指年龄在18周岁以下之人;

(e)关于跨国收养的"原住国",是指儿童从中被收养的国家;

(f)"海牙公约"是指《跨国收养方面保护儿童及合作公约》;

(g)"公开收养"具有《收养管理法》⑧第2条所赋予它的相同含义。

第114条⑨ (发布收养令的权力)

(1)收养仅得依适格法院(本题下文称之为"法院")通过基于男子或女子的申请并听从收养委员会的建议而发布的命令(下文称之为"收养令")所授予

---

① 第495章。
② 第491章。
③ 第495章。
④ 第468章。
⑤ 第495章。
⑥ 第495章。
⑦ 第495章。
⑧ 第495章。
⑨ 为2004年第9号法案第14条、2008年第4号法案第30条和2010年第20号法案第2条所修正。

的权力而发生。

(2)收养令可基于已彼此结婚且仍生活在一起的配偶双方的申请而发布,授权他们共同收养某人,而不得仅基于此等配偶一方的申请而发布。

但拟被收养人是配偶一方的亲生子女的,以不违反第115条第3款(c)项之规定为条件,即使仅有拟被收养人的生父母一方的申请,亦可发布收养令,法院无须请求或复核收养委员会的建议。

(3)除了在生活在一起的配偶双方的情形,不得发布收养令授权一个以上的申请人收养某人。

(4)收养令可针对根据本题已成为一项收养令的对象之人发布。就有关收养令的申请,对于此人,先前的或最后的收养令中的收养人,在本题的范围内,应被视为其父、母或父母。

(5)在某人年满18周岁并将根据第115条第2款(a)项被收养的情形,无须收养委员会的建议,亦无须指定社会工作者或儿童律师。

第 115 条① （发布收养令的限制）

(1)除非申请人,或者在共同申请的情形下申请人之一,具备下列条件,否则不得发布收养令:

(a)年满28周岁,且至少比拟被收养人年长21岁但不长于45岁;

但申请人请求法院授权收养数位兄弟姐妹的,如果至少对此等儿童之一存在规定的年龄差且该收养将在最大程度上有利于所有相关的兄弟姐妹,视为满足本项规定的限制;

(b)或者为拟被收养人之父亲或母亲且已成年。

(2)收养令不得:

(a)针对年满18周岁之人发布,但下列情形除外:

(ⅰ)为了作为拟被收养人之母亲或父亲的单一申请人的利益,

(ⅱ)或者为了父、母和配偶的利益,如果拟被收养人与该方父、母和配偶已经不间断地生活在一起至少5年且同意该收养,

(ⅲ)或者为了接受寄养人的利益,如果他先前已经不间断地抚养拟被收养人至少5年且拟被收养人同意该收养;

(b)或者为担任圣职或受神圣的宗教誓愿约束之人的利益而发布;

---

① 为1977年第7号法案第2条所替代,后为2004年第18号法案第33条和2008年第4号法案第31条所修正。

(c)或者为监护人的利益而针对现在或过去受其监护之人发布,但监护人提交了管理账目或者对管理账目的提交作出充分担保的,除外。

(3)第117条之规定除外,在下列情形同样不得发布收养令:

(a)在非婚生子女的情形以外的任何情形,除非得到健在的作为拟被收养人之父、母的所有人的同意,即使父、母尚未年满18周岁;

(b)在非婚生子女的情形,除非得到健在的母亲的同意,即使她尚未年满18周岁;

(c)配偶一方根据第114条第2款的规定提出申请的,除非得到配偶他方的同意;

(d)拟被收养人年满11周岁的,除非得到其同意并在儿童律师的协助下进行。

(4)第117条之规定除外,在发布收养令之前,法院应:

(a)听取受委托照顾和监管拟被收养的儿童的任何人的意见;

(b)在非婚生子女的情形,如果生父已承认了拟被收养之人为其子女,且法院确信他已分担了子女的扶养并且他已对子女表示出真诚且持续的关怀,听取生父的意见;

(c)如果拟被收养人处于监护之下,或者与并非其父母但事实上对其照顾和监管之人一起生活,听取监护人或者事实上作出如是照顾和监管之人的意见(视具体情况而定);

(d)听取法院为保护儿童的最大利益并获得代理而指定的儿童律师和/或社会工作者的意见。

第116条① (收养前对拟被收养人的照顾和占有)

(1)除申请人或数申请人之一是拟被收养人之父、母的情形外,只有在收养令发布之日之前,拟被收养人已被申请人不间断地照顾和占有至少3个月,才可发布收养令,但法院认为是拟被收养人年满6周之日以前的任何期间不计算在内。

在发布收养令之前,申请人可以请求法院授予对拟被收养的儿童的临时照顾和监管。

---

① 为1977年第7号法案第3条所代替,后为2008年第4号法案第32条和2010年第20号法案第3条所修正。

在《收养管理法》①第 2 条所定义的跨国收养的情形,如果收养系根据本法典和依本法典制定的任何规章以及《收养管理法》所规定的收养程序为之,且被收养国的适格权力机关证实为在该国合法为之,应通过收养令在马耳他承认此等收养;即使在收养令发布之日之前,拟被收养人未被申请人不间断地照顾和占有至少 3 个月,亦同。

(2)在第 1 款规定的 3 个月的期间内,负责收养安置的受委任机构应采取它认为适当的任何措施,以确保申请人的安置最有利于儿童。如果认为该安置并非最有利于儿童,受委任机构应要求收养委员会请求法院授权将儿童脱离该安置。

(3)收养申请在任何法院未决的,对依照申请而发布收养令表示其同意的拟被收养人的父、母及任何监护人,除非得到法院的许可,无权使拟被收养人脱离申请人的照顾和占有。法院在决定是否给予或拒绝该许可时,应考虑拟被收养人的利益。

第 117 条② (免除同意的权力)

(1)法院可免除第 115 条所要求的任何同意或意见的听取,如果它确信:

(a)在免除任何此等同意之情形:

(ⅰ)被要求作出同意之人不能作出此等同意;

(ⅱ)或者父、母无法被找到或者遗弃、忽视或持续虐待拟被收养人,或者持续忽视或拒绝分担拟被收养人的扶养,或者要求或试图获得任何偿付或其他报酬,以作为作出有关收养所需要的同意的对价;

(ⅲ)或者父母任一方不合理地拒绝作出同意;

(ⅳ)或者根据第 154 条第 1 款之规定,可剥夺父母任一方对拟被收养的儿童的亲权;

(ⅴ)或者拟被收养的儿童不在父母任一方的照顾和监管之下,并且收养委员会宣称,不存在儿童可能与其母亲和/或父亲重聚的合理期待;

(ⅵ)或者父、母或父母无正当理由地至少 18 个月没有与拟被收养的儿童接触;

(ⅶ)或者免除此等同意最有利于拟被收养的儿童。

---

① 第 495 章。

② 为 1972 年第 38 号法案第 2 条、1981 年第 50 号法案第 2 条和 2008 年第 4 号法案第 33 条所修正。

(b)或者在免除任何此等意见的听取之情形,被要求听取意见之人无法找到或不能表达其意思。

(c)或者由于特殊和例外的原因,并考虑到所有相关人员的利益,免除任何此等意见的听取和同意是适当的。

(2)如果法院确信拟被免除同意之人无法找到或不能作出同意,或者配偶双方已别居并分开生活且可能永久别居,可免除申请收养令的配偶一方的同意。

(3)根据第115条第3款(a)项的规定,任何人对依照申请而发布收养令的同意,均可以在并不知晓申请收养令者的身份的情况下作出(但可以对拟被养人将来的宗教信仰作出要求)。

(4)儿童年满11周岁且想要被收养的,根据代表儿童的儿童律师的请求,法院可以免除收养所需要的任何同意或意见的听取。

第118条[1] (同意的证据)

(1)父母或拟被收养人在申请收养令的诉讼中没有出席的,为了对收养令的发布作出其同意之目的,以不违反本条第2款和第3款之规定为条件,表明同意发布该收养令和理解该收养令的性质及效力的一份文书,如果为其利益而发布该收养令之人在该文书中被指明或者(表明同意的一方不知晓此人身份的)以指定的方式在该文书中被识别,即为同意和理解该收养令的性质及效力的充分证据,而不论该文书制作于诉讼开始之前或之后。任何此等文书根据本条第2款(b)项被证实的,即为前述的充分证据,而无须由文书制作人签字的进一步的证明。

(2)在本条中,表明拟被收养人之母同意的文书并非充分的证据,除非:

(a)在文书制作之日,拟被收养人至少已满6周;

(b)并且文书在该日由监誓员、律师、公证人,或者如果在马耳他以外执行的,由任何被指定的此类人之一证实。

(3)只有为其利益而发布该收养令之人在文书中被指明,表明拟被收养人的同意的此等文书才可为本条中的充分证据。

(4)在本条的范围内,除非有相反的证明,声称根据本条第2款(b)项被证实的文书,视为被如是证实,并视为在其中明确规定的时间和地点被制作和证

---

[1] 为1963年第28号法案第2条、1972年第38号法案第3条和1977年第7号法案第4条所修正。

实。

第 119 条[①] （法院关于收养令的职责）

(1)法院在发布一项收养令之前应当确信：

(a)其同意对发布收养令是必需的，且没有被免除同意的所有人均已对申请发布的收养令作出同意并且理解该法令的性质及效力，特别在任一方父母之情形，他/她理解收养令的效力将永久剥夺他/她对拟被收养人的权利；

(b)如果发布收养令，将是为了拟被收养人之利益；

(c)申请人没有接受或同意接受任何偿付或其他报酬，并且无人对申请人作出或给出或者同意作出或给出任何偿付或其他报酬，以作为收养的对价，但法院批准的除外；

(d)收养委员会的建议已经被适当地考虑。

(2)在决定收养令的发布是否是为了拟被收养人的利益时，法院除考虑到其他因素外，还应考虑到在规定的情形中由注册医师出具的鉴定书所证明的申请人的健康，并且应考虑到拟被收养人的年龄、理解能力、其本人及其父母的宗教信仰，而对其意愿给予适当的关注。

(3)法院在收养令中可以课加它认为适当的期限和条件，尤其可要求收养人对拟被收养人作出法院认为正当和有益的供应(如果有)。

(4)在儿童年满 11 周岁的情形，如果最有利于他，法院在发布收养令时可以批准已经被收养委员会通过的公开收养协议，父母和/或自然家庭将据以与此等儿童保持接触。

但法院应确保公开收养协议是在儿童和当事人作出同意后订立的。

对公开收养协议的任何修正，在被法院批准之前不具有任何效力。

第 120 条[②] （保佐人）

(1)基于对收养某人的收养令的申请，法院应任命被指定之人担任拟被收养人的特别保佐人，该保佐人负有维护拟被收养人在法院的利益之义务。

(2)基于对收养某人的收养令的申请，法院可以依职权或基于包括拟被收养人在内的利害关系人的申请，指定一名儿童律师和/或一名社会工作者，以确保儿童被充分地代理并且其利益被充分地保障。

---

① 为2008年第4号法案第34条所修正。
② 为1977年第7号法案第5条和2008年第4号法案第35条所修正。

第 121 条① （权利和义务）

基于发布的收养令：

(a)收养令所针对之人，在亲属彼此间的权利和义务上，视为收养人在合法婚姻中的亲生子女，而非其他人的子女；亲属关系通过收养人而追溯；

(b)收养令所针对之人的亲属，将失去对于此人的所有权利，并被解除对于此人的所有义务；

(c)如果收养令所针对之人受到监护，监护人应终止其监护行为，并自收养令发布之日起3个月内向收养人提交有关的账目；

(d)在公开收养的情形，父母将保留与收养令所针对之人保持接触的权利；

(e)如果儿童处于依《儿童与青少年（照顾令）法》②发布的照顾令之下，为该儿童的利益而发布收养令的，法院应通知适格权力机关，收养令使照顾令终止。

第 122 条③ （支付扶养费的判决、裁定或指令）

(1)收养令发布后，对此人生效的支付扶养费的任何判决、裁定或指令，以及此人之父、母特别为其利益而据以承担支付责任的任何协议，终止生效，但不影响请求返还在收养令发布之日根据判决、裁定、指令或协议应当支付的任何欠款。

(2)针对非婚生子女的收养令发布后，不得作出支付扶养费的判决、裁定或指令。

第 123 条 （财产权）

(1)在收养令发布后的任何时间，收养人或被收养人或任何其他人，对于任何财产无遗嘱而死亡的，该财产应全面移转，如同被收养人是收养人在合法婚姻中出生的子女而不是任何其他人的子女一样。

(2)在收养令发布之日后，无论通过生前文书或遗嘱对财产作出的任何处分中：

---

① 为1973年第46号法案第20条、1993年第21号法案第48条和2008年第4号法案第36条所修正。

② 第285章。

③ 为1977年第7号法案第6条、2004年第18号法案第34条和2008年第4号法案第37条所修正。

(a)每次(无论明示或默示)提及收养人的子女,除非表明了相反的意图,应解释为是指或包括被收养人;

(b)每次(无论明示或默示)提及被收养人的生父母双方或生父母一方的子女,除非表明了相反的意图,应解释为并非指或不包括被收养人;

(c)并且每次(无论明示或默示)提及在任何亲系或亲等内与被收养人有亲属关系之人,除非表明了相反的意图,应解释为是指,如果他是收养人在合法婚姻中的亲生子女而非任何其他人的子女,将在此亲系或亲等内与他有如是亲属关系之人。

(3)在依据本条对任何财产进行移转的范围内,以及在对适用第2款之规定的任何处分进行解释的范围内,被收养人被视为与收养人的任何其他养子女为兄弟姐妹的关系。

(4)收养令针对先前已被收养之人发布的,在本条范围内,有关在后一收养令发布之日后,基于某人无遗嘱死亡而进行的任何财产的移转,以及有关在该日之后,某人死亡之日作出或生效的对其财产的任何处分,不应考虑先前的收养。

第124条[1] （被收养人将采用收养人的姓氏）

基于发布的收养令,收养令所针对之人应采用收养人的姓氏。

但如果收养令系为配偶双方的利益而发布,收养令所针对之人应采用养父的姓氏,可将养母的姓氏加于后。

如果拟被收养人为3周岁以下的儿童,收养人征得法院的同意可以为该儿童起一个新名。

第125条[2] （收养的登记）

(1)每项收养令应包含一项对公共登记处主任的如下指令:在(依本法典第269条而设置的)被收养人登记簿中依据本法典附录一的第二部分所陈列的表格H作出一个条目,并且(下一款的规定除外)收养令应载明将在该表格第2至7栏的标题下记录的事项。

(2)为遵照前款之规定:

(a)不能证明并使法院确信拟被收养人的确切出生日期的,法院应确定其

---

[1] 为1981年第30号法案第5条所代替,后为2008年第4号法案第38条所修正。
[2] 为1965年第31号法案第8条及第9条、1994年第3号法案第2条和2007年第13号法案第13条所修正。

出生的可能日期,而且如是确定的日期应作为其出生日期在收养令中载明。

(b)不能证明并使法院确信拟被收养人的出生国家和地点的,如果表明此人可能出生于马耳他,他应自始被视为出生于马耳他;在任何其他情形,可在收养令和被收养人登记簿的条目中省略出生国家这一事项。收养令中载明的作为拟被收养人之姓氏的姓氏,应当为申请人的姓氏。

(3)基于对收养令的任何申请,如果能证明并使法院确信拟被收养人的身份与(依本法典第238条而设置的)出生证书登记簿中的条目有关,则依照申请而发布的任何收养令,应当包含一项对公共登记处主任的如下指令:在出生证书登记簿中的条目上标注"被收养"一词。

(4)针对依照本题先前已成为一项收养令的对象之人发布的收养令,该收养令应包含一项对公共登记处主任的如下指令:在被收养人登记簿中的条目上标注"再被收养"一词。

(5)基于发布的收养令,法院的登记员应在该收养令发布后的15日内将之通知给公共登记处主任,公共登记处主任应在收到该通知后的15日内遵照该收养令中所包含的指令,既要在出生证书登记簿中的任何条目上标注"被收养"一词,又要在被收养人登记簿中作出适当的条目,还要在每项此等收养令上注明收到的日期并签名。

(6)第238条第2款、第245条第1款、第248条、第249条、第252条、第260条、第261条以及以不违反第269条的规定为条件的第251条的规定,经适当的修改后适用于被收养人登记簿以及其中的条目、从中的摘录、证明书及相关的其他文书。

第126条① (婚生子女的推定:收养令的撤销及登记的注销)

(1)被其父亲或母亲单方收养的任何人,随后被推定为其父亲和母亲的婚生子女的,适格法院可以基于任何相关当事人的申请,撤销收养令。

(2)如果收养令依照本条被撤销,法院的登记员应将该撤销通知给公共登记处主任,后者应注销:

(a)与被收养人有关的被收养人登记簿中的条目。

(b)出生证书登记簿中与被收养人有关的任何条目中的以"被收养"一词作的标注。

---

① 为1995年第24号法案第362条、2004年第9号法案第14条和2004年第18号法案第35条所修正。

(b)项提及的任何条目的经证实的副本,只有标注和注销都在其中被省略时,方能被视为准确的副本。

第 127 条① (收养令的修正及登记的更正)

(1)发布收养令的法院可基于收养人或被收养人的申请,通过更正其中包含的事项中的错误以修正该收养令,并且如果法院基于任何相关人的申请而确信:依照第 125 条第 3 款或第 4 款,包含在该收养令中的对于在出生证书登记簿或被收养人登记簿中的条目作出标注的指令是错误的,可以撤销该指令。收养令被如是修正或指令被如是撤销的,法院的登记员应在该收养令发布后的 15 日内将该修正通知给公共登记处主任;后者应相应地对被收养人登记簿作出必要的更正或增加,或者注销出生证书登记簿或被收养人登记簿中的条目的标注。

(2)如果收养令被修正,则依照第 269 条第 5 款发放的,被收养人登记簿中的相关条目的经证实的副本,应当是修正后的条目的副本,而无须复制与修正有关的任何说明或标注或者依此被注销的任何事项;在任何登记中的其标注已被注销的条目的经证实的副本,只有标注和注销都在其中被省略时,方能被视为准确的副本。

第 127A 条② (知情权)

(1)收养人或年满 18 周岁的被收养人可以向法院申请获得相关收养令的副本和/或被收养人的自然家庭和/或收养安置的详情。

(2)年满 18 周岁的被收养人有权向法院申请授权以从公共登记处获得其原始出生证书的副本。

(3)在发布与第 1 款和第 2 款有关的命令之前,法院应听取申请人和它认为在具体情形中适当的任何其他人的意见。

第 128 条③ (某些偿付的禁止)

(1)任何人均不得作出或给出,或者同意或提议作出或给出,或者接受或同意接受,或者试图获得任何偿付或其他报酬,以作为下列事项的对价:

---

① 为 1995 年第 24 号法案第 362 条所修正。
② 为 2008 年第 4 号法案第 39 条所增设。
③ 为 1963 年第 28 号法案第 3 条、1983 年第 13 号法案第 5 条、1990 年第 8 号法案第 3 条、2004 年第 9 号法案第 14 条、2007 年第 407 号法律通告和 2008 年第 4 号法案第 40 条所修正。

(a)此人对任何人的收养;

(b)此人作出有关某人的收养所需要的同意;

(c)此人欲使拟被收养人被收养而移转对他的照顾和占有;

(d)此人为某人的收养而作出的任何安排。

(2)违反本条第1款规定的任何人构成犯罪,基于有罪判决,应被处以不低于6个月但不超过1年期限的监禁,或不低于1164欧元69欧分(1164.69)但不超过2329欧元37欧分(2329.37)的罚金,或二者并罚。法院可命令将犯罪所针对的未成年人转移至安全之地直至他得以复归其父母或监护人或者得以对他作出其他安排。根据本条被判决有罪之人,还应承担返还支付给他的任何款项的责任。

(3)在有关为某人的收养作出任何安排的范围内,本条不适用于:

(a)对此人的扶养费的偿付;

(b)律师、公证人、法定代理人或医师的专业服务的报酬。

(4)本条第2款规定的有罪判决,应由作出有罪判决的法院的登记员通知给适格法院,后者应据此采取它认为对被收养人或拟被收养人最有利的措施,如果认为合适,可以撤销收养令。

第128A条① （公开之禁止）

(1)非经受委任机构的书面同意,任何人均不得在任何报纸、期刊或任何其他印刷品中,或者通过广播、电视、公开展览或通过任何其他方式或媒介,发布有关下列事项的任何广告、新闻或公开其他指定的事项,或者使之被发布或公开,无论其是否与特定的已经出生或尚未出生的儿童有关:

(a)某儿童可能被收养;

(b)某人打算收养某儿童;

(c)某人打算或愿意作出旨在收养某儿童的安排。

(2)除非法院授权,任何人均不得在任何报纸、期刊或任何其他印刷品中,或者通过广播、电视、公开展览或通过任何其他方式或媒介,公开与收养某儿童的申请有关的或者与收养程序有关的下列事项:

(a)申请人的名字;

(b)被收养或将要被收养之人的名字;

(c)被收养或将要被收养之人的父亲的、母亲的、保佐人或监护人的名字;

---

① 为2008年第4号法案第41条所增设。

(d)可能使(a)项、(b)项和(c)项述及之人被识别的任何事项。

(3)违反本条规定的任何人构成犯罪,基于有罪判决,应被处以不低于3个月但不超过6个月期限的监禁,或不低于1164欧元69欧分(1164.69)但不超过2329欧元37欧分(2329.37)的罚金,或二者并罚。

第128B条①　(虚假陈述)

(1)不考虑任何其他法律的规定,为了收养或者就与收养有关的事项,故意作出口头或书面的虚假陈述的任何人,构成犯罪,基于有罪判决,应被处以不低于3个月但不超过6个月期限的监禁,或不低于582欧元34欧分(582.34)但不超过1164欧元69欧分(1164.69)的罚金,或二者并罚。

(2)申请将某人的细项登录在《重聚与信息登记簿》中时故意作出虚假陈述之人,构成犯罪,基于有罪判决,应被处以不超过582欧元34欧分(582.34)的罚金。

第128C条②　(假冒或虚假表示)

不考虑任何其他法律的规定,某人假冒或虚假地表示自己是被收养的儿童、父、母、收养人、亲属、为收养某儿童法律上需要其同意之人或者与被收养的儿童有利害关系的其他人的,构成犯罪,基于有罪判决,应被处以不低于3个月但不超过6个月期限的监禁,或不低于582欧元34欧分(582.34)但不超过1164欧元69欧分(1164.69)的罚金,或二者并罚。

第128D条③　(伪造的文书)

如果在收养程序中,某人提交了旨在表明同意收养或撤销收养的文书,而签名系伪造的或者系通过欺诈或胁迫获得的,此人构成犯罪,基于有罪判决,应被处以不低于6个月但不超过1年期限的监禁,或不低于1164欧元69欧分(1164.69)但不超过2329欧元37欧分(2329.37)的罚金,或二者并罚。

第128E条④　(使用暴力)

某人对儿童之父、母使用或威胁将使用任何暴力或遏制措施,或者伤害或威胁将伤害他/她,或者实施或威胁将实施有损他/她的任何行为,意图(a)诱使父、母出示或不出示子女供收养,(b)影响父、母决定是否同意收养的,构

---

① 为2008年第4号法案第41条所增设。
② 为2008年第4号法案第41条所增设。
③ 为2008年第4号法案第41条所增设。
④ 为2008年第4号法案第41条所增设。

成犯罪,基于有罪判决,应被处以不低于 3 个月但不超过 6 个月期限的监禁,或不低于 1164 欧元 69 欧分(1164.69)但不超过 2329 欧元 37 欧分(2329.37)的罚金,或二者并罚。

第 128F 条① (脱离儿童)

对其子女的收养已表示同意的父、母,未经法院授权而使该子女脱离潜在的收养人的照顾和监管的,构成犯罪,基于有罪判决,应被处以不低于 2 个月但不超过 4 个月期限的监禁,或不低于 582 欧元 34 欧分(582.34)但不超过 1164 欧元 69 欧分(1164.69)的罚金,或二者并罚。

第 129 条② (规章)

负责司法的部长可以就下列事项制定规章:

(a)规定本题授权的或需要规定的任何事项;

(b)保护、监督或管教处于被指定之人照顾和占有下的未成年人;

(c)就收养某人的安排的作出或参与进行控制,或者将某个未成年人置于其他人的照顾或占有之下;

(d)负责司法的部长认为制定规章将有益的任何附带事项和补充事项,尤其包括负责司法的部长为确保规章得到遵守而授权某人为此进入并检查规章所涉及的建筑物;

(e)对违犯任何规章者设定应受的惩罚。

第 130 条③ (跨国收养)

(1)以不违反本条第 2 款之规定为条件,如跨国收养被视为依据第 113 条之规定的收养,则该收养据以实施的马耳他以外权力机关的指令(无论如何称之),如同马耳他法院发布的收养令而产生效力;本法典及任何其他法律之规定将因此适用,但要根据具体情况作出适当的修改与变更。

(2)本条第 1 款的适用受制于适格法院的或者发布跨国收养据以实施的指令的其他权力机关的任何复核、撤销或宣告无效,以及与之相关的决定或命令。

(3)在不影响本条上述规定的前提下,对于跨国收养,法院:

---

① 为 2008 年第 4 号法案第 41 条所增设。

② 为 1963 年第 4 号法律通告、1966 年第 31 号法案第 2 条和 2008 年第 4 号法案第 42 条所修正。

③ 为 1973 年第 46 号法案第 22 条所增设,后为 2008 年第 4 号法案第 43 条所修正。

(a)有权决定跨国收养是否将视为依据第113条之收养;

(b)有权指令在本题提及的登记簿和证书中作出有关跨国收养的条目或标注,以及作出相关的任何更正或注销;

(c)有权决定跨国收养的复核、撤销或宣告无效是否以及在何种程度上将在马耳他有效;

(d)以该收养违反公共政策或声称授权收养的权力机关不适格为由,有权命令该跨国收养将在马耳他终止产生收养的效力或继续有效;

(e)享有依据本法典对收养所通常享有的一切权力,并可基于为该目的的申请或在依据本法典行使其权力的过程中行使上述权力。

第 130A 条① （适用国际条约的规定）

不考虑本题的上述规定,如果某跨国收养由马耳他加入的国际条约的规定调整,负责司法的部长为履行该条约的规定可以制定他认为适当的规章。法院对该跨国收养的权力应依照条约的规定并在条约规定所允许的限度内行使,并确保该条约的规定得到遵守。

第四题② 亲 权

第 131 条③ （受亲权约束的子女）

(1)子女应在法律规定的所有方面受亲权的约束。

(2)除法律规定的情形外,亲权由父母双方共同同意而行使。父母的一方死亡后,亲权由健在的一方行使。

(3)父母之间对特别重要的事项发生争议的,父母的任一方可向不时生效的任何法律所指定或规定的法院申请,要求作出他/她认为在具体情况中适当的指令。

(4)法院在听取父母及年满14周岁的子女的意见后,应提出它认为最有利于子女和家庭团结的建议。如果父母间的争议仍然持续,法院应授权它认

---

① 为2004年第3号法案第120条所增设,后为2008年第4号法案第44条所修正。
② 为1993年第21号法案第2条所修正。
③ 为1973年第46号法案第23条和1993年第21号法案第49条所代替,后为2004年第3号法案第121条所修正。

为在特定案件中最适于保护子女利益的父母的一方对该争议作出决定,第149条的规定除外。

(5)存在严重伤害子女的迫切危险的,父母的任一方可采取紧急且不可迟延的措施。

(6)对于诚信第三人,如果配偶一方实施有关与子女的人身有关的亲权的行为,其行为视为得到另一方的同意。

第一分题① 亲权对未成年人的效力

第132条② (子女要遵从父母且不得离弃父母的住所)
(1)子女应在法律允许的所有方面遵从其父母。
(2)除关于参军的法律有任何其他规定外,子女不得未经父母同意而离开父母的住所或其父母为他指定的住所。
(3)子女未经上述同意而离开住所的,父母有权将他召回,并且如果必要,有权请求警方的协助。

第133条③ (法院批准子女离开父母的住所的权力)
(1)然而,不时生效的任何法律所指定或规定的适格法院可以,基于正当理由而无须将之公开,批准子女离开父母的住所。
(2)若推迟将造成损害,任何地方法官均有权发布必要的指令,并在不迟于下个工作日向上述法院作出汇报,后者可确认、撤销或变更该指令。

第134条④ (法院批准将子女置于其他形式的照顾之下的权力)
(1)如果父母不能管教子女,他们可以根据自己的经济能力支付给他完全必需的扶养费而将他移出家庭。
(2)在任何此等情形,如果必要且获得不时生效的任何法律所指定或规定的法院授权,父母也可在法院裁定的期间内,将子女置于法院根据具体情况认为合适的其他形式的照顾之下,并由父母承担费用,以法院认为有益于子女的管教和教育的方式照顾和对待子女。

---

① 为1993年第21号法案第2条所修正。
② 为1975年第148号法律通告和1993年第21号法案第50条所修正。
③ 为2004年第3号法案第122条和2004年第9号法案第14条所修正。
④ 为1993年第21号法案第51条所代替,后为2004年第3号法案第123条所修正。

(3)对此等授权的请求甚至可以以口头的方式提出;法院应对之发布必要的指令,而无须任何正式的诉讼,也无须对此给出理由。

第 135 条① （父母为子女的代理人）
父母在所有的民事事项中共同代理其已出生或将出生的子女。

第 136 条② （父母的管理权）
(1)父母共同管理其已出生或将出生的子女的财产,但以只能由父母的一方或第三人管理为条件而移转给该子女的财产除外。

(2)但普通管理行为可由父母的一方实施而无须另一方的介入。

(3)必须由父母共同实施的特殊管理行为包括:

(a)转让天然动产,包括将其收益进行营利性投资的机动车辆;

(b)到期资金的收取;

(c)授予享用不动产的债权;

(d)以子女的名义接受遗产、遗赠或赠与;

(e)天然动产的分割;

(f)根据本条第 4 款需要法院授权的行为。

(4)除非在必要的情形,或者表明有益且征得法院的授权,否则,父母不得转让属于子女的不动产或依法律规定的动产【参见第 315 条的规定。——译者注】、缔结借贷或其他债务、以子女的名义抵押或质押其财产、订立保证合同、订立任何和解合同或者将争议提交仲裁。在任何此等情形,法院应父母之请求,可以仅授权父母的一方代理子女的相关行为。

(5)父母之间发生争议的,适用第 131 条之规定。

第 137 条③ （遗产的接受）
(1)父母应附清单利益接受移转给子女的任何遗产,除非法院免除了该清单。

(2)如果父母的一方不能或不愿接受该遗产,父母另一方可征得法院的授权接受之。如果父母双方均不能或不愿接受该遗产,法院基于子女或其任何亲属的请求,子女年满 14 周岁的,可授权子女自己接受,否则可授权法院指定

---

① 为 1993 年第 21 号法案第 51 条所代替。
② 为 1981 年第 30 号法案第 6 条所修正,后为 1993 年第 21 号法案第 51 条所代替。
③ 为 1973 年第 46 号法案第 24 条、1981 年第 30 号法案第 7 条和 1993 年第 21 号法案第 52 条所修正。

的特别保佐人接受。

(3)根据《死亡和赠与税法》①的规定,健在的配偶已对包含在应征税移转中的财产提出申报的,在本条范围内,对于在上述申报中所声明的财产,该配偶视为接受了附清单利益移转给未成年人的遗产,该清单视为依照上述申报适时地制作和公布,而无须任何法律所要求的任何进一步的手续或授权。

第 138 条② (行为的无效只得由父亲等提出)

违反上述规定而实施任何行为的,该行为的无效只能由父母、或者子女或其继承人、或者继受其权利的其他人提出。

第 139 条③ (利益冲突)

子女之间或子女与父母之间存在利益冲突的,适格法院应根据具体情况指定一名或数名特别保佐人。

但父母的一方有权拒绝代理任一子女以对抗另一子女或对抗父母另一方。

第 140 条④ (父母要提交管理账目)

(1)父母有义务在子女成年后向后者提交他们不享有用益权的财产及其孳息的账目,以及他们享有法定用益权的财产本身和对该财产的管理账目。

(2)若亲权在子女成年前终止,父母应在该终止之日提交账目。

(3)在不影响父母的任何责任的前提下,父母的一方也可代表另一方提交此等账目。

第 141 条⑤ (父母享有用益权的财产)

(1)父母对通过继承、赠与或任何其他无偿行为转移给子女的财产,包括源自限定继承的财产,享有用益权。

(2)父母保有该用益权直至子女成年,除非后者于成年前死亡。

第 142 条⑥ (不承受法定用益权的财产)

下列财产不承受法定用益权:

(a)以父母双方或其一方不得享有用益权为条件而遗留或给予子女的财

---

① 第 239 章。该法为 1993 年第 16 号法案所废止。
② 为 1993 年第 21 号法案第 53 条所修正。
③ 为 1993 年第 21 号法案第 54 条所代替。
④ 为 1993 年第 21 号法案第 54 条所代替。
⑤ 为 1993 年第 21 号法案第 55 条所修正。
⑥ 为 1993 年第 21 号法案第 56 条和 2007 年第 13 号法案第 3 条所修正。

产；

但对于以特留份的方式保留给子女的财产,任何此类条件无效；

如果以仅父母一方不得享有用益权为条件而遗留或给予子女财产,该财产将承受父母另一方的用益权,但在任何此等情形,该财产的孳息将不包含在享有用益权的父母一方与被从中排除的父母一方之间的任何婚后所得共有之中；

(b)给予子女从事某项事业、手艺或职业的财产；

(c)通过继承、遗赠或赠与移转给子女的财产,为子女的利益但与父母的意愿相悖而接受该继承、遗赠或赠与的。

父母一方代表子女接受该财产而父母另一方不同意接受的,该财产仅承受作出接受的父母一方的用益权；但在任何此等情形,该财产的孳息将不包含在上述接受该继承、遗赠或赠与的父母一方与未如是接受的父母一方之间的任何婚后所得共有之中；

(d)子女通过自己的工作或独自的劳务取得的财产。

第143条① (父母的用益权承受的义务)

赋予父母的用益权承受下列义务:

(a)用益权人承受的所有义务,但提供担保的义务除外；

(b)用益权开始之前的年金或者到期的资本利息的支付；

(c)移转财产于子女之人的此等本应由子女承担的丧葬费用和致死疾病费用的支付；

(d)子女的扶养费用和教育费用。

第144条② (用益权的终止)

(1)父母的用益权因子女死亡,或者因父母或养父母结婚或再婚而终止(视具体情况而定)。

(2)因亲权终止的任何其他原因,父母的用益权亦终止。

(3)用益权仅对父母一方终止的,承受该用益权的财产之孳息将不包含在用益权并不对其终止的父母一方与用益权对其终止的父母一方之间的任何婚后所得共有之中。

---

① 为1993年第21号法案第57条所修正。

② 为1962年第21号条例第3条和1993年第21号法案第58条所修正。

第 145 条① （用益权终止而父母继续享用财产的情形）

如果用益权终止而父母或父母的一方继续享用与其生活在一起的子女的财产,虽未得到授权但子女一方并未反对的,或者虽得到授权但没有提交孳息之账目的明确条件的,该父母或父母一方、或者其继承人,视具体情况而定,仅需交付请求之时存在的孳息,而无须对请求之时已经消费的孳息承担责任。

第 146 条② （父母的一方死亡,等等）

(1)如果父母的一方死亡,对其子女及子女的财产——包括从死亡父母的财产中移转给子女的财产以及在该方父母死亡后因任何其他事由移转给子女的财产——的亲权将仅归于健在的父母一方。

(2)父母的一方已经丧失或被剥夺亲权,或者因失踪或其他障碍而不能行使亲权的,本条第 1 款的规定同样适用。

(3)如果父母的一方仅被剥夺用益权,该权利将仅归于父母另一方。

(4)如果父母的一方被剥夺用益权,该用益权的孳息将不包含在该父母一方与未被剥夺用益权的父母一方之间的任何婚后所得共有之中。

第 147 条③ （父母再婚且继续管理财产的情形）

(1)如果再婚的父母一方继续管理子女的财产,无论该父母一方是否仍行使亲权,对于该财产在婚前及婚后的管理,该父母一方与其配偶负连带责任。

(2)本条的规定适用于养父母的结婚或再婚。

第 148 条④ （母亲被赋予亲权时适用的规定）

第 149 条⑤ （不考虑其他规定,法院作出指令的权力）

不考虑本法典的任何其他规定,基于正当理由,法院可以就未成年人的人身或财产,作出它认为对子女最有利的指令。

---

① 为 1993 年第 21 号法案第 59 条所代替。
② 为 1973 年第 46 号法案第 25 条和 1993 年第 21 号法案第 59 条法案所代替。
③ 为 1973 年第 46 号法案第 26 条和 1993 年第 21 号法案第 59 条法案所代替。
④ 为 1973 年第 46 号法案第 27 条所代替,后为 1993 年第 21 号法案第 59 条所废止。
⑤ 为 1973 年第 46 号法案第 28 条所代替。

第二分题① 亲权如何终止

第 150 条② （何时亲权依法当然终止）
在下列任一情形,亲权依法当然终止:
(a)如果父母双方或子女死亡;
(b)如果子女年满 18 周岁;
(c)如果子女结婚;
(d)如果子女征得父母的同意离开父母的住所,并设立一个单独的家庭住所;
(e)如果父母没有为子女的利益进行第 2038 条和第 2039 条提及的登记;但如果仅父母的一方未进行该登记的,对于进行了该登记的父母一方,亲权并不终止;
(f)如果健在的父母一方再婚,或者在养父母的情形,如果他/她在收养后结婚或再婚,而没有首先制作子女财产的清单且没有从法院获得继续行使亲权的必要许可。

第 151 条③ （何时法院可恢复父母的亲权）
在前条(e)项和(f)项提及的任何情形,如果法院认为有利于子女的利益,基于父母对亲权的行使,法院可以全部或部分恢复由于其疏忽而丧失的此等权力。

第 152 条④ （法院可免除清单）
基于正当理由,法院可免除第 150 条(f)项所要求的清单,并改为指令仅对财产作出描述。该描述应由父母的宣誓加以证实。

第 153 条⑤ （父母再婚前或再婚后请求继续行使亲权时法院的权力）
而且,基于父母在再婚前或再婚后,或者在养父母的情形,在其结婚或再婚前、后提出的,授权继续行使亲权的请求,法院可以仅授予父母对子女人身

---

① 为 1993 年第 21 号法案第 2 条所修正。
② 为 1962 年第 21 号条例第 4 条、1973 年第 46 号法案第 30 条和 1993 年第 21 号法案第 2 条及第 60 条所修正。
③ 为 1993 年第 21 号法案第 2 条及第 61 条所修正。
④ 为 1993 年第 21 号法案第 62 条所修正。
⑤ 为 1962 年第 21 号条例第 5 条和 1993 年第 21 号法案第 2 条及第 63 条所修正。

的此等权利,并指定一名财产管理的保佐人,或者将财产的管理委托给父母并指定一名对子女人身的监护人。

第 154 条① （何时可以剥夺父母的亲权）

(1)除父母可能依法受到的任何其他惩罚外,在下列任一情形,他/她可被上述法院全部或部分剥夺亲权:

(a)如果父母超出合理惩戒的限度虐待子女,或忽视其教育;

(b)如果父母的行为危及子女的教育;

(c)如果按照《组织与民事程序法典》②中第520条至第527条以及本法典第189条和第190条的规定,父母被禁治产,或不能从事某些行为;

(d)如果父母对子女的财产管理不善;

(e)如果父母未履行第3B条为子女的利益而列举的任何一项义务。

(2)然而,即使在本条第1款提及的情形,当该剥夺的事由不复存在时,法院可以恢复父母行使其已被剥夺的权利。

第 155 条③ （因丧失亲权,对子女财产的用益权终止）

对子女财产的用益权因丧失亲权的任何权利而终止,并且仅因完全恢复亲权而得重新取得。

第 156 条④ （未成年人从事贸易的情形）

(1)年满16周岁的未成年人,根据《商法典》⑤第9条被授权从事贸易,或并非作为一名商人而实施某些贸易行为的,对于与其贸易有关的所有事项或对于该行为,该未成年人被视为已成年。

(2)关于亲权下的未成年人和子女,本法典的规定不影响《商法典》的所有其他规定。

---

① 为1993年第21号法案第2条及第64条所修正。
② 第12章。
③ 为1993年第21号法案第2条所修正。
④ 为1973年第46号法案第32条和1993年第21号法案第2条所修正。
⑤ 第13章。

第五题　未成年与监护

第一分题　未成年

第157条　（未成年）

未成年人为不满18周岁的男性或女性。

第二分题　监　　护

第158条①　（未成年人受监护的情形）

其父母已经死亡或丧失亲权,且尚未结婚的任何未成年人,应被置于监护之下直至他成年或结婚。

第一节　监护人的指定与撤销

第159条②　（监护人的指定）

(1)监护人由法院基于任何人的请求而指定。

(2)在指定监护人时,法院应考虑子女的任一方父母的遗嘱中包含的有关监护人的指定的安排。

第160条③　（有资格担任监护人之人）

在未成年人的亲属之中存在有资格的人选的,法院应指定其中的一人；在不违反子女的最大利益的情况下,优先指定血亲关系最近的亲属。

第161条④　（一个以上的监护人被指定的情形）

(1)法院可以指定一个以上的监护人。

(2)一个以上的监护人被指定的,法院可以依职权或基于任一监护人的请

---

① 为1973年第46号法案第33条所代替,后为1993年第21号法案第2条所修正。
② 为1973年第46号法案第34条所代替。
③ 为1962年第21号条例第6条和1973年第46号法案第36条所修正。
④ 为1973年第46号法案第37条所代替。

求,随时明确规定他们各自的义务;在分配给他们各自的特定义务之前,各监护人享有监护人的所有权力并承担监护人的所有义务,并且他们应对其中每一个人的行为负连带责任。

(3)任一监护人死亡或由于其他原因而终止作为监护人的,监护将由其他监护人行使,除非法院依职权或基于任何人的请求已指定了其他监护人代替此人。

第162条 （未成年人与监护人间的利益冲突）

受同一监护人监护的数个未成年人之间,或者他们与监护人之间存在利益冲突的,适用第139条之规定。

第163条① （没有资格担任监护人职务之人）

下列之人不得被指定为监护人:

(a)尚未成年之人;

(b)未被赋予对其财产自由管理之人或恶名昭彰不适于管理财产之人;

(c)涉入或即将涉入与未成年人的诉讼,并可能导致该未成年人的状况或其财产的相当部分处于危险中的人,或此等人的配偶或其血亲亲属或其叔、侄亲等以内的姻亲亲属;

(d)未解除债务的破产人;

(e)已被判处一年以上监禁刑罚之人,或者因破坏良好的家庭秩序的犯罪【参见马耳他《刑法典》第一编第二分编第七题"破坏良好的家庭秩序的犯罪"(第196条至第210条)。——译者注】或欺诈而被判处任何刑罚之人;

(f)恶名昭彰的品质恶劣之人,或者明显不可信或粗疏之人;

(g)为未成年人利益的财产受托人。

第164条② （法官和地方法官不适于做监护人）

(1)法官和地方法官不适于监护人职务,在其任何亲等的直系血亲或侄辈亲等以内的旁系血亲的情形除外。

(2)法官或地方法官被指定承担监护人职务的,他之前已经承担的监护,除非针对的是上述亲属,否则将终止。

---

① 为1973年第46号法案第39条、1977年第11号法案第2条、1981年第49号法案第4条和2004年第13号法案第38条所修正。

② 为1975年第148号法律通告所修正。

第 165 条① （可以被免除监护人职务之人）

下列之人可以被免除接受或继续承担监护人职务：

(a) 众议院议员；

(b) 公共部门的首脑，以及负责公共机构的任何特定分支的任何其他公共官员；

(c) 属于马耳他武装力量的处于服役期的人员；

(d) 年满 60 周岁或者一贯虚弱，使其不能便利地履行监护人职务之人；

(e) 作为 5 名活着的子女的父亲或母亲的任何人；

(f) 已经正在履行监护职务之人；

(g) 并非未成年人的亲属或只是未成年人的远亲的任何人，如果该未成年人在马耳他有亲属或有较近的亲属（视具体情况而定），适于履行监护人职务且未被免除该职务。

亲属或较近的亲属的无能力或被免除履行监护人职务的事由终止的，陌生人或远亲（视具体情况而定），可请求解除自己的监护人职务。

第 166 条 （法院免除监护人的权力）

基于前条提及的任何事由或任何其他正当理由，法院还可以永久或暂时免除任何监护人继续承担其职务。

第 167 条② （监护清单）

(1) 指定某人承担监护人职务前，法院应指令此人对未成年人的财产制作一份清单，或者根据具体情况，作出由此人的宣誓加以证实的对该财产的描述，并命令他以其本人限于一定数额的财产抵押，以约束他合理、诚信地管理未成年人的财产，且命令他在监护终止时就其管理提交真实、准确的账目。

(2) 法院可以命令由将被指定承担监护职务以外的人制作上述监护清单或作出上述描述。

第 168 条③ （法院对监护人的权力）

(1) 在其认为有益时，法院可以在指定监护人的裁定中对监护人课加每年或在法院指令的其他时间间隔内，就其管理向法院的登记处提交账目的义务。

---

① 为 1962 年第 65 号条例、1965 年第 46 号法律通告、1973 年第 46 号法案第 40 条和 1975 年第 148 号法律通告所修正。

② 为 1973 年第 46 号法案第 41 条所修正。

③ 为 1973 年第 46 号法案第 43 条和 1977 年第 11 号法案第 2 条所修正。

(2)法院还可以指令要求承担监护人职务之人提供担保,并且在任何此等情形,保证人的义务以及监护人的义务必须先于监护人的指定。

第 169 条 （监护人的中止或撤销）

(1)基于第 163 条(b)项、(c)项、(d)项、(e)项和(f)项提及的任何事由,或因未在预定的时间提交账目,或因提交的账目不真实,或因任何其他正当事由,法院可中止或撤销任何监护人或保佐人其职务,但《组织与民事程序法典》①第 35 条的规定除外。

(2)在所有情况下,法院应主要考虑未成年人的利益。

第 170 条 （胎儿的保佐人）

(1)如果丈夫无子女而死亡时妻子宣称她怀孕的,基于任何利害关系人的请求,法院可以指定一名胎儿的保佐人,以防止任何假冒出生或偷换子女【可参见第 82 条的规定。——译者注】,以及根据法院认为适当而作出的指令,管理胎儿的财产直至出生之日。

(2)法院可以指定一名妇女为保佐人,并委托另一人管理财产。

第 171 条 （监护人的报酬）

法院可随时授权监护人或者前条提及的保佐人取得适度的报酬。

第二节　监护人的管理

第 172 条 （监护人的义务）

监护人应照顾未成年人的人身,代理其所有的民事事项,并如同善良家父管理其财产。

第 173 条② （法院关于未成年人的教育的权力）

法院应适当指定未成年人被扶养的场所、适于对子女作出的教育以及为其扶养和教育所发生的费用。

第 174 条 （未成年人行为不端时监护人的权力）

(1)监护人有重大原因而不满未成年人的行为的,适用第 134 条的规定。

(2)必要费用由未成年人负担。

第 175 条③ （未成年对监护人的义务）

---

① 第 12 章。
② 为 1973 年第 46 号法案第 44 条所修正。
③ 为 2004 年第 9 号法案第 14 条所修正。

(1)未成年人应在法律允许的所有方面遵从监护人。

(2)监护人滥用其权力或疏于履行其义务的,未成年人本人或任何其他代表他的人均可向适格法院提起控诉,法院应警告监护人或作出任何其他适当的指令。

第 176 条 (不可迟延的行为)

即使没有遵守第 167 条规定的要求,法院亦可授权被委托制作清单的人或任何其他人,实施不可迟延的行为。

第 177 条① (动产的处分)

(1)监护人应在其被指定后的 3 个月内,出售法院没有授权他持有的未成年人的所有动产。

(2)除非法院有其他授权,出售应以公开拍卖为之。

(3)根据具体情况,法院对延长本条第 1 款规定的时间有自由裁量权。

第 178 条 (贵重物品等)

(1)法院可命令将监护人被授权持有的任何贵重物品,寄托在对类似物品的司法寄托所指定的场所,或寄托在安全保管的其他场所。

(2)对于包含在未成年人财产中的任何金钱或无记名有价证券,适用同样的规定。

(3)对于此等物品、金钱或有价证券,法院可随时作出其他指令。

第 179 条② (商业机构)

(1)包含在未成年人财产中的任何商业机构或工业机构,应由监护人以法院指定的方式出售和清算。

(2)然而,如果继续经营可能对未成年人更为有利,法院可批准继续经营。

第 180 条③ (监护人的权力的限制)

(1)未征得法院授权,监护人不得收取或转让属于未成年人的任何资产,除紧急情形外不得出借金钱,不得接受或放弃继承,不得接受任何附负担的赠与或遗赠,不得将任何事项提交仲裁或达成任何和解,不得转让、抵押不动产,不得授予不动产的永租权,不得出租乡村土地超过 8 年期限、或者出租城市房

---

① 为 1973 年第 46 号法案第 45 条所修正。
② 为 1973 年第 46 号法案第 46 条所修正。
③ 为 1980 年第 1 号条例第 1 条和 1973 年第 46 号法案第 47 条所修正。

地产超过4年期限,或者出租动产超过其一般使用期限。【需要说明的是,本法典中的"城市"、"乡村"概念并非物理意义上的城市或乡村,乃沿袭罗马法中以所涉财产系"建筑物"抑或"土地"而分别定性的传统,所涉对象为"建筑物"的冠以"城市"的前置词,所涉对象为"土地"的冠以"乡村"的前置词。译者在翻译 urban property / tenement(在马耳他语中仅用一个词"bini"来表示,即建筑物)和 rural property / tenement(在马耳他语中仅用一个词"raba"来表示,即土地)这对术语时,根据这一传统以及出于统一 tenement(在多数语境下包括建筑物和土地二者)在全文中的译法的考虑,分别译为"城市房地产"和"乡村土地",以分别彰显二者的城市气息和乡土气息。——译者注】

(2)基于对授权接受继承的请求,法院可根据具体情况,允许监护人作出一项描述包含在遗产中的财产的说明,以代替第848条规定的清单,该说明应由监护人的宣誓加以证实。

(3)所授予的租赁期限超过本条第1款之规定的,应减少至各自规定的期限,该期限自合同订立之日起算。

(4)法院在指定监护人的裁定或随后的裁定中,可授予该监护人对于上述所有或任何行为的概括的权力。

第181条[①] (金钱的营利性投资)

(1)在扣除未成年人的必要费用后,监护人收取的收入或其他金钱,数额超过116欧元47欧分(116.47)的,应将之进行营利性投资。

(2)如果监护人没有作出此等投资,应对利息承担责任,除非他证明尽管尽了所有适当的勤勉,仍未能找到一项营利且安全的投资。

(3)监护人应当对在进行投资时未能尽到善良家父本应尽到的注意而引起的任何损失承担责任。

第182条 (管理)

(1)监护人应至少保有一本收支账册。

(2)他应当依其账目对任何数额较大的费用制作凭证。

(3)上述账册,如果由监护人的宣誓加以证实,即足以证明小额的费用。

(4)监护人仅对被认为有用的费用,或者考虑到未成年人的社会地位和经济能力被认为惯常的费用,享有权利。

第183条 (账目的提交)

---

① 为1973年第46号法案第48条、1983年第13号法案第5条和2007年第407号法律通告所修正。

(1)管理因第158条提及的事由以外的任何其他事由而终止的,监护人应向继承其监护职务之人提交其账目。

(2)如果未成年人在监护期间死亡,账目应提交给其继承人。

第184条 （向被监护人提交账目）

如果监护因第158条提及的任何事由而终止,账目应提交给被监护人。

第185条 （利息）

(1)监护人应支付的任何欠款,自监护终止之日起依法当然计算利息。

(2)未成年人应向监护人支付的任何数额的利息,仅自监护人在其监护终止后以司法文书的方式提出请求支付之日起开始计算。

第186条 （诉讼时效）

除第2157条之规定外,所有与监护有关的,未成年人对监护人所享有的诉权或监护人对未成年人所享有的诉权,时效期间为5年,自未成年人成年或死亡之日起算。

第187条 （监护人实施的行为的无效）

(1)违反本题所包含的规定而实施的触及未成年人利益的任何行为,其无效只能由未成年人或其继承人或继受其权利的其他人提出。

(2)不得仅基于监护人的指定与第163条的规定相悖而对监护人的行为提出异议。

第六题　成年、禁治产与剥夺行为能力

第一分题　成年

第188条 （成年年龄）

(1)年满18周岁时确定成年。

(2)成年人可以实施所有民事行为,但不得违反法律的其他特别规定中包含的限制。

第二分题　禁治产与剥夺行为能力

第 189 条　（禁治产人）

(1)处于智障或其他精神耗弱状态的成年人,或者成年的浪费人,可根据《组织与民事程序法典》①第 520 条至第 527 条的规定,被禁治产或剥夺从事某行为的能力。

(2)对于第 156 条提及的未成年人,适用同样的规定。

(3)禁治产或剥夺行为能力的请求,不仅可以由《组织与民事程序法典》第 521 条规定之人提出,而且可以由根据本法典的规定,可能被迫对智障者、精神耗弱者或浪费人提供扶养的具有姻亲关系的任何人提出。

第 190 条　（聋哑人或盲人）

法院有权将《组织与民事程序法典》②的上述规定同样适用于先天性的聋哑人或盲人的情形,而且在任何此等情形,无须此人不能管理其事务的进一步的证明。

第 191 条　（未成年人的禁治产）

(1)受监护的未成年人,在他未成年的最后一年可被宣告禁治产或剥夺行为能力。在任何此等情形,法院可指定监护人或任何其他人为保佐人。

(2)上述保佐人仅应自监护终止之日起开始管理财产。

第 192 条　（禁治产人实施的行为的无效）

禁治产人或被剥夺行为能力之人,在被禁治产或剥夺行为能力后所实施的行为,其无效只能由保佐人、禁治产人、被剥夺行为能力之人、其继承人或继受其权利的其他人提出。

第七题　失踪人

第 193 条　（"失踪人"的定义）

某人停止在马耳他出现且杳无音讯的,在适用本题所包含的规定的范围

---

①　第 12 章。
②　第 12 章。

内,视为失踪人。

第一分题 对失踪人的保佐

第 194 条[①] （申请指定保佐人）

失踪人的假定继承人或任何其他利害关系人,可以向失踪人最后居住之岛【可参见第 27 条第 2 款的译者注。——译者注】上的适格法院申请指定保佐人以管理该失踪人的财产,以及申请任何其他为保管其财产所必要的指令。

第 195 条[②] （公告）

基于任何此等申请,法院应指令:根据本法典附录一的第二部分中的表格 A 制作一项公告,并以不少于 1 个月的间隔,两次在政府公报上公布并张贴于法院所在建筑的入口处及法院认为适当的任何其他地方,要求知道失踪人音讯的任何人通过登记员向法院传达该音讯。

第 196 条 （关于失踪人的音讯）

(1)关于失踪人的任何音讯,可以任何书面形式或以口头形式告知。

(2)以口头形式告知音讯的,登记员应在申请书的末尾或空白处,或者如果这样做不可行,则应在与申请书附在一起的单独的一页纸上,对此作出说明。

(3)匿名的或陌生人作出的传达,没有可以找到此人之地点的指示的,不予考虑。

第 197 条 （清单）

如果在第二次公布的公告中确定的期限届满,而没有关于失踪人生存的音讯或者可能找到失踪人的地点的音讯传达到法院,法院应指定某人在它将确定的期限内制作失踪人的财产清单或者对该财产作出描述,该描述应由此人的宣誓加以证实。

如果法院有需要进一步调查的音讯,它有权在作出任何此等指定前,指令作出进一步的调查。

第 198 条 （不可迟延的行为）

在第 194 条提及的申请后,法院可随时授权任何适格之人代表失踪人实

---

① 为 2004 年第 9 号法案第 14 条所修正。
② 为 1965 年第 31 号法案第 8 条和 2007 年第 13 号法案第 13 条所修正。

施不可迟延的行为。

第 199 条 （保佐人的义务）

(1)在清单或描述完成的基础上,法院在同意申请之前,应指令指定的保佐人以其本人限于一定数额的财产进行抵押,以约束他合理、真实地管理失踪人的财产,并命令他在保佐终止时就其管理提交真实、准确的账目。

(2)如果法院认为指定的保佐人应提供担保,保证人的义务也应先于保佐人的指定。

第 200 条① （没有资格担任保佐人之人）

(1)根据第 163 条的规定没有资格担任监护人职务之人,没有资格担任保佐人职务。

(2)任何人都不负有接受失踪人之保佐的义务。

第 201 条② （法院可指定一个以上的保佐人）

(1)法院有指定两个或更多保佐人的自由裁量权。

(2)在任何此等情形,适用第 161 条第 2 款和第 3 款的规定。

第 202 条 （账目的提交）

(1)如果失踪人返回,或他指定了代理人,或赋予了某人对其财产的占有,保佐人应就其管理向失踪人提交账目。

(2)但第 168 条第 1 款的规定同样适用于上述保佐人。

第 203 条 （保佐人应代理失踪人）

(1)保佐人应在民事行为中代理失踪人,并应如同善良家父一样管理其财产。

(2)保佐人有义务对失踪人的生存或可能找到他的地点进行调查,并有义务向法院传达他所收到的任何音讯。

(3)除非在指定保佐人的裁定或任何其他裁定中有其他规定,第 169 条和第 177 条至第 182 条所包含的规定同样适用于该保佐人。

第 204 条 （失踪人委托了代理人的情形）

(1)失踪人委托了代理人管理其财产的,在代理权有效期间,法院仅应对代理人违反代理权或违反法律所实施的行为作出指令。

(2)代理权终止时,适用本分题的上述规定。

---

① 为 1973 年第 46 号法案第 49 条所修正。
② 为 1973 年第 46 号法案第 50 条所修正。

第二分题　对失踪人财产的临时占有

第 205 条[①]　（遗嘱的开启）

自最后一次得到失踪人的音讯之日起持续经过 3 年后，或者如果失踪人委托了代理人管理其财产的，持续经过 6 年后，失踪人最后居住之岛上的适格法院可基于任何利害关系人的申请，命令开启失踪人所立下的任何秘密遗嘱，或者不考虑《公证业与公证档案法》[②]第 68 条的规定，宣布可接近失踪人所立下的任何公示遗嘱。

第 206 条　（公告）

(1)对于任何此等申请，如果有代理人或保佐人，法院应听取其意见，并且如果主张发布寻找令，法院应指令将类似于第 195 条提及的公告公布在政府公报上，并张贴于法院所在建筑的入口处及法院认为适当的任何其他地方。

(2)第 196 条有关可能提供的对失踪人的任何音讯的规定，同样适用于本条提及的情形。

第 207 条　（如果经过 6 个月而没有失踪人的任何音讯）

自公告公布之日起经过 6 个月后，没有关于失踪人的任何音讯的，法院应通过一项裁定，命令开启失踪人所立下的任何秘密遗嘱，或者视具体情况而定，宣布可接近失踪人所立下的任何公示遗嘱。

第 208 条[③]　（没有指定继承人时法定继承人请求临时占有）

失踪人的遗嘱继承人或他们的继承人，或者如果遗嘱中没有包含任何指定继承人，若失踪人在最后一次得到其音讯之日死亡，本应成为失踪人的法定继承人的人或他们的继承人，可向失踪人最后居住之岛上的适格法院提出请求被赋予对失踪人财产的临时占有。

第 209 条　（或者无秘密遗嘱或公示遗嘱时）

(1)没有秘密遗嘱或公示遗嘱的，基于第 205 条确定的各自期限的届满，可以立即提出前条提及的请求。

[①] 为 1974 年第 54 号法案第 2 条、2004 年第 9 号法案第 14 条和 2011 年第 24 号法案第 99 条所修正。

[②] 第 55 章。

[③] 为 1974 年第 54 号法案第 4 条和 2004 年第 9 号法案第 14 条所修正。

(2)对于该请求,如果有代理人或保佐人,法院应听取其意见,并且如果必要,应发布一项类似于第206条提及的公告,并按照该条的规定张贴之;并且在公告公布6个月后,应对该请求作出必要的裁决。

第210条 (公告的公布)

第206条至第209条所规定的公告应以不少于1个月的间隔被两次公布和张贴,但在该数个条文中提及的任何请求之前已经指定了监护人的除外;在任何此等情形,法院作出裁决前要经过的6个月的期限,自第二次公布公告时起算。

第211条① (受遗赠人等的权利)

当继承人请求被赋予财产的临时占有成为可能时,即使他们没有提出此等请求,受遗赠人、受赠人以及基于失踪人死亡而对其财产享有权利的所有其他人,可以以宣誓申请的方式,针对遗嘱继承人或法定继承人(视具体情况而定),以及如果有代理人或保佐人,针对代理人或保佐人,请求被允许临时行使该权利。

第212条 (担保)

继承人以及前条提及之人,只有在提供法院根据第352条所确定数额的担保的条件下,才能被赋予对财产的临时占有,或被允许行使他们的最终权利。

第213条 (没有担保时的其他保证)

任何假定继承人或对失踪人的财产享有权利的其他人不能提供上述担保的,考虑到申请人的条件、他们与失踪人的亲属关系以及其他状况,法院对命令它认为为了失踪的利益适当的其他保证有自由裁量权。

第214条 (配偶可请求扶养费)

失踪人的配偶除了依婚姻合同、通过继承或根据法律规定的任何其他方式而应得之物以外,如果需要,还可以请求扶养补贴,该补贴根据失踪人的家庭状况和财产数额确定。

第215条 (临时占有的效力)

被赋予对失踪人的财产临时占有之人及其相续人【本法典中,"相续人"一词原文为successor,指"承接前一个人权利的人",作为继承人、受遗赠人等权利继受人的上位概念使用。——译者注】,在下文规定的限制下,享有对该财产的管理权、在触

---

① 为2005年第22号法案第81条所修正。

及失踪人权利的事项中的起诉权或抗辩权,以及对财产孳息的享用权。

第216条① (财产清单)

(1)被赋予对失踪人的财产临时占有的人,应在他们被赋予该占有之日起3个月内,在适格法院面前,采取必要的措施制作一份失踪人的动产的清单并作出对失踪人的不动产的描述,但基于该清单或描述已经根据第197条的规定作出,或因任何其他正当事由而被法院免除的,除外。

(2)如果必要,法院可以指令上述清单或描述在准许临时占有的请求之前制作或作出。

第217条 (被赋予临时占有之人的权力)

(1)被赋予对失踪人的财产临时占有之人,未经法院授权,不得转让或抵押不动产或者实施超出普通管理【可参见第136条的规定。——译者注】的任何行为。

(2)如果必要,法院应命令出售所有的或部分动产。在任何此等情形,应将收益进行获利性投资或者以法院认为适当的任何其他方式投资。

第218条② (孳息的享用)

(1)被赋予对失踪人的财产临时占有之人,或被允许临时行使第211条规定的权利之人,为失踪人的直系尊血亲、直系卑血亲或配偶的,他们可为其自身利益保有所有孳息。

(2)上述之人为失踪人的任何其他亲等的亲属或陌生人的,他们可保留孳息的1/3。

但自最后一次得到失踪人的音讯之日起持续经过10年后,或自临时占有开始之日起持续经过6年后,全部孳息将属于上述之人。

第219条 (对临时占有的优先权或同等的权利)

(1)在临时占有期间,如果任何人证明在授予临时占有时他比占有人享有优先权或与占有人享有同等的权利的,此人可以排除占有人的占有,或使自己参与占有。

(2)但上述之人仅对自司法请求之日起产生的孳息享有权利。

第220条③ (失踪人的返回)

---

① 为2004年第9号法案第14条所修正。
② 为1974年第54号法案第5条所修正。
③ 为1977年第11号法案第2条所修正。

(1)如果失踪人重新出现,或者他的生存被证实的,临时占有的效力或者授予行使第211条提及的权利的效力将终止,而且法院应当就其财产的保存和管理作出必要的指示。

(2)财产的占有人,以及因基于失踪人的死亡而对任何权利的行使,已经获得任何偿付之人,负有返还原物及根据第218条第2款之规定返还孳息的义务。

第221条① (失踪人的死亡)

如果在临时占有期间失踪人的死亡时间被确定的,为了该时其遗嘱继承人或法定继承人或者他们的相续人的利益,对失踪人的继承开始;之前享用财产之人,负有返还财产及根据第218条第2款之规定返还孳息的义务。

第222条 (对失踪人享有权利之人提起的诉讼)

授予临时占有之后,对失踪人享有任何请求权的任何人,可以针对被赋予财产占有之人提出该请求。

第三分题 对失踪人财产的终局占有

第223条② (终局占有)

如果自授予临时占有起,失踪已持续了6年的期间,或者如果在失踪人的遗嘱继承人或法定继承人向失踪人最后居住之岛上的适格法院提出的,针对上述法院指定的保佐人的宣誓申请中,该失踪已被判决宣告自最后一次得到失踪人音讯之日起已持续了10年的期间,则适格法院基于利害关系人的请求,应发布一项命令:授予基于失踪人的死亡而对财产的终局占有以及对权利的终局行使、解除担保并指令终止所课加的任何其他可能有的保证。

如果失踪人是未成年人,本条所确定的失踪期间自此人本应成年之日起算。

第224条③ (发生终局占有的情形)

在下列任一情形下,即使没有指定保佐人,也没有授予前两分题所规定的

---

① 为1977年第11号法案第2条所修正。

② 为1974年第54号法案第6条所代替,后为2004年第9号法案第14条和2005年第22号法案第81条所修正。

③ 为1974年第54号法案第7条所修正。

临时占有,亦发生前条的规定,或者视具体情况而定,发生继承开始的宣告:

(a) 如果自失踪人出生起经过了 100 年且自最后一次得到其音讯起经过了不少于 1 年;

(b) 如果自失踪人出生起经过了 80 年且自最后一次得到其音讯起经过了不少于 6 年。

第 225 条 (被赋予对财产的终局占有之人的权利)

基于失踪人的死亡而被赋予对财产的终局占有或者被允许对权利的终局行使之人,可以进行财产的终局分割并对之自由处分。

第 226 条 (失踪人的返回)

如果失踪人返回,或者其生存被证实的,他将以其财产的现有状态回复之,对于已被处分的财产,如果价款尚未支付,他将对该价款享有权利,或者对该价款已经投资于其中的财产享有权利。

第 227 条[①] (失踪人之子女的权利)

失踪人的子女或直系卑血亲同样可以在第 845 条规定的期限内,根据前条所确定的规则行使他们对失踪人之财产的权利,而无须证明失踪人的死亡。上述期限自授予终局占有或宣布开始可能已获得的继承之日起算。

第 228 条 (其他权利)

如果授予终局占有之后失踪人的死亡时间被确定的,该时其继承人或受遗赠人或由于失踪人的死亡而被赋予任何权利的人或者他们的相续人,可以提起他们有权提起的诉讼,但占有人已经通过时效取得的权利以及已经诚信收取的孳息不受影响。

第四分题 失踪对失踪人最终权利的效力

第 229 条 (代表未知生存与否之人主张权利)

任何人均不得代表未知生存与否的任何其他人主张任何权利,但他证明后者在该权利产生之时是存活的,除外。

第 230 条 (如果某继承开始)

(1) 如果未知生存与否者对之享有全部或部分权利的某继承开始,该继承权将移转给对此人享有权利之人,或者移转给没有此人时将取得该继承权之

---

① 为 2004 年第 18 号法案第 36 条所修正。

人,但代位继承权不受影响。

(2)没有此等人时继承权将移转于他之人,应制作一份财产清单,或者如果法院认为更加合适,作出对财产的描述。

第 231 条 （获得遗产之诉）

在不影响保持获得遗产之诉的权利,或者失踪人、其代理人或继受其权利的其他人享有的其他权利的前提下,应适用前两条之规定。此等权利仅因时效所要求的期限届满而消灭。

第 232 条 （诚信收取的孳息）

只要失踪人没有出现,或者失踪人有权提起的诉讼没有以其名义被提起,则继承权移转于他之人不负有返还他们已经诚信收取的孳息的义务。

第五分题　对失踪人的未成年子女的保佐

第 233 条① （对失踪人的未成年子女的保佐）

(1)失踪人的任何子女为未成年人且未处于亲权之下的,基于任何人的请求,法院可以为该子女指定一个或多个保佐人。

(2)有关其父母死亡的未成年人的监护之规定,只要可以适用,应适用于本条所规定的未成年人的保佐。

第八题　民事身份证书

第一分题　一般规定

第 234 条 （应对任何人的出生、结婚或死亡制作证书）

(1)对于任何人的出生、结婚或死亡,都应用明确、清晰的文字且不得有任何缩略语、以各自所附带的表格制作一份包含本题所要求之事项的证书。

(2)任何上述事项未知的,应在证书的适当位置记录一项具有此等意思的陈述。

---

① 为 1973 年第 46 号法案第 51 条所代替,后为 1993 年第 21 号法案第 2 条所修正。

第 235 条① （例外）

在属于且事实上正服役于外国的任何武装力量的任何人死亡的情形,除非此人为马耳他公民或者已与任何马耳他公民结婚,前条的规定不予适用。

第 236 条② （制作证书之人）

出生证书或死亡证书由马耳他总统为此任命的官员制作。

第 237 条③ （结婚证书）

结婚证书应根据第 293 条的规定制作并签名。

第 238 条④ （登记簿）

(1)在马耳他岛和戈佐【可参见第 27 条第 2 款的译者注。——译者注】的公共登记处应保有 3 类登记簿:一类登记出生证书,第二类登记结婚证书,第三类登记死亡证书。

(2)此等登记簿的每一册均应从第一页至最后一页进行编号。每一册的最后一页应包含一项关于页码总数的陈述,该陈述应由公共登记处主任签字。

第 239 条⑤ （在马耳他岛和戈佐的公共登记处的登记）

(1)在马耳他岛的公共登记处,应登记已发生在马耳他岛的所有出生、结婚和死亡的证书,以及第 244 条和第 285 条中提及的证书;在戈佐的公共登记处,应登记已发生在戈佐岛和科米诺岛【可参见第 27 条第 2 款的译者注。——译者注】的所有出生、结婚和死亡的证书。

(2)根据第 1 款的规定登记且通过光电传真机传输给公共登记处主任的证书的副本,或者其任何真实的副本,只要由收到该传真的主任签字,在法律的范围内,被视为真实可靠的副本。

第 240 条⑥ （累进的编号）

(1)对于提交给公共登记处主任进行登记的每一份证书,他均应写上一个累进的编号和提交的日期并签名。

---

① 为 1968 年第 6 号法案第 2 条所代替。
② 为 1965 年第 46 号法律通告和 1974 年第 58 号法案第 68 条所修正。
③ 为 1975 年第 37 号法案第 23 条所代替。
④ 为 1982 年第 7 号法案第 2 条、1986 年第 31 号法案第 4 条和 1994 年第 3 号法案第 3 条所修正。
⑤ 为 1975 年第 37 号法案第 23 条、1976 年第 22 号法案第 4 条、1986 年第 12 号法案第 3 条和 1994 年第 3 号法案第 4 条所修正。
⑥ 为 1938 年第 18 号条例第 2 条所修正。

(2)如果主任已在证书上签名,被视为他已收到证书。

第 241 条 (对于每一类证书的累进编号)

每一类证书都应有一个清晰的编号,始于每年收到的第一份证书,止于最后一份证书。

第 242 条 (以明确的文字制作证书)

(1)任何证书,未以明确、清晰的文字书写的,或者包含缩略语的,或者主任认为有瑕疵或不符合规定的,他不应接受之。

(2)在任何此等情形,主任应将证书提交给一名公证书巡检员,该巡检员在必要的情形听取了制作该证书之人的意见后,应确定证书应被依法制作的方式。

(3)主任不得拒绝接收由上述巡检员之一副签的任何证书。

第 243 条① (第 242 条适用于洗礼证或结婚证)

(1)前条的规定适用于根据第 273 条和第 285 条的规定提交给主任的任何洗礼证。

(2)除非洗礼证以马耳他语、英语或拉丁语写成,不予接收。

第 244 条② (在外国出生、结婚和死亡)

(1)在外国,由该国的适格权力机关制作或登记的,而非根据第 270 条第 1 款或第 2 款制作或登记的马耳他公民的出生证书、结婚证书或死亡证书,应任何利害关系人之请求,并且公共登记处主任确信该证书的真实性的,可以以同样的方式登记于马耳他各岛,如同该证书是由本题提及的任何人所制作的证书一样。

(2)为登记之目的,提出请求之人应将该请求所针对的证书提交给主任。

第 245 条③ (如何作出登记)

(1)证书应以其收到的顺序被连续记录在各自的登记簿中,且不得有任何空白。

(2)在可行的范围内,登记应根据本法典对于证书的制作所附带的表格为之,即使在本题规定的情形,所提交的用以代替该证书的文书系以不同的方式

---

① 为 1939 年第 22 号条例第 2 条、1975 年第 37 号条例第 23 条和 1976 年第 22 号条例第 4 条所修正。
② 为 1965 年第 31 号法案第 10 条所修正,后为 1968 年第 6 号法案第 3 条所代替。
③ 为 1933 年第 21 号法案第 1 条和 1934 年第 20 号条例第 2 条所修正。

制作的,亦同。

(3)登记还应包括收到证书的日期以及对主任的签字的誊写。

第246条① (在登记簿最后一页的声明)

(1)主任应在每一册登记簿的最后一页作出声明,大意为:包含在其中的登记为它们所涉及的原始证书的真实的副本。

(2)此等声明应在收到登录在每一册登记簿的最后一份证书后1个月内,在该登记簿上作出。

(3)在作出此等声明以及根据本题的规定他应当登录在登记簿中的任何说明之后,主任应立即写下日期并签名。

第247条② (作出登记的时间)

主任应在收到每一份证书后的30个工作日内对之进行登记。

第248条③ (错误的更正)

在签署第246条中提及的声明或任何说明之前,有必要更正任何错误的,主任应以下列方式和形式作出更正:在登记的情形,以在将由他签字的登记之末尾作出批注的方式,而在说明的情形,以在对说明进行签字之前在其末尾作出批注的方式;并且应作出必要的注销以使被注销的文句保持明确、明晰;不得进行任何涂擦。

第249条 (证书的保存)

所收到的每一份证书或文书,即使在登记后,亦应被保存。

第250条 (索引)

(1)马耳他岛和戈佐的公共登记处,应在每年的前3个月内,对上一年度作出的登记制作字母索引。

(2)自本条第1款提及的期限的最后一日起1个月内,戈佐的公共登记处主任应向马耳他岛的公共登记处主任提交每年的索引的副本。

第251条④ (证书和登记应开放查阅)

---

① 为1934年第20号条例第3条和1965年第31号法案第11条所修正。
② 为1934年第20号条例第4条和1968年第6号法案第4条所修正。
③ 为1934年第20号条例第5条所修正。
④ 为1934年第20号条例第6条、1939年第22号条例第2条、1965年第31号法案第12条、1972年第38号法案第4条、1993年第21号法案第65条、1994年第3号法案第5条、2005年第13号法案第9条、2007年第8号法案第5条、2007年第13号法案第13条和2007年第18号法案第4条所修正。

(1) 上述条文中提及的登记簿、证书和文书,应开放给每个人查阅,并且基于任何人的请求,应提供由马耳他岛或戈佐的公共登记处主任签字的摘录。

(2) 在本题中,"摘录"一词是指,依据本法典附录一的第二部分所陈列的表格 I、J、K、L、O 和 P,包含对一份或多份已登记证书删节后的副本的证明书。登录在登记簿空白处的所有的更正和批注应包含在摘录中,但应誊写在摘录背面的收养的批注除外。

(2A)(a) 出生证书的摘录和被收养人登记簿中的条目的摘录,应根据本法典附录一的第二部分所陈列的表格 I 或表格 J 进行发放;

(b) 在根据本款(a)项发放的摘录的范围内,收养人登记簿中的条目,应接着被收养人出生之年所登记的出生证书的最后一个编号连续编号,或者给出公共登记处主任为此目的而保留的且与被收养人的出生年份相关的编号中的一个,此等编号不得分配给出生证书。上述年份也应被指明;

(c) 根据本款(b)项,为被收养人登记而保留了某些编号的事实,应当保密。此等编号的清单只能提供给处理国籍问题的政府部门、护照办事处、选举委员会及婚姻登记员,他们同样应当对此保密。

(3) 第 1 款提及的主任,如果被要求,也应提供包含一份或多份已登记证书的真实的全文副本的证明书,如果经过对该登记或证书的查寻,未发现该登记或证书的,也应提供证实不存在任何登记的证明书。

但在 2005 年 3 月 1 日之前登记的任何民事身份证书中,无论何处出现"非婚父亲"字样,除非被法院以其他方式明确地命令或授权,该字样不得复制在第 1 款提及的主任所发送的此等证书的任何副本或摘录中。

但在本但书生效【2007 年 8 月 7 日——参见 2007 年第 215 号法律通告。】前登记的任何出生证书的任何副本或摘录中:

(a) 关于母亲身份的术语"单身"不得被陈述;

(b) 自母亲合法别居、离婚或其婚姻被宣告无效起超过 300 日婴儿出生的,不得对该合法别居、离婚或婚姻的被宣告无效作出任何附注;

(c) 如果婴儿出生于婚内,应在出生证书中母亲的名字和姓氏之后接着使用"某某人的妻子"一词指明与丈夫的婚姻;

(d) 自母亲合法别居、离婚或其婚姻被宣告无效起不足 300 日婴儿出生的,应保留对该事实的任何附注。

第 252 条 (登记的证明力)

(1) 主任签字的登记及其摘录和证明书,除非有相反的证明,应为其内容的证据。

(2)对其真实性,无须证明它们具有字面含义以外的其他含义。

第253条[1] (登记的更正和注销)

(1)任何人均得提起任何登记的更正或注销之诉,或者对主任在得到一名公证书巡检员的批准下拒绝接受的任何证书提起登记之诉。

(2)任何人均得为了他已经使用或者已被其家庭对他使用,并被法院宣告为此人一直持续使用的名字,提起登记之诉,以取代出现在相关证书中的作为给予他的名字或他被称呼的名字。

(3)第2款提及的诉讼,应包含一项请求:将因本款提及的登记而在出生证书中生效的变更,反映在与此人以及此人的子女和更远的直系卑血亲有关的所有民事身份证书中。在请求中应指明此等证书的相关编号和年份。

(4)任何诉讼均应通过宣誓申请的方式,以主任为被告,向适格法院提出。

(5)在任何此等诉讼中,《组织与民事程序法典》[2]第158条第4款和第5款中提及的声明,也应由第306条第1款或第4款中提及的任何官员的宣誓加以确认。

第254条[3] (对利害关系人的通知)

(1)至少在审理前条提及的诉讼前15日,根据法院的命令,应当在政府公报上公布按照本法典附录一的第二部分中的表格B制作的一项通知,要求任何利害关系人在该通知公布后15日内,以说明的方式表明他是否要对该诉讼提出异议。

(2)应将所指定的诉讼审理的日期通知给在上述期限内提交此等说明的任何人。

第255条 (第253条和第254条之规定的适用不影响《组织与民事程序法典》第960条至第962条)

前两条之规定不影响《组织与民事程序法典》[4]第960条、第961条和第962条所包含的规定的效力。

---

[1] 为1975年第148号法律通告、1979年第30号法案第3条、1982年第7号法案第3条、1990年第8号法案第3条、1994年第3号法案第6条、2004年第9号法案第14条和2005年第22号法案第81条所修正。

[2] 第12章。

[3] 为1965年第31号法案第8条和2007年第13号法案第13条所修正。

[4] 第12章。

第 256 条① （由法院命令的更正等）

(1)法院命令的任何更正、注销或登记,应由主任在判决产生既判力之日起 10 日内作出,并应根据登记员提供给他的判决的真实的副本作出。

(2)对该判决的援引应在登记簿的空白处以批注的形式作出。

第 257 条② （由巡检员命令的更正）

(1)不考虑前四条的规定,若登记的更正在于对本法典附录一的第三部分中各种证书中的任何一个或多个特定事项的错误标示的更正,该更正也得基于一名公证书巡检员以书面形式的命令而作出。

(2)任何此等更正的请求应以一项备案在公证书修正法院的申请来提出,并附有请求对其进行更正的登记的全文副本。

(3)任何此等申请的副本应在申请备案后 2 日内送达给公共登记处主任。

(4)应当要求申请人提出巡检员认为必要的证据。巡检员在发布命令前,应给公共登记处主任陈述的机会。

(5)上述法院的登记员应在巡检员发布上述任何命令之日后,立即——在任何情形下,应在自该日起的 10 日内——向公共登记处主任送达该命令的副本,并应在政府公报上公布其效力的通知,其费用由申请人承担。

(6)包括公共登记处主任在内的任何利害关系人,在上述通知公布于政府公报后 6 日内,可通过向上诉法院申请的方式对该命令提起上诉。

(7)由公共登记处主任以外的任何人提起上诉的,法院的登记员应在上诉申请提出后 2 日内,对前者作出上诉通知。

(8)巡检员所命令的上述任何更正,应由主任在该命令公布于政府公报后 10 日内,或者如果针对该命令的上诉被提起,在该事项被上诉法院最终决定之日后 6 日内,作出更正。

(9)对巡检员所发布的命令的附注,或者(视具体情况而定)对上诉法院的判决的附注,应登录于登记簿的与受到影响的条目相对应的空白处。

第 257A 条③ （针对出现于出生证书中的性别事项的标示的批注之诉）

---

① 为 1965 年第 31 号法案第 13 条和 2002 年第 31 号法案第 211 条所修正。

② 为 1944 年第 2 号条例第 2 条所增设,后为 1965 年第 31 号法案第 14 条、1975 年第 148 号法律通告、1977 年第 11 号法案第 2 条、1995 年第 24 号法案第 362 条和 2007 年第 13 号法案第 13 条所修正。

③ 为 2004 年第 18 号法案第 37 条所增设,后为 2005 年第 22 号法案第 81 条所修正。

(1)居住在马耳他的任何未婚之人,均得针对出生证书中载明的与其性别有关的事项,提起批注之诉。

(2)在作出判决之前,法院应指定专家证实:是否提起诉讼之人事实上对出生证书中载明的性别做了不可逆转的变性,或者此人一直属于另一性别。

(3)任何诉讼均应以公共登记处主任为被告,通过宣誓申请的方式向民事法院第一法庭【可参见第37条第2款的译者注。——译者注】或地方法院(戈佐)(高级管辖权)【依据管辖权的不同,马耳他的民事法院系统可分为:上诉法院——民事法院(第一法庭和第二法庭)——地方法院(其中戈佐地方法院享有双重管辖权,一为初级管辖权,一为高级管辖权。前者对应于马耳他岛的地方法院;后者享有民事法院第一法庭的相同管辖权)——小额法庭等。——译者注】提出(视具体情况而定)。

(4)第1款的规定适用于在马耳他登记的外国的出生证书。

(5)包括因公共登记处主任发生的费用在内的与该诉讼有关的所有费用,由原告承担。

第257B条[1] (法院应准许请求的情形)

(1)如果法院认为足以确定原告属于他所主张的性别且原告的状况可视为永久性的,应准许原告的请求。

(2)如果法院准许了请求,还可以命令在原告的名字中作一批注。

第257C条[2] (出生证书的变更)

(1)自公共登记处主任将此等变更登录于出生证书之日起,第257B条提及的出生证书中的批注生效。

(2)出生证书中对性别标示的批注,绝不影响在第1款提及的日期之时存在的家庭关系,以及产生于父母身份或任何其他事由的任何其他义务。

(3)在根据第257B条作出与其有关的宣告之人请求其出生证书的摘录的情形,适用第251条第2A款(a)项的规定。摘录应指明产生于此等批注的事项。

第257D条[3] (身份证的随后更正)

(1)有关其性别变更的事项的变更已根据本法典上述规定被批注之人,应

---

[1] 为2004年第18号法案第37条所增设。

[2] 为2004年第18号法案第37条所增设。

[3] 为2004年第18号法案第37条所增设。

在第257C条第1款提及的日期之后,毫不迟延地将该事实报告给《身份证法》①所授权的官员,后者应发放标有与法院的宣告相一致的性别和名字的新的身份证。

(2)其性别的变更已如上所述被批注之人,在支付了规定的费用后,通过出示相关的法院判决,还有权要求持有或能够发放与他有关的任何证明书或文书的任何公共机关,为他提供如上所述标有与法院的宣告相一致的性别和名字的新的证明书或文书。

第258条② (在第246条中提及的声明后错误的更正)

如果发现在主任已签署第246条中提及的声明后出现错误,且该错误发生在誊写登记簿中的证书时,对该错误的更正应由主任以在条目的末尾作出批注的方式为之。此等更正应由主任写明日期并签字。

第259条 (节假日)

公共节假日不中止本题规定的任何期间的进行。

第260条 (公证书修正法院对登记簿的检查)

(1)登记簿以及附属的证书和文书,应由公证书修正法院每年检查两次。

(2)第一次检查在3月至4月间进行,第二次在9月至10月间进行。

第261条③ (法院的义务)

在检查的过程中,法院应确定主任或每个主任助理或第306条第1款提及的任何一名官员(视具体情况而定),是否遵守了本题的规定,并且对于任何违反,法院可以对主任或主任助理或第306条第1款提及的官员,根据具体情况要求,处以不超过11欧元65欧分(11.65)的罚金。

如果违反在于遗漏了本题规定必须做的任何事项,且法院不能确定何人应对此承担责任的,该违反视为主任所为,并因此对其施以处罚。

第262条 (拒绝就有关事项提供信息之人)

被适格官员要求就制作本题提及的任何证书所需要的事项提供信息的任何人,拒绝回答该官员对其提出的有关该事项的问题,或者虚假陈述其不知该事项的,基于适格法院的有罪判决,应被处以不超过3个月期限的监禁。

---

① 第258章。
② 为1934年第20号条例第7条所修正,后为1982年第7号法案第4条所代替。
③ 为1968年第6号法案第5条所代替,后为1983年第13号法案第5条、1986年第31号法案第4条、1994年第3号法案第7条和2007年第407号法律通告所修正。

第 263 条 （或者作出虚假陈述之人）

任何人主动地或者在被适格的官员质问时,故意对制作任何上述证书所需要的任何事项作出虚假陈述的,基于适格法院的有罪判决,应被处以前条所规定的刑罚。

第 264 条① （或者不遵从任何指令之人）

除上述条文中规定的情形外,违犯本题的任何规定或不遵从根据本题的规定对其作出的任何指令的任何人,基于适格法院的有罪判决,应被处以不超过 1 个月期限的拘留或不超过 11 欧元 65 欧分(11.65)的罚金。

第 265 条 （违犯者受到处罚后坚持拒绝回答的情形）

如果违犯者受到处罚后,坚持拒绝回答根据第 262 条的规定对其提出的任何问题,或者拒绝遵守法律的规定,或者拒绝遵从前条提及的指令,任何此等拒绝,每重复一次,视为一次新的犯罪。

第 266 条 （不影响对更严重的犯罪的其他刑罚）

(1)上述条文所包含的任何规定不影响《刑法典》②中规定的任何更严厉的刑罚的适用。

(2)伪造本题提及的任何证书或登记簿,或者伪造根据本题规定可能被提交以代替与任何出生登记、结婚登记或死亡登记有关的证书的任何证明书或其他文书的,犯有此等罪行的任何人,应被处以《刑法典》中对伪造公文书所规定的刑罚。

(3)对违犯本题规定的任何犯罪,由警察局依职权提起诉讼。

第 267 条 （数人负有义务的,一人的履行解除其他人的义务）

数人负有义务提交通知、作出陈述或实施任何其他行为,且该义务可由其中任一人单独履行的,其中任一人的履行将解除所有其他人的义务。

第 268 条③ （费用）

本法典附录一的第一部分所规定的费用,可被负责公共登记处的部长制定的规章不时地加以修正、取代或增加,并由上述部长为此目的而任命的官员

---

① 为 1977 年第 11 号法案第 2 条、1983 年第 13 号法案第 5 条和 2007 年第 407 号法律通告所修正。

② 第 9 章。

③ 为 1965 年第 31 号法案第 15 条所修正,为 1979 年第 30 号第 4 条所代替,后为 2002 年第 9 号法案第 2 条和 2007 年第 13 号法案第 13 条所修正。

进行征收。

第 269 条① （被收养人登记簿）

(1)在马耳他岛和戈佐的公共登记处，应保有一本名为被收养人登记簿的登记簿，于其中应作出由收养令指令于其中作出的条目，而不得有其他条目。

(2)在马耳他岛的公共登记处所保有的被收养人登记簿中，应登录与其出生证书登记在该登记处或者其出生证书没有登记在马耳他各岛的任何公共登记处的任何人有关的收养令；而在戈佐的公共登记处所保有的被收养人登记簿中，应登录与其出生证书被登记在该登记处的任何人有关的收养令。

(3)被收养人登记簿中的条目包含被收养人的出生日期、出生国家或城镇或村庄的记录的，经认证的该条目的副本，除非有相反的证明，在各方面都应作为该日期、国家或城镇或村庄的证据被接受，就如同该副本为经认证的出生证书的副本一样。

(4)公共登记处主任应制作并存放被收养人登记簿的索引于马耳他岛和戈佐的公共登记处。在各方面基于并受制于有关费用支付的相同条件下，任何人均有权查询该索引并获得由主任签字的被收养人登记簿中的任何条目的经证实的副本。在查询存放于公共登记处的登记簿方面，以及在从该登记处获得出生证书登记簿、结婚证书登记簿或死亡证书登记簿中的条目的经证实的副本或译本方面，本题的其他规定经适当的修改后予以适用。

(5)除被收养人登记簿及其索引外，公共登记处主任还应保有对于记录和追溯根据本法典第 125 条或第 290 条已被标注"被收养"的出生证书的登记簿中的条目与在被收养人登记簿中的任何相应条目之间的联系必要的其他登记册和登记簿，并于其中作出此等条目；但是根据本款而保有的以及根据收养令和通知给公共登记处主任的收养令的任何修正而保有的登记册和登记簿，及其任何条目，均不对公众开放查阅或查询；除根据法院的命令外，公共登记处主任也不得将任何此等登记册、登记簿或收养令中包含的任何信息或者其任何副本或其摘录，提供给除年满 18 周岁的被收养人以及与该信息、副本或摘录有关的人以外的任何人；在例外的情形，由负责司法的部长为该目的对任何公共官员正式授权。

---

① 为 1962 年第 21 号条例第 8 条所增设，后为 1963 年第 28 号法案第 4 条、1973 年第 25 号法案第 2 条和 1994 年第 3 号法案第 8 条所修正。

第 270 条[①] (外交或领事代表有关民事身份证书的职权)

(1)对于出生在外国并且为马耳他公民的婴儿或死亡于外国并且为马耳他公民之人,外交或领事代表被任何利害关系人如此请求时,应:

(a)制作该婴儿的出生证书或此人的死亡证书,并将该证书记录于适当的登记簿中;

(b)为了登记而接收由出生或死亡发生地的适格权力机关发放的该婴儿的出生证书或此人的死亡证书,并将该证书记录于前项提及的适当的登记簿中。

(2)马耳他公民在外国结婚的,基于缔结该婚姻的任一方当事人或其父母任一方之请求,外交或领事代表应为了登记而接收依照婚姻缔结地国家的法律作为结婚证据的任何证书,并将该证书记录于适当的登记簿中。

(3)在可行的范围内,本题的规定适用于(并为其目的而适用)外交或领事代表制作的证书和根据前两款的规定由外交或领事代表保有的登记簿,外交或领事代表对于该证书和登记簿拥有与本题授予或课加给公共登记处主任的同样的权力、权利和义务。

(4)本条第 1 款和第 2 款提及的登记簿应按年度存放,并应包含其中所作登记的字母索引。附有外交或领事代表在最后一个条目誊写进以后的即时签字的该登记簿的经证实的副本,应在登记簿所涉年份的下一年度的 3 月 31 日之前提交给公共登记处主任,以保存在马耳他的公共登记处。对于包含在该副本登记簿中的登记,如同第 238 条提及的登记簿中的登记,适用第 251 条、第 252 条、第 253 条、第 254 条、第 255 条、第 256 条和第 257 条的规定。

(5)公共登记处主任在根据法院的判决或一名公证书巡检员的命令而在副本登记簿中作出任何更正、注销或批注后 30 日内,应将该更正、注销或批注通知给在原始登记保存国的外交或领事代表,后者应立即在该登记簿中作出同样的更正、注销或批注(视具体情况而定),并以其姓名的首字母签名。

(6)在外交或领事代表面前实施第 263 条提及的犯罪的任何人,因该犯罪,可以以如同该犯罪在马耳他实施的同样的方式和刑罚幅度,在马耳他被控告、审判和处罚。

(7)向外交或领事代表假称婴儿为某一没有进行生育的妇女所生,以使该代表根据本条第 1 款的规定制作出生证书的任何人,将以如同他在马耳他实

[①] 为 1968 年第 6 号法案第 6 条所增设,后为 1982 年第 7 号法案第 5 条所修正。

施《刑法典》①第210条提及的相应犯罪的同样的方式和刑罚幅度,在马耳他被控告、审判和处罚。

(8)如果实施犯罪的人已因构成犯罪的同一事实在另一国家被审判,本条第6款和第7款的规定不予适用。

(9)在本条中,每次提及外交或领事代表,应视为提及马耳他政府在出生、结婚或死亡发生国的外交或领事代表。

第271条② (制定规章的权力)

(1)负责公共登记处的部长可以制定规章:

(a)对于依照本法典或任何其他法律被登录在公共登记处的原始民事身份证书或者与民事身份有关的其他文书、此等证书或文书的相关登记簿,以及此等证书、文书或登记簿的相关索引,如果原始证书、文书、登记簿或索引无论是因磨损还是其他原因而丢失、毁灭或损坏,就此等证书、文书、登记簿或索引的副本的制作作出规定;

(b)规定准备和鉴定该副本的方式;

(c)规定(a)项提及的任何证书、文书、登记簿或索引以缩微拍摄的方式复制,以及规定该复制本的制作、保存以及对公众开放的方式;

(d)规定鉴定以缩微拍摄制作的复制本及其副本的方式;

(e)就包括从登录在公共登记处的任何证书或文书中所提取信息的存储在内的计算机化作出规定,并就包含此等信息的文书的复制以及该文书的鉴定作出规定;

(f)规定申请发放包含任何证书、文书、登记簿或索引的全文副本或摘录的证明书的形式;

(g)对于上述规定的任何附带事项或补充事项作出规定。

(2)根据第1款制定的规章而制作的任何副本,将在一切方面取代相关的原始证书、文书、登记或索引。

---

① 第9章。

② 为1973年第25号法案第3条所增设,为1994年第3号法案第9条所代替,后为2000年第9号法案第2条所修正。

第二分题　出生证书

第 272 条① （负有申报婴儿出生义务之人）

在每个婴儿出生的情形,父亲和母亲,当二者均不在时,内科医生、外科医生、助产士,或者婴儿出生时在场的任何其他人,或者婴儿出生于其房屋中之人,有义务在该出生发生后 5 日内,向负有制作出生证书义务的官员申报之。

第 273 条② （如何申报）

(1)可以通过向上述官员提交由为子女洗礼的教区牧师或其他神职人员签字的洗礼证作出出生申报。

(2)任何此等洗礼证,如果包含制作出生证书所需的事项,应被接受以取代下列条文中提及的声明。上述官员如果确信其中包含事项的准确性,应基于该洗礼证制作出生证书。

(3)但在任何情况下,洗礼证均应与出生证书一起提交给公共登记处主任。

第 274 条 （口头或书面申报）

还可以通过由申报人签字的信件的方式或口头申报子女的出生;在后一情形,申报人应当面向负有制作出生证书义务的官员作出。

第 275 条③ （如果父亲或母亲亲自申报）

根据前条之规定,子女的父亲或母亲亲自作出出生申报的,上述官员基于由父亲或母亲对于制作出生证书所需事项的陈述,应毫不迟延地制作该证书。

第 276 条④ （或任何其他人申报）

子女的父母以外的任何其他人作出出生申报的,或者父母或任何其他人以信件的方式作出该申报的,上述官员在随后的 3 日内应要求子女的父亲或母亲或父母双方到其办公室,作出有关上述事项的陈述。

第 277 条⑤ （父亲或母亲不在时,官员的义务）

---

① 为 2007 年第 8 号法案第 6 条所修正。
② 为 1939 年第 22 号条例第 3 条所修正。
③ 为 2007 年第 8 号法案第 7 条所修正。
④ 为 2007 年第 8 号法案第 8 条所代替。
⑤ 为 2007 年第 8 号法案第 9 条所修正。

(1)子女的父亲或母亲不在的,或者没有作出申报的,上述官员应要求他认为知晓制作出生证书所需事项的任何人到场,以作出关于此等事项的陈述。

(2)如果上述官员并不确信父母或任何其他人向他提供的或包含在第273条提及的洗礼证中的事项的真实性,适用同样的规定。

第 278 条① (出生证书的事项)

每一份出生证书均应根据本法典附录一的第二部分中的表格 C 制作,并且除任何其他规定外,应包含以下事项:

(a)证书本身的日期;

(b)出生的时、日、月、年及地点;

(c)婴儿的性别;

(d)为婴儿取的名字,如果为其取了多个名字,应特定指明婴儿将使用的名字,以及婴儿的姓氏;

(e)婴儿父亲的、母亲的以及作出陈述的任何人的名字、姓氏、身份证书、年龄、出生地和居所地,但:

(ⅰ)如果婴儿出生于婚内,应在出生证书中母亲的名字和姓氏之后接着使用"某某人的妻子"一词指明与丈夫的婚姻;

(ⅱ)自母亲合法别居、离婚或其婚姻被宣告无效起超过 300 日婴儿出生的,不得对母亲的该合法别居、离婚或婚姻的被宣告无效作出任何附注;

(ⅲ)自母亲合法别居、离婚或其婚姻被宣告无效起不足 300 日婴儿出生的,应在出生证书中作出该事实的附注,以代替本但书(ⅰ)中所指定的词语;

(ⅳ)如果适用第 280 条第 2 款(a)项的规定,应在出生证书中作出该事实的附注;

(f)婴儿的父亲的父亲的名字和姓氏、婴儿的母亲的父亲的名字和姓氏以及作出陈述的任何人的父亲的名字和姓氏,并指出他是否健在。

第 279 条② (非婚生子女)

(1)在非婚生子女的情形,除在官员制作证书之前,应承认他自己为该婴

---

① 为 1933 年第 21 号法案第 2 条、1965 年第 31 号法案第 8 条、1995 年第 30 号法案第 2 条、2007 年第 8 号法案第 10 条、2007 年第 13 号法案第 13 条和 2007 年第 18 号法案第 4 条所修正。

② 为 1934 年第 20 号条例第 8 条、2004 年第 18 号法案第 38 条、2007 年第 8 号法案第 11 条和 2007 年第 18 号法案第 4 条所修正。

儿的父亲之人的请求外,不得在证书中指出其父亲的名字,也不得声明或者以任何其他方式指出其母亲的单身身份。

(2)婴儿未被父母共同承认的,适用第86条的规定。

(3)没有提出此等请求的,应在证书中的适当位置指出婴儿的父亲未知。

第280条　（已婚妇女生育的婴儿）

(1)如果婴儿是由已婚妇女生育,其丈夫的名字应作为父亲登录在证书中,而不考虑任何相反的声明,基于对婴儿的亲子关系的判决而随后作出的任何更正除外。

(2)下列情形,本条的规定不予适用:

(a)如果丈夫在子女出生之日前的整个300日的期间内不在马耳他,并且该不在被书面证实,或者由不少于2个可信之人在一名公证书巡检员面前的宣誓加以证实;

(b)或者如果在整个上述期间内,丈夫与其妻子在法律上别居生活。

第281条①　（关于非婚生子女的母亲的事项）

(1)在非婚生子女的情形,如果母亲本人或母亲的父母任一方或母亲的任一兄弟姐妹没有申报该婴儿的出生或没有作出关于该婴儿出生事项之陈述的,上述官员应至少在证书中登录有关婴儿的母亲的事项之前2日,对向他被指明为婴儿的母亲之人,或者对该母亲的父母任一方,作出通知;如果在上述2日内,否定了此人为婴儿的母亲,该官员应将其报告给一名公证书巡检员,后者在宣誓审查此人以及他认为可能提供正确信息的任何其他人后,如果确信此人为婴儿的母亲,应当命令将她的名字以及根据上述条文的规定所需的其他事项一起登录在出生证书中,并将取得的宣誓证词的原件与证书一起提交给公共登记处主任。

(2)在非婚生子女的出生没有被申报且其母亲及母亲的父母已死亡或无法找到的情形,此时有义务作出该申报的任何人,或者有利害关系的任何人,或者该子女或其法定代理人,可以随时向上述官员作出出生申报,上述官员应将其报告给一名公证书巡检员,后者应将依照本法典附录一的第二部分中的表格BB作成的申报在公报上公布,要求任何利害关系人在该申报公布后15日内,以说明的方式表明他是否要对该登记提出异议。该期间届满并且在宣

---

① 为1985年第7号法案第2条、1986年第12号法案第4条、2004年第18号法案第39条和2007年第13号法案第13条所修正。

誓审查了他认为可能提供正确信息的任何人(无论此人是否提交了说明),以及审查了所提交的任何书面证据以后,如果确信子女的母子关系已被确定,该巡检员应命令将母亲的名字和姓氏以及根据上述条文的规定所需的其他事项一起登记在出生证书中,并将取得的宣誓证词的原件与证书一起提交给公共登记处主任。

(3)在第 1 款和第 2 款提及的任何情形下,出生证书应由上述巡检员副签。

第 282 条① (证书的签字)

(1)对于有关婴儿出生的事项的条目,证书应向陈述该事项之人朗读;证书因此应由此人签字,然后由制作证书的官员签字。

(2)作出陈述之人声明他不能书写的,应在陈述人的名字旁作出该事实的记录。

第 283 条 (死产儿)

(1)在死产儿的情形,死产的事实应在证书中说明。

(2)出生时为活产,而在制作证书前的任何时间死亡的,应于制作出生证书后立即制作死亡证书。

(3)在流产的情形,只有胎儿已完全具备人形的,方可制作出生证书。

第 284 条 (官员可要求见到婴儿)

制作出生证书的官员在制作该证书前,可以要求见到该婴儿。

第 285 条② (出生于海上的婴儿)

(1)在任何出生于海上而且是在马耳他登记的船舶上的情形,船长应于 24 小时内,在其航海日志中,以第 278 条、第 279 条、第 280 条和第 283 条所要求的事项,记录该出生的事实。

(2)该船舶在马耳他靠岸后,马耳他交通运输局应将该记录的副本提交给在瓦莱塔【瓦莱塔(Valletta)为马耳他首都。——译者注】负责制作出生证书的官员,后者应立即制作该婴儿的出生证书。

(3)该船舶没有在婴儿出生后 3 个月内在马耳他靠岸的,船长应在上述出

---

① 为 1933 年第 21 号法案第 4 条所修正。
② 为 1939 年第 22 号条例第 4 条、1971 年第 9 号法案第 3 条、1973 年第 11 号法案 377 条、1977 年第 11 号法案第 2 条、1991 年第 17 号法案第 81 条和 2009 年第 15 号法案第 49 条所修正。

生后 3 个月内向马耳他交通运输局提交相关记录的副本,后者应如同上述船舶已在马耳他靠岸一样作出处理。

第 286 条① (父亲的义务,或者父亲不在时,母亲的义务)

(1)第 285 条所包含的任何规定不影响婴儿的父亲的如下义务,或者父亲不在时,母亲的如下义务:自他/她到达马耳他起的 5 日内将有关婴儿出生的事项向——根据婴儿的父亲的居所地,或者父亲不在时,婴儿的母亲的居所地——负有制作出生证书义务的官员作出陈述;该官员基于该陈述,应进行制作出生证书,除非该证书已根据第 285 条的规定被制作且登记。

(2)如果在上述陈述中包含的事项或其任一事项与已登记的证书中的相应事项在任一方面不同,或者如果包含在上述陈述中的任一事项被已登记的证书遗漏,则必须根据一名公证书巡检员的授权在登记簿中作出更正,且该更正应由该巡检员副签。

第 287 条② (弃婴)

(1)任何新生儿被发现的,该婴儿被发现地的负有制作出生证书义务的官员,应在一名或数名政府社区医疗机构官员的协助下,依据本法典附录一的第二部分中的表格 D 制作一份被称为"发现"的证书。

(2)在该证书中,上述官员应登录如下事项:该婴儿表面上的年龄、性别、该官员为婴儿取的名字、婴儿的发现地、负责照管该婴儿之人或机构、该婴儿是否带有任何明显的标记、衣物的种类以及在该婴儿身上发现的任何其他物品。

(3)如同在出生证书的情形,该证书也应提交给主任进行登记。

第 288 条 (出生证书应提交登记)

制作出生证书或"发现"证书的官员,应自此等证书被制作之日起 2 日内将之提交给主任进行登记。

第 289 条③ (如果在登记后,非婚生子女的父子关系被确定)

(1)在非婚生子女的出生证书被没有指出其父亲的名字而登记以后,如果该子女的父子关系通过法院的判决而确定,或者在不违反第 280 条之规定的

---

① 为 1968 年第 6 号法案第 8 条所修正。

② 为 1933 年第 21 号法案第 5 条、1965 年第 31 号法案第 8 条和 2007 年第 13 号法案第 13 条所修正。

③ 为 1965 年第 31 号法案第 18 条和 2004 年第 18 号法案第 40 条所修正。

条件下,被父亲本人在公文书中承认的,基于任何利害关系人之请求,应在登记簿空白处以批注的形式登录父亲的名字。

(2)"发现"被登记后,无论是通过"他们"本人的声明或者通过法院判决而知晓弃婴的父母的,适用同样的规定。

第 290 条① （收养或婚生子女的推定）

(1)依据第 102 条而对非婚生子女所适用的推定,也应在空白处以批注的形式登录于登记簿中,并且如果应当适用第 125 条第 3 款的,任何人的收养都应以该款提及的标注的方式登录在登记簿中。

(2)在任何此等推定的情形,应在批注中说明该推定是因随后的结婚还是因适格法院的裁定而发生。

(3)其出生证书未登记在公共登记处的任何人,对其推定的登记应在为此目的而设置的登记簿中作出;在任何此等登记中,应对制作出生证书所需的所有事项或者所知晓的某些事项作出说明。

第 291 条② （提交文书）

(1)根据前两条的规定而请求作出任何登录的当事人,应提交给公共登记处主任有关父子关系或母子关系的司法宣告的公文书的、判决的或裁定的真实的副本,或有关依照第 101 条至第 112 条之推定的公文书的、判决的或裁定的真实的副本。

(2)在因已被适当登记的随后结婚而产生推定的情形,应在批注中援引该登记;如果婚姻尚未登记,除非请求作出登录的当事人提交给主任一份证实婚姻举行的文书,否则不得作出登录。

第 292 条③ （由于随后结婚的推定）

如果因随后结婚而产生的推定适用于非婚生子女,且该结婚先于该子女的出生登记而发生,则应直接按婚生子女的情形制作该子女的出生证书。

第 292A 条④ （婴儿的姓氏）

申报出生之人也应提交一份婴儿的父母根据第 4 条第 3 款或第 92 条指明婴儿将采用的姓氏的声明,且该姓氏应被登记在出生证书中"婴儿将使用的

---

① 为 1962 年第 21 号条例第 9 条和 2004 年第 18 号法案第 41 条所修正。
② 为 1962 年第 21 号条例第 10 条和 2004 年第 18 号法案第 42 条所修正。
③ 为 2004 年第 18 号法案第 43 条所代替。
④ 为 2004 年第 18 号法案第 44 条所增设,后为 2007 年第 8 号法案第 12 条所修正。

名字及姓氏"标题下的栏目中，紧接其名字之后。如果没有作出此等声明的，在婚生子女的情形，推定父亲的姓氏已被如是声明，而在非婚生子女的情形，母亲的婚前姓氏被推定为如是声明的姓氏。

第三分题 结婚证书

第293条[①] （结婚证书的事项）

任何结婚发生的，缔结该婚姻的当事人应依据本法典附录一的第二部分中的表格E制作一份证书或使之被制作，于其中载明：

(a)证书的日期；

(b)当事人的名字、姓氏、出生日期和出生地、身份证书以及居所地；

(c)出席结婚仪式的证人的名字、姓氏、出生日期和出生地以及居所地；

(d)当事人的父亲的名字和姓氏，以及当事人的母亲的名字、姓氏和婚前姓氏；

(e)结婚发生的日、月、年，以及结婚发生的教堂、礼拜堂或其他场所；

(f)由当事人双方签名的婚礼举行的声明，或者如果婚姻通过代理人进行，由代理人和出席结婚仪式的另一方当事人签名的婚礼举行的声明，并且由婚姻登记处的官员或婚姻登记员为此目的而授权的其他人副签。

第294条[②] （结婚证书的提交）

结婚证书一经作成并签字，应立即提交给对第293条(f)项提及的声明副签的人员进行登记，并且此人应尽早采取主任对结婚证书的登记所要求的所有措施。

第295条[③] （对影响婚姻的决定、声明和禁止的登记）

(1)适格法院作出任何判决或其他决定，已登记的婚姻因此被宣告无效或者产生于该婚姻的身份因此受影响，基于任何人之请求，此等判决或决定应被以批注的形式登录于登记簿的空白处。

---

① 为1965年第31号法案第8条、1975年第37号法案第23条、1976年第22号法案第3条、1995年第30号法案第3条和2007年第13号法案第13条所修正。

② 为1975年第37号法案第23条所代替。

③ 为1975年第37号法案第23条和1994年第3号法案第10条所代替，后为2011年第14号法案第10条所修正。

适格民事法院作出离婚判决或裁定的,此等判决或裁定应根据第66A条第3款被登记。

(2)提出请求之人应向主任提交相关判决的或其他决定的真实的副本。

(3)主任也应在关于已登记婚姻的证书的空白处以批注的形式登录:已婚妇女依照表格Q制作且由她根据本法典第4条第5款的规定提交的任何声明,以及对婚前姓氏的任何修正,或者在根据本法典第62A条被登记的配偶之间的人身别居的说明中提及的使用丈夫姓氏的任何禁止,并且在任何此等登记的批注中均应提及结婚的日期和地点。

第四分题 死亡证书

第296条[①] (由内、外科医生申报死亡)

(1)对于任何人的死亡,在患致死疾病期间对其进行治疗的内科医生或外科医生,以自己的个人认知或者自任何其他人处获得的信息中知悉该死亡的,应毫不迟延地以本法典附录一的第二部分中的表格F的书面形式,向负有制作死亡证书义务的官员申报,详细指明此人死亡于其中的房间或其他场所、死因以及死亡发生的时刻。

(2)该内科医生或外科医生可将上述申报交给死者的成年家属,从而转达给上述官员。

(3)根据第235条的规定,若死者为在其死亡时在本法的范围内无须制作死亡证书之人,本条的规定不予适用。

第297条 (由家属申报死亡)

任何人无内科医生或外科医生在场而死亡的,死者的家属或家仆以及占有死亡发生于其房屋或其他场所之人,或者管理该房屋或场所之人,有义务作出该死亡申报。

第298条[②] (推定死亡者的证书)

(1)在某人下落不明后进行了调查且进行调查的地方法官考虑了所有下落不明的情形,其结论是此人可能已经死亡的,进行调查的地方法官应将笔录的副本提交给负责制作死亡证书的官员,后者应在收到该笔录副本后2日内,

---

① 为1965年第31号法案第8条和2007年第13号法案第13条所修正。
② 为1974年第54号法案第8条所增设,后为2007年第13号法案第13条所修正。

根据本法典附录一的第二部分中的表格G,制作其下落不明已由笔录确定之人的临时的死亡证书。同一官员应在上述临时的死亡证书制作后2日内将之提交给主任进行登记。

(2)自登记之日起经过1年后,临时的死亡证书将成为最终的死亡证书。

(3)在本条范围内,进行调查的地方法官应在笔录中指明第301条(a)项、(b)项、(c)项和(d)项中提及的所有事项,以及此人下落不明的可能时间、日期和地点。

第299条① （失踪人被推定死亡的证书）

(1)如果自授予临时占有起,某人的失踪已持续了6年的期间,或者如果根据第223条的规定某人已被判决宣告失踪并且根据第235条的规定此人并非第234条的规定不适用于其死亡之人,则失踪人的遗嘱继承人或法定继承人,或他们的继承人,或任何利害关系人或检察长,可向失踪人最后居住之岛上的享有自愿管辖权的法庭提出请求,命令负有制作死亡证书义务的官员在该命令发布后4日内,依照本法典附录一的第二部分中的表格G,制作并向主任提交登记失踪人的死亡证书。

(2)失踪人被推定为自最后一次得到其音讯之日死亡,并且如果知晓该日期及第301条提及的所有事项,应登录于死亡证书中。

第300条② （制作最终的死亡证书后失踪人的返回）

无论何时,最终的死亡证书已根据第298条或第299条被制作和登记,而其死亡已被如是登记之人随后返回或其生存被证实的,适用第226条的规定。

第301条③ （死亡证书的事项）

第296条提及的官员,无论以何种形式收到任何人死亡之信息的,应在确定该死亡后,自收到该信息起2日内,依照本法典附录一的第二部分中的表格G,制作包含如下事项的死亡证书:

(a)证书的日期;

(b)死者的名字、姓氏、身份证书、年龄、出生地以及居所地;

---

① 为1974年第54号法案第8条所增设,后为1974年第58号法案第68条和2007年第13号法案第13条所修正。

② 为1974年第54号法案第8条所增设。

③ 为1936年第21号法案第6条、1939年第22号条例第5条、1965年第31号法案第8条、1995年第30号法案第4条和2007年第13号法案第13条所修正。

(c)死者父母的名字和姓氏,并指出他们是否健在;
(d)如果死者已婚,或者为鳏夫或寡妇,其丈夫或妻子的名字和姓氏;
(e)死亡发生的时、日、月、年和地点,以及死者已被或将被埋葬的地点;
(f)死因。

第 302 条 (官员收集信息的权力)

上述官员在收集或确定前条所规定事项的范围内,享有第 277 条赋予负有制作出生证书义务的官员的相同权力。

第 303 条 (医院等的管理人员的义务)

(1)每一所医院、收容所或其他公共慈善机构的高级管理人员,对于被允许进入他所负责的机构的每一个人,应从他们进入之时起,采取措施收集第 301 条(b)项、(c)项和(d)项所规定的事项。

(2)监狱的管理人员对于每一名囚犯,适用同样的规定。

(3)上述官员为使自己遵守本条规定而请求警察予以协助的,警察应当予以协助。

(4)本条之规定不适用于军事或海军的医院或监狱。

第 304 条[①] (海上的死亡)

(1)在任何人死于海上而且是在马耳他登记的船舶上的情形,船长应于 24 小时内,在其航海日志中,以第 301 条所规定的事项,记录该死亡的事实。

(2)该船舶在马耳他靠岸后,马耳他交通运输局应将该记录的副本提交给在瓦莱塔负责制作死亡证书的官员,后者应立即制作此人的死亡证书。

(3)该船舶没有在上述死亡后 3 个月内在马耳他靠岸的,船长应在上述死亡后 3 个月内向马耳他交通运输局提交相关记录的副本,后者应如同上述船舶已在马耳他靠岸一样作出处理。

第 305 条 (死亡证书应提交登记)

制作死亡证书的官员,应自证书制作起 2 日内将之提交给主任进行登记。

第 306 条[②] (授予主任的职权的行使)

(1)取得法学博士学位并且取得律师执业证或公证人执业证的人员,以及

[①] 为 1939 年的第 22 号条例第 6 条、1971 年第 9 号法案第 3 条、1973 年第 11 号法案第 377 条、1991 年第 17 号法案第 81 条和 2009 年第 15 号法案第 49 条所修正。

[②] 为 1968 年第 6 号法案第 11 条所增设,为 1986 年第 31 号法案第 4 条所修正,后为 1994 年第 3 号法案第 11 条所代替。

在公共登记处履行义务的任何人员,可以行使本法典或任何其他法律授予公共登记处主任的所有或任一职权,对该法律应当作出相应解释。

(2)在不影响本条第4款之规定的前提下,行使任何此等职权时,上述人员享有赋予主任的同样权力并承担课加给主任的同样义务。

(3)关于民事身份证书的"由主任签字"或类似此意的词语,应被认为包括通过摄像的方式、通过印刷或以主任自行决定的并由主任为此目的而授权发放证书的官员的签字进一步证实的任何其他形式,作出或处理的任何印鉴、印章或签字。

(4)本条提及的官员在根据本法典或其他法律行使其职权时,受制于公共登记处主任所委托的主任助理的以及本条中作为副主任被提及的主任助理的权力、指令和管制。

但本条规定的副主任之权力的行使不影响主任的总体权力。

(5)在根据本法典或任何其他法律的任何诉讼中,公共登记处主任为以任何身份代表公共登记处的唯一适格之人。

第二编 物

第一分编　物　　权

第一题　物及其不同种类

第 307 条　（动产或不动产）
可为私人所有权或公共所有权客体的所有的物,或为动产,或为不动产。

第一分题　不动产

第 308 条　（不动产）
下列物为天然不动产:
(a)土地与建筑物;
(b)水源;
(c)房地产内用于引水的管道;
(d)附着于土地的树木;
(e)尚未与土地分离的土地的孳息或尚未从树上摘取的树木的孳息;
(f)永久附着于房地产而与之连为一体的任何可动物。

除在具体情形中表明了不同的意思外,如果某物被以金属或水泥固定于房地产,或者被以其他方式如是固定,以致非经破坏或损坏该物或者非经破坏或损坏房地产即不能使之分离,则该物被视为如此附着于房地产。

第 309 条　（何时某些物变为可动物）
前条(c)项、(d)项、(e)项和(f)项述及之物,一旦它们与土地、树木或房地产分离,即使尚未被移到他处,即变为可动物。

但土地或树木的孳息,即使在分离前,在《组织与民事程序法典》[①]第 288 条的范围内,被视为可动物。当它们作为区别于土地或树木之物并且将被与之分离而成为买卖或其他处分的客体时,亦被视为可动物。

---

① 第 12 章。

第310条① （因其所涉客体的不可动物）

以下所列，因其所涉客体而为不动产：

(a)对以永租权的方式出租的房地产的直接所有权或者所有权人的权利，以及对该房地产的功用所有权或者永租权人的权利；

(b)不动产的用益权或使用权，以及居住权；

(c)地役权；

(d)请求返还或主张任何不可动物或者本条(a)项、(b)项和(c)项述及的任何权利的诉权；或者宣告某项不动产并不承受任何此等权利的诉权；或者主张任何遗产或其部分，或特留份或者法律赋予的任何其他遗产份额的诉权。

第311条 （不可动物的定义）

"不可动物"及"不动产"之词，在无任何其他限制其含义的添加或者说明的情况下，既包括天然不动产，也包括因其所涉客体的不动产。

第二分题　动　产

第312条 （动产）

无论有无生命，所有的可自行移动或可被从一处移动到另一处而不改变其本质的物，均为天然动产，即使此等物构成集合物或库存物，亦同。

第313条 （从建筑物的拆除所得之材料）

从已被拆除的建筑物所得之材料或归集起来用于建造新的建筑物之材料，在它们被用于某一建筑之前，为动产。

第314条 （船舶等）

船舶或其他水上器具，沐浴设备或其他浮动装置，亦为动产。

第315条 （商业公司等的股份或利息）

下列物依法律规定而为动产：

(a)商业公司或工业公司的股份或利润，即使不动产由该公司所有；在后一种情形，仅在公司存续期间，对各股东而言，此等股份或利润被视为动产；

(b)终身年金或永久年金，包括以教皇诏书的形式设立的年金的本金以及对先前以 Massa Frumentaria【Massa Frumentaria 和 Monte di Pietà 是马耳他历史上最重要的两大金融机构，其中后者还是本法典出现的 Il—Monti（跳蚤市场）名称的来

---

① 为2007年第13号法案第3条所修正。

源。——译者注】名义存在的基金所投入资金的利息可收取的债款,但以该永久年金、资金和债款不受限定继承为条件;

(c)根据上一分题的规定,未被视为不动产的通常的所有债务、诉权,即使为抵押诉权,及权利。

第 316 条 ("动产或可动物"、"可动的财物"或"可动的物质"的定义)

在任何法律规定或人为约定中使用的"动产或可动物"、"可动的财物"或"可动的物质"之词,在无任何其他限制其含义的添加或说明的情况下,既包括天然可动之物,也包括依法律规定通常被视为可动之物。

第 317 条 ("动产"的定义)

(1)在任何法律规定中使用的"动产"一词,在无任何其他限制其含义的添加或说明的情况下,同样既包括天然可动之物,也包括依法律规定被视为可动之物。

(2)如果在任何人为约定中使用该词,它本身将不包括金钱或金钱权利凭证、珠宝、贵金属物品或作为交易客体之物;也不包括依法律规定被视为动产的财产。

第 318 条 ("家具"的定义)

(1)"家具"一词由配置的所有动产组成,包括构成房间家具之一部分的绘画和雕像。

(2)但不包括图书的、绘画的或雕像的收藏品。

第 319 条 ("房屋连同其中现有的一切"的定义)

"房屋连同其中现有的一切"的表达,包括所有可动物,但金钱或金钱权利凭证、珠宝、用于人之装饰或佩戴的贵金属物品、偶然出现于房内之物或属于第三方之物以及可收取的债款或其凭证可以存放于房屋内的其他权利,除外。

第二题 所有权

第 320 条 (所有权)

所有权为最绝对地享用和处分物的权利,但是不得作出法律所禁止的使用。

第 321 条① （任何人不得被强迫放弃其财产）

任何人不得被强迫放弃其财产或被强迫允许任何其他人使用其财产,但为公共目的并事先支付合理补偿的,除外。

第 322 条 （物之所有权人有权请求任何占有人返还该物）

(1)除法律有其他规定外,物之所有权人有权请求任何占有人返还该物。

(2)占有人被通知返还物的司法请求后,停止以自己的行为占有该物的,有义务以其费用使原告恢复对物的占有,或者如果不能恢复占有的,赔偿其价值,但原告选择对实际占有人提起诉讼的,不在此限。

第 323 条 （土地所有权包括地上所有权和地下所有权）

拥有土地所有权的无论任何人,亦拥有土地之上的空间所有权,以及对地面、地上或地下任何物的所有权。他可在其地上进行任何建筑或种植,并可在其地下进行任何工作或挖掘,以及获取任何土地出产物。但本法典第二编第一分编第四题有关地役权的规定以及任何其他法律对于防御工事或其他防御工程的规定不受影响。

第 324 条 （地上或地下的建筑等属于土地所有权人）

地面、地上或地下的任何建筑物、种植物或工作物,除非有相反的证明,视为由土地所有权人以其费用所为,并视为归属于他,但不影响第三人已经取得的权利。

第 325 条 （所有权人可迫使邻人确定相邻房地产的边界）

任何所有权人均可迫使其邻人,共同承担费用,以可视且持久的标志,确定他们相邻房地产的边界。

第 326 条 （所有权人可圈围其房地产）

任何所有权人均可圈围其房地产,但不影响他方享有的任何地役权。

第 327 条② （无主财产属于马耳他政府）

无主财产属于马耳他政府。

---

① 为1930年第3号法案第2条所修正。
② 为1975年第148号法律通告所修正。

第三题　用益权、使用权与居住权

第一分题　用益权

第 328 条　（"用益权"的定义）

用益权为享用他人所有之物的物权,但负有在内容和形式上保存此等物的本质的义务。

第 329 条　（用益权包括非消费即不能使用之物的情形）

如果用益权包括非消费即不能使用之物,如金钱、谷物或液体,用益权人有权使用之,但负有根据用益权开始时所为的估价偿付其价值的义务;没有进行此等估价的,他可以选择返还同等数量与质量之物,或者以用益权终止时的时价偿付其价值。

第 330 条　（用益权依法律或人的意思设立）

(1)用益权可依法律或人的意思设立;在后一情形,若用益权涉及不动产,非以公文书不得设立,并且若以生前文书而设立的,自基于任何利害关系人或者在其面前制作文书的公证人的请求,文书登记于公共登记处之时起,方对第三人产生效力。

(2)根据《公共登记法》①的规定,对文书登记的说明应包括文书中所载明的当事人的指定、文书的日期和性质以及文书所涉之物的指明,并应由在其面前制作文书的公证人签字。

第 331 条　（用益权可以附条件、附一定的期限或为两个或更多特定之人的利益而设立）

(1)用益权甚至可以附条件或附一定的期限而设立。

(2)用益权可以为某个或更多特定之人的利益而设立。

(3)用益权被授予数人相继享有的,仅为用益权移转给第一用益权人时尚健在者的利益而产生效力。

---

①　第 56 章。

第一节 用益权人的权利

第 332 条 （孳息属于用益权人）

用益权人有权享有承受其用益权之物所能产生的各种孳息,不论天然孳息、劳务孳息或民事孳息。

第 333 条 （天然孳息、劳务孳息和民事孳息）

(1)天然孳息是指土地的自然出产物。动物的出产物与繁殖,以及采石场或矿藏的产物,亦为天然孳息。

(2)土地的劳务孳息是指通过耕作获得之物。

(3)民事孳息为所出租财产的租金、永租的地租、本金的利息以及年金。

第 334 条 （枝干上悬挂的或根系上所结的天然孳息和劳务孳息）

(1)用益权发生时,枝干上悬挂的或根系上所结的天然孳息或劳务孳息,属于用益权人,但不影响承租人根据分益租赁应收取的任何部分。

(2)用益权终止时,枝干上悬挂的或根系上所结的天然孳息或劳务孳息,属于所有权人,但不影响承租人根据分益租赁应收取的任何部分,以及用益权人或其继承人对其耕作所应获得的任何补偿。

第 335 条 （民事孳息视为逐日取得）

民事孳息视为逐日取得,并根据用益权的存续期间按比例属于用益权人。

第 336 条 （罚金）

永租权授予中的转让罚金属于用益权人。

第 337 条 （终身年金的用益权）

终身年金的用益权人在用益权存续期间有权受领到期的任何偿付,但对其提前受领的任何余额负有返还义务。

第 338 条 （用益权包括因使用而逐渐损耗之物的情形）

如果用益权包括虽非当即被消费但因使用而逐渐损耗之物,用益权人有权按照该物的用途使用之,并且仅负有在用益权终止时以物之所处状态进行返还的义务,但以所使用之物未因其恶意或过失而损坏为条件。

第 339 条 （果树）

死亡的以及因事故被拔起或折断的果树,属于用益权人,但负有补栽义务。

第 340 条 （用益权人可转让其权利的享有）

用益权人可以无偿转让或者为获得对价而转让其权利的享有。

第 341 条 （财产租约仍有效）

即使用益权终止后,只要财产租约系以合理的条件订立,并且如果该财产为乡村土地,租赁期限未超过 8 年,如果该财产为城市房地产,租赁期限未超过 4 年,如果该财产为动产,租赁期限未超过其通常的使用期限,如果该财产为其出租若超过上述各期限中较短的一个期限则被禁止的财产,租赁期限未超过上述任何相应期限的,租约继续有效。

第 342 条 （用益权人可出售未分离的孳息）

用益权人亦得出售未分离的孳息;在此等情形,若用益权在孳息被收取之前终止,买卖继续有效,并且所有权人有权受领尚未收取的孳息的价款。

但所有权人对于在用益权终止前已对用益权人支付了该孳息价款的买受人并不享有诉权。

第 343 条 （用益权人享有地役权）

用益权人有权以与所有权人同样的方式,享有附着于承受其用益权的房地产的任何地役权,以及通常所有权人享有的所有权利。

第 344 条 （用益权人享有已开采的采石场）

用益权人还有权享有已经开发并且在用益权赋予他时正在开采的任何采石场,但他不得开发新的采石场。

第 345 条 （用益权人对埋藏物不享有权利）

用益权人对用益权期间发现的任何埋藏物,不享有权利,但他由于发现它而对之依法享有权利的部分除外。

第 346 条 （所有权人不得损害用益权人的权利）

所有权人不得以其行为或以任何其他方式损害用益权人的权利。

第 347 条 （用益权人不得对改良请求补偿）

(1)用益权终止时,用益权人不得就其已经实施的任何种类的改良请求任何补偿,即使物的价值因此而明显增加,亦然。

(2)但在确定用益权人负担的任何损害赔偿金时,可以将任何此等改良考虑在内。

(3)根据本条第 2 款没有产生抵销的,用益权人为其自身的利益可以取走能够移除的改良物,但不得对房地产造成损害。所有权人选择保留该改良物,并支付给用益权人通过将它们从房地产中移除所能获得的收益的相应金额的,除外。

第 348 条 （用益权人有权提起所有权人享有的对物诉讼）

用益权人有权提起所有权人依法享有的任何对物诉讼。

第二节 用益权人的义务

第 349 条 （用益权人以赋予他用益权时物之所处状态受领物）

(1)用益权人以赋予他用益权时物之所处状态受领用益物。

(2)用益权终止时,用益权人应以物之当时所处状态返还用益物,但不影响他对因其过失而发生的任何毁损的责任。

第 350 条 （清单的制作）

用益权人在制作用益物的包含对动产及其价值以及对不动产状况的描述的清单之前,不得开始行使其对用益物的权利,但在创设用益权的证书中免除了该清单的,不在此限。

第 351 条 （如何制作清单）

(1)清单应当在所有权人在场的情况下,或者在他被以司法信函的方式召集到场后制作。

(2)清单必须以公文书制作,但在创设用益权的证书中授予以私文书的方式制作清单的权力且所有权人对此同意的,不在此限。

(3)除非在创设用益权的证书中有其他规定,制作清单的费用由用益权人承担。

第 352 条 （用益权人应提供担保）

(1)如果创设用益权的证书没有免除用益权人的担保,在用益权人对下列事项提供担保之前,同样不得开始行使其对用益物的权利:他将如善良家父一样享用用益物、将返还动产、将偿付第 329 条提及的物的价值,并且将赔偿可能因其过失而对动产或不动产造成的任何损害。

(2)担保的金额,在抵押登记的范围内,根据下列事项而定:将提供给用益权人的或者可能在用益权期间返还于用益权人的资金的数额、动产的价值、不动产在 5 年的期间内可能需要的修缮的费用以及由用益权人负担的修缮的费用。

(3)法院可以根据具体情况确定一个较低的金额,在此等情形,如果在用益权终止前担保的金额被花费或变得不足,用益权人有义务提供进一步的担保,没有提供的,适用第 355 条的规定。

第 353 条 （无须提供担保之人）

但下列之人无须提供担保:

(a)其用益权源自法律之人;

(b)为其自身保留用益权的出卖人或赠与人;

(c)由或将由其他人管理之物的用益权人。

第354条 (所有权人可以请求担保的期限)

所有权人可以在用益权人开始行使其对用益物的权利之前或之后的1年内,请求所需要的担保;上述期限届满后,所有权人不得请求担保,但他证明用益权人的状况或品行发生改变从而危及其义务的履行的,不在此限。

第355条 (用益权人未提供担保的情形)

如果用益权人未在法院确定的期限内提供所需要的担保,法院基于所有权人的请求,应当指定适当的人员为所有权人和用益权人双方的利益管理用益物。

第356条 (管理人将出售动产等)

管理人应出售动产,将所得收益进行获利性投资;他同样应将财产中包含的或者在用益权期间从资金的返还中所得的任何其他钱款进行投资。

第357条 (管理人可违反第356条所确定的规则)

(1)征得所有权人和用益权人的同意,管理人可以违反前条所确定的规则。

(2)基于所显现出来的正当理由以及所有权人或用益权人的请求,法院也可以免除动产的出售,或者命令将金钱以不同于前条所确定的方式投资,但如此而为不得损害被告的利益。

第358条 (用益权人不能提供担保时法院的权力)

如果用益权人宣誓声明他不能够提供担保,法院可以命令将城市的房屋以及为居住、其本人及其家人个人使用的必要家具提供给他而无须担保,但负有在用益权终止时进行返还的义务。

第359条 (管理人提交账目的义务)

(1)管理人应每年向用益权人提交其管理账目,并向他支付余额。

(2)用益权终止时,管理人应向所有权人和用益权人双方提交账目。

第360条 (管理人的撤销)

基于正当理由以及所有权人或用益权人的请求,可以随时撤销管理人。

第361条 (用益权人可以接管)

用益权人可随时提供担保而接管财产。

第362条 (属于用益权人的孳息)

用益权人迟延提供担保,并不剥夺其有权享有的孳息;此等孳息自赋予用益权时起即属于用益权人。

第 363 条 (用益财产的修缮)

用益权人仅负责普通修缮。特别修缮由所有权人负担,除非特别修缮是因未实施包括用益权开始时即需要的普通修缮所致,此时由用益权人负责特别修缮。

第 364 条 (特别修缮)

特别修缮包括对墙壁和拱顶的修缮,对梁椽的更换,以及对屋顶、楼梯或者建筑物任何部分的过道的全面翻修。

第 365 条 (用益权人为实施由所有权人负担的修缮所发生的费用的偿还)

(1)不得为用益权人的利益而提起任何诉讼,以强迫所有权人实施应由他负担的修缮;但若所有权人拒绝实施该修缮的,用益权人有权请求法院授权他实施该修缮,并且在用益权终止时,只要修缮的效用仍然存在,得请求所有权人返还所产生费用的数额,但不得主张利息。

但如果用益权人未能在自修缮完成之日起 6 个月内将由他发生的费用的账目及其凭证提供给所有权人,他仅有权请求返还通过估价所确定的在请求之时修缮的价值。

(2)如果所有权人未在 2 个月内表示异议,视为他接受账目。

第 366 条[①] (所有权人同意实施特别修缮的情形)

(1)如果所有权人同意实施特别修缮,将有权请求用益权人返还他所证明已经发生的费用额在用益权存续期间的利息。

(2)上述利息自该费用的账目被用益权人认可之日起,或者自基于针对用益权人所提出的宣誓申请,该账目被法院批准之日起开始计算。

第 367 条 (建筑物的一部分因年久等坍塌的情形)

(1)如果某建筑物,或者作为享用用益房地产所必要的附属物的建筑物的一部分,或者作为用益权主要客体的建筑物的附属部分,因年久或意外事件而坍塌,在此等情形,同样适用前两条的规定。

(2)为确定从构成用益权主要客体的建筑上坍塌的部分是否为附属部分,不仅要考虑该部分的用途,还要考虑相对于重建整个建筑所需要的费用,重建

---

① 为 2005 年第 22 号法案第 81 条所修正。

该部分所需要的费用。

第368条 （用益权人不得阻止所有权人实施修缮）

用益权人不得阻止所有权人以给用益权人带来最小不便的方式实施前三条所提及的修缮和工作。

第369条

(1)（由用益权人承担的费用）

在法律规定的情形,警方所命令的建筑物的粉刷费用,或者蓄水池或水槽的清洁费用,由用益权人承担。

(2)（由所有权人承担的费用）

建造蓄水池或水槽的费用,或者连通水槽与主要的下水道或某些其他的排放口的费用,以及拆除处于毁损状态的建筑物的费用,由所有权人承担;如果用益权人被迫实施此等工作,他享有针对所有权人的救济权。

第370条 （用益权人应支付地租等）

用益权人负有支付地租以及房地产上的所有其他年费的义务。

第371条 （特定房地产的用益权人无须支付该房地产上的费用）

某一或某些特定房地产的用益权人无义务清偿此等房地产被设定抵押的债务,亦无义务支付该房地产所承受的年金;如果他被迫支付,可以主张针对所有权人的救济。

第372条 （遗产的用益权人应支付扶养补贴）

(1)全部遗产或部分遗产的用益权人,有义务按其享有的比例支付任何扶养补贴、任何永久年金或终身年金,以及遗产所承受的任何债务的利息,且不享有任何返还请求权。

(2)需要支付任何资金的,如果用益权人愿意预付该款项,则所有权人应在用益权终止时返还于用益权人,但无须支付任何利息。

(3)如果用益权人不愿作出该预付,所有权人可以以自己的金钱或在应支付金额的限度内通过出售部分用益财产进行支付。在前一种情形,用益权人应向所有权人支付该款项在用益权存续期间的利息。

第373条 （有关用益权等的诉讼费用）

(1)仅与用益权有关的诉讼费用由用益权人承担。

(2)仅与所有权有关的诉讼费用由所有权人承担。

(3)既与用益权有关又与所有权有关的诉讼费用由所有权人承担,但用益权人应向所有权人支付该费用在用益权期间的利息。

第 374 条 （对用益财产的侵害）

用益权人应立即通知所有权人第三人实施的损害所有权人的权利的任何侵害或其他行为,否则将承担损害赔偿责任。

第 375 条 （用益权的客体并非畜群的情形）

用益权的客体为一只或多只动物而未形成畜群,且该动物灭失而用益权人并无过错的,他仅需向所有权人汇报皮革或其价值的账目。

第 376 条 （用益权的客体为畜群的情形）

(1)用益权的客体为畜群,且整个畜群灭失而用益权人并无过错的,适用同样的规则。

(2)但若畜群没有全部灭失,用益权人有义务补足灭失的头数,但仅限于用益权开始后出生的且仍为其占有的以及在牲畜的头数开始少于原始头数后出生的动物的数目。

第 377 条 （承受用益权的船舶的保险）

(1)用益权的客体为船舶且用益权人未对其投保的,他应对船舶的灭失以及海损承担责任。

(2)如果船舶被投保的,在保险的范围内,通过将他对保险人享有的诉权转让给所有权人,用益权人被解除责任,但保险费仍应由用益权人支付。

第三节 用益权终止的方式

第 378 条 （用益权的终止）

用益权因下列事由而终止:

(a)用益权人死亡;

(b)用益权所设立的期限届满;

(c)用益权人和所有权人两种身份混同或重合于同一人;

(d)在 30 年期间内未有行使用益权者;

(e)用益权的客体全部灭失。

第 379 条 （用益权因不当使用而终止）

(1)用益权亦得因用益权人不当使用其权利而终止,这包括如下情形:对房地产造成损害,或者听任房地产因缺乏普通修缮而毁损。

(2)在任何此等情形,视情况的严重程度,法院可采取如下措施来代替命令绝对地终止用益权:或指定一名管理人,或命令将财产返还于所有权人,但条件是在用益权存续期间每年向用益权人或其权利继受人支付一笔确定的金额。

(3)用益权人及其任何债权人,可以通过提议实施必要的修缮或者通过为在法院确定的期限内履行义务提供担保,以阻止上述用益权的终止、管理人的指定或财产的返还,但以在对所有权人的请求作出判决之前或者自判决产生既判力之日起 15 日内作出提议和提供担保为条件。

第 380 条① (授予法人的用益权的期间)

(1)为法人的利益而设立的用益权的期间不得超过 30 年;如果所授予的用益权没有时间限制,或者超过 30 年期限的,其期间将被限制为 30 年。

(2)为包括法人在内的受托人的利益以信托的方式设立用益权的,或者为作为自然人的受益人的利益将用益权授予私人基金会的,在本条的范围内,用益权视为为指定的有权享用财产的受益人的利益而设立,且除非有其他明示规定,用益权在该受益人生存期间有效。

第 381 条 (或者直到第三人达到既定的年龄)

如果用益权被授予至第三人达到既定的年龄之时,即使此人在达到既定的年龄之前死亡,用益权仍持续至原定时间。

第 382 条 (或者为两人或数人的利益共同授予的用益权的期间)

根据第 738 条和第 739 条,为两人或数人的利益而共同设立的用益权,仅在最后一位健在者死亡时终止,而任何先死者的份额将通过增加赋予健在者。

第 383 条 (用益物的买卖)

用益物的买卖以任何方式改变了用益权人的权利的,买卖无效;除非他已放弃其权利,他将继续享有用益权。

第 384 条 (用益权人的债权人可使对用益权的放弃被宣告无效)

用益权人对用益权的放弃损害其债权人的利益的,后者可诉请宣告该放弃无效。

第 385 条 (用益权的客体仅部分灭失的情形)

仅部分用益物灭失的,用益权对其剩余部分继续存在。

第 386 条 (用益权人对土壤或坍塌的建筑物的材料的权利)

(1)如果用益权的客体仅为某一建筑物,并且该建筑物因年久而坍塌或因意外事件而毁灭的,用益权人无权享用土壤或建筑物的材料。

(2)但若用益权设立于该建筑物仅为其一部分的土地之上,用益权人有权

---

① 为 2007 年第 13 号法案第 4 条所修正。

享用土壤,并可将建筑物的材料用于坍塌建筑物的重建或者用于修缮用益地的其他部分。

(3)在上述任一情形,如果建筑物未毁灭,或者仅部分坍塌,用益权人将保留享用土壤和建筑物材料的权利。

第 387 条 （用益权的客体为无法修复的船舶的情形）

如果用益权的客体为一艘船舶且该船舶处于无法修复的状态,用益权终止。

第 388 条 （年金或债款的用益权不因本金的返还而终止）

一笔年金或债款的用益权不因本金的返还而终止;用益权人可将该本金再投资,或者视具体情况而定,要求为其利益而被再投资。

第二分题　使用权与居住权

第 389 条 （如何取得与丧失使用权和居住权）

使用权和居住权,依与用益权相同之方式取得与丧失。

第 390 条 （使用权和居住权应以公文书创设）

使用权和居住权不得由所有权人以公文书外的其他方式创设,并且在应任何利害关系人或者在其面前制作文书的公证人之请求,文书被登记于公共登记处之前,不产生对抗第三人的效力。对文书登记的说明应根据第 330 条第 2 款的规定作出。

第 391 条 （使用权或居住权的范围未在文书中确定的情形）

使用权或居住权的范围未在创设该权利的文书中确定的,适用下列条文所确定的规则。

第 392 条 （"使用权"的定义）

(1)使用权为某人使用属于他人之物或者在其本人或其家庭成员需要的范围享有孳息的物权。

(2)对房屋的使用权同于居住权。

(3)对因使用而消费之物的使用权,视为用益权。

第 393 条 （"居住权"的定义）

居住权为某人与其家庭成员根据其状况,居住于他人房屋中的物权。

第 394 条 （"家庭成员"的定义）

在前两条的范围内,"家庭成员"一词还包括使用权或居住权开始后出生的子女,即使权利被授予人在该权利开始时尚未结婚,以及被承认的非婚生子女、养子女和佣人。

第 395 条 (清单与担保)

(1)被授予使用权或居住权之人,应如同在用益权的情形所规定的一样制作清单及提供担保。

(2)根据具体情形,法院可以豁免权利被授予人提供担保。

第 396 条 (权利被授予人应如善良家父一样行事)

使用权或居住权的被授予人在享用权利时应如善良家父一样行事。

第 397 条 (权利被授予人的义务)

(1)如果房地产的使用权人享有其全部孳息,或者如果居住权人占有整个房屋,则他负有支付地租、房地产上的所有其他年费以及耕作费用的义务,并且负有依与用益权人相同的方式作出普通修缮的义务。

(2)但若他仅享有部分孳息或者仅占有部分房屋,则应按其享用的比例进行分担。

第 398 条 (孳息未超过使用权人所需数量的情形)

(1)如果房地产孳息的通常数量未超过使用权人所必需的数量,此人得请求将房地产交付于他。

(2)但若仅有部分孳息为其所必需的,他仅得对该部分孳息请求实物。在此等情形,房地产的管理仍赋予所有权人,且不产生提供担保和制作清单的义务。

第 399 条 (使用权和居住权不得转让等)

使用权和居住权不得转让或出租,也不受权利被授予人之债务的约束。

第四题 地役权

一般规定

第 400 条 ("地役权"的定义)

(1)地役权是指,为某一房地产的便利,而对属于他人的另一房地产进行使用或者限制其所有权人自由使用而设立的权利。

(2)承受地役权的房地产为供役地,为其利益而创设地役权的房地产为需役地。

第 401 条 （如何创设地役权）

地役权或由法律或由人的行为创设。

第一分题　由法律创设的地役权

第 402 条 （为公共便益或私人便益而创设的地役权）

(1)法律为公共便益而创设的地役权,由特别法或规章设立。

(2)法律也为私人便益而创设地役权,此即本分题的下列规定中设立的地役权。

第一节　因财产的场所产生的地役权

第 403 条 （房地产所有权人的义务）

(1)低地应当接受高地不假人工的自然流水或自然落物。

(2)低地所有权人不得实施任何阻止该流动或掉落的行为。

(3)高地所有权人也不得实施任何加重低地的地役权负担的行为。

第 404 条 （水源）

自己的房地产上有水源之人,可任意利用之,但保留低地所有权人已通过权源或时效取得的任何权利。

第 405 条 （流经公共道路之水）

(1)高地所有权人可优先于低地所有权人将流经公共道路之水导引至其房地产中。

(2)在各所有权人的房地产处于同一水平高度的情形,各该所有权人均可将流经邻接其房地产的公共道路之水导引至该房地产。

第 406 条 （为人之使用等而需要水的情形）

如果某一所有权人为人之使用或为动物饮用或为灌溉通常被灌溉的树木而需要水,则不适用前条的规定。在任何此等情形,下列之人对为其他用途而需要水之人享有优先权.

(a)为人之使用需要水之人；

(b)为动物饮用需要水之人；

(c)为灌溉树木需要水之人。

第二节　相邻房地产的界墙与界沟

第 407 条[①]　（界墙）

用于分隔两个建筑物或者分割一个建筑物与一个不同性质的房地产之墙，其厚度不得少于 38 厘米。

第 408 条　（如何建造）

两个庭院、花园或两块田地之间的界墙，可用松散的石块建造，但必须：

(a)如果是两个庭院或是其内主要为柑橘树或柠檬树的两个花园之间的界墙，高度为 3.5 米；

(b)如果是其内主要为上述树木以外的树木的两个花园之间的界墙，高度为 2.4 米；

(c)如果是两块田地之间的界墙，高度为 1.5 米。

第 409 条　（界墙所有权的推定）

(1)若无相反的标志或其他证据，用于分隔两个建筑物之墙被推定为共有至其顶部，并且如果两个建筑物高度不同，则共有至从两个建筑物高度开始不同处之上 1.8 米。

(2)从较低建筑物的顶部起 1.8 米以上的界墙部分，被推定为属于较高建筑物的所有权人。

(3)如果一侧为建筑物，另一侧为庭院、花园或田地，界墙被推定为全部属于建筑物的所有权人。

第 410 条　（庭院、花园或田地之间的界墙）

(1)庭院、花园或田地之间的分隔墙，若无相反的标志或其他证据，亦被推定为共有。

(2)如果界墙所分隔的庭院、花园或田地中一个比另一个处于较高的水平高度，考虑到低地，超过第 408 条规定的各自高度的界墙部分，被推定为属于高地所有权人。

第 411 条　（共有墙的修缮）

(1)共有墙的修缮或重建，由所有对其享有权利的人按各自所占权利的比例负担。

(2)然而，共有墙的任何共有权人，只要该墙没有支撑属于他的建筑物，则

---

① 为 1975 年第 55 号法案第 4 条所修正。

可以通过放弃其共有权而解除分担共有墙的修缮或重建费用的义务。

(3)该放弃并不解除放弃的一方对于因他而引起的修缮或重建的责任。

第412条 （如果共有墙支撑的是所有权人希望拆除的建筑物）

如果共有墙支撑的是所有权人希望拆除的建筑物,除非他首先实施了为避免因拆除建筑物而对邻人造成任何损害所必要的修缮并设置了为此目的所必要的工作物,否则,不得通过放弃其共有权而免除对共有墙的修缮或重建的责任。

第413条 （支撑权）

(1)任何共有权人,均可倚共有墙建造建筑物并且将梁椽插入至该墙厚度的 1/2 处。

(2)他也可将其墙壁接榫入共有墙。

第414条 （共有墙的加高）

任何共有权人均可加高共有墙,但应负担下列必要的费用：

(a)加高共有墙的费用；

(b)保持共有墙原高度以上加高部分的修缮良好的费用；

(c)为支撑因墙壁加高引起的额外重量从而使墙壁的稳固性不受到削弱,设置必要的工作物的费用。

第415条 （共有墙不能承受加高部分的情形）

共有墙不能承受加高部分的,欲加高共有墙之人应以其费用重建整个共有墙,并且超过原墙厚度的部分应建在自己一侧。

第416条 （加高共有墙的一方对给邻人造成的损害承担责任）

在前两条提及的各种情形,加高墙壁的一方对邻人因墙壁的加高或重建而遭受的任何损害,还负有赔偿义务。

第417条 （邻人可取得共有墙加高部分的共有权）

原先没有对共有墙的加高作出贡献的邻人,可以通过支付加高费用的一半以及如果存在因墙壁厚度增加而占用的土地之价值的一半,以取得对共有墙加高部分的共有。

第418条 （所有权人可共有邻接其房地产之墙）

(1)各所有权人,也可通过对墙壁的所有权人偿付其总价值的一半或其欲共有的墙壁部分的价值的一半,以及偿付该墙所占土地之价值的一半,并且通过设置为避免对邻人造成损害所必要的工作物,从而共有全部或部分邻接其房地产之墙。

(2)在为公共使用的建筑物的情形,不适用本条之规定。

第 419 条 （对共有墙或在共有墙上实施工作,或靠着共有墙堆积粪肥等）

相邻一方不得：

(a)未经相邻另一方同意而在共有墙体上穿打任何洞孔；

(b)未经相邻另一方同意,或者在遭到拒绝的情形,未采取首先由专家确定的必要措施以使新的工作物不致有害地影响相邻另一方的权利,而将任何新的工作物固定或倚靠于共有墙；

(c)以与共有墙相接触的方式堆放粪肥或者其他腐蚀性的或潮湿的物质；

(d)依着共有墙堆土或堆积其他物品,而未采取必要的预防措施以防止该堆积由于压力或其他原因对相邻另一方造成损害。

第 420 条 （对分隔庭院等的墙壁的修缮）

任何人均可迫使其邻人,对分隔庭院、花园或田地的墙壁在第 408 条所规定高度的范围内的建造或修缮作出贡献,但必须考虑到被告的房地产的性质和水平高度。

第 421 条 （两宗不同水平高度的房地产之间的界墙的建造或修缮）

如果界墙分隔的两宗房地产中一宗比另一宗处于较高的水平高度,则高地所有权人将承担至其房地产高度的墙壁部分的建造与修缮的全部费用；从该高度至第 408 条所规定高度的墙壁部分的建造与修缮,应由双方共同承担费用。

第 422 条 （邻人不愿分担界墙的建造或修缮费用的情形）

第 418 条的规定除外,在前两条提及的情形中,如果邻人不愿分担界墙的建造或修缮费用,他可以通过放弃界墙所占他的那一半土地并放弃该界墙的共有权而免除该义务。

第 423 条 （建筑物的各楼层或各部分属于不同所有权人的情形）

某建筑物的各楼层或各部分属于不同所有权人的,各所有权人应根据建筑物的各自部分从该修缮或重建中所得利益的比例,分担所需要的重建或修缮的费用。

第 424 条 （对新共有墙的旧地役权）

如果共有墙或房屋被重建,任何积极的或消极的地役权对新墙或新房屋仍然存在,但以该地役权的负担并未被加重并且在时效完成以前即进行重建为限。

第 425 条 （界墙上的开口）

相邻一方未经另一方同意,不得在界墙上开设任何窗户或其他开口。

第 426 条 （楼层的所有权人可在外墙设置阳台等）

当房屋的各楼层属于不同的所有权人时,各该所有权人可在其楼层的外墙设置阳台、窗户、门或其他开口,但以该墙的稳固性并未因此受到影响为条件。

第 427 条 （如果建筑物有通往屋顶的楼梯时界墙的加高）

(1)在其建筑物中有通往屋顶的楼梯之人,有义务以其费用将界墙加高至屋顶水平高度以上 1.8 米。

(2)屋顶水平高度以上的界墙部分必须与该高度以下的界墙厚度相同。

(3)相邻双方均有通往各自屋顶的楼梯的,各方均可迫使另一方分担如上所述加高界墙的必要费用的一半。

第 428 条 （邻人应避免对界墙造成损害）

相邻的每一方有义务在其房地产中设置必要的工作物,以阻止存在于其房地产中的蓄水池或水槽或者任何水流或污流可能会对界墙造成的任何损害。

第 429 条 （两宗房地产间的沟渠被推定为双方所有权人共有）

若无相反的任何凭证或标志,两宗房地产间的任何沟渠,如果证明为私有财产,则被推定为该两宗房地产的双方所有权人的共有财产。

第 430 条 （沟渠并非共有的标示）

如果开沟时挖出的土或 3 年期间内聚积于其中的废物,仅集于沟渠的一侧,此即为沟渠并非共有的标示,并且沟渠被推定为在其房地产一侧发现土或聚集的废物的一方的独有财产。

第 431 条 （沟渠仅为一方所有权人的土地排水所用的情形）

沟渠仅为一方所有权人的土地排水所用的,此即为沟渠并非共有的标示。

第 432 条 （共有沟渠的修缮）

应共同承担对共有沟渠进行修缮的费用。

但任何共有人均可通过放弃其共有权而解除该义务。

第 433 条 （存在于两宗房地产的分界线上的树木）

存在于两宗房地产的分界线上的树木,若无相反的证据,应视为共有;并且相邻的每一方,如果他证明该树木可能对其房地产造成的损害大于他可能从中所得的利益,可请求拔除或修剪该树木。

第三节　某些情形下要求的距离

第434条　（在房地产分界线上建造墙壁等）

任何人均可在其房地产的分界线上建造任何墙壁或建筑物，但邻人保留根据第418条的规定取得墙壁共有权的权利。

第435条　（分界线上没有建筑物时应留出的空间）

(1)即使建筑物没有建造在分界线上，如果未留出至少1.5米的距离，邻人可要求获得墙壁的共有权，并且在支付一半墙壁的价值以及他将因此占用的土地的价值后，可建筑至该墙，并可依墙建筑。但土地的所有权人同时选择将其建筑物延伸至分界线的，除外。

(2)如果邻人不愿行使该权力，他必须以与相邻另一方的墙壁或建筑物保持3米距离的方式，建造其墙壁或建筑物。

(3)在任何其他情形，如果另一方的建筑物与边界相距不足3米，应遵守同样的规则。

(4)仅仅是对已存在的房屋或墙壁的加高，视为新的建筑物。

第436条　（例外）

在为公共使用的建筑物或者与公共广场或街道接界的墙壁之情形，不适用前两条的规定。

第437条[①]　（种植树木等）

(1)任何人均不得在其房地产中，从其房地产与其邻人的房地产间的边界起相距不足2.4米处种植高秆树或者在相距不足1.2米处种植其他树木。

(2)不超过2.1米高的蔓生植物、灌木、树篱以及所有其他矮树，可以在从上述边界起相距不少于45厘米处被种植。

(3)除非所规定的时效期间届满，邻人可以请求将树木种植在较近的距离内，或者尽管遵守了上述距离，但对其造成损害的，可以请求由所有权人承担费用将树木拔除。

(4)但法院可以授予该树木的所有权人选择权，或者拔除树木，或者以其费用设置足以防止对其邻人的房地产的所有损害的沟渠或其他工作物。

(5)如果相邻房地产被一墙壁分隔，不适用本条的规定，但以上述树木、灌木或植物保持在不超过该墙壁的高度为限。

[①]　为1920年第2号条例第2条和第3条所修正。

第 438 条 （悬于相邻房地产的树枝）

(1)邻人的树枝伸展于其房地产上方的任何人,可迫使前者砍去该树枝,并可收取悬于其上的果实。

(2)而且,如果树根伸展至其房地产,他可自行砍断之。

第 439 条 （挖井等）

任何人均不得在其房地产上与界墙相距不足 76 厘米处,挖掘任何水井、蓄水池或水槽,或者为了任何目的进行任何其他挖掘。

第 440 条 （挖掘引起的损害）

(1)尽管遵守了前条所规定的距离,进行任何挖掘之人必须赔偿因挖掘而对邻人的建筑物造成的任何损害,但以该建筑物按照建造之时通行的惯例和技术规则而建造为条件。

(2)然而,如果在法院基于希望进行挖掘的当事方的请求,根据具体情况而确定的距离之处进行挖掘的,或者如果该方已设置了法院根据具体情况为避免对邻人造成任何损害所命令的工作物,则不产生损害赔偿责任。

第 441 条 （水槽管道或水管的距离）

(1)任何水槽管道或者从屋顶流落之水的管道,或者以抽水机或其他机械装置提升之水的管道,应与边界至少相距 1 米,该距离从该管道外部距离边界最近之点起测。

(2)如果管道的使用不致使任何潮气渗入墙壁,或者以能够阻止任何此等潮气通过的其他方式使用,则无须遵守上述距离。

(3)然而,如果尽管遵守了本条第 1 款规定的距离,或者遵守了本条第 2 款提及的管道的使用或方式,仍对邻人造成损害的,管道的所有权人必须以其费用实施为防止损害继续所必要的任何其他工作,并且如有必要,甚至必须将管道移到较远的距离。

第 442 条 （蓄水池伸展至邻人房地产下的情形）

(1)蓄水池伸展至邻人房地产下的,该邻人可钻洞并利用其中之水,但有义务偿付于其房地产中开始挖掘蓄水池的所有权人所发生费用的一半。

(2)相邻双方中的每一方均得请求将存在于其房地产下的蓄水池的部分与存在于另一方房地产下的蓄水池的部分,通过建造一堵墙壁的方式分隔,并且如有必要,可请求共同承担费用进行修缮。

(3)但若存在于相邻一方房地产下的蓄水池的部分明显比存在于另一方房地产下的部分大,法院可根据具体情况,在命令进行分隔时指令前者向后者偿付其为挖掘蓄水池已支出金额的适当部分。

第 443 条 （窗户等与界墙的距离）

（1）任何建筑的所有权人均不得在与界墙相距不足 76 厘米处开设窗户。

（2）在阳台或其他类似突出的设施的情形,本条第 1 款规定的距离自阳台或其他突出的设施与界墙较近的一侧的外线起测,至界墙内线为止。

第 444 条 （烤炉与界墙的距离）

（1）除至少与界墙相距 30 厘米且保证墙壁与烤炉之间的空气流通外,任何人均不得建造任何烤炉。

（2）厨灶应与界墙至少相距 15 厘米。

第四节 檐　　滴

第 445 条 （屋顶的建造）

任何所有权人都应以使雨水不致落到邻人房地产上的方式建造其屋顶。

第五节 通行权与导水权

第 446 条 （进入和通过房地产）

在修缮属于其邻人或与其邻人共有的墙壁或其他工作物的范围内,任何所有权人都应当准许进入和通过其房地产,但以此等进入或通行系必要为限。

第 447 条 （没有通向公共道路的出口的房地产）

（1）其房地产没有通向公共道路的出口的任何所有权人,可迫使相邻房地产的所有权人允许他必要的通行,但应支付与该通行可能引起的损害相当的补偿。

（2）应当在对其房地产被允许通行之人造成损害最小的部分行使此等通行权。

第 448 条 （变为袋地的房地产）

房地产因买卖、互易或分割而变为袋地的,出卖人、互易当事人或共同分割人必须视具体情况而定准许徒步通行、马之通行或车之通行,且不得要求任何补偿。

第 449 条 （通行权的终止）

如果上述规定所授予的通行权由于新道路的开设或者由于该房地产与邻接公共道路的另一房地产合并而不再必要,供役地所有权人在返还所收到的补偿后,或在停止支付所约定的年金后,可请求终止该通行权。

第450条 （导水权）

(1)非经属于他人的乡村土地,不能从泉水或其他公共储水中将水引导至其土地中的任何人,可迫使该土地的所有权人,以对其带来最小有害影响的方式授予他导水权,但应支付与损害相当的补偿。

(2)如果上述所有权人以现存的水渠授予他导水权,则此人不得迫使上述所有权人允许他开设新的水渠;在此情形,补偿金的确定,应考虑该水渠的价值及其初次修缮的必要费用,并且使用人仍应根据第452条的规定分担维护费。

第451条 （补偿之诉受时效约束）

第447条和第450条规定的支付补偿之诉受时效约束;并且即使支付补偿之诉已过时效,通行权或导水权仍可继续行使。

第452条 （对水渠的必要修缮作出贡献）

有权使用为水之通过而开设的水渠的任何人,应当分担必要的修缮费用,但保留他对水渠因其过错而被损坏之人的救济权。

第453条 （可以在两宗或两宗以上的房地产之中或之上享有通行权或导水权的情形）

(1)可以在属于不同所有权人的两宗或两宗以上的房地产之中或之上享有通行权或导水权的,地役权应被课加于对其所有权人损害较小的房地产之上。

(2)地役权不会对某一房地产比对另一房地产有更大的有害影响的,地役权应被课加于对要求地役权之人有更多便利的房地产上。此人未经另一房地产所有权人同意不得选择另一房地产。

第二分题 由人的行为创设的地役权

第一节 可由人的行为创设的地役权的
不同类型及其创设方式

第454条 （地役权的创设）

所有权人可以根据第400条的规定创设任何绝不违背公共政策的地役权。

第455条 （持续地役权或非持续地役权,可见的地役权或非可见的地役权【原文为"apparent or non-apparent easements",国内学者多将之译为"表见地役权或非表见地役权",然"表见"一词在法律术语中通常特指表面上看具有正当权属实则不然的情形,而在地役权分类中使用的"apparent"和"non-apparent"指的是地役权的存在是否可以通过外在的标志被察知,故而译者采用"可见的地役权或非可见的地役权"的表达。——译者注】)

(1)地役权或为持续的,或为非持续的;或为可见的,或为非可见的。

(2)持续地役权是指,无须借助人的任何现实行为而持续享用或可以持续享用的地役权:例如,导水、檐滴、眺望或其他类似性质的地役权。

(3)非持续地役权是指,需借助人的现实行为方可享用的地役权:例如,通行地役权、汲水地役权以及其他类似性质的地役权。

(4)可见的地役权是指,其存在以可视的标志表现出来的地役权:例如,门、窗或人工水道。

(5)非可见的地役权是指,没有其存在的可视的标志的地役权:例如,禁止在某一地产上进行建筑,或者在其上建筑不得超过一定的高度。

第 456 条 (积极地役权或消极地役权)

(1)此外,地役权或为积极的,或为消极的。

(2)积极地役权是指,其权利在于利用供役地的地役权。

(3)消极地役权是指,其权利在于限制供役地所有权人自由使用地产的地役权。

第 457 条 (持续且可见的地役权的创设)

持续且可见的地役权可通过下列方式创设:

(a)权利证书;

(b)时效,但条件是该地役权行使于其上的房地产可通过时效取得;

(c)两宗房地产的同一所有权人的安排。

第 458 条 (由公文书产生的权利证书及其登记)

创设地役权的权利证书,除非产生于公文书,否则无效;并且若地役权系以生前文书而设立的,在基于任何利害关系人或者收到文书的公证人的请求,依照第 330 条的规定,文书被登记于公共登记处之前,不对第三人产生效力。

第 459 条 (对承受用益权的房地产创设地役权)

(1)无须用益权人同意,房地产所有权人即可在房地产上设立任何地役权,但以用益权未以任何方式因此受到损害为条件。

(2)征得用益权人同意,所有权人可以设立即使减少了用益权的地役权。

第 460 条 （由共有人授予的地役权）

(1)由不可分房地产的一方共有人授予的地役权,在另一方共有人也已共同或单独作出授予之前,不被视为已设立。

(2)一方共有人无论以任何名义作出的任何授予,在所有其他共有人同样作出授予之前,暂时无效。

(3)然而,一方共有人独立于其他共有人而作出的任何授予,不仅阻止授予人,而且阻止其相续人——即使为单项相续人【可参见后文继承法部分第 589 条至第 591 条的相关规定。——译者注】,或者继受其权利的任何人,妨碍被如此授予的权利的行使。

第 461 条 （授予地役权的共有人成为房地产的唯一所有权人的情形）

一旦授予在不可分房地产之上的地役权的一方共有人成为房地产的唯一所有权人,该地役权即被视为完全设立。

第 462 条 （通过时效取得地役权的情形）

(1)为通过时效而取得地役权,以占有的期间不少于 30 年为必要。

(2)若供役地受限定继承,或者属于教堂或任何其他宗教机构,时效期间为 40 年。

(3)在本条提及的情形,主张时效之人无须出示权利证书,并且不得以恶信为由对其提起抗辩。

第 463 条 （积极地役权或消极地役权的时效）

(1)在积极地役权的情形,导致时效发生的占有自需役地所有权人开始行使其地役权之日起算。

(2)在消极地役权的情形,占有自需役地所有权人已通过司法信函、抗议书或其他司法文书限制供役地所有权人自由使用房地产之日起算。

第 464 条 （地役权系针对从相邻房地产流出之水的情形）

如果地役权系针对从属于他人的房地产或存在于该房地产中的水源流出之水的流动,且地役权在于阻止水流之改道的,需役地所有权人为收集水或者为便于水在其自己的房地产中流动而在供役地上设置的任何可视且永久的工作物,同样应承受前条提及的限制。

第 465 条 （永租权人等容忍地役权之行使的情形）

永租权人、用益权人或承租人所容忍的在房地产上行使的、没有任何先在的权利证书的任何地役权,不得对该房地产的所有权人造成损害,而不论地役权已经行使的时间有多久。

第 466 条 （承担接受从相邻建筑物流下之雨水的地役权的房地产的所有权人,可使该地役权终止）

依无权利证书而设立的地役权,承担接受从相邻建筑物的屋顶流下之雨水的房地产的所有权人,可以随时在支付补偿后迫使该建筑物的所有权人终止该地役权。

第 467 条 （承受允许落到该建筑物的雨水流向相邻房地产的地役权的建筑物的所有权人,可使该地役权终止）

没有蓄水池的建筑物的所有权人,依无权利证书而设立的地役权,被迫允许落到该建筑物的屋顶的雨水流向相邻房地产的,如果他在该建筑物中建造了收集此等雨水的蓄水池,则可以随时在支付补偿后使该地役权终止。

第 468 条 （何时地役权被称为通过"两宗房地产的同一所有权人的安排"而被创设）

如果证明现在被分割的两宗房地产原本属于同一所有权人,并且正是由该所有权人将物置于产生地役权的状态的,则该地役权即通过"两宗房地产的所有权人的安排"而被创设。

第 469 条 （不能通过时效取得的地役权）

(1)持续的但非可见的地役权,以及可见的或非可见的非持续地役权,仅得以权利证书创设之;它们不能通过时效或两宗房地产的所有权人的安排而被创设。

(2)然而,为利用房地产的通行地役权,如果该房地产没有通向公共道路的出口,可通过 30 年的时效而取得。在 1870 年 2 月 11 日已经根据先前的法律而取得的任何其他地役权,不得被提出异议。

第二节　地役权的行使方式

第 470 条 （主要地役权包含次要地役权）

地役权的创设,应视为包含授予为享用该地役权所必要的一切便利,但要以对供役地造成最小可能的损害为条件。因此,汲水权包含通行权;将水导引通过他人的房地产的权利,包括为监看水流和清洁水渠以及作出必要的修缮而沿着水渠之侧的通行权。

第 471 条 （实施为享用和保有地役权所必要的工作的权利）

享有地役权的任何人,可以其费用并且以尽可能对供役地所有权人造成最小不便的方式,实施为行使和保有地役权所必要的工作。

第 472 条 （何时供役地所有权人有义务实施修缮）

供役地所有权人，根据权利证书，有义务承担为行使或保有地役权所必要的费用的，即使该房地产转手，该义务仍依附于它。

但该房地产的占有人，可以通过为需役地所有权人的利益而放弃地役权所行使于其上的供役地的部分，而免除该义务。

第 473 条 （需役地被分割的情形）

如果需役地被分割，附于该房地产上的地役权仍继续存在于每一部分，但不能因此加重供役地的负担。因此，如果地役权为通行权，被如此分割后的房地产的各部分所有权人应使用同样的道路。

第 474 条 （供役地所有权人不得实施任何有害地役权的行为）

（1）供役地所有权人不得实施任何将减损地役权的行使或使此等行使更为不便的行为。他不得改变房地产的状况，也不得指定在原来设定地役权的部分以外的任何部分行使地役权。

（2）然而，如果在原来指定的部分之中或之上行使地役权变得加重供役地所有权人的负担，或者如果因此妨碍该所有权人在其房地产中设置工作物、实施修缮或改良，他可以向需役地所有权人提供对行使地役权有同样便利的部分，且后者不得拒绝。

（3）被指定为行使地役权的房地产部分，基于需役地所有权人的请求，同样可以被变更，只要他证明该变更对他有相当的利益，并且不会对供役地造成任何损害即可。

第 475 条 （需役地所有权人不得加重地役权的负担）

享有地役权的任何人应按照地役权证书行使其权利，且不得在供役地或需役地上进行任何可能加重供役地负担的变更。

第 476 条 （对地役权范围的疑问）

如对地役权的范围有疑问，考虑到创设地役权时需役地的用途以及该房地产的便利使用，其行使应被限于给供役地造成最小损害的必要范围内。

第 477 条 （授予水源之水或水渠之水者的义务）

没有约定的，授予水源之水或水渠之水的所有权人或其他人，对根据该授予而有权使用该水之人，有义务设置将水从其源头导引至取水处所需要的工作物。

第 478 条 （承受针对水流的地役权的房地产的所有权人可以自由使用该水）

针对水流的地役权,并不剥夺供役地所有权人为其利益而自由使用该水的权利。

第三节 地役权的消灭方式

第 479 条 (地役权无法继续行使时消灭)

(1)当承受地役权之物所处的状态致地役权无法继续行使时,地役权消灭。

(2)但若物恢复至可被重新行使地役权的状态,除非根据第 481 条足以产生地役权消灭之推定的期限已经届满,地役权将恢复。

第 480 条 (因占有的合并或统一而消灭)

(1)需役地和供役地归于一人所有的,地役权消灭。

(2)然而,如果存在可视的地役权标志,并且所有权人处分上述房地产之一,而合同中不存在有关地役权的任何声明的,此等地役权为被转让的房地产的利益或在被转让的房地产之上继续积极或消极地存在。

第 481 条[①] (因不行使而消灭)

(1)对属于马耳他政府或教堂或其他宗教机构的财产,地役权因 40 年期间不行使而消灭;对任何其他财产,因 30 年期间不行使而消灭。

(2)如果是因第 479 条所提及的状态而不行使,只要需役地所有权人不能依法使该状态终止,即不适用本条的规定。

第 482 条 (不行使的期间的起算)

前条规定的不行使的期间,依地役权之不同类型而起算,如果为非持续地役权,自最后一次行使地役权之日起算;如果为持续地役权,自首次作出与地役权不相符的行为之日起算。

第 483 条 (为占有的第三人利益的时效)

对于占有供役地的第三人,根据本法典第二编第二分编第二十五题有关时效的规定,地役权因对房地产本身所有权的时效所规定的期限的届满而消灭。

第 484 条 (关于地役权行使方式的时效)

享用地役权的方式如同地役权本身,可因时效而消灭。

第 485 条 (时效因共有人而中断)

---

① 为 1975 年第 148 号法律通告所修正。

需役地属于两人或更多的人共有的,其中任何一人行使地役权,将对全体共有人阻止时效的进行。

第 486 条 （时效对共有人的中止或中断）

(1)时效对共有人中的一人不能进行的,该事实将保全所有其他人的权利。

(2)对共有人中的一人中断时效的任何行为,也将有益于其他人。

第 487 条 （地役权因分割而终止）

原本属于一人所有的建筑物将被分割的,在进行分割前,各共同分割人均可要求终止两宗房地产间的任何地役权,但以并不因此造成任何严重损害为条件。

第 488 条 （为嫁资房地产或永租房地产的利益所取得的地役权）

(1)丈夫为嫁资房地产的利益所取得的地役权,或者永租权人为永租房地产的利益所取得的地役权,不因婚姻解除或永租权终止而消灭。

(2)但上述之人对上述房地产所课加的地役权将消灭。

第五题　财产共有

第一分题　财产共有的性质及共有期间共有人的权利

第 489 条 （财产共有的定义）

(1)同一物的所有权,或者同一权利的所有权,不可分地归属于两人或更多的人的,发生财产共有。

(2)没有任何特别约定或特别规定时,财产共有由下列规则调整。

第 490 条 （共有人的份额）

(1)除非有相反的证明,共有人的份额推定为均等。

(2)每个共有人应按照其份额的比例分享共有的利益并分担负担。

第 491 条 （共有人使用共有财产的权利）

各共有人均有权使用共有财产,只要:

(a)根据惯例所确定的财产用途进行使用;

(b)不违反共有利益的使用或者其使用并不妨碍其他共有人根据其权利

使用共有财产。

第 492 条 （费用的分担）

各共有人均可迫使其他共有人与其分担为保存共有财产所必要的费用，但不影响任何其他共有人通过放弃其共有权而免除该义务的权利。

第 493 条 （未经共有人同意不得进行变更）

任何共有人未经其他共有人同意，不得对共有财产进行任何变更，即使他宣称该变更有益于全体共有人，亦同。

第 494 条 （法院指定共有财产管理人的权力）

(1)共有人未能达成一致的，法院应对共有财产的管理和更好的享用作出必要的指令，并且可以指定一名管理人，此等管理人甚至可以从共有人中选出。

(2)考虑到共有人的全部人数，法院应采纳多数人的意见，但持异议的共有人表明他们将会因此受损的，除外。

第 495 条① （各共有人对其份额享有完全所有权）

(1)各共有人对其份额及其收益或孳息享有完全所有权。

(2)在不违反第 912 条的前提下，他可以自由转让、分配或抵押该份额，还可以让其他人代替其享用之，但涉及人身权的除外。

但转让或抵押的效力应限定在分割后可归于该共有人的部分。

(3)如果遗产的继承人继续共同持有继承所得财产 10 年以上，并且自继承开始后 10 年内未向法院或其他特别法庭提起分割财产之诉，而且上述遗产继承人的总份额即为遗产的全部财产的，则各共有人被视为如此共同持有的每项财产的共有人。

但在下列情形，本款不予适用：

(a)共同持有的财产承受任何居住权、使用权或用益权的，在该权利有效期间；

(b)或者共同持有的财产为由其种类决定的必须保持不可分割的财产的；

(c)或者持有从共同继承中所得财产之人达成其他约定的。

但本款规定的 10 年期间同时开始计算，并且与第 495A 条第 1 款规定的 10 年期间被视为同一期间。

---

① 为 2004 年第 18 号法案第 45 条所修正。

第 495A 条① (共有人未能对共有物的出售达成一致的情形)

(1)除区分所有或法定共有【此处"法定共有"对应的英文和马耳他文分别为"necessary community"和"indivizjoni forzata",直译则为"必然的共有"和"强制的共有",该词全文仅出现一次,译者根据自己的认识,将之意译为"法定共有",似乎更容易理解。——译者注】的情形外,如果共有持续 10 年以上,并且任何共有人均未向法院或其他特别法庭提起分割共同持有的财产之诉,而且共有人未能就任何特定财产的出售达成一致的,法院如果确信持异议的共有人不会因此受到严重损害,并考虑到各共有人所持份额的价值,应当根据多数共有人的意愿,批准出售。

(2)应以申请书向法院提出请求,并应附有同意出售的所有权人的声明、他们各自所持份额的数量和价值的说明书以及拟出售的期限和条件。申请书还应指明共有发生的日期及其具体情况。

(3)申请书应送达给不同意出售的共有人,以及法院指定的代表未知的或未能找到的共有人的保佐人。登记员应将申请书的副本公布于公报及一份日报中。

(4)任何共有人系未知或未能找到的声明,必须由申请人之一的宣誓加以确认。

(5)其他共有人和保佐人,可以在申请书送达给他们后的 20 日内,或者没有被送达申请书的共有人,可以在第 3 款提及的最后一次公布起的 20 日内,声明他们或者他们代表的共有人可能因该出售而遭受严重损害,从而反对出售。

(6)在评定是否将对任何共有人造成严重损害时,法院应考虑所有的相关因素,包括财产的价值、出售的价格,并且可以为此目的而裁定根据《组织与民事程序法典》②第 316 条的规定对财产进行估价。

(7)法院应对申请作出决定,如果法院决定进行出售的,它应当确定出售的价格或其他对价,并应进一步:

(a)确定进行转让的时刻、日期及地点;

(b)如果出售拟以公文书为之,指定一名公证人出具公文书;

(c)指定一名保佐人,甚至可在共有人中指定,以代表未能出现在公证书

---

① 为 2004 年第 18 号法案第 46 条所增设。
② 第 12 章。

或其他转让文书中的任何共有人。

(8)基于任何利害关系人的申请,法院可以变更进行转让的日期、时刻或地点。

(9)如果两个以上的共有人反对转让或者法院根据第7款驳回申请的,不考虑本条的其他规定,法院可以命令根据第521条和第522条的规定对财产进行拍卖。

第二分题　共有财产的分割

第496条　（各共有人均得请求分割共有财产）

(1)不得强迫任何人保持与其他人的财产共有,并且尽管有任何相反的约定,各共有人仍可随时请求分割,但以根据第906条的规定该分割未被遗嘱禁止或暂缓为限。

(2)然而,约定使财产继续被共同持有一段不超过5年的确定期间的,有效;约定超过比5年更长的期间的,无效。

(3)任何此等约定可以被更新。

第497条　（尽管遗嘱人等禁止,法院裁定解除共有的权力）

(1)尽管有前条规定的禁止或约定,如果存在重大且紧迫的原因,法院仍可以裁定财产共有的解除,并且任何请求分割权的放弃在类似的情形下无效。

(2)任何共有人,因其过错而产生本条第1款提及的原因的,根据具体情况,法院可以在裁定解除共有时,判处该共有人承担全部损害赔偿。

第498条　（即使某共有人单独享有财产的一部分,仍可请求分割）

即使某共有人单独享有共有财产的一部分,仍可请求分割,但已经分割或存在足以产生时效的占有的,除外。

第499条　（不动产的分割应以公文书为之）

(1)不动产的分割,除非以公文书为之,否则无效。

(2)关于任何此等分割对第三人的效力,以及分割文书的登记,适用第330条的规定。

第500条　（分割的方式和形式）

(1)以不违反前条的规定为条件,如果全体共有人均在场并有转让财产的能力,分割可以以他们认为便利的任何方式和形式进行。

(2)没有相反约定的,对于财产主要部分的分割以及必要的任何细分,应遵守下列规则。

第 501 条 （财产的估价及份额的配置）

(1)财产应由当事人选定的,或者法院根据《组织与民事程序法典》①的规定指定的专家进行估价。

(2)专家在其报告中应说明,财产是否便于分割而不会受到有害影响,并且在财产可被如此分割的情形,专家应在同一报告中确定可以配置的每一部分及其价值,但在可行且不会造成重大损害的范围内,必须考虑到下列 3 条中包含的规定。

第 502 条 （共有人以实物获得其份额的权利）

各共有人均得以实物形式主张其财产份额。

第 503 条 （占有与共有不动产相邻接的不动产的共有人的权利）

占有与将被分割的共有不动产相邻接的天然不动产的共有人,可以请求将该不动产在估价后分配给他,但以存在其他共有不动产,其中有大致同等的部分可以分配给各其他共有人为条件。

第 504 条 （应避免房地产的分割及地役权的创设）

在形成和配置份额时,应避免房地产的分割或地役权的创设;并且在各份额中应力求包括同样数量的动产、不动产、权利或相同性质和价值的请求权。

第 505 条 （份额不均等的情况下支付一笔金钱）

如果不能方便地避免实物分割份额的不均等,应通过支付等同于较大和较小份额之差额的一笔金钱进行抵销。

第 506 条② （代替一笔金钱的租费）

(1)根据具体情况,法院可以裁定,为较小份额的利益而对较大的份额课加由该较大份额中包含的一项或多项不动产抵押担保的一笔租费,以代替前条提及的一笔金钱的支付。

(2)在本条第 1 款的范围内,除非被共同分割人豁免,专家应当在其报告中确定为分割的补差所需要的此等租费的数额。

(3)除非份额的不均等超过 116 欧元 47 欧分(116.47),且大于较大份额之价值的 1/4,否则不适用本条的规定。

第 507 条 （可以课加租费的其他情形）

---

① 第 12 章。
② 为 1983 年第 13 号法案第 5 条和 2007 年第 407 号法律通告所修正。

如果共有不动产的分割不能使各份额均包含该不动产的一部分,并且因此其中的某一份额将包含全部金钱或其他动产的,前条的规定同样适用。在任何此等情形,根据具体情况,法院可以裁定未包含不动产的份额由对包含在其他份额中的不动产课加的租费构成。

第 508 条 （租费数额的限制）

然而,对任何不动产所课加的租费,绝不得超过如果该不动产出租,所估算的每年租金价值的 1/5。

第 509 条 （份额的形成）

被选定或指定对财产进行估价的专家不适于配置份额的,该份额应由某一共同分割人或者任何其他人进行配置,只要全体共有人均同意该选择并且被选择方接受即可。否则,应由法院指定的人员配置份额。

第 510 条 （抽签）

(1)份额应通过抽签取得。

(2)但若共同分割人的份额不均等,法院应当决定是否通过抽签取得份额,或者是否通过整体或部分转让进行分割。

第 511 条 （在法官或地方法官的协助下进行的分割）

(1)任何共有人受监护或保佐的,或者为由法院指定的保佐人代理的失踪人的,分割无效,但在享有自愿管辖权的法庭的法官或地方法官的协助下进行分割的除外。

(2)法官或地方法官应副签文书的草稿。

(3)对于在法官或地方法官协助下进行的分割,不得基于未遵守上述条文所确定的规则而被提出异议,即使本条第 1 款提到之人亦不得为之。

第 512 条 （有关分割对象的文书的交付）

(1)分割完成后,如果有关分配给各共同分割人之物的文书存在于共同持有物之中,应由各共同分割人占有该文书。

(2)有关已被分割之物的文书,应由取得该物最大份额的一方持有,但是无论何时被要求出示该文书的,他有义务将之出示给有利害关系的共同分割人。

(3)通常与原来共同持有的所有财产有关的文书,应交付给所有共同分割人选定的一方,或者他们未能达成一致的,交付给由法院选定的一方,作为该文书的受寄人。但是无论何时被要求出示该文书的,他有义务将之出示给任何共同分割人。

第 513 条 （分割的效力）

关于分割的效力，包含在本法典第 947 条至第 952 条中的有关共同继承人的规定，通常可适用于共同分割人。

第 514 条① （金钱补偿及补充分割）

(1)在分割中或者在终止动产或不动产共有的任何其他行为中，即使该行为被称为出售、互易、和解或任何其他名称，考虑到该分割或其他行为的时间，如果被分配或转让给一方共同分割人的财产的市场价值不足该共同分割人有权得到的份额的市场价值的 3/4，该共同分割人有权向其他共同分割人请求金钱补偿。

(2)共同分割人之间产生的困难，通过和解被解决的，即使没有开始与之相关的诉讼，也不再保有本条第 1 款的请求补偿的诉权。其他共有人一起或他们中的任何人没有欺诈地出售共有权给一方共有人，并使他承担风险的，也不再保有该诉权。

(3)本条第 1 款的请求金钱补偿之诉，应当在自分割或者终止共有的其他行为之日起 2 年内提起。关于该时效期间的计算，适用第 1407 条第 2 款的规定。

(4)单纯从分割中遗漏原本共同持有之物，仅导致补充分割。

第三分题　拍　　卖

第 515 条 （拍卖）

(1)共有财产不能够便利且不被有害影响地分割，并且不能够以其他不同性质但具有同等价值的共有财产进行补偿的，应拍卖之，以分配其收益。

(2)如果在共有物分割中，存在一些共同分割人都不能或不愿取得之物，适用同样的规则。

第 516 条 （可由任何共有人提出请求）

任何共有人，无论其财产份额多少，只要适合，均可请求拍卖。

第 517 条 （可邀请陌生人竞买）

各共有人均得要求通过广告邀请陌生人在拍卖时竞买，该广告应至少在所确定的拍卖日之前 6 日公布在一份或多份报纸中。

---

① 为 1975 年第 58 号法案第 3 条所代替。

第 518 条 （全体共有人同意而进行的拍卖，无须程式）

(1)全体共有人同意而进行的拍卖,不受任何程式的限制,可以通过任何人以共有人约定的任何方式进行。但在任何此等情形,直至接受最高竞价,或者如果拍卖的是不动产,直至以公文书的形式订立合同,买卖始成立。

(2)尽管拍卖是由判决所命令的,但如果当事人同意以不同于为司法拍卖所确定的方式实施拍卖的,适用同样的规则。

第 519 条① （即使在某一共有人受监护的某些情形下）

即使任一共有人受监护或保佐,或者为由指定的保佐人代表的失踪人,亦适用前条的规定。但以该拍卖不涉及不动产,或者如果涉及动产的,其价值不超过 69 欧元 88 欧分(69.88)为限。

第 520 条② （如果任何共有人受监护等,不动产等的拍卖）

拍卖涉及不动产的,或者涉及其价值超过 69 欧元 88 欧分(69.88)的动产的,并且任一共有人受监护或保佐,或者为由法院指定的保佐人代表的失踪人的,除非该拍卖系根据享有自愿管辖权或诉讼管辖权的法庭的授权而为(视具体情况而定),否则无效。

第 521 条 （由法庭授权的拍卖应依据司法拍卖进行）

(1)根据前条的规定,如果拍卖因法庭授权而发生,只要为司法拍卖所确定的规则可以适用,则应依该规则进行,但法庭认为以其他方式进行对利害关系人更有利的,不在此限。

(2)在所有情况下,均应邀请陌生人竞买。

(3)登记员作出的裁决等同于买卖文书,即使拍卖涉及不动产的,亦同。

第 522 条 （有关不动产买卖的某些规定的适用）

在拍卖不动产的情形,通常有关不动产买卖的规定,为第三人之利益,适用于合同或者裁决文书的登记。

第 523 条【参见《某些金钱的投资条例》第 2 条(第 26 章)。】③ （承受限定继承的共有财产的拍卖）

第 515 条、第 516 条和第 517 条的规定同样适用于全部或部分受限定继承的共有财产。

---

① 为 1983 年第 13 号法案第 5 条和 2007 年第 407 号法律通告所修正。

② 为 1983 年第 13 号法案第 5 条和 2007 年第 407 号法律通告所修正。

③ 参见 1895 年第 6 号条例第 1 条。为 2004 年第 9 号法案第 14 条所合并、修正。

但除非拍卖系根据适格法院的授权而为,否则无效。在任何此等情形,适用前两条的规定。

第六题 占 有

第一分题 占有的性质

第 524 条 （占有的定义）

(1)占有是指对可以取得其所有权的有体物的持有或权利的享有,并且某人以所有权人的名义持有之或行使之。

(2)某人可以通过以其名义持有物或行使权利的他人来实施占有。

(3)以他人的名义持有物或保管物之人,谓之持有人。

第 525 条 （推定占有人为其本人占有）

(1)在所有情况下,如不能证明占有人一开始即以他人的名义占有,推定他依所有权为自己占有。

(2)占有人一开始即以他人的名义占有的,推定他始终以相同的名义占有,但有相反证明的除外。

第 526 条 （任意行为【英文原文为"facultative acts",相对应的法文为"actes de faculté"。《法国民法典》的译者罗结珍将之译为"授权行为",《魁北克民法典》的译者孙建江等将之意译为"任意行为"。此等行为意指并不授予明确权源的授权行为,本译者以其字面含义,采后一种译法。——译者注】等不能作为占有的依据）

单纯的任意行为或容忍行为不能作为取得占有的依据。

第 527 条 （暴力行为或秘密行为等）

(1)暴力行为或秘密行为同样不能作为取得占有的依据。

(2)然而,占有得始于暴力行为或秘密行为终止之时。

第 528 条 （何时可以推定中间占有）

任何现时占有人,能证明他先前就占有的,若无相反的证据,推定他在此中间的期间内持续占有。

第 529 条 （没有权利证书的现时占有不产生先前占有的推定）

除非占有人拥有权利证书,否则现时占有并不产生先前占有的推定。在此情形,若无相反的证据,推定其自拥有权利证书之时取得占有。

第530条　(概括相续人或单项相续人的占有)

(1)占有,作为一项权利,由概括相续人本人继续保持。

(2)单项相续人,无论是否有偿,可将其前手的占有与自己的占有合并,以主张和享有其效力。

第531条

(1)(诚信占有)

某人基于可能的事由而相信他所占有之物为其所有的,为诚信占有人。

(2)(恶信占有)

某人知道或者根据具体情况应该推知他所占有之物属于他人的,为恶信占有人。

第532条　(推定为诚信)

推定为诚信,主张恶信者必须证明之。

第533条　(对产生于占有的权利和义务应遵守的规则)

除本法典有其他规定外,对产生于占有的权利和义务,应遵守本题下列条文的规定。

第二分题　占有被侵扰时占有人的权利

第534条　(被侵扰时的确保占有之诉)

占有无论何种不动产或集合动产的任何人,其占有被侵扰的,可以在侵扰发生后的1年内请求保持占有,但以其并非以暴力或秘密自被告处夺取该占有,亦非自被告处获得容假占有为条件。

第535条　(被侵夺时的恢复占有之诉)

(1)被以暴力或秘密侵夺对无论何种动产或不动产的占有或持有的任何人,根据《组织与民事程序法典》①第791条的规定,可以在侵夺发生后的2个月内对行为人提起诉讼,请求恢复其占有或持有。

(2)即使被告为原告被侵夺之物的所有权人,法院亦应裁定恢复占有。

第536条　(占有的恢复并不妨碍其他占有诉权)

前条所规定情形中的恢复占有,并不妨碍占有人享有的任何其他占有诉

---

① 第12章。

权的行使。

第 537 条 （对于占有就有关地役权的事项的争议）

对于占有就有关地役权的事项发生争议的,需役地和供役地所有权人以及任何其他利害关系人的权利和义务,根据上一年度享有地役权的方式确定,或者如果地役权的行使间隔 1 年以上的,由最后一位使用者确定。

第 538 条 （受到损害威胁时的限制继续设置新工作物之诉）

(1)如果某人有理由担忧,由于任何其他人在其自己的房地产上或者在其他人的房地产上设置新工作物,可能会对其占有的不动产造成损害的,他可以提起诉讼,请求限制此人继续设置该新工作物,但以该工作物尚未建成,并且自开始设置该工作物起尚未届满 1 年为条件。

(2)法院概要地知悉该请求的事实后,根据具体情况,可以限制或者允许继续该新工作物的设置,并命令提供它认为适当的担保。

(3)如果限制继续设置该工作物,该担保应针对由于该工作物的中止而可能产生的任何损害的赔偿金的支付,以防反对该新工作物的继续设置后来被证明为没有根据。

(4)如果允许继续设置该工作物的,该担保应针对该工作物的全部或部分拆除,以及针对原告可能因此遭受损害的赔偿金的支付,以防尽管原来允许继续设置新工作物,但原告后来获得了有利于己的终局和绝对的判决。

第 539 条 （担忧来自任何建筑物、树木等的损害之人享有的诉权）

任何人有合理的根据,担忧他所占有的房地产或其他物将受到来自任何建筑物、树木或其他物的严重且迫近的损害的,他可以提起诉讼,根据具体情况,或者请求采取必要的措施消除危险,或者请求命令邻人对其可能因此遭受的任何损害提供担保。

第三分题　占有人与所有权人间的权利和义务

第一节　占有物的孳息、所发生的与之有关的费用和留置权

第 540 条 （诚信占有人对所占有之物的孳息享有的权利）

诚信占有人取得占有物的孳息,即使该物为遗产,亦同。并且他仅对在被提出司法请求后所收取的孳息,或者尽了一个善良家父的勤勉本应收取的孳息,负返还义务。

但对于他在被提出司法请求之前所收到的尚未摘取或砍伐的孳息之价款,不负返还义务,即使在提出司法请求之时该孳息仍未从树上摘取或未从土地中砍伐,亦同。

第541条 （恶信占有人）

恶信占有人有义务返还自其非法占有之日起所收取的所有孳息,或者尽了一个善良家父的勤勉本应收取的孳息。

第542条 （诚信占有人对于费用的权利）

(1)诚信占有可以向所有权人请求偿付必要费用,无论其效果是否尚存。

(2)对于有益费用,所有权人必须或者向占有人偿付工作物的费用,或者选择向他支付与物所增加的价值相当的一笔金额。

(3)根据具体情况,法院可以指令由所有权人以不动产抵押所担保的租费的方式,或者以能够完全清偿债务同时减轻债务人负担的任何其他方式,实现对用于不动产的费用的偿付。

第543条 （恶信占有人）

(1)对于必要费用和不可移除的改良物的有益费用,所有权人对恶信占有人与对诚信占有人负有同样的义务,但条件是,该占有并非通过盗窃或者其他一些超出一般违法行为界限的犯罪而获得。

(2)对于可以移除的改良物的有益费用,所有权人可以选择保留此改良物或者迫使占有人将之移除。

(3)如果所有权人要求移除此改良物的,占有人应当以其费用将之移除,且无权要求补偿,此外必须向所有权人赔偿其所遭受的任何损害。

(4)如果所有权人决定保留此改良物,他应当依其选择,或者向占有人偿付改良物的费用,或者向他支付与物所增加的价值相当的一笔金额。

第544条 （占有人对于装饰性费用的权利）

对于装饰性费用,除非所有权人愿意保留该装饰物,并且向占有人支付与其通过取回装饰物所能得到的收益相当的一笔金额,否则,无论诚信占有人或恶信占有人,以有利于自己且不损害占有物为条件,仅有权以实物取回装饰物。

第545条 （必要费用、有益费用及装饰性费用的定义）

(1)必要费用是指,若不为之,则物将灭失或毁损,而所为之费用。

(2)有益费用是指,通过使物更加便利或者能够产出更多孳息而改良物之费用,但不为之,也无害于物。

(3)装饰性费用是指,仅用于装饰物,而不会使物更为便利或者产出更多孳息之费用,且若不为之,并不会使物毁损。

(4)但在某情形下,考虑到所有权人的状况,或者可能给所有权人提供从该费用中取得收益的直接机会的特定情势的存在,装饰性费用可视为有益费用。

第 546 条 (对通过盗窃或其他犯罪获得的物的占有)

通过盗窃或者不仅仅是违法行为的任何其他犯罪而获得占有的任何人,不得对任何种类的费用请求任何补偿,也不得请求移除对物实施的任何改良;而所有权人可以强制此人以其费用移除可以移除之物,而无任何补偿请求权,并且还可以强制其赔偿所有权人所遭受的任何损害。

第 547 条 (孳息对费用的抵销)

即使对于诚信占有人,也发生孳息对上述条文提及的费用的抵销。

但除根据第 540 条应当返还的孳息外,该占有人仅需将在所有权人提出司法请求之前 5 年内已经收取的孳息计算在内。

第 548 条 (诚信或恶信占有人对改良物所产生的孳息不负返还义务)

无论诚信占有人还是恶信占有人,在前条规定的抵销的范围内,对于根据上述条文的规定,他有权移除的或者所有权人必须对其作出补偿的任何改良物所产生的孳息,没有义务返还或者将之计算在内,但所有权人同意向其支付该改良费用之利息的,不在此限。

第 549 条 (生产或保存孳息的费用)

(1)生产或保存物之孳息的费用,不包含在本分题上述条文所提及的费用之内。

(2)该费用应始终从上述孳息中扣除。

第 550 条 (占有人享有的留置权)

根据上述条文的规定,无论诚信占有人还是恶信占有人,对属于他人的物所为之费用,如果有权通过取回该费用之客体或者通过该费用的偿付而请求返还的,第 2079 条的规定除外,只要该费用的返还请求在对所有权人返还物的请求作出判决之前的诉讼审理期间提出,即使以口头的方式提出,则他/她有权留置该物直至获得其所应得。

第二节　占有人返还物的义务

第 551 条 (诚信占有人应赔偿损害)

诚信占有人对因其行为或其他原因,即使在所有权人的司法请求之前,对物所造成的任何损害,负有赔偿义务,但仅在其从该损害中所获利益的范围内负有该义务。

第 552 条 （如果占有物为遗产）

如果占有物为遗产或遗产的一部分,已经转让任何继承物的,即使为诚信占有人,还负有返还该物之价值的义务,但始终限于其从该转让中所获得的利益。

第 553 条 （占有人被视为已经获得利益的情形）

在适用前两条规定的范围内,在下列任一情形,占有人被视为已从上述损害或转让中获得利益：

(a)如果在司法请求之时,发现所获利益之客体独立于占有人之物而存在的；

(b)如果该利益之客体与占有人之物相混合,在司法请求之时发现其财产因此而增值的；

(c)如果该利益之客体已被占有人消费,占有人因而保全了自己之物并且该保全尚存的。

但在上述任一情形,占有人在向原告支付了该物在处分时或者在司法请求时的价值两者中较大的一个后,有权保留该利益之客体。

第 554 条 （诚信占有人对给予之物等的价值不负返还义务）

诚信占有人,即使在占有遗产的情形,对于未获益而给予、丢失或毁灭之物的价值,不负返还义务。

第 555 条 （第 552 条、第 553 条和第 554 条适用于其他集合物的占有人）

前三条的规定适用于任何其他集合物的占有人。

第 556 条 （恶信占有人应返还其不当占有之物）

(1)在所有情况下,恶信占有人都必须返还其不当占有的所有物。

(2)无论自愿地或者因其过错,该占有人终止占有任何此等物的,他必须向原告返还其从中所得的任何利益,或者由原告选择,对其支付该物在占有终止时或者提出请求时的价值两者中较大的一个。在此等情形,尽管占有人并未从中获取任何利益,亦然。

第 557 条 （恶信占有人对物的损害承担责任）

恶信占有人还应当对因其行为以及因意外事件所引起的所有损害承担责

任，但无论他是以何种方式而获得对物的占有，他能够证明，即使该物由所有权人占有同样会灭失或损坏的，除外。

第三节 动产占有的特殊效力

第558条 （诚信第三人的动产占有）

(1)在天然动产或者无记名有价证券的情形，为诚信第三人之利益，占有将产生与权利证书相同的效力，但对于船舶，任何其他法律的规定除外。

(2)在集合动产的情形，本条的规定不予适用。

第559条 （遗失物或盗窃物的所有权人可请求返还）

(1)然而，遗失某物或被盗窃某物的任何人，对占有人作出补偿后有权请求返还该物。

(2)如果占有人并非从先前被推定为所有权人的一方或并非从根据所有权人的指示而处分物的某人处诚信、有偿地取得物的，此人甚至可以请求返还该物而不负补偿占有人的任何义务。

第二分编　取得和移转财产及其他物权的方式

一般规定

第560条 （财产因继承等而取得和移转）

(1)所有权和对于物或与物有关的其他权利，可因继承、协议或时效而取得和移转。

(2)所有权也可因先占或添附而取得和移转。

第一题　先　　占

第561条 （先占的定义）

(1)先占是指，以成为所有权人的意思而占有无主的，但可成为任何人的财产的有体物。

(2)除非法律有其他规定，先占人将取得其所有权。

第 562 条 （蜂群所有权人的权利）

(1)蜂群的所有权人有权在任何其他人的房地产上追踪蜂群,但对该房地产造成的任何损害负有赔偿义务。

(2)所有权人未在自知悉其蜜蜂所停驻的房地产之日起 10 日内追踪的,或者终止追踪满 10 日的,此等房地产的占有人有权取走并保留之。

(3)本条的规定亦适用于驯养的动物的所有权人。但除非所有权人自知悉能够找到该动物之处所之日起 30 日内提出请求,否则该动物将成为取走并保留它们之人的财产。

第 563 条 （埋藏物）

(1)除《文化遗产法》①的规定外,在他人房地产中发现埋藏物的,如果该埋藏物系被偶然发现,则其一半属于发现人,另一半属于在其中发现埋藏物的房地产的所有权人;如果系有意搜寻而被发现,将完全属于房地产所有权人。

(2)"埋藏物"的表达是指并包括被隐藏或埋藏的、任何人都不能证明是其所有权人的任何即使并非贵重的可动物。

第 564 条② （遗失物）

(1)发现并非埋藏物的动产的任何人,如果知道其先前占有人,应将之返还于先前占有人;否则,应立即将之交于警察局。

(2)警察局局长应在公报中发布告示,公布本条第 1 款提及的动产的清单,并在上述告示 3 个月后再次公布该清单,所有权人已认领之物除外。

(3)自第二次告示公布之日起届满 3 个月,如果未出现所有权人认领物,该物或者(根据具体情况将之出售较为有利的)其价款属于拾得人。

(4)取回该物或其价款的所有权人或拾得人(视具体情况而定),应偿付所产生的任何费用。

(5)而且,取回物的所有权人应向拾得人支付一笔报酬,该报酬根据具体情况而定,但不超过拾得物价值的 1/10。

(6)如果自根据本条第 2 款在公报中第一次公布告示起经过 6 个月,既无所有权人又无拾得人主张该物或其价款的,该物或其价款(视具体情况而定),将属于政府。

---

① 第 445 章。

② 为 1975 年第 148 号法律通告和 1979 年第 22 号法案第 2 条所修正。

第 565 条① （抛弃物或坠海物）

(1)对于抛弃物、坠海物、被大海冲到岸上之物、生长于海岸或海底的种植物或草本植物，不适用前条之规定，对于不为其他特别法调整的物所享有的权利除外。

(2)未经马耳他总统许可，不得采集珊瑚或者形成或生长于海底的其他类似物。

第二题　添　附

第 566 条　（添附的定义）

添附为一种权利，物之所有权人依此可取得该物天然或人工所生，或者天然或人工结合于或附合于该物的一切物的所有权。

第一分题　对物之产物的添附权

第 567 条　（天然孳息、劳务孳息或民事孳息的所有权）

天然孳息、劳务孳息或民事孳息，依添附权，属于原物的所有权人，但应偿还第三人为生产或保存该孳息所发生的费用。

第二分题　关于不动产的添附权

第 568 条　（以属于他人的材料所为之建筑物、种植物或工作物）

土地所有权人以属于他人的材料于其土地上为建筑物、种植物或工作物的，应偿付该材料的价值，并且如果为恶信，还应支付损害赔偿金及利息。但除非材料的所有权人取回其材料不会造成该工作物毁灭或者种植物死亡，否则不得为之。

第 569 条　（第三方占有人以自己的材料所为之建筑物等）

(1)第三方占有人以自己的材料而为任何此等建筑物、种植物或工作物的，适用本法典第二编第一分编第六题有关占有的规定，但应考虑到该占有人

---

① 为 1965 年第 46 号法律通告和第 1974 年第 58 号法案第 68 条所修正。

系诚信或恶信。

(2)如果该第三人并非第524条意义上的占有人,则在所有的情形,应适用第543条中包含的规定。

第570条 (以属于他人的材料)

第三人以属于他人的材料而为此等建筑物、种植物或工作物的,该材料的所有权人无权请求返还,但可请求使用该材料的第三人进行补偿,甚至可请求房地产的所有权人在其仍可获得的任何数额的范围内进行补偿。

第571条 (对相邻房地产的一部分的诚信占用)

在建造任何建筑物时,相邻房地产的一部分被诚信占用,并且邻人知悉该建筑的进行而没有提出任何异议的,则被占用的土地及其上的建筑物可被宣告为建造者的财产,但应向土地所有权人偿付所占用的面积的价值,并赔偿所造成的任何损害。

第三分题　关于动产的添附权

第572条 (关于动产的添附权)

(1)关于分属于不同所有权人的动产的添附权,依自然公平原则进行调整。

(2)下列条文中包含的规定为法院在没有特别规定的情况下处理案件提供指导,但应考虑每个案件的具体情况。

第573条 (分属于不同所有权人的两个物结合从而形成一个整体的情形)

(1)分属于不同所有权人的两个物结合从而形成一个整体,但可以不对任一物造成重大损害而分离的,各所有权人将保留各自物的所有权,并有权请求分离之。

(2)但如果不对其中的一物造成重大损害即不能将两物分离的,则整体物属于构成其主要部分之物的所有权人,但应向另一所有权人偿付其被结合之物的价值。

第574条 (应被视为主物的部分)

应被视为主物的部分是指,与主物结合的,仅为主物之使用或装饰、补充主物的其他物。

第575条 (从物的价值远大于主物的价值的情形)

然而,如果被结合之物的价值远大于主物的价值,并且未经其所有权人同意而被使用的,该所有权人可以选择,或者取得整体物并向主物所有权人偿付其价值,或者请求分离被结合之物,即使该分离可能造成另一物的损坏。

第576条 (何时因其价值或体积而被视为主物)

两个物结合形成一个整体,但一物不能被看作附属于另一物的,价值较大者被视为主物;或者如果二者价值大致等同的,体积较大者被视为主物。

第577条 (加工人使用不属于自己的材料的情形)

加工人或任何其他人使用不属于自己的材料以做成某种新物的,无论材料是否能够恢复至其原有形态,该材料的所有权人享有被做成之物的所有权,但应向加工人或其他人偿付手工费用。

第578条 (或者使用部分属于自己部分属于他人的材料的情形)

如果任何人为做成某种新物,而使用部分属于自己部分属于他人的材料,两部分材料虽然均未被完全改变,然而非经损坏即不能将之分离的,该物将由双方所有权人共有,其份额与各自对物贡献的价值相一致,即一方基于属于他的材料的价值,而另一方基于属于他的材料的价值以及手工费用。

第579条 (手工劳动的价值远大于材料价值的情形)

但若手工费用极高,远超过所使用的材料的价值,则技艺应被视为主要部分,加工人在向材料所有权人偿付材料的价金后有权保留该加工物。

第580条 (多种材料的混合)

(1)如果分属于不同所有权人的不同材料混合形成一物,且非经损坏即可将之分离的,未对混合作出同意的所有权人,可请求分离之。

(2)如材料不能被分离,或者如果非经损坏即不能将之分离的,因混合而产生之物为各方依其材料价值之比例的共有财产。

第581条 (属于某一人的材料可被视为主物的情形)

但若属于某一人的材料可被视为主物,或者其价值远超过其他材料的价值,并且不同的材料不能被分离,或者如果分离将遭受损坏的,被视为主物的或者价值较高的材料的所有权人,可以主张因混合而产生之物的所有权,但应向其他所有权人偿付其材料的价值。

第582条 (材料的所有权人可请求拍卖新财产的客体)

新财产的客体保留在产生该客体的多种材料的所有权人之间共有的,各共有人为共同利益,均得请求共同承担费用将之司法拍卖。

第583条 (未经其同意而使用其材料的所有权人的权利)

在所有情况下,未经所有权人同意而使用其材料,所有权人因而可以主张该物的所有权的,他可以依其选择,或者请求返还同等质量与数量的材料,或者请求偿付其价值。

第 584 条　（损害赔偿金责任）

未经他人同意而使用属于他人之材料的任何人,除其负有责任的任何刑事诉讼外,亦得被判处支付损害赔偿金。

第三题　继　　承

一般规定

第 585 条　（遗产的定义）

遗产为死者的财产,或者通过人的处分移转,或者没有任何此等处分的,依法移转。

第 586 条①　（如何处分遗产）

除有关因婚赠与以及有关人身保险的规定外,不得通过遗嘱以外的其他形式处分全部或部分遗产、任何数额的金钱,或者属于遗产的其他特定客体。

第 587 条　（1870 年 2 月 11 日以前制作的遗嘱文书）

本法典的规定并不取代有关 1870 年 2 月 11 日以前制作的任何遗嘱文书的先前有效的任何其他法律,即使遗嘱人在该日尚健在,亦同。

但如果依此等其他法律,任何此等文书为无效的,除非处分人撤销之,否则,只要其符合本法典的规定,予以维持。

第一分题　遗嘱继承

第一节　遗　　嘱

第 588 条　（遗嘱的定义）

遗嘱是指,根据法律确定的规则,遗嘱人据以在其死后处分其财产之全部

---

①　为 2004 年第 18 号法案第 47 条和 2005 年第 11 号法案第 2 条所修正。

或一部,依其性质可以撤销的文书。

第 589 条 （概括处分或单项处分）

(1)遗嘱可以包含概括处分及单项处分。

(2)遗嘱也可以仅包含单项处分而无任何概括处分。

第 590 条 （概括处分或单项处分的定义）

(1)概括处分是指,遗嘱人据以将其财产之全部或一部遗留给一人或数人的处分。

(2)任何其他处分为单项处分。

第 591 条 （继承人）

(1)"继承人"一词适用于遗嘱人为其利益而进行概括处分者。

(2)"受遗赠人"一词适用于遗嘱人为其利益而进行单项处分者。

第 592 条① （共同遗嘱）

(1)丈夫和妻子在同一文书中订立的一份遗嘱,或者如通常所知的共同遗嘱,有效。

(2)一方遗嘱人撤销该遗嘱中有关其财产的规定的,遗嘱对另一方的财产的规定仍然有效。

(3)共同遗嘱应以下列方式制作:对一方遗嘱人的财产作出规定的部分与包含配偶他方之规定的部分相互分开。

(4)只要能以其他方式理解遗嘱,未遵守第 3 款的规定并不导致遗嘱的任何条款无效。但是制作遗嘱的公证人应承受公证书修正法院课加的 232 欧元 94 欧分(232.94)的罚金。

第 593 条② （配偶一方撤销共同遗嘱的情形）

(1)如果遗嘱人通过共同遗嘱相互遗赠其所有财产或者较大部分财产的所有权,而附有明确、具体的条件,即如一方遗嘱人撤销其遗赠,将丧失该共同遗嘱中为其利益的任何权利,则撤销该遗嘱中的遗赠的健在的一方,将丧失其依据该遗嘱对死亡配偶的遗产所享有的所有权利。

(2)因其行为,上述遗赠不能对其遗产生效的,在此情形,也可以判定第 1 款提及的丧失。

(3)制作共同遗嘱的公证人,应在共同遗嘱中向遗嘱人解释本条及第 594

---

① 为 2004 年第 18 号法案第 48 条和 2007 年第 407 号法律通告所修正。
② 为 2004 年第 18 号法案第 49 条所代替,后为 2007 年第 407 号法律通告所修正。

条的含义及效力,并在遗嘱中作出具有此等意思的声明,否则,将受到公证书修正法院课加的232欧元94欧分(232.94)的罚金。

第594条^① (撤销的效力)

在第593条第1款和第2款提及的情形,原本遗赠给丧失权利的配偶一方的财产的所有权,除非配偶他方有其他指示,将归于该配偶他方所指定的继承人,或者如果没有指定继承人的,将归于其法定继承人。但如上所述丧失财产的配偶一方,将保留对该财产的用益权。

第595条^② (只允许丈夫和妻子间订立共同遗嘱)

任何两人或更多的人,除丈夫和妻子外,不得以同一文书订立一份遗嘱,不论为任何第三人的利益或为双方相互的利益。

但在1981年8月15日以后,丈夫和妻子不得在同一文书中订立秘密遗嘱。

第二节 通过遗嘱处分或取得财产的能力

第596条^③ (通过遗嘱处分或取得财产的能力)

(1)根据本法典的规定未丧失能力的任何人,均得通过遗嘱处分或取得财产。

(2)所有的子女及直系卑血亲,无差别地享有通过遗嘱取得其父母以及法律确定范围内的其他直系尊血亲的遗产的能力。

第597条^④ (无遗嘱能力)

下列之人没有订立遗嘱的能力:

(a)未满16周岁者;

(b)虽未被禁治产,但丧失理解能力和意志力者,或者因某些缺陷或伤害而即使通过解释者亦不能表达其意愿者;

但如果为公示遗嘱且接收遗嘱的公证人在向解释者宣誓后确信解释者能够正确地解释遗嘱人的意思,遗嘱仅得通过该解释者为之;

(c)因精神失常而被禁治产者;

---

① 为2004年第18号法案第49条所代替。
② 为1981年第30号法案第8条所修正。
③ 为1975年第58号法案第4条和第2004年第18号法案第50条所修正。
④ 为2004年第18号法案第51条所修正。

(d)未被禁治产,但订立遗嘱时神志不清者;

(e)因浪费而被禁治产者,但被宣告其禁治产的法院授权处分其财产的不在此限。

但因浪费而被禁治产者,即使没有法院的授权,亦得撤销其被禁治产之前所订立的任何遗嘱。

第 598 条 （未满18周岁者仅可为报酬性处分）

(1)未满18周岁者,不得通过遗嘱为报酬性处分以外的其他处分。

(2)然而,考虑到遗嘱人的处分方式以及对之提供报酬的服务,如果发现任何此等处分超过合理数额的,法院可将其减少至合理的数额。

第 599 条 （无能力者所订立的遗嘱无效,即使在遗嘱人死亡前终止无遗嘱能力,亦然）

无能力者所订立的任何遗嘱均无效,即使遗嘱人的无能力在其死亡前终止,亦然。

第 600 条 （尚未受孕者不能通过遗嘱取得遗产）

(1)在遗嘱人死亡时或者处分所附的停止条件成就时尚未受孕者,不能通过遗嘱取得遗产。

(2)本条的规定不适用于在遗嘱人死亡时健在的特定人的子女【对本款的理解可参照本法典第720条第2款。——译者注】,也不适用于被召集享有某项基金者。

第 601 条 （生而不可存活者不能通过遗嘱取得遗产）

(1)生而不可存活者不能通过遗嘱取得遗产。

(2)如有疑问,活着出生者推定为可以存活。

第 602 条① （所有子女均可通过遗嘱取得遗产）

遗嘱人的所有子女,无论婚生子女、非婚生子女或养子女,或者无论第102条至第112条提及的推定是否适用于他们,均可通过遗嘱从遗嘱人处取得遗产。

第 603 条② （死者留有子女或直系卑血亲时健在的配偶可通过遗嘱取得的份额）

---

① 为2004年第18号法案第52条所代替。

② 为2004年第18号法案第52条所废止。

第 604 条[①]　（在再婚或随后结婚的情形,丈夫或妻子可以取得的份额）

第 605 条[②]　（不配通过遗嘱取得财产者）

(1)任何人有下列行为之一的,应被视为不配且因此不能根据遗嘱取得财产：

(a)故意杀害或试图杀害遗嘱人或其配偶的；

(b)明知遗嘱人或其配偶无罪而向适格权力机关控告其犯有应受监禁之罪的；

(c)强迫或者欺诈性地诱使遗嘱人订立遗嘱或者实施或变更任何遗嘱处分的；

(d)阻止遗嘱人订立新遗嘱或者撤销已经订立的遗嘱,或者隐瞒、伪造或欺诈性地隐匿遗嘱的。

(2)本条的规定同样适用于共同实施任何上述行为的任何人。

第 606 条　（恢复继承资格）

因前条规定的任何情形而被剥夺继承资格的任何人,如果遗嘱人通过嗣后的遗嘱或者任何其他公文书恢复其继承资格,可以通过遗嘱取得遗产。

第 607 条　（不配的继承人或受遗赠人应返还孳息）

因不配而被排除取得遗产或遗赠物的任何继承人或受遗赠人,应当返还其自继承开始时所取得的任何孳息或收入。

第 608 条[③]　（不配者的直系卑血亲有权取得特留份）

在所有情况下,因不配而被排除者的直系卑血亲,有权取得本应属于被排除者的特留份。

被排除者对赋予其子女的遗产份额将不享有法律授予父母的用益权和管理权。

第 609 条　（监护人或保佐人不能通过遗嘱取得遗产）

(1)监护人或保佐人不能因受其监护或保佐者在监护或保佐期间订立的遗嘱而受益。

(2)如果遗嘱订立于监护或保佐终止后但最终账目提交之前,即使遗嘱人在批准该账目后死亡,适用同样的规则。

[①] 为 1962 年第 21 号条例第 11 条所修正,后为 2004 年第 18 号法案第 52 条所废止。

[②] 为 1981 年第 49 号法案第 4 条和 2004 年第 18 号法案第 53 条所修正。

[③] 为 2004 年第 18 号法案第 54 条所修正。

(3)监护人或保佐人为订立遗嘱者的直系尊血亲、直系卑血亲、兄、弟、叔、伯、舅、侄子(外甥)、堂(表)兄弟、配偶的,不适用本条规定的不能。

第610条① (接收公示遗嘱的公证人不能因此而受益)

除《信托与受托人法》②和《公证业与公证档案法》③第12条之规定外,接收公示遗嘱的公证人或者秘密遗嘱的书写人,不得以任何方式因任何此等遗嘱而受益。

第611条④ (修道会会员等的无能力)

(1)修道会或宗教法人的会员,在修道会或宗教法人中宣誓后,不能通过遗嘱作出处分。

(2)除其所属的修道会或宗教法人的规则所规定的任何其他禁止外,此等人也不能根据遗嘱取得财产,少量生活补贴除外。

(3)【本规定的适用,参见1993年第5号法案第4条。】此等人依法脱离其誓愿的,将重新取得根据遗嘱取得遗产的能力,以及处分其嗣后取得的财产的能力。为在遗嘱人死亡时仍为修道会或宗教法人的会员者的利益进行的任何处分,其效力中止至此人如上所述脱离其誓愿或者死亡但仍为该修道会或宗教法人的会员,在后一情形,该处分无效。

第612条⑤ (为无能力者的利益进行的处分,即使通过中间人作出,亦无效)

(1)为根据第609条和第610条的无能力者的利益进行的任何遗嘱处分无效,即使该处分以中间人的名义作出,亦同。

(2)部分无能力的,任何此等处分仅将部分无效。

第613条 (被视为中间人者)

任何此等无能力者的父、母、直系尊血亲以及丈夫或妻子(视具体情况而定),应被视为中间人。

---

① 为1993年第5号法案第2条所修正,后为2011年14号法案第99条所代替。
② 第331章。
③ 第55章。
④ 为1993年第5号法案第2条所修正。
⑤ 为2004年第18号法案第55条所修正。

第三节　可以通过遗嘱处分的财产

第 614 条① （可以通过遗嘱处分的财产）

(1)遗嘱人没有直系卑血亲或配偶的,他可以为能够根据遗嘱取得财产的任何人的利益,概括或单项处分其全部财产。

(2)遗嘱人有直系卑血亲或配偶的,他可以处分的遗产部分为:扣除根据第 615 条至第 653 条的任何规定应属于上述直系卑血亲或配偶的份额后的剩余财产。

特留份与剥夺继承权②

第 615 条③ （特留份）

(1)特留份是法律为死者的直系卑血亲及健在的配偶一方的利益而保留的对死者的遗产所享有的权利。

(2)上述权利为对死者遗产的特留份的价值的债权。如果自继承开始之日起 2 年内主张特留份的,自继承开始之日起,如果在上述 2 年期限届满后主张特留份的,自司法文书送达之日起,以第 1139 条所确定的利率计算的利息将增加到该债权。

第 616 条④ （属于子女的特留份）

(1)属于所有子女的特留份,无论是婚生子女、非婚生子女或养子女,如果子女不超过 4 人,为遗产价值的 1/3;如果子女为 5 人或 5 人以上,为遗产价值的 1/2。

(2)特留份在参与其分割的子女间以同等份额进行分割。

(3)仅有一个子女的,他将取得上述 1/3 部分的全部。

第 617 条　（"子女"包括直系卑血亲）

在前条规定的范围内,"子女"包括子女的任何亲等的直系卑血亲。然而,该直系卑血亲只能算在他们所从出的子女之内。

---

① 为 2004 年第 18 号法案第 56 条所代替。
② 为 2004 年第 18 号法案第 57 条所代替。
③ 为 2004 年第 18 号法案第 58 条所代替。
④ 为 2004 年第 18 号法案第 58 条所代替。

第 618 条① （为调整特留份而确定子女人数的规则）

(1)无能力通过遗嘱取得财产的子女或其他直系卑血亲,或者被遗嘱人剥夺继承权者,或者放弃其份额者,在为调整特留份而确定子女人数时也应当被计算在内。

(2)第 608 条和第 626 条的规定除外,无能力的或被剥夺继承权的或放弃其份额的子女或其他直系卑血亲的份额,应当为享有特留份的其他子女或直系卑血亲的利益而移转。

(3)被指定为继承人的子女或其他直系卑血亲,若他不被指定为继承人则有权分享特留份,尽管他被指定为继承人,仍有权分享之。

第 619 条② （属于直系尊血亲的特留份）

第 620 条③ （特留份不得附负担或条件）

(1)遗嘱人不得使特留份附负担或条件。

(2)在扣除遗产所负债务及丧葬费用后,特留份以全部遗产为基准计算。

(3)遗产中应包括遗嘱人为任何人的利益而无偿处分的所有财产,即使为因婚处分的财产,亦同,但为任何子女或其他直系卑血亲的教育而发生的费用除外。

(4)享有特留份者应当将其已从遗嘱人处取得的,以及根据第 913 条至第 938 条的任何规定应当合算的一切物抵充特留份。

(5)主张特留份者应当将通过遗嘱遗留给他的任何财产计算入其份额之中,并且不得放弃为其利益的任何遗嘱处分而主张特留份,但该遗嘱处分系以用益权的方式作出的,或者为使用权或居住权的,或者为终身年金或有期年金的,除外。

第 621 条④ （遗嘱处分的对象为用益权或终身年金的情形）

(1)遗嘱处分的对象为用益权或终身年金,并且在享有特留份者看来,该用益权或终身年金的价值超过遗嘱人财产的可处分部分的,他们仅能选择:或者遵从该遗嘱处分,或者为用益权或终身年金的处分相对人的利益,放弃可处分部分的全部所有权,而通过不负任何负担的特留份获取其应得的份额。

---

① 为 2004 年第 18 号法案第 59 条所修正。
② 为 1973 年第 46 号法案第 52 条所修正,后为 2004 年第 18 号法案第 60 条所废止。
③ 为 2004 年第 18 号法案第 61 条所修正。
④ 为 2004 年第 18 号法案第 62 条所修正。

(2)享有特留份的任何人,选择为其自己的利益而遵从遗嘱处分的,享有特留份的任何其他人有权选择,如上所述,放弃可处分的部分而获取特留份。

第 622 条① （剥夺继承权）

除基于某人不配继承的事由外,法律授予其享有特留份者,还可因遗嘱人基于在其遗嘱中指出的、本法典规定的任一事由而作出的一项特定声明,被剥夺该权利。

第 623 条② （可以剥夺直系卑血亲的继承权的事由）

第 630 条的规定除外,可以剥夺直系卑血亲的继承权的事由仅如下列:

(a)如果直系卑血亲没有理由而拒绝扶养遗嘱人;

(b)如果遗嘱人精神失常,直系卑血亲没有以任何方式提供照顾而将其遗弃;

(c)如果直系卑血亲能够使遗嘱人免于监禁,无正当理由未能如此;

(d)如果直系卑血亲殴打或以其他方式虐待遗嘱人;

(e)如果直系卑血亲严重伤害遗嘱人;

(f)如果直系卑血亲未经遗嘱人默许而为娼妓;

(g)遗嘱人因直系卑血亲的结婚,而根据第 27 条至第 29 条的规定,被宣布免除扶养该直系卑血亲的义务的任何情形。

第 624 条③ （可以剥夺直系尊血亲的继承权的事由）

第 625 条 （剥夺继承权的事由由主张该剥夺的一方证明）

(1)剥夺继承权的事由必须由主张该剥夺的一方证明。

(2)提出多项事由的,证明其中的一项即为已足。

第 626 条④ （被剥夺继承权者的子女的权利）

(1)如果被剥夺继承权者有子女或其他直系卑血亲,此人被剥夺的特留份应归于其子女或其他直系卑血亲。

(2)在任何此等情形,被剥夺继承权者对特留份将不享有法律所授予他的用益权或管理权。

第 627 条 （被剥夺继承权者先于遗嘱人死亡的情形）

---

① 为 2004 年第 18 号法案第 63 条所修正。
② 为 1993 年第 21 号法案 66 条和 2004 年第 18 号法案第 64 条所修正。
③ 为 2004 年第 18 号法案第 65 条所废止。
④ 为 2004 年第 18 号法案第 66 条所修正。

被剥夺继承权者先于遗嘱人死亡的,继承权的剥夺并不妨碍其直系卑血亲的权利。

第 628 条① (被剥夺继承权者的扶养)

被剥夺继承权者没有其他生活来源的,除依法享有的任何其他受扶养权外,因其被剥夺继承权而得益于其特留份者,有义务在特留份之孳息的范围内对其提供扶养。

第 629 条② (剥夺继承权的事由未被提出或未被证明时对特留份的权利)

剥夺继承权的事由未被提出或未被证明的,被剥夺继承权者方对特留份享有权利。

第 630 条③ (因浪费而被剥夺继承权)

享有特留份者因浪费而被禁治产的,或者因负担债务而致使特留份或至少特留份的大部分被该债务吸收的,遗嘱人可以通过明示的声明剥夺此人的继承权,并将特留份遗留给此人的子女或其他直系卑血亲。

健在配偶的权利④

第 631 条⑤ (如果留有子孙时健在的配偶的权利)

已故的配偶留有子女或其他直系卑血亲的,健在的配偶对遗产价值的1/4享有完全所有权。

第 632 条⑥ (如果未留有子孙时健在配偶的权利)

如果没有第631条所规定的子女或其他直系卑血亲,健在的配偶对遗产价值的 1/3 享有完全所有权。

第 633 条⑦ (居住权)

(1)如果先死的配偶单独或与其健在的配偶共同对某房屋享有完全所有

---

① 为2004年第18号法案第67条所修正。
② 为2004年第18号法案第68条所修正。
③ 为2004年第18号法案第69条所代替。
④ 为2004年第18号法案第70条所修正。
⑤ 为1973年第46号法案第53条和1993年第21号法案第67条所修正,后为2004年第18号法案第71条所代替。
⑥ 为2004年第18号法案第71条所代替。
⑦ 为1993年第21号法案第68条所增设,后为2004年第18号法案第72条所修正。

权或永租权,在前者死亡时,后者以该房屋作为主要居所而占有的,对它享有居住权。

(2)承受居住权的房屋的范围,不得以在先死的配偶死亡后,健在的配偶仅要求房屋的一小部分为由而受到限制。

(3)在第631条和第632条的范围内,根据本条而承受居住权的房屋,应从健在配偶对之享有特留份的死者的遗产中排除。

(4)第395条的规定不适用于本条所授予的居住权。

(5)即使第1款所授予的权利在健在的配偶生存期间将减少任何其他人应享有的特留份,该权利仍继续存在。

(6)如果已故配偶的债权人行使其对根据本条而承受居住权的房屋的权利,或者附清单利益接受遗产的继承人出售该房屋,以清偿遗产所负的任何债务,并且在上述任一情形中,若在遗产中存在可用于清偿债务的其他资产,则只要已故配偶的继承人,或者附清单利益接受遗产的已故配偶的继承人没有对其他资产采取任何可能的措施以清偿该债务,健在的配偶有权在出售后的1年内,向他们请求损害赔偿。

(7)无论配偶双方根据本法典的规定采用何种财产制调整其财产,均可在婚前或婚后的协议中排除或减少健在的配偶依据本条所享有的权利。

(8)本条所授予的居住权因健在的配偶再婚而终止。

第634条① （继承人和健在的配偶之间的分割）

婚姻住所部分属于健在配偶的,在死者的继承人和健在的配偶之间的任何分割中,健在的配偶或上述继承人均得请求将承受居住权的房屋在估价后分配给健在的配偶。该估价应将对财产的居住权考虑在内。

第635条② （对婚姻住所中的物品的使用）

健在的配偶还对属于已故配偶的婚姻住所中的任何家具享有使用权。

第636条③ （家具的定义）

有关第635条提及的使用权,适用第318条的规定。

---

① 为1973年第46号法案第54条所代替,为1993年第21号法案第69条所修正,后为2004年第18号法案第73条所代替。

② 为1973年第46号法案第55条所修正,后为2004年第18号法案第73条所代替。

③ 为1973年第46号法案第56条和1993年第21号法案第70条所修正,后为2004年第18号法案第73条所代替。

第 637 条① （对使用权的限制）

第 633 条第 3 款、第 6 款、第 7 款和第 8 款的规定，经适当的修改后，适用于第 635 条所授予的使用权。

第 638 条② （健在的配偶不能主张权利的情形）

在下列任一情形，不适用第 631 条、第 632 条、第 633 条和第 635 条的规定：

（a）如果配偶一方死亡时，配偶双方因适格民事法院的判决而别居，且根据第 48 条、第 51 条和第 52 条的规定，健在的配偶已丧失这些条文中所提及的权利；

（b）如果先死的配偶基于第 623 条(a)项、(b)项、(c)项、(d)项和(e)项提及的任何事由，或者以虐待为由，通过其遗嘱明确剥夺了第 631 条至第 633 条和第 635 条提及的健在的配偶的权利，并且该事由，或者提出的多项事由其中任何一项事由被证明；

（c）如果对于健在的配偶，存在其根据第 605 条的规定不能通过遗嘱取得财产的事由，如不配。

第 639 条③ （在人身别居的情形适用第 633 条和第 635 条）

在配偶双方人身别居，并且健在的配偶根据第 55A 条或者根据两愿别居的公文书，有权居住在婚姻住所中的情形，同样适用第 633 条和第 635 条中提及的权利。

第 640 条至第 646 条 （为 2004 年第 18 号法案第 73 条所废止）

超过可处分部分的遗嘱处分的扣减

第 647 条 （超过可处分部分的遗嘱处分应当扣减）

只要在第 845 条规定的期限内提出请求，超过可处分部分的遗嘱处分应当扣减，并在继承开始时将其限于可以处分的部分。

第 648 条④ （如何确定扣减额）

为确定扣减额，应遵守下列规则：

---

① 为 2004 年第 18 号法案第 73 条所代替。
② 为 2004 年第 18 号法案第 73 条所代替。
③ 为 2004 年第 18 号法案第 73 条所代替。
④ 为 2004 年第 18 号法案第 74 条所修正。

(a)遗嘱人死亡时存在的他的所有财产,从中扣除遗产所负的债务后,应被作为一个整体;

(b)通过赠与而处分的任何财产被假想增加的,应以其在赠与时的价值计算该财产;

(c)可处分部分的计算应当依照因此而形成的遗产进行,但必须考虑到健在的配偶根据第615条至第639条所享有的权利。

第649条[①]　(在赠与人死亡前灭失的赠与物不包括在遗产内)

第650条　(赠与物的价值超过或等于可处分部分的价值的情形)

赠与物的价值超过或者等于可处分部分的价值的,全部遗嘱处分均无效。

第651条　(按比例扣减)

遗嘱处分超过可处分的部分,或者超过扣除赠与物的价值后的剩余部分的,应当在继承人和受遗赠人之间无差别地按比例扣减。

第652条　(遗嘱人声明某一处分优先于其他处分)

但在所有情况下,遗嘱人明确声明其欲使某一处分优先于其他处分的,此等优先应当成立。除非包含在其他处分中的财产价值将不足以满足法定的特留份额,该处分不得被扣减。

第653条　(遗赠物的分割)

(1)应当扣减的遗赠物,其超过可处分部分的部分能够便利且无害地与之分割的,应以分割的方式进行扣减。

(2)但不能便利且无害地进行此等分割的,受遗赠人可以以现金向请求扣减的一方偿付其应被扣减的数额。

第四节　遗嘱的形式

普通遗嘱

第654条　(遗嘱或为公示的,或为秘密的)

遗嘱可以或为公示的,或为秘密的。

第655条　(公示遗嘱的形式)

(1)本法典的任何其他规定除外,公示遗嘱由公证人在两名证人在场的情

---

① 为2004年第18号法案第75条所废止。

况下,根据《公证业与公证档案法》①的规定,以与任何其他公证书相同的方式接收和公开,即使对于遗嘱人的签名,亦取决于遗嘱人是否会且能够书写。

(2)在任何情况下,无论遗嘱所处分之物的价值如何,证人的签名不得省却。

第 656 条② (秘密遗嘱的形式)

(1)秘密遗嘱可以由遗嘱人本人或第三人印出、用打字机打出或以墨水写出。

(2)遗嘱人会且能够书写的,在所有情况下,遗嘱应由遗嘱人在其末尾签名。

(3)遗嘱人不会或不能书写的,适用第 663 条的规定。

第 657 条 (包含秘密遗嘱的文件应当密封并加盖封印)

(1)写有秘密遗嘱的文件,或者被用作遗嘱封面的文件,应当密封并加盖封印。

(2)遗嘱人在交付该文件时,应当声明其中包含其遗嘱。

第 658 条 (秘密遗嘱的交付)

(1)秘密遗嘱应由遗嘱人交付于公证人,或者在享有自愿管辖权的法庭的现任法官或地方法官在场的情况下,交付于该法庭的登记员。

(2)遗嘱应被视为在如上交付之日订立。

第 659 条 (接收秘密遗嘱的公证人的义务)

(1)接收秘密遗嘱的公证人,应当在写有遗嘱的文件上或者被用作遗嘱封面的文件上制作交付证书,将第 657 条第 2 款规定的声明记录于其中。

(2)交付证书应当由遗嘱人、证人和公证人签名。

(3)遗嘱人声明其不会或不能书写的,公证人应当将该声明记录于交付证书的底部,该记录视同遗嘱人的签名。

第 660 条 (公证人应将秘密遗嘱提交给享有自愿管辖权的法庭)

接收秘密遗嘱的公证人,应当在自交付之日起 4 个工作日内,根据《组织与民事程序法典》的规定,将该遗嘱提交给享有自愿管辖权的法庭,由登记员进行保存。

---

① 第 55 章。
② 为 2004 年第 18 号法案第 76 条所修正。

第 661 条① （违反前条规定的公证人应受的处罚）

(1)其行为违反前条规定的任何公证人,基于在检察长的控告中提起的民事诉讼,应被处以在不超过 2 年的期间内禁止行使其职权,或者处以不低于 232 欧元 94 欧分(232.94)并不超过 2329 欧元 37 欧分(2329.37)的罚金。

(2)根据《刑法典》②,如果其行为构成犯罪,本条的规定并不取代《刑法典》的规定。

第 662 条③ （《组织与民事程序法典》规定的对具体事项的说明视同交付证书）

如果秘密遗嘱被直接提交给法院,《组织与民事程序法典》④第 529 条所规定的对具体事项的说明视同交付证书。

第 663 条 （文盲订立的秘密遗嘱）

不会或不能书写的任何人,没有法官或地方法官的协助,不得通过秘密遗嘱进行任何处分。

第 664 条 （协助文盲的法官或地方法官的义务）

根据前条被请求提供协助的法官或地方法官,应当向遗嘱人宣读并解释遗嘱人宣称为其遗嘱的文件的内容,并在该文件的底部作出一项声明,大意为:他已遵守该要求,并确信该文件的内容与遗嘱人的意图相一致。该声明应注明日期并由法官或地方法官签名。

第 665 条 （协助文盲的法官或地方法官应遵守的手续）

(1)上述法官或地方法官,应当在遗嘱被适当密封并加盖封印后,在写有遗嘱的文件上或被用作遗嘱封面的文件上作出一项声明,大意为:该文件或封面包含订立者的遗嘱,而且应当在该声明上签名。

(2)并不因该声明而免除第 659 条提及的交付证书或者第 662 条提及的对具体事项的说明。

第 666 条⑤ （任何法官或地方法官,即使暂时出现在马耳他岛或戈佐,

---

① 为 1965 年第 46 号法律通告、1974 年 58 号法案第 68 条、1977 年第 11 号法案第 2 条、1983 年第 13 号法案第 5 条、2004 年第 18 号法案第 77 条和 2007 年第 407 号法律通告所修正。

② 第 9 章。

③ 为 2004 年第 18 号法案第 78 条所修正。

④ 第 12 章。

⑤ 为 2004 年第 9 号法案第 14 条所修正。

均可协助文盲)

不会或不能阅读和书写的遗嘱人,可以向即使只是暂时出现在其有协助需要的所在岛或所在地的任何法官或地方法官,包括遗嘱将存放于其中的适格法院的现任法官或地方法官,请求协助。

第 667 条 (遗嘱的内容应当保密)

根据前 4 条的规定提供协助的法官或地方法官,负有不得披露遗嘱内容的义务。

第 668 条 (聋哑者订立的秘密遗嘱)

(1)先天性的或其他原因导致的聋哑人或仅为哑巴者,如果他会书写,可以订立秘密遗嘱,但遗嘱必须完全由他书写并签名,并且他本人到将提交遗嘱于其的法院中或者在将交付遗嘱于其的公证人在场,并且在交付的证人在场的情况下,在其提交的文件上写明该文件包含其遗嘱。

(2)公证人应当在交付证书中或者第 662 条提及的登记员应当在对具体事项的说明中(视具体情况而定)指出:遗嘱人在公证人和证人在场的情况下或者在法院中写出本条第 1 款提及的声明。

第 669 条 (全聋者订立的公示遗嘱)

(1)全聋但能够朗读者欲订立公示遗嘱的,他应当在公证人和证人在场的情况下自己朗读该遗嘱,并且在遗嘱由其本人和证人签名之前,公证人应当在遗嘱的底部作出一项声明,大意为:本遗嘱已由遗嘱人按照上述规定朗读。

(2)但该全聋者不能朗读的,他本人应当在公证人和证人在场的情况下宣布其遗嘱,在遗嘱由其本人和证人签名之前,公证人应当在遗嘱的底部作出一项声明,大意为:本遗嘱与遗嘱人所宣布的遗嘱相一致。

第 670 条 (在公示遗嘱中不能充任证人者)

在公示遗嘱中,继承人或受遗赠人,包括其叔、侄亲等以内的血亲亲属或姻亲亲属,不能充任证人。

第 671 条 (遗嘱人可以撤销秘密遗嘱)

遗嘱人,如果其遗嘱仍在他所交付于其的公证人处,可以随时自该公证人处,或者自存放其遗嘱的登记处撤销其秘密遗嘱。

第 672 条 (遗嘱的无效)

第 673 条至第 682 条 关于特权遗嘱的规定除外,未遵守第 655 条、第 656 条、第 657 条、第 658 条、第 659 条、第 663 条、第 668 条、第 669 条和第 670 条之规定,将使遗嘱无效。

特权遗嘱

第 673 条 （通讯中断地的遗嘱）

(1)在通讯因公共权力机关的命令而中断之地,遗嘱可由法官、地方法官、公证人、教区牧师或担任圣职的其他神职人员,当着两个证人之面,以书面形式接收。

(2)在所有情况下,此类遗嘱都应由接收人签名,否则无效。

(3)而且如果可行,此等遗嘱应由遗嘱人和证人签名,否则无效。如果在具体情况下,不可能由遗嘱人和证人在遗嘱上签名,则应当在遗嘱中作出一项声明,指出没有该签名的原因,否则无效。

(4)在任何此等遗嘱中,男性或女性的任何人,只要年满18周岁,均可担任证人。

第 674 条 （何时此等遗嘱无效）

自遗嘱人所处之地的通讯恢复之日起届满2个月,或者自遗嘱人迁往通讯未中断的另一地区之日起届满2个月,只要遗嘱人在上述期限届满后仍然健在,任何此等遗嘱将失去效力。

第 675 条 （接收此等遗嘱者应将其存放于享有自愿管辖权的法庭）

(1)根据上述条文订立的遗嘱,接收者应在自通讯恢复之日起1个月内,将它存放于接收所在岛的享有自愿管辖权的法庭的登记处,但遗嘱人在该期限届满前已将之撤销的,除外。

(2)其行为违反本条规定的任何人,基于根据第661条的规定提起的诉讼,只要该条规定的处罚可以适用,则应受此等处罚。

第 676 条① （在海上订立的遗嘱）

(1)订立于海上而且是在马耳他登记的船舶上的遗嘱,可以由船长或代船长行事者以书面形式接收。

(2)船长订立的遗嘱,可以由船长不在时将指挥该船舶者接收。

(3)在所有情况下,接收遗嘱时应一式两份,并有两名年满18周岁的证人在场。

(4)未遵守上述任何规定将使遗嘱无效。

第 677 条 （此等遗嘱应由何人签名）

---

① 为 2004 年第 18 号法案第 79 条所修正。

(1)前条提及的遗嘱应由遗嘱人、接收人及证人签名。

(2)遗嘱人或证人不会或不能书写的,应在遗嘱中作出一项声明,指出没有该签名的原因。

(3)未遵守本条规定将使遗嘱无效。

第 678 条[①] (有关任何此等遗嘱的接收应被记录于航海日志和船员名册)

船长或持有航海日志和船舶文件者,应将有关此等遗嘱的接收记录于航海日志和船员名册并签名,否则,根据第 661 条规定的民事诉讼,将被处以不超过 23 欧元 29 欧分(23.29)的罚金。

第 679 条[②]

(1)(在返回马耳他后,船长等将遗嘱提交给享有自愿管辖权的法庭的义务)

接收任何此等遗嘱后,船舶返回马耳他港口的,船长或遗嘱持有人,应在 8 个工作日内将该遗嘱提交给享有自愿管辖权的法庭,但遗嘱人在该期限届满前已将之撤销的,除外。

(2)(船舶在马耳他以外靠港的情形)

如果船舶停靠在马耳他以外的任何港口,船长或遗嘱持有人应当将一份遗嘱副本交存于马耳他政府在该港口的外交或领事代表;或者交存于供职于与马耳他政府达成协议,承诺代表马耳他政府在该港口的利益的任何国家的外交机构、领事机构或其他外事机构者;或者交存于被马耳他总统为此而授权者;或者没有上述人等时,交存于某个可以信赖的马耳他公民或者其他的联邦公民【马耳他为英联邦成员国之一,此处的"联邦公民"应指英联邦成员国公民。——译者注】,并且应当尽快将另一份副本传送至马耳他交通运输局,后者应在 8 日内将之提交给上述法庭。

(3)其行为违反本条任何规定的任何人,基于根据第 661 条提起的诉讼,应被处以在不超过 2 年的期间内禁止行使其职权或从事其职业,或者处以该条规定的任何其他处罚。

---

① 为 1983 年第 13 号法案第 5 条和 2007 年第 407 号法律通告所修正。
② 为 1965 年第 31 号法案第 21 条、1971 年第 9 号法案第 3 条、1974 年第 58 号法案第 68 条、1975 年第 148 号法律通告、1991 年第 17 号法案第 81 条、2004 年第 9 号法案第 14 条和 2009 年第 15 号法案第 49 条所修正。

第 680 条 （只有遗嘱人死于海上等，在海上订立的遗嘱方有效）

只有遗嘱人死于海上，或者在自其登陆于能够以普通的方式订立另一遗嘱的地点之日起 2 个月内死亡的，以第 676 条规定的方式在海上订立的遗嘱方有效。

第 681 条 （为接收遗嘱者等的利益进行的处分，无效）

(1)为第 673 条及其以下条文中提及的任何遗嘱的接收者之利益，或为证人的利益，或者在海上订立遗嘱的情形，为任何船员的利益而进行的任何遗嘱处分，无效。

(2)为本条第 1 款提及的任何人的父、母、子女、其他直系卑血亲、配偶的利益而进行的任何处分，同样无效。

第 682 条 （在马耳他以外订立的遗嘱的效力）

在马耳他以外订立的遗嘱，只要以遗嘱订立地的法律所规定的形式订立，将在马耳他有效。

第五节　指定继承人、遗赠及增加权

指定继承人及遗赠

第 683 条 （指定继承人）

任何遗嘱处分，无论以指定继承人或遗赠的名义，还是以任何其他名义而为，只要其表达能够使遗嘱人的意图得以确定并且不违反本法典的规定，均有效。

第 684 条 （只有部分遗产被处分的情形）

(1)如果遗嘱人仅处分部分遗产，剩余的部分将根据在无遗嘱继承的情形所确定的顺位，归于其法定继承人。

(2)如果遗嘱人仅进行单项遗赠，适用同样的规则。

第 685 条 （作为处分的唯一诱因的原因若为虚假原因的情形）

(1)基于唯一的诱因而进行的任何遗嘱处分，如果该诱因为虚假原因，遗嘱处分无效。

(2)如果遗嘱人指出一项原因，而遗嘱的内容并未显示出该原因为唯一诱因的，即使该原因被证明为虚假原因，如果不能证明遗嘱人仅被遗嘱中所指出的原因诱使而作出遗嘱处分，该遗嘱处分将有效。

作为处分对象的人和物

第686条 (默示的口述遗嘱无效)

以通常被称为默示口述的方式所作出的任何遗嘱处分无效。

第687条 (为不确定人利益的处分)

为不确定人的利益而进行的任何遗嘱处分,即使遗嘱中提及的偶然事件发生后仍不能被确定的,该处分也无效。

第688条 (为继承人或第三人指定的自然人或法人的利益的处分)

(1)为继承人或第三人指定的不确定人的利益而进行的任何遗嘱处分,同样无效。

(2)但可以为继承人或第三人在遗嘱人明确指定的数人之间所选定者的利益,或者为属于遗嘱人明确指定的家庭或法人的成员之人的利益,进行单项遗嘱处分。

(3)同样可以为继承人或第三人在遗嘱人明确指定的数个法人之间所选定者的利益,进行单项处分。

第689条 (为最近亲利益的处分)

为某人的最近亲利益的遗嘱处分,没有任何其他指称的,应被视为为将被依法赋予对此人的无遗嘱继承者的利益而为之。

第690条 (为穷人利益的处分)

以一般条款的方式,为穷人的利益而进行的处分,应被视为为遗嘱人死亡时所居住之岛上的穷人的利益而为之。

第691条 (为遗嘱人灵魂的利益的处分)

以一般条款的方式,为遗嘱人或任何其他人的灵魂的利益而进行的任何处分,如果没有明确指定其宗教用途的,将无效。

第692条 (表明遗嘱的文句与遗嘱人的意思相反的证据,不予采纳)

(1)意在表明如下意图的证据,不予采纳:遗嘱中所载明的为任何自然人或法人的利益或为任何用途而作出的指定或遗赠是虚假的,并且实际上该指定或遗赠是为并未在遗嘱中披露的某自然人或法人的利益或某用途而作出的。尽管包含在此等遗嘱中的任何表达,可能构成任何此等意图的一种暗示或推定,亦然。

(2)以该指定或遗赠是为无能力者的利益、通过中间人而作出的为由,对指定或遗赠提出异议的,不适用本条的规定。

第 693 条 （信义处分【关于"信义"一词的含义，可对比参看本法典第 1124A 条关于"信义之债"的规定。】）

通过任何遗嘱处分，一笔金钱或任何其他特定物被遗留给遗嘱中所指定之人，其目的在于按照遗嘱人委托给此人的用途进行使用的，该处分无效，即使此人可证明该处分是为能够通过遗嘱取得财产之人的利益而作出的或者是用于合法目的的，亦同。

第 694 条 （错误指定继承人、受遗赠人或处分之物）

(1)继承人或受遗赠人被错误指定的，如果遗嘱人意图指定之人的身份能以其他方式确定，遗嘱处分有效。

(2)作为遗赠客体之物被错误指定或描述的，如果能以其他方式确定遗嘱人意图处分之物，适用同样的规则。

第 695 条 （完全由继承人自由裁量的处分）

赋予继承人或第三人绝对的自由裁量以确定遗赠物数量的任何遗嘱处分，无效，但遗嘱人通过作为在他患致死疾病期间为他提供服务的报酬的方式作出的遗赠除外。

第 696 条 （对属于他人之物的遗赠）

(1)作为遗赠客体之物属于遗嘱人以外的他人的，该遗赠无效，除非在遗嘱中指明遗嘱人知晓该物并非其财产而是他人的财产，在此等情形，继承人可以选择：或者取得遗赠物以交付给受遗赠人，或者向受遗赠人支付该物的市场价值。

(2)遗赠物虽然在订立遗嘱时属于他人，但在遗嘱人死亡时为遗嘱人的财产的，遗赠有效。

第 697 条 （对属于继承人或受遗赠人之物的遗赠）

如果作为遗赠客体之物属于继承人或受遗赠人，而遗嘱要求他们将该物给予第三人的，前条的规定同样适用。

第 698 条 （遗赠物仅部分属于遗嘱人的情形）

部分遗赠物或者对该物享有的部分权利属于遗嘱人的，对该物的遗赠仅在该部分或该权利的范围内有效，但在遗嘱中指明遗嘱人知晓该物并不完全属于他的，不在此限。

第 699 条 （对不特定物的遗赠）

作为遗赠客体之物为包含在某一类属中的不特定动产的，即使从属于该类属之物在订立遗嘱时或者在遗嘱人死亡时并不存在于遗嘱人的遗产中，该遗赠仍有效。

第 700 条 （遗赠物被发现不存在于遗嘱人的遗产中的情形）

(1)遗嘱人将任何特定物或包含在特定类属中的任何物，如同他自己之物而遗赠的，如果在遗嘱人死亡时发现该物不存在于其遗产中，该遗赠将无效。

(2)如果发现该物在遗嘱人死亡时存在于其遗产中，但与遗嘱中所指定的数量不同，遗赠在现存数量的范围内有效。

第 701 条 （对可从指定之处获取之物或某数量的物的遗赠）

遗赠的客体为可从指定之处获取之物或某数量的物，只有该物在其中被找到的，遗赠方有效；如果仅有部分被找到的，遗赠仅在该部分的范围内有效。

第 702 条 （对属于受遗赠人之物的遗赠）

(1)遗赠的客体为在订立遗嘱时已经属于受遗赠人的财产之物的，该遗赠无效。

(2)如果在订立遗嘱后，受遗赠人从遗嘱人处有偿取得或者从任何其他人处以任何方式取得作为遗赠客体之物的，在存在第 696 条规定的情形时，不考虑第 743 条的规定，他有权主张该物的价值。

(3)受遗赠人从遗嘱人处无偿取得该物的，遗赠被视为撤销。

第 703 条 （对负欠遗嘱人之债务的遗赠）

遗赠的客体是负欠遗嘱人的一笔款项，或者是解除债务人对遗嘱人所负债务的，遗赠仅对在遗嘱人死亡时仍然负欠的债务额有效。

第 704 条 （如同遗嘱人负欠受遗赠人而对某物或款项的遗赠）

(1)遗嘱人将任何特定物或款项，如同他负欠受遗赠人而遗赠的，即使他并未负欠该物或款项，遗赠仍有效。

(2)如果该物或款项为遗嘱人所负欠的，受遗赠人取得一项请求返还其物或款项的新的诉权。如果除非特定的期限届满，否则不得请求该物或款项，或者如果该物或款项的支付取决于某项条件的成就，受遗赠人无须等到该期限届满或该条件成就。

(3)但若遗嘱人在订立遗嘱后的任何时间清偿该债务的，遗赠无效。

第 705 条

(1)（对债权人遗赠债务）

遗嘱人为其债权人的利益作出遗赠但未提及他所负之债务的，该遗赠不得被视为为清偿对受遗赠人所负之债务而为之。

(2)（对佣人的遗赠）

为佣人利益的遗赠不得被视为为支付其工资而为之。

第 706 条 （免债遗赠仅包括订立遗嘱时所负之债务）

如果遗赠在于解除债务人对遗嘱人所负之债务，该遗赠应被视为仅包括订立遗嘱时对遗嘱人所负之债务，而不包括嗣后缔结的其他债务。

第 707 条 （扶养的遗赠）

扶养的遗赠包括受遗赠人生存期间的食物、衣物、居住，以及其他生活必需品。在具体情况下，还可包括根据受遗赠人自身条件的教育。

第 708 条 （因嗣后取得而增加的不动产的遗赠）

遗赠某项不动产所有权的遗嘱人，嗣后因取得其他财产而使该财产增加的，即使该取得的财产邻接于原不动产，如无新的遗赠，不被视为原遗赠的一部分。

第 709 条 （对继承人的先取遗赠）

遗嘱人可以为其继承人设立先取遗赠，在任何此等情形，对于该先取遗赠，继承人被视为受遗赠人。

附条件或受限制的处分

第 710 条 （处分可以为单纯的或附条件的）

任何概括处分或单项处分，均可为单纯的或附条件的。

第 711 条 （不能实现的条件等）

(1)处分所附条件为不能实现的或者违反法律或道德的，将使该处分无效。

(2)所附条件难以理解的，视为未附该条件。

第 712 条 （限制结婚的条件）

(1)所附条件禁止初婚或随后结婚的，被视为未附该条件。

(2)但如果用益权、使用权、居住权，或者补助金或其他定期支付的遗赠，所附条件是受遗赠人仍为未婚男、未婚女或者鳏夫、寡妇，并将遗赠限于受遗赠人仍为未婚男、未婚女或者鳏夫、寡妇的期间内，则只有受遗赠人仍为未婚男、未婚女或者鳏夫、寡妇，他／她才有权享有遗赠。

(3)配偶一方对为配偶他方利益的遗嘱处分附加限制再婚条件的，有效。

第 713 条 （限制继承人援引清单利益的条件）

所附任何条件限制继承人援引清单利益的，被视为未附该条件。

第 714 条 （开始或终止指定继承人的限制）

如果在任何概括遗嘱处分中,遗嘱人确定了开始或终止指定继承人的日期,被视为未附该限制。

第715条 （以互利为条件的处分无效）

遗嘱人所为的任何概括或单项遗嘱处分,所附条件是遗嘱人应通过该遗嘱从继承人或受遗赠人处受益作为回报的,该处分无效。

第716条 （取决于不确定事件的处分）

若任何遗嘱处分附有取决于将来不确定事件的条件,并且根据遗嘱人的意图,该处分的效力取决于该事件的发生或不发生的,如果为其利益而进行该处分之人在条件成就之前死亡,该处分无效。

第717条 （暂缓执行处分的条件）

根据遗嘱人的意图,所附条件仅在于暂缓执行遗嘱处分的,即使在条件成就前,也不妨碍继承人或受遗赠人取得既得权利并可将之移转给其继承人。

第718条 （继承人或受遗赠人应当为条件的成就提供担保）

如果遗嘱人留下遗产或遗赠,但以继承人或受遗赠人有义务不为某事或不提供某物为条件,继承人或受遗赠人应当为若不履行该义务则遗产或遗赠物将归属之人的利益,以人保、抵押或质押的方式,为履行该义务提供充分的担保。

第719条 （负担交付附条件的遗赠之人必须提供担保）

同样,遗赠附条件或附始期的,负担履行遗赠之人得被强制为受遗赠人的利益提供如上所述的担保。

第720条 （某些情形下管理人的指定）

(1)如果继承人被指定,而附有第716条所提及之性质的条件,则应指定一名遗产管理人,直至该条件成就或者确定该条件不能成就。

(2)继承人或受遗赠人未能提供前两条所要求的担保时,以及如同第600条所规定的,在被指定的继承人为在遗嘱人死亡时健在的某人的尚未受孕的子女的情形,同样应指定一名管理人。

(3)该管理人享有与无人继承的遗产的保佐人同样的权力并负担同样的义务,但不得违反法院根据具体情况作出的它认为适当的任何其他指令。

遗赠的效力及其履行

第721条 （取得简单遗赠【在本法典中,简单遗赠为附条件遗赠和选择遗赠的对称。——译者注】的权利,并可移转给受遗赠人的继承人）

(1)任何简单遗赠,自遗嘱人死亡之日起,均赋予受遗赠人取得遗赠物的权利,该权利可以移转给该受遗赠人的继承人或者继受受遗赠人之权利的任何人。

(2)附条件的遗赠,在条件成就前,将不赋予受遗赠人此等权利。

第722条 (遗赠物为不特定物时选择物的规则)

(1)如果遗赠的客体为包含在某特定类属中的不特定物,选择权属于继承人。不得强迫继承人交付最优质量之物,但继承人也不得提供最劣质量之物。

(2)如果选择权被留给第三人,适用同样的规则。

(3)如果该第三人拒绝作出选择,或者因死亡或其他障碍不能作出选择,该选择权由法院根据本条第1款确定的规则行使。

第723条 (选择权被留给受遗赠人的情形)

选择权被留给受遗赠人的,他可以选择存在于遗产中的特定类属的最好的物,但如果不存在,他不得选择某一最优质量之物。

第724条 (选择遗赠中的选择权)

在选择遗赠的情形,选择权被视为给予继承人。

第725条 (何时选择权移转给继承人的继承人或受遗赠人的继承人)

(1)享有选择权的继承人或受遗赠人不能作出选择的,选择权将赋予其继承人。

(2)一旦作出选择,不得撤销。

(3)即使在遗嘱人的遗产中仅有一物包含在类属中,在没有明确的相反处分时,享有选择权的继承人或受遗赠人无权选择存在于遗产外的其他物。

第726条① (受遗赠人要求继承人交付被遗赠物)

(1)受遗赠人必须向继承人要求占有遗赠物。

(2)在不动产的情形,受遗赠人可以要求通过公文书的形式授予该占有。

(3)除非遗嘱人有其他规定,与文书有关的费用由受遗赠人承担。

第727条 (遗赠物的孳息或利息)

仅自受遗赠人,即使通过司法信函,要求继承人交付或履行遗赠之日起,或者仅自向他承诺交付或履行之日起,受遗赠人方可主张遗赠物的孳息或利息。

第728条 (在何种情形,一旦遗嘱人死亡,孳息或利息将为受遗赠人的

---

① 为2004年第18号法案第80条所修正。

利益而增加)

在下列任一情形,即使没有前条规定的司法指示,一旦遗嘱人死亡,遗赠物的孳息或利息将为受遗赠人的利益而增加:

(a)遗嘱人明确作出这种指示的;

(b)被遗赠的客体为房地产、本金或能够产生孳息的任何其他物的。

第729条 (终身年金或补助金的遗赠)

遗赠的客体为终身年金或补助金的,该年金或补助金自遗嘱人死亡之日开始计算。

第730条 (遗赠的客体为在确定的周期交付或支付确定数量之物的情形)

(1)遗赠的客体为在确定的周期,比如每年、每月或其他期间,交付或支付确定数量之物的,首个周期自遗嘱人死亡时开始计算。受遗赠人将取得每个周期所应得的全部数量之物的所有权,即使他仅在上述周期开始之时健在,亦同。

(2)但除非系以扶养的形式遗赠,否则,在周期届满之前不得请求遗赠。

(3)如果系以扶养的形式遗赠,可以在周期开始之时请求遗赠。

第731条 (交付遗赠物应连同其附属物)

(1)推定作为遗赠客体之物连同其必要的附属物而被遗赠,并且应当以遗嘱人死亡之日的原状交付。

(2)对于在遗赠的房地产中进行的装饰或建造的新建筑物,或者对于遗嘱人已经扩大其边界的房地产以及其中新的取得物,应作出相反的推定。

第732条 (遗赠物负担用益权等的情形)

(1)在遗嘱订立之前或之后,遗赠物被设定用益权、年金或任何其他永久或暂时负担的,受遗赠人应附负担受领该物。

(2)遗赠物负担任何其他债务的抵押权的,除非遗嘱人有其他指示,履行遗赠之人有义务解除该负担。

第733条 (交付遗赠的费用)

交付或履行遗赠的必要费用由遗产负担,但不得因此损害法律为其利益而保留部分遗产者的权利。

第734条 (应履行遗赠之人)

(1)遗嘱人没有在数个继承人之中特别指定某人履行遗赠的,所有的继承人均应根据他在继承中的份额履行遗赠。

(2)他们还应在其持有的遗产中的任何不动产之价值的范围内,负担全部遗赠。

第735条　（某个继承人被特别指定履行遗赠的情形）

(1)任一继承人被特别指定履行遗赠的,他应单独负担此等履行。

(2)遗赠的客体为属于某一共同继承人之物的,除非表明遗嘱人有相反的意图,否则,只要根据第696条、第697条和第698条的规定,该遗赠并非全部或部分无效的,则其他共同继承人就应当根据其遗产份额的比例,以现金或者以遗产补偿该共同继承人被遗赠物的价值。

第736条　（遗嘱人可以声明补助金或用益权不受扣押）

(1)在遗留补助金或用益权时,遗嘱人可以声明,该补助金或用益权的全部或一部不因债权扣押令【债权扣押令,即garnishee order,是指为保护债权人的利益,由法院对第三债务人发布的扣押令,以阻止第三债务人向其本人的债权人进行清偿。例如A为B的债权人,同时B为C的债权人,为保护A的利益,法院向C发布债权扣押令,禁止他向B进行清偿。——译者注】而被扣押,甚至不可转让。

(2)任何此等声明,如果以一般条款的方式作出,对于受遗赠人在开始享有遗赠后所发生的债务有效,即使已申请了债权扣押令或者正试图进行转让或被要求转让,亦同。

增加权

第737条　（增加权）

第745条和第866条的规定除外,两人或数人被共同指定为继承人或受遗赠人的,并且其中的任一人比遗嘱人先死,或者不能或拒绝接收遗产或遗赠,或者因其被指定时所附的条件未成就而对遗产或遗赠不享有权利的,此人的份额,连同所附的义务和负担,增加到其他共同继承人或共同受遗赠人的份额中。

第738条　（如果指定或遗赠基于同一处分等,被视为共同指定或共同遗赠）

(1)如果指定或遗赠基于同一处分,并且遗嘱人并未指定各共同继承人或共同受遗赠人在遗产或遗赠物中的份额,被视为共同指定或共同遗赠。

(2)只有遗嘱人明确规定了各自的份额,方能被视为指明了份额。仅有"以同等的部分"或"以同等的份额"之语并不妨碍增加权。

第739条　（如果遗赠物为不可分物,遗赠同样被视为共同遗赠）

如果某物非经损坏即不能分割,以同一遗嘱将之遗赠给两人或数人的,即使是分开为之,该遗赠同样被视为共同遗赠。

第 740 条 （如果不放弃原来的份额,共同继承人或共同受遗赠人不得拒绝增加的份额）

发生增加权的,共同继承人或共同受遗赠人如果不放弃其原来的份额,不得拒绝增加的份额。

第 741 条 （没有发生增加权时,无人继承的遗产份额或无人受遗赠的遗赠份额的归属）

没有发生增加权的,无人继承的遗产份额,连同所附的义务和负担,归于遗嘱人的法定继承人。无人受遗赠的遗赠份额,连同所附的义务和分担,如果任一继承人或受遗赠人被特别指定负担履行遗赠的,归于该继承人或受遗赠人;如果指定由遗产负担履行遗赠的,根据各继承人在遗产中的份额比例,归于所有的继承人。

第 742 条 （用益权被共同遗赠给两人或数人的情形）

(1)根据第 738 条和第 739 条的规定,用益权被共同遗赠给两人或数人的,适用第 382 条的规定,即使在接受遗赠后,亦同。

(2)用益权并未共同遗赠给此等人的,无人受遗赠的部分合并于所有权。

遗嘱处分的撤销与失效

第 743 条 （遗嘱人转让遗赠物构成撤销遗赠）

(1)遗嘱人就遗赠物的全部或一部进行任何转让,即使是以保留买回权的买卖或互易的方式进者即使该转让无效,或者是虚假的,或者转让物重归于遗嘱人,对于转让的标的仍构成撤销遗赠。

(2)遗嘱人将遗赠物从一物改变为另一物,以至于该物失去其原来的形式或名称的,适用同样的规则。

第 744 条 （遗赠物灭失的情形）

(1)遗赠物在遗嘱人生存期间全部灭失的,遗赠失效。

(2)在遗嘱人死后,非因继承人的行为或过错,遗赠物灭失的,即使该继承人因迟延交付遗赠物而受到催告,若该物由受遗赠人占有同样会灭失的,适用同样的规则。

(3)数物被选择遗赠的,即使仅有其中的一物尚存,遗赠仍然有效。

第 745 条 （在受益人先死的情形,遗嘱处分的效力）

(1)如果为其利益而进行遗嘱处分之人先于遗嘱人死亡,遗嘱处分失效。

(2)但除非遗嘱人有其他指示,或者除非遗赠的客体为用益权、居住权或者具有人身性质的任何其他权利,否则,能够在无遗嘱的情形因代位继承而受益的继承人或受遗赠人的直系卑血亲,将接替继承人或受遗赠人在遗产或遗赠中的位置。

第 746 条 （继承人或受遗赠人放弃处分的情形）

对于放弃或者不能受领遗嘱处分的继承人或受遗赠人,遗嘱处分失效。

第 747 条 （遗嘱人可以为子女的存在或出生等作出安排）

遗嘱人可以在其遗嘱中为子女或直系卑血亲的存在或嗣后出生作出安排,在不影响对特留份的任何权利的前提下,此等安排可以在此等子女或直系卑血亲间作出区分,如同他可以合法地在他知晓其存在或已经出生的子女或直系卑血亲之间作出区分。

第 748 条① （未提及子女或直系卑血亲的情形）

没有根据前条作出安排,并且遗嘱人实施了概括处分或单项处分,而未提及任何子女或直系卑血亲的,无论遗嘱人是否知晓其存在,并且无论该子女或直系卑血亲在作出处分时是否出生,该处分仍然有效。但不影响被忽略的子女或直系卑血亲根据本法典所享有的对特留份的权利。

第 749 条② （遗嘱订立后出生的子女的权利）

第 750 条③ （对遗嘱人知晓其存在的子女的忽略,并不使处分无效）

第六节 替补与限定继承

第 751 条 （一般替补）

(1)遗嘱人可以指定另一人在指定的继承人或受遗赠人不能或不愿接受遗产或遗赠时替补之。

(2)任何此等处分被称为一般替补。

第 752 条④ （在未成年人、痴呆者或精神失常者之情形的替补）

(1)不满 18 周岁的未成年人死亡而无子孙的,父、母、其他直系尊血亲、

---

① 为 2004 年第 18 号法案第 81 条所代替。
② 为 1962 年第 21 号条例第 13 条所修正,后为 2004 年第 18 号法案第 81 条所废止。
③ 为 2004 年第 18 号法案第 81 条所废止。
④ 为 1962 年第 21 号条例第 14 条和 2004 年第 18 号法案第 82 条所修正。

叔、伯、姑、舅、姨、兄弟姐妹可以使第三人替补该未成年人,但仅限于该未成年人被指定继承或受遗赠的财产。

(2)任何痴呆者或精神失常者在痴呆或精神失常的状态下死亡而无子孙的,上述任何人同样可以使第三人替补之,但仅限于被遗赠给该痴呆者或精神失常者的财产。

(3)本条述及的任何替补如果由父、母或任何其他直系尊血亲为之,并且应由他们将特留份给予替补继承人或受遗赠人的,该替补仅得包括未成年人在成年后所能处分的财产份额,或者痴呆者或精神失常者如果在精神健全时死亡所能处分的财产份额。

第753条　(数人替补一人或者相反)

根据前条的规定,可由数人替补一人或由一人替补数人。

第754条　(在替补条款中,仅指出两种可能性中的一种的情形)

在替补条款中,仅指出两种可能性中的一种的,即或者指出被指定人不能接受遗产或遗赠的,或者指出被指定人不愿接受遗产或遗赠的,除非处分人有相反的声明,另一种可能性应被视为包括在内。

第755条　(替补人履行义务)

(1)替补人必须履行被替代的一方所负担的所有义务,但遗嘱人仅希望将该义务课加给首先被指定者的,除外。

(2)然而,特别涉及继承人或受遗赠人的人身的义务,在没有明确的相反声明时,不得被视为对替补发生效力。

第756条　(享有不等份额的继承人或受遗赠人相互替补时的份额比例)

(1)享有不等份额的两个或多个共同继承人或受遗赠人相互替补的,第一次处分时所确定的份额比例,应被视为对替补有效。

(2)替补中除首先被指定者外还包括另一人的,则空缺的份额平均分配给所有的替补人。

第757条　(禁止限定继承)

(1)禁止限定继承。

但在1864年第4号条例(现予废止)生效之日以前设立的限定继承,继续受在该日之前生效的法律的规定调整,包括《马耳他市政法典》(通常被称为"罗汉法典"【即"Code De Rohan"。——译者注)第四编第二章的规定在内,但《组织与民事程序法典》①第二编第二分编第一题的规定不受影响。

(2)任何要求继承人或受遗赠人保存遗产或遗赠物并将其返还于第三人的规定,都应被视为没有该规定。

第758条② （限制继承人或受遗赠人通过遗嘱进行转让或处分的规定,无效）

(1)限制继承人或受遗赠人通过遗嘱进行转让或处分的任何规定,应被视为没有该规定,但第736条的规定除外。

(2)然而,可以将用益权遗留给一人,而将空虚所有权遗留给另一人,但应遵守第331条的规定。

(3)配偶一方还可以通过概括或单项的形式,为健在的配偶的利益而设立遗赠,并对健在的配偶死亡时尚存的剩余财产,指定另一受益人替补之。在此等情形,只能限制健在的配偶以遗嘱或赠与的方式处分包含在上述遗赠中的任何物。

(4)在本条的范围内,"剩余财产"是指且仅包括：

(a)不动产,无论是天然不动产还是因其所涉客体的不动产；

(b)所有可以识别的特定动产,但流动现金以及只能通过其种类被识别的物除外。

(5)对健在的配偶违反第3款的规定而进行的任何处分提起异议之诉的,可以在健在的配偶生存期间提起,并且此等诉权将在自健在的配偶开始继承之日起5年后失效。

(6)健在的配偶违反第3款的规定而处分不动产的,该处分无效；若为动产,只有受益人为恶信时,该处分方无效。在任何其他情形,仅可对健在的配偶或其遗产提起损害赔偿之诉。

第759条 （用益权被留给一人而所有权被留给另一人的情形）

某物的用益权被留给一人,而该物的所有权被留给另一人,并附有用益权终止时后者仍然健在之条件的,可以指定第三人在该条件未能成就时替补享有被遗赠所有权利益之人。

第760条 （所附条件在继承人或受遗赠人生前不可能成就的处分）

指定继承人或遗赠,附带在继承人或受遗赠人生前不可能成就的条件的,

---

① 第12章。
② 为2004年第18号法案第83条所修正。

有效;指定其他人在该条件不成就时替补继承人或受遗赠人的,亦有效。

第 761 条[①] (允许为相继的数人的利益设定年金或其他负担的情形)

(1)因任何永久或有期的负担,遗产或遗赠物的全部或部分用益权或者任何其他年金被给予相继的两人或数人的,视为未附该负担。

(2)但目的在于设立宗教财团,或者将之用于救济穷人、奖励美德或功绩,或者为任何其他公共事业的目的而课加永久年金或有期年金的,并不禁止,即使是为属于特定群体或特定家庭之人的利益而为之,亦然。

(3)对于被召集受益于某项信托或基金之人,第 1 款的规定不适用于为其利益的处分。

第七节 遗嘱执行人

第 762 条 (遗嘱人指定执行人)

遗嘱人可以指定一名或数名遗嘱执行人。

第 763 条 (可以成为执行人者)

无能力缔结债务之人,不得为遗嘱执行人。

第 764 条[②] (未成年人)

未成年人不得担任遗嘱执行人,即使得到其所处权力下的父、母的授权或者得到其监护人或保佐人的授权,亦同。

第 765 条 (执行人在被确认前不得干涉遗产)

任何遗嘱执行人,在其被遗嘱人死亡时所居住之岛上的享有自愿管辖权的法庭确认之前,不得涉入遗产的管理。

第 766 条 (执行人应作出保证)

(1)遗嘱执行人应在法庭记录中作出保证,保证忠实地执行遗嘱人的遗嘱,并将其财产登记在公共登记处作为抵押,且保证每年或一次性——由法院根据具体情况而指令——提交其管理账目。在此之前,法院不得确认遗嘱执行人。

(2)在执行人的请求下,法院可以限制其抵押财产的数额。

第 767 条 (清单)

在确认执行人之前,法院有权要求他就其负担管理的财产制作一份清单,

---

① 为 2007 年第 13 号法案第 5 条所修正。
② 为 1973 年第 46 号法案第 58 条所修正。

或者对该财产作出说明并由其宣誓加以证实。但财产受让人全部或部分免除他制作该清单或说明的,不在此限。

第768条 (执行人不得被免除提交账目)

意在免除遗嘱执行人提交账目之义务的任何处分,均无效。

第769条 (在确认程序系属期间执行人的权力)

在确认程序系属期间,执行人可以实施一旦迟延即会产生损害的行为,并且可以采取必要的措施以保存遗产。

第770条 (可支付给执行人的费用)

上述法院有权随时在考虑遗嘱执行人所管理的遗产的价值后授予他一笔适当的费用,但遗嘱人本人已经对该费用作出安排的,或者执行人放弃该权利的,不在此限。

第771条 (执行人出售财产的权力)

(1)为了清偿遗产债务或履行遗赠,在遗产中没有资金或资金不足时,遗嘱执行人可以收取对遗产负欠的款项,或者没有此等款项时,可以出售遗产。

(2)此等出售应以公开拍卖的方式进行,但继承人同意或者法院基于执行人的申请而允许以其他方式出售的,不在此限。

第772条 (继承人可以阻止出售)

继承人可以通过提供用以清偿债务或履行遗赠的资金而阻止出售。

第773条 (执行人资格不得传给继承人)

遗产执行人资格不得传给其继承人。

第774条 (数个执行人应共同行事)

遗嘱人指定了两名或更多的遗嘱执行人的,他们仅得共同行事,但遗嘱人授权他们可以单独行事的不在此限,在此等情形,他们仅对各自的行为承担责任。

第775条 (执行人所发生的费用由遗产负担)

遗嘱执行人在履行其义务时所发生的费用由遗产负担。

第776条 (执行人可放弃其职务)

(1)即使已经开始以执行人的身份行事,遗嘱执行人仍可以随时放弃其职务。

(2)基于正当理由,他还可以被免除职务。

第777条 (当指定两名或数名执行人时法院的权力)

(1)遗嘱人指定了两名或更多的执行人,并且其中的一名或数名拒绝接受该职务或放弃该职务或被中止或免除该职务的,上述法院可以确认其余的执行人,并且只要法院认为他或他们合适,可以授权他或他们执行遗嘱,就如同遗嘱人仅指定了他或他们一样。

(2)在一名或数名执行人死亡、失踪或生病的情形,适用同样的规则。

第778条 (被指定的唯一执行人或所有执行人死亡等)

在被指定的唯一执行人或所有执行人死亡、失踪、放弃或生病的情形,遗嘱的执行归于继承人。但享有自愿管辖权的法庭在该继承人的同意下,或者享有诉讼管辖权的法庭在任何利害关系人的请求下基于正当理由将该职务赋予他人的,除外。

第八节 遗嘱的开启与公开

第779条 (秘密遗嘱的开启)

主张对秘密遗嘱享有任何利益的任何人,在确定遗嘱人死亡后,可以请求以《组织与民事程序法典》①所规定的方式开启该遗嘱。

第780条 (第779条适用于遗嘱人长期失踪等情形)

在任何情形中,适格法院因遗嘱人长期失踪而已经作出判决并宣告推定其死亡的,以及遗嘱人已在修道会或宗教法人中宣誓的,前条的规定同样适用。

第九节 遗嘱的撤销

第781条 (撤销遗嘱的权力不能放弃)

(1)任何人都不能放弃撤销或变更他所作出的任何遗嘱处分的权力。

(2)旨在放弃该权力的任何条款或条件,应被视为不存在。

第782条 (遗嘱可被嗣后的遗嘱或公证书撤销)

(1)第743条及其以下条文的规定除外,遗嘱可被嗣后的遗嘱全部或部分撤销。

(2)遗嘱还可为公证人所接收的任何其他文书所撤销,但要履行为制作公证书所要求的手续,遗嘱人本人或通过被其特别授权的代理人,依此宣布全部或部分撤销其遗嘱。

第783条 (秘密遗嘱的默示撤销)

---

① 第12章。

仅仅向公证人,或者在第673条和第676条所提及的任何情形中,向遗嘱被交付于之人,或者向法院的登记处,或者向存放遗嘱的领事馆取回秘密遗嘱的,视为默示撤销遗嘱。

第784条 (无效的遗嘱不能撤销先前的遗嘱)

无效的遗嘱不具有撤销先前遗嘱的公证书的效力。

第785条 (被撤销的处分的恢复)

已被撤销的遗嘱处分仅得因新的遗嘱而恢复。

第786条 (因嗣后的相反处分的默示撤销)

后遗嘱并未明示撤销前遗嘱的,它仅使与新的处分相反或相抵触的前遗嘱中包含的处分无效。

第787条 (即使嗣后的遗嘱失效,撤销仍然有效)

由嗣后的遗嘱进行撤销的,即使该嗣后的遗嘱因被指定的继承人或受遗赠人先死或者无能力或者放弃遗产或遗赠而失效,撤销仍完全有效。

第二分题 无遗嘱继承

一般规定

第788条 (无遗嘱继承发生的时间)

如果没有有效的遗嘱,或者遗嘱人没有处分其全部遗产,或者指定的继承人不愿或不能接受遗产,或者没有在共同继承人之间产生增加权的,依法全部或部分发生无遗嘱继承。

第789条① (无遗嘱继承人)

根据下列条文所确定的顺位和规则,无遗嘱继承被授予被继承人的直系卑血亲、直系尊血亲、旁系血亲、配偶,以及马耳他政府。

第790条 (亲属之间的继承规则)

在调整亲属之间的继承时,法律考虑的是亲属关系的远近,而非亲系的特权或者财产的来源,法律有其他明确规定的除外。

第791条 (如何确定亲属关系的远近)

(1)亲属关系的远近以代数确定。

---

① 为1975年第148号法律通告和2004年第18号法案第84条所修正。

(2)每一代为一亲等。

(3)亲等的系列形成亲系。

第 792 条

(1)(直系)

一人为另一人所生,上下代人之间的亲等系列被称为直系。

(2)(旁系)

一人非另一人所生,但都出自共同直系尊血亲的数人之间的亲等系列被称为旁系。

第 793 条 (直系血亲可以为直系尊血亲或直系卑血亲)

(1)直系血亲可以为直系尊血亲或直系卑血亲。

(2)直系卑血亲联系己身与其所出者。

(3)直系尊血亲联系己身与其所从出者。

第 794 条 (直系血亲的亲等计算)

在直系血亲中,有几代人即有几个亲等,但共同的直系尊血亲不包括在内。

第 795 条 (旁系血亲的亲等计算)

在旁系血亲中,亲等按代数计算:自某一亲属开始,上算至共同的直系尊血亲但不包括共同的直系尊血亲,然后自共同的直系尊血亲下算至另一亲属。

继承能力

第 796 条 (不能或不配无遗嘱继承者)

因本法典规定的原因,不能或不配根据遗嘱取得财产者,同样不能或不配无遗嘱继承。

第 797 条 (不能无遗嘱继承的其他人)

通过欺诈或暴力而阻止被继承人订立遗嘱者,如同不配,也不能无遗嘱继承。

第 798 条 (第 606 条和第 607 条的适用)

第 606 条和第 607 条的规定同样适用于因前两条规定的事由而不配无遗嘱继承的任何人。

第 799 条 (因不配而被排除无遗嘱继承者的子女或直系卑血亲)

(1)因不配而被排除无遗嘱继承者的子女或直系卑血亲,不因其父母或直系尊血亲的不配而被排除无遗嘱继承,不论他们根据自己的权利而继承,还是必须根据代位继承的规则处于其被排除的父母或直系尊血亲的位置而继承。

(2)但在任何情况下,父亲均不得对该遗产主张法律授予父母对其子女的财产享有的用益权或管理权。

第800条[①]   (修道会会员)

代位继承

第801条   (代位继承的规则)

代位继承的效果为:使代位继承人处于被代位人的亲等并享有被代位人的权利。

第802条   (直系卑血亲的代位继承的规则)

直系卑血亲均可代位继承而无代数限制,并且在所有的情况下,不论被继承人的子女是否与先于被继承人死亡的子女留下的直系卑血亲共同继承,也不论在因被继承人的所有子女均先于他死亡的情况下,这些子女的直系卑血亲所处的亲等是否相同。

第803条   (在直系尊血亲间不发生代位继承)

在直系尊血亲间不发生代位继承:亲等最近的亲属排除亲等较远者。

第804条   (旁系血亲的代位继承)

(1)在旁系血亲中,允许被继承人的兄弟姐妹的子女和直系卑血亲代位继承,不论他们是否与其叔、伯、姑、舅、姨共同继承,也不论在被继承人的兄弟姐妹均先于他死亡的情况下,遗产是否转归他们不同亲等的直系卑血亲。

(2)如果兄弟姐妹的子女或直系卑血亲处于同一亲等,遗产按他们的人数分配,而不发生代位继承。

第805条   (按房数分配和按人数分配)

(1)在允许代位继承的所有情况下,应按房数分配。

(2)如果同一房有数个支房,每一支房按房数再分配。同一支房的成员之间按人数分配。

第806条   (对于健在者不得代位继承)

代位继承不得对健在者发生,而仅得对死亡者,或对不能继承者,或对因长期失踪而被适格法院以判决推定其死亡者发生。

第807条   (对其遗产被放弃者的代位继承)

[①]   为2004年第18号法案第85条所废止。

其遗产被放弃者可以被代位继承。

第一节 直系卑血亲与健在的配偶的继承

第 808 条① （被继承人留有直系卑血亲和配偶的情形）

(1)被继承人留有子女或其直系卑血亲和配偶的,遗产的一半归于子女和其他直系卑血亲,另一半归于配偶。

(2)第 1 款之规定不影响健在的配偶根据第 633 条、第 634 条和第 635 条所享有的权利。

第 809 条② （被继承人留有直系卑血亲但未留有配偶的情形）

被继承人留有子女或其他直系卑血亲但未留有配偶的,遗产归于子女和其他直系卑血亲。

第 810 条③ （被继承人未留有直系卑血亲但留有配偶的情形）

被继承人未留有子女或其他直系卑血亲但留有配偶的,遗产归于该配偶。

第 811 条④ （子女和直系卑血亲的继承）

(1)第 815 条的规定除外,子女或其他直系卑血亲,不分性别,不论是否为婚生子女,不论是同一婚姻还是不同婚姻所生,均可继承其父、母或其他直系尊血亲。

(2)当他们全部处于第一亲等时,按人数继承;当他们全部或部分为代位继承时,按房数继承。

第二节 直系尊血亲与旁系血亲的继承

第 812 条⑤ （被继承人未留有直系卑血亲和配偶的情形）

被继承人未留有子女或其他直系卑血亲,也未留有配偶的,遗产将:

(a)如果有直系尊血亲但没有直接的旁系血亲,归于亲等最近的直系尊血亲;

(b)如果有直系尊血亲和直接的旁系血亲,一半归于亲等最近的直系尊

---

① 为 2004 年第 18 号法案第 86 条所代替。
② 为 1962 年第 21 号条例第 15 条所修正,后为 2004 年第 18 号法案第 86 条所代替。
③ 为 2004 年第 18 号法案第 86 条所代替。
④ 为 2004 年第 18 号法案第 86 条所代替。
⑤ 为 2004 年第 18 号法案第 86 条所代替。

血亲,另一半归于直接的旁系血亲;

(c)如果没有直系尊血亲但有直接的旁系血亲,归于直接的旁系血亲;

(d)如果既无直系尊血亲又无直接的旁系血亲,归于亲等最近的旁系血亲,而不论其属于何种亲系。

第813条① (直接的旁系血亲)

(1)在第812条的范围内,直接的旁系血亲是指,全血缘或半血缘的兄弟姐妹或者养兄弟姐妹,以及先已死亡的全血缘、半血缘或被收养的兄弟姐妹的直系卑血亲。

(2)兄弟姐妹按人数继承,其直系卑血亲按房数继承,并根据第804条和第805条的规定进行。

第814条② (其他旁系血亲的继承)

旁系血亲间的继承不得延伸至12亲等以外。

第815条③ (非婚生子女与某些其他人共同继承)

非婚生子女与被继承人的养子女或其他婚生子女,或者与此等子女的直系卑血亲,或者与被继承人的健在配偶共同无遗嘱继承的,非婚生子女仅能取得——如果被继承人的包括此等非婚生子女在内的所有继承人均为婚生者时他将享有的份额的3/4;他本应享有的其余1/4的份额,如同独立的遗产,归于被继承人的除任何非婚生的继承人以外的其他继承人。

第三节 政府的权利

第816条④ (马耳他政府享有的继承权)

根据上述条文确定的规则,被继承人未留有任何享有继承权者的,遗产归于马耳他政府。

第817条⑤ (被法院的裁定等准正的非婚生子女的继承权)

第818条⑥ (如果未被法院的裁定等准正,非婚生子女的继承权)

---

① 为2004年第18号法案第86条所代替。
② 为2004年第18号法案第86条所代替。
③ 为2004年第18号法案第86条所代替。
④ 为2004年第18号法案第86条所代替。
⑤ 为2004年第18号法案第86条所废止。
⑥ 为1975年第148号法律通告所修正,后为2004年第18号法案第86条所废止。

第 819 条① （被准正或被承认的非婚生子女的继承权的规则）

第 820 条② （非婚生子女进行的合算）

第 821 条③ （先已死亡的非婚生子女的婚生子女）

第 822 条④ （非婚生子女对其父母的亲属的财产不享有权利）

第 823 条⑤ （对无子孙或配偶而死亡的非婚生子女的财产的继承）

第 824 条⑥ （对无子孙但留有配偶而死亡的非婚生子女的财产的继承）

第 825 条⑦ （留有子女者的健在的配偶享有的权利）

第 826 条⑧ （无子孙但留有直系尊血亲或非婚生子女等而死亡者的健在的配偶享有的权利）

第 827 条⑨ （无子孙且未留有直系尊血亲或非婚生子女等而死亡者的健在的配偶享有的权利）

第 828 条⑩ （健在的配偶应将其从死者处取得的财产计算在内）

第 829 条⑪ （配偶双方别居的情形）

第 830 条⑫ （马耳他政府享有的继承权）

第三分题　遗嘱继承与无遗嘱继承的共同规定

第一节　继承的开始、继承人的继续占有及某些诉讼的时效

第 831 条　（继承始于死亡）

---

① 为 1973 年第 46 号法案第 59 条所修正,后为 2004 年第 18 号法案第 86 条所废止。
② 为 2004 年第 18 号法案第 86 条所废止。
③ 为 2004 年第 18 号法案第 86 条所废止。
④ 为 2004 年第 18 号法案第 86 条所废止。
⑤ 为 2004 年第 18 号法案第 86 条所废止。
⑥ 为 2004 年第 18 号法案第 86 条所废止。
⑦ 为 1993 年第 21 号法案第 73 条所代替,后为 2004 年第 18 号法案第 86 条所废止。
⑧ 为 1973 年第 46 号法案第 60 条所代替,为 1993 年第 21 号法案第 74 条所修正,后为 2004 年第 18 号法案第 86 条所废止。
⑨ 为 1973 年第 46 号法案第 61 条所代替,后为 2004 年第 18 号法案第 86 条所废止。
⑩ 为 2004 年第 18 号法案第 86 条所废止。
⑪ 为 1993 年第 21 号法案第 75 条所修正,后为 2004 年第 18 号法案第 86 条所废止。
⑫ 为 1975 年第 148 号法律通告所修正,后为 2004 年第 18 号法案第 86 条所废止。

继承始于死亡或者始于因被继承人长期失踪而宣告其被推定死亡的判决产生既判力之日。

第 832 条① （数人在同一事故中死亡的情形）

数人在同一事故中死亡,且不能确定其死亡先后顺序的,如果任何一人对另一人享有继承权,推定该数人同时死亡。

第 833 条② （对于同一性别者,推定其死亡顺序的规则）

第 834 条③ （对于不同性别者,推定其死亡顺序的规则）

第 835 条④ （继承还始于进行宗教宣誓时）

第 836 条 （继承人的占有）

被继承人对财产的占有依法移转于遗嘱继承人或法定继承人继续占有,但该继承人负有清偿遗产的所有债务的义务。

第 837 条 （仅部分遗产被处分的情形）

被继承人仅处分其部分遗产,且其余的部分归于其法定继承人的,遗嘱继承人和法定继承人根据其各自的份额依法占有遗产。

第 838 条 （主张对遗产中的财产的权利者已经占有该财产的情形）

主张对遗产中的财产的权利的任何人已经占有该财产的,依法享有占有的继承人被视为事实上已被剥夺占有,可行使法定占有人享有的所有诉权。

第 839 条⑤ （可以以实物支付非婚生子女应得的份额）

根据遗嘱继承或无遗嘱继承,非婚生子女与被继承人的养子女或其他婚生子女,或者与此等子女的直系卑血亲,或者与被继承人的健在配偶共同继承的,被继承人的其他继承人有权以遗产中的现金、动产或不动产支付非婚生子女应得的份额,但以后者不反对为限。在后者反对的情况下,享有自愿管辖权的民事法庭,根据死者的任何其他继承人的具有此等意思的申请,在考虑到个人因素和与财产有关的因素之后,应决定是否允许此等支付或转让。

第 840 条⑥ （向法院提出交付占有之请求的时间）

---

① 为 2004 年第 18 号法案第 87 条所代替。
② 为 2004 年第 18 号法案第 87 条所废止。
③ 为 2004 年第 18 号法案第 87 条所废止。
④ 为 2004 年第 18 号法案第 87 条所废止。
⑤ 为 2004 年第 18 号法案第 88 条所代替。
⑥ 为 1975 年第 148 号法律通告所修正,后为 2004 年第 18 号法案第 88 条所废止。

第 841 条① （在宣布交付占有之前，非婚生子女或配偶应提供担保）

第 842 条② （可以免除保证的情形）

第 843 条③ （遗产的价值不超过 50 里拉的无须保证）

第 844 条④ （结婚预告的发布）

第 845 条⑤ （主张遗产等的诉讼时效）

(1)不论在遗嘱继承或无遗嘱继承中，主张遗产、遗赠或特留份之诉，自继承开始之日起届满 10 年的，诉讼失效。

(2)然而，对于未成年人或禁治产人，上述诉讼并不失效，但自其成年或禁治产终止之日起(视具体情况而定)届满 1 年的除外。

第二节 遗产的接受与放弃

遗产的接受

第 846 条 （任何人均不负接受遗产的义务）

任何人均不负接受移转给他的遗产的义务。

第 847 条 （可以无条件地或附清单利益地接受遗产）

可以无条件地或附清单利益地接受某项遗产。

第 848 条⑥ （受监护者等）

遗产移转给受监护者、受保佐者或未成年人的，除非附清单利益，监护人、保佐人或者行使亲权的父母不得接受遗产。

第 849 条 （遗产接受的溯及力）

遗产的接受追溯至继承开始之日，但第三人根据与表见继承人诚信达成的协议而已经取得的任何权利不受影响。

第 850 条 （接受可为明示的或默示的）

(1)接受可为明示的或默示的。

---

① 为 2004 年第 18 号法案第 88 条所废止。
② 为 2004 年第 18 号法案第 88 条所废止。
③ 为 1977 年第 11 号法案第 2 条和 1983 年第 13 号法案第 5 条所修正，后为 2004 年第 18 号法案第 88 条所废止。
④ 为 2004 年第 18 号法案第 88 条所废止。
⑤ 为 2004 年第 18 号法案第 89 条所修正。
⑥ 为 1973 年第 46 号法案第 63 条和 1993 年第 21 号法案第 2 条所修正。

(2)如果在公文书或私文书中采用继承人身份,为明示接受。

(3)如果继承人实施任何必然暗含其接受遗产之意图的任何行为,并且该行为仅得以继承人的身份实施,为默示接受。

第851条 （对继承人身份的司法宣告的效力）

某人被适格法院以判决宣告为继承人,或者被明确判定具有继承能力的,对于遗产的所有受遗赠人和债权人,此人被视为继承人。

第852条① （并非意味着接受的行为）

(1)安排丧葬、单纯的保管行为或临时的管理行为,除非以继承人的身份实施,并不意味着对遗产的接受。

(2)前款的规定同样适用于占有之诉的诉讼程序之情形,在此等情形,根据第886条第2款之规定,享有继承权者被视为遗产的法定保佐人。

(3)第2款的规定仅适用于享有继承权者在诉讼中声明他是以法定保佐人的身份行事的情形。

第853条 （意味着接受的行为）

(1)某一共同继承人,向外人或全体共同继承人或任何共同继承人赠与、出售或转让其继承权的,意味着他对遗产的接受。

(2)同样的规则适用于：

(a)某一继承人为其某个或数个共同继承人的利益而放弃遗产的,即使是无偿放弃；

(b)某一继承人即使是不加区别地为其全体共同继承人的利益而有偿放弃遗产的。

第854条 （某一共同继承人为其他共同继承人的利益作出的放弃并不意味着对遗产的接受的情形）

某一共同继承人为所有其他共同继承人（无论是遗嘱继承人还是法定继承人）的利益而无偿放弃遗产的,如果没有该放弃遗产的一方,其遗产份额将移转给上述共同继承人时,该放弃并不意味着对遗产的接受。

第855条 （继承人未就接受或放弃遗产达成一致的情形）

如果诸继承人未就接受或放弃遗产达成一致,接受遗产的继承人独自取得所有的权利,并承担遗产的所有债务。

第856条 （接受遗产的权利可以移转给继承人）

---

① 为2004年第18号法案第90条所修正。

某人在继承开始后死亡而尚未表示放弃或接受的,接受该遗产的权利将归于其继承人。在此等情形,前条的规定同样适用于该继承人。

第 857 条 （此等继承人的权利）

已经接受前条提及的权利所源出之人的遗产的继承人,可以放弃移转给此人的遗产,但不得放弃此人已经接受的遗产。

对上述之人的遗产的放弃同样产生放弃移转给他的遗产的效力。

第 858 条① （可以对接受提出异议的情形）

(1)已经接受遗产者不得对接受提出异议,但因对他实施暴力或欺诈而接受的,不在此限。

(2)但若接受人在接受遗产时所不知的遗嘱嗣后被发现的,接受人没有义务偿付该遗嘱中遗留的超过遗产价值的遗赠,且其享有的特留份不受影响。

第 859 条 （接受无人继承的遗产之权利的时效期间）

接受无人继承的遗产之权利的诉讼时效为 30 年。

遗产的放弃

第 860 条 （放弃不得推定）

(1)对遗产的放弃不得推定。

(2)放弃只能通过宣告作出,并且该宣告应在死者死亡时所居住之岛上的享有自愿管辖权的法庭的登记处备案。

第 861 条② （放弃遗嘱继承的继承人丧失无遗嘱继承的权利）

放弃遗嘱继承的继承人丧失无遗嘱继承的所有权利。

但该继承人在放弃继承时,可以保留根据第 614 条至第 653 条的任何规定所享有的财产特留份。

第 862 条 （放弃遗产的继承人可以主张遗赠）

(1)放弃遗产的继承人被视为未曾作为继承人。

(2)但对遗产的放弃并不剥夺他请求遗留给他的任何遗赠的权利。

第 863 条 （在无遗嘱继承中,放弃遗产者的份额的归属）

(1)在无遗嘱继承中,放弃遗产者的份额增加给其共同继承人。

(2)如果放弃遗产者为唯一继承人,遗产归于亲等最近者。

---

① 为 2004 年第 18 号法案第 91 条所修正。
② 为 2004 年第 18 号法案第 92 条所修正。

第 864 条 （任何人都不得作为放弃遗产者的代位继承人）

(1)任何人都不得作为放弃遗产的继承人的代位继承人。

(2)如果放弃遗产者为其亲等内的唯一继承人,或者如果所有的共同继承人均放弃遗产的,子女将以其自己的权利取得之,并按人数继承。

第 865 条 （在遗嘱继承中,放弃遗产者的份额的归属）

在遗嘱继承中,放弃遗产者的份额,根据第 737 条和第 741 条的规定,归于共同继承人或法定继承人。

第 866 条① （放弃遗产的继承人的债权人可以代其接受遗产）

(1)某人因放弃遗产而损害其债权人的权利的,债权人可以向法院申请授权代其债务人接受该遗产。

(2)在本条第 1 款提及的情形,放弃被宣告无效,非为放弃遗产的继承人之利益而为债权人之利益,且仅在该债权人权利的范围内无效。

(3)放弃遗产者的任何共同继承人,可以通过向债权人支付其应得的款项而反对其诉讼,作出支付的共同继承人依法当然代位取得其请求得到满足的债权人的权利。

第 867 条 （放弃遗产的继承人仍可接受无人继承的遗产）

(1)已经放弃遗产的继承人仍可接受该遗产,但条件是:

(a)其接受权的时效尚未届满;

(b)并且遗产尚未被其他继承人接受。

(2)但此等接受不得损害第三人通过时效,或者根据与无人继承的遗产的保佐人有效订立的文书,已经对遗产中的财产取得的任何权利。

第 868 条 （可以强制继承人声明其接受或拒绝）

在任何利害关系人的请求下,法院应确定 1 个月的期限,基于正当理由,该期限可以再延长 1 个月,在该期限内,不论遗嘱继承人或法定继承人均应当声明其接受或放弃遗产。在上述原始期限或延长的期限内没有作出该声明的,被视为放弃遗产。

第 869 条 （实际占有遗产的继承人不得在届满 3 个月后放弃遗产）

不考虑上述条文的规定,享有继承权者实际占有遗产中的财产的,自继承开始之日起或者自知道遗产移转给他们之日起届满 3 个月的,将丧失放弃该遗产的权利,但他们遵守了有关清单利益之规定的除外;并且他们应被视为单

---

① 为 1973 年第 46 号法案第 64 条所修正。

纯且无条件的继承人,即使他们主张系根据其他原因而占有该财产的,亦同。

第870条　（侵占遗产中的财产的继承人丧失放弃遗产的权利）

侵占或隐匿属于遗产的任何财产的任何继承人,丧失放弃该遗产的权利,并且不考虑任何放弃,仍为单纯且无条件的继承人。

第871条　（放弃仍健在者的遗产,无效）

除本法典对为结婚而作出的放弃的其他规定外,不得放弃仍健在者的遗产或者转让对遗产的任何最终权利,但已在修道会或宗教法人中宣誓的除外。

第872条　（加入修道会者对遗产的放弃为绝对放弃）

因在修道会或宗教法人中宣誓而放弃遗产的,必须以下列方式作出:放弃遗产者以及修道会或宗教法人在任何情况下均不得继承已被放弃的遗产。

第873条　（保留终身年金的权力除外）

但如上放弃遗产者可以对被放弃的遗产保留终身年金,在任何此等情形,基于放弃者的死亡,修道会或宗教法人可以主张支付尚未支付的年金数额,但以放弃遗产者已经明确声明此等支付的迟延以及此等债务时效没有届满为条件。

第874条　（加入修道会的未成年人对遗产的放弃）

第872条提及的放弃甚至可以由未成年人作出,但以他达到法律规定的进行宗教宣誓的年龄为限。

第875条　（放弃的效力）

第872条提及的放弃,对为其利益而作出放弃者产生效力,即使此人尚不存在,或者直至对被放弃的遗产开始继承时此人尚未接受该放弃的,亦同。

第876条　（誓愿的无效导致放弃的无效）

(1)宗教誓愿的无效同样导致放弃的无效。

(2)但在誓愿无效前已经转让被放弃的财产的,转让仍然有效,但不影响放弃遗产者向负有责任的其他人依法请求补偿的权利。

清单利益

第877条　（限制继承人享有清单利益的遗嘱处分的无效）

即使遗嘱人禁止继承人援引清单利益,继承人仍得为之。

第878条　（意图享有清单利益而承受继承人身份的声明）

(1)继承人所作的除非享有清单利益否则将不承受继承人身份的声明,必须在死者死亡时所居住之岛上的享有自愿管辖权的法庭的登记处作出,或者在被继承人进行宣誓的修道会或宗教法人所处之岛上的享有自愿管辖权的法庭的登记处作出。

(2)如果被继承人因长期失踪而被判决宣告推定死亡,依该判决而开始继承的,继承人应当在作出该判决的法院的登记处作出上述声明。

第879条 (声明之前或之后应制作清单)

根据《组织与民事程序法典》①的规定,如果在上述声明之前或之后没有制作遗产的财产清单,该声明无效。

第880条 (继承人之间对享有清单利益的争议)

(1)如果在数个继承人之间,某人希望附清单利益地接受遗产,另一人或数人不愿附清单利益的,必须制作清单。

(2)在任何此等情形,仅一人作出第878条提及的声明即为已足。

(3)清单利益仅由作出声明的继承人享有。

第881条 (实际占有遗产中的财产的继承人应在3个月内制作清单)

实际占有遗产中的财产的继承人,应当在自继承开始之日起,或者自知道遗产移转给他之日起3个月内制作清单。

第882条 (继承人未在规定的期间内开始制作或者完成清单的,被视为无清单利益地接受遗产)

继承人未在第一个3个月的期限内开始制作清单,或者未在上述期限内或允许其延长的期限内完成清单的,被视为无清单利益地接受遗产。

第883条 (完成清单后的考虑期限)

清单完成时,继承人尚未作出接受遗产的声明的,得被允许自清单完成之日起算的40日的期限来考虑将接受或放弃遗产。如果在上述期限内,继承人未在上述法院的登记处作出放弃遗产或者附清单利益地接受遗产的声明,被视为附清单利益地接受遗产。

第884条 (对没有实际占有遗产中的财产的继承人的期限计算)

(1)对没有实际占有遗产中的财产且没有涉入遗产的继承人提出任何请求的,第881条、第882条和第883条所确定的制作清单的期限以及考虑期限,仅从法院确定的某一日开始计算。

(2)没有对该继承人提出请求的,只要其接受遗产的权利时效尚未届满,他将继续享有制作清单的权利。

---

① 第12章。

第 885 条 （未成年人和禁治产人）

未成年人和禁治产人不得被视为丧失清单利益,但自其成年或禁治产终止之日起(视具体情况而定)届满 1 年的除外。但在该期限内,他们遵守了上述条文规定的,不在此限。

第 886 条 （清单制作期间,继承人被视为遗产的保佐人）

(1)在允许的制作清单期限以及考虑期限持续期间,享有继承权者无须承受继承人的身份。

(2)但此人应被视为遗产的法定保佐人,并且因此可以诉请他作为遗产代理人对针对遗产提出的诉讼请求进行答辩。

(3)如果此人未出庭,法院应指定一名保佐人在诉讼中代理遗产。

第 887 条 （继承人可以获得许可而出售不能保存的遗产）

如果在遗产中存在不能保存之物,或者保存费用过高的,在上述期限持续期间,继承人可以获得享有自愿管辖权的法庭的许可,或者在该法庭反对的情况下,获得适格法院的许可,以法院认为适当的方式将该物出售。

继承人不因任何此等程序而被视为已接受遗产。

第 888 条 （放弃之前所发生的费用）

继承人在上述条文中提及的原始期限或者延长的期限届满之前放弃遗产的,至其放弃之时所发生的任何合法费用,由遗产负担。

第 889 条 （在清单中欺诈性地遗漏财产）

继承人在清单中欺诈性地遗漏属于遗产的财产的,将丧失清单利益。

第 890 条 （清单的效力）

清单的效力为:

(a)继承人对遗产所负担的超过他继承的财产价值的债务,不负责任;

(b)继承人可以通过将遗产中的全部财产抛弃给债权人、受遗赠人,甚至抛弃给没有选择抛弃财产的共同继承人,从而免于清偿债务;

(c)其个人财产不与遗产相混合,并且保留强制偿付其本人对遗产之债权的权利。

第 891 条 （享有清单利益的继承人的义务）

(1)享有清单利益的继承人应当管理遗产中的财产,并向债权人和受遗赠人提交其管理账目。

(2)不得强制享有清单利益的继承人以其自身的财产满足债权,但他已受到催告制作账目而尚未履行其义务的除外。

(3)在账目清算之后,仅在将由该继承人承担的未获清偿的债务余额范围内,可以强制他以其自身的财产偿付。

第892条 (享有清单利益的继承人的责任范围)

享有清单利益的继承人仅对其管理中的重大过失承担责任。

第893条 (提交账目的期限)

债权人和受遗赠人可以要求对继承人提交账目指定一个期限。

第894条① (享有特留份的继承人疏于制作清单的情形)

享有特留份的继承人疏于制作清单的,对于向共同继承人以外的任何人所为的赠与或遗赠,将丧失扣减的权利。

第895条 (享有清单利益的继承人应提供担保)

(1)享有清单利益的继承人,基于任何债权人或其他利害关系人的请求,应就以下资产减去债权人的债权后的余额提供充分的担保:包含在清单中的动产的价值、不动产的孳息以及出售不动产所得的收益。

(2)继承人没有提供该担保的,为保护利害关系人的权利,法院可以作出它认为适当的指令。

第896条 (先于受遗赠人偿付某些债权人)

享有清单利益的继承人,在满足下列债权人之前不得履行任何遗赠:在清单公布之前,该债权人已通过司法信函或其他文书向该继承人适当通知了其债权,并且其债权在公共登记处已登记的。

第897条 (对其他债权人和受遗赠人的偿付)

(1)前条提及的债权人已获得清偿的,享有清单利益的继承人应当偿付可能出现的其他债权人和受遗赠人,并以其请求偿付的顺序为之。

(2)然而,即使在此等情形,如果上述继承人在履行遗赠之前收到遗产所负的债务之通知,也不得履行遗赠。

第898条 (根据优先顺序清偿登记的债务)

享有清单利益的继承人,对登记在公共登记处的债务和对在清偿时已经收到债务通知的债务进行清偿时,以及就遗产对他所负的任何债务留置任何款项时,应当遵守担保该债务的优先权或抵押权的顺序。

第899条 (因继承人所为的偿付而受到损害的债权人可获得的救济)

因继承人偿付其他债权人或受遗赠人而受到损害的任何债权人,可以对

---

① 为2004年第18号法案第93条和2007年第13号法案第3条所修正。

继承人以及受偿付的债权人或受遗赠人行使其救济权。

第900条 (在遗产被全部偿付以后出现的债权人的权利)

(1)在遗产被全部用于清偿其他债务或履行遗赠以后出现的任何债权人,仅可对受遗赠人行使其救济权。

(2)此等诉讼的诉讼时效为3年,自最后一次偿付之日起算。

第901条 (抵押诉权的行使)

前条的规定并不妨碍未获清偿的债权人,对为担保对他所负的债务而被抵押的任何不动产的占有人,行使他享有的任何诉权。

第902条 (清单和账目的费用)

清单和账目的费用由遗产负担。

无人继承的遗产

第903条 (何时遗产被视为无人继承)

遗产在被接受之前被视为无人继承;除第886条的规定外,基于任何利害关系人的请求,法院应根据《组织与民事程序法典》[①]的规定指定一名保佐人。

第904条 (保佐人的义务)

(1)无人继承的遗产的保佐人应首先制作遗产清单。

(2)保佐人应行使附属于遗产的权利并通过诉讼主张该权利;应对所有对遗产提出的诉讼请求进行答辩;应管理遗产中的财产并负有下列义务:储存在遗产中发现的任何现金以及出售任何动产或不动产所得的收益,并向有权主张该现金或收益者提交账目。

第905条 (第904条的规定不适用于具有高级管辖权的法院指定的保佐人)

对于仅为《组织与民事程序法典》[②]第929条的目的而指定的任何保佐人,不适用前条之规定。

第三节 分 割

第906条

(1)(可以随时请求分割遗产)

---

① 第12章。
② 第12章。

即使遗嘱人有任何禁止规定,仍可以随时请求分割遗产。

(2)(可以限制分割或暂缓分割的情形)

但若所有的指定继承人或任一指定继承人为未成年人,遗嘱人有权限制继承人之间的遗产分割,直至自最年幼的指定继承人成年之日起届满1年为止。

(3)即使所有的继承人均为成年人,也可以通过遗嘱暂缓遗产的分割,但不得超过5年期限。暂缓分割5年以上的任何处分,对于超过5年的期间不产生效力。

第907条 （调整分割的规则）

在分割遗产时,应遵守本法典第二编第一分编第五题第二分题和第三分题的规定。

第908条 （指定某人配置份额等）

各方当事人未能就选择达成一致时,法院应指定某人制作一份一般性的财产说明、配置各自的遗产份额并确定各共同分割人之所得。

第909条 （在再婚或后婚的情形,推定财产先在）

被继承人留有出自两个或两个以上婚姻的子女或其他直系卑血亲的,在继承开始时发现的其遗产中的任何财产,为先前婚姻中的子女或直系卑血亲的利益,推定该财产在后婚之前即存在于遗产中。但是通过在后婚之前根据《组织与民事程序法典》①规定的方式制作的财产清单,或者通过任何其他方式能表明与之相反的,不在此限。

第910条② （共同继承人应进行合算）

根据第913条至第938条的规定,各共同继承人应将对他所为的任何赠与以及他负欠的任何款项进行合算。

第911条 （同等份额的形成）

在此等合算或者收取款项之后,依照参与分割的继承人数或房数,将遗产分割为同等的份额。

第912条 （共同继承人可以排除遗产份额的受让人参与分割）

(1)任何共同继承人已将他对遗产享有的权利有偿转让给共同继承人以外的其他人的,即使受让人为被继承人的亲属,其他共同继承人或他们中的任

---

① 第12章。

② 为2004年第18号法案第94条所修正。

何人也可以通过向受让人偿付转让的价款、该转让所发生的费用以及自该价款本应支付给让与人之日起的价款利息,从而排除受让人参与分割。

(2)自向共同继承人作出转让通知之日起届满1个月,共同继承人享有的上述权利失效,但在该期限内他们已表示其行使该权利的意思的,不在此限。

(3)任何共同继承人已行使该权利的,其他共同继承人只要在自向他们作出任何共同继承人已行使该权利的通知之日起 15 日内表示其行使该权利的意思的,即可从中受益。

(4)任何此等通知或表示应以司法文书的方式作出。

第四节 合 算

第 913 条① （子女或直系卑血亲为了其他子女或直系卑血亲的利益必须进行合算）

(1)子女或直系卑血亲仅在根据遗嘱或无遗嘱继承其直系尊血亲的遗产时,仅为了作为共同继承人的其他子女或直系卑血亲的利益,应将他们直接或间接通过赠与而从被继承人处取得的一切物的价值进行抵充,但赠与人有其他指示的除外。

(2)即使子女或直系卑血亲享有清单利益,本条的规定同样适用。

第 914 条 （免除合算）

可以通过包含赠与的同一文书,或者通过载有为使赠与或遗嘱有效所必要的手续的嗣后的文书,免除合算。

第 915 条 （赠与超过可处分部分的,超出的部分应当合算）

即使明示免除其合算义务的,子女或直系卑血亲也只能在可处分部分的范围内保留遗赠,超出的部分应当合算。

第 916 条② （放弃继承的继承人可以保留赠与）

然而,放弃继承的继承人,在可处分部分的范围内,可以保留赠与或者主张对他作出的遗赠,如果该继承人要求依法属于他的特留份,适用第 620 条第 4 款的规定。

第 917 条③ （受赠人在赠与时并非假定继承人的情形）

---

① 为 2004 年第 18 号法案第 95 条所修正。
② 为 2004 年第 18 号法案第 96 条所修正。
③ 为 2004 年第 18 号法案第 97 条所修正。

受赠人在赠与时并非假定继承人,但在继承开始时享有继承权的,应当合算受赠物的价值,但赠与人免除他该义务的除外。

第918条 （对继承人的直系卑血亲所为的赠与免于合算）

(1)对在继承开始时享有继承权者的直系卑血亲所为的赠与,在任何情况下均被视为不负合算义务而为之。

(2)直系尊血亲在继承赠与人时,无须合算该遗赠物。

第919条① （直系卑血亲以其自己的权利继承的,可以不合算对其直系尊血亲所为的赠与）

(1)直系卑血亲以其自己的权利继承赠与人的,可以不合算对其直系尊血亲所赠与之物的价值,即使他接受了该直系尊血亲的遗产,亦同。

(2)但直系卑血亲通过代位继承权继承的,应当合算对其直系尊血亲所赠与之物的价值,即使他放弃了该直系尊血亲的遗产,亦同。

第920条 （对继承人的配偶所为的赠与）

(1)对享有继承权者的配偶所为的赠与,被视为免于合算而为之。

(2)如果是对配偶双方的共同赠与且仅有配偶一方享有继承权的,后者应合算其受赠份额。

第921条 （合算归于赠与人的遗产）

合算仅得归于赠与人的遗产。

第922条② （应受合算之物）

对于死者为其任何女性直系卑血亲提供嫁资、结婚时进行任何赠与、为任何直系卑血亲提供宗教财团、为直系卑血亲谋取有俸圣职、资助直系卑血亲从事任何工作或事业、清偿直系卑血亲的债务的支出,或基金收益、信托收益,应当合算。

第923条 （遗嘱所遗留之物不受合算）

通过遗嘱而遗留的任何物,若无相反的处分,均不受合算,但第938条的规定不受影响。

第924条 （扶养费等不受合算）

扶养费、教育费、指导费、婚礼的通常花费以及习俗礼品,不受合算。

第925条 （从与死者的协议中获得的收益）

---

① 为2004年第18号法案第97条所修正。

② 为2007年第13号法案第6条所修正。

从与死者订立的协议中获得的任何收益同样不受合算,但以该协议在订立之时没有授予任何间接利益为条件。

第 926 条 (死者和继承人之间的特别合伙)
对于死者与其某一继承人之间的任何特别合伙,不受任何合算。

第 927 条① (意外灭失的不动产不受合算)

第 928 条 (物的孳息等应受合算)
对承受合算之物的孳息和利息,仅自继承开始之日起进行合算。

第 929 条 (已支付或尚未支付的补助金或年金不受合算)
赠与人生前所承担的向受赠人支付任何补助金或年金的义务,无论该补助金或年金是否已经支付,均不受合算。所授予的任何年金、对任何资金的利息或者受赠人在赠与人生前所取得的任何其他物的孳息,也不受合算。

第 930 条 (受遗赠人或债权人不得主张合算)
(1)根据第 913 条的规定,合算仅由作为共同继承人的直系卑血亲为之,并归于其共同继承人。
(2)第 938 条的规定除外,遗产的任何受遗赠人或债权人不得主张合算,但赠与人有其他指示的除外。

第 931 条② (如何进行合算)
(1)根据下列各款的规定,通过将继承开始时物的价值抵充受赠人的份额的方式进行合算。
(2)如果赠与物为可因使用而消费的动产、衣物或者旨在为受赠人家居使用的物品,不受合算。
(3)赠与物已被受赠人有偿转让的,应比较受赠人所收到的转让物的对价或者转让时物的价值,二者价值较高者应受合算。
(4)赠与物因意外事件而灭失,受赠人没有过错且没有就物的损失获得任何赔偿的,不受合算。

第 932 条 (改良费)
(1)在所有情况下,受赠人改良不动产的,在该不动产因改良而增值的范围内,可以请求改良费,但应考虑到合算的时间。
(2)受赠人因保存不动产而发生必要费用的,即使该不动产并未因此而得

---

① 为 2004 年第 18 号法案第 98 条所废止。
② 为 2004 年第 18 号法案第 99 条所代替。

到改良,也可请求该费用。

(3)同时,受赠人必须对因其过错而发生的减少财产价值的任何毁损承担责任。

第933条① （受赠人转让不动产的情形）

第934条 （赠与超过可处分部分的情形）

如果赠与人免除受赠人的合算义务,并且赠与超过可处分的部分,应根据第653条确定的规则对超出的部分进行合算。

第935条② （留置权）

第936条③ （对动产的合算）

第937条④ （对现金的合算）

第938条⑤ （享有特留份的继承人等请求扣减对其他人所为的赠与的情形）

(1)不考虑第923条和第930条的规定,享有特留份的受赠人或受遗赠人,基于对某一受赠人、共同继承人或受遗赠人(即使是陌生的受赠人)所为的任何处分超过可处分的部分,而诉请扣减该处分的,他应当以对他所为的任何赠与或遗赠抵充特留份,但已被明示免除抵充的不在此限。

(2)任何此等免除不得对先前的受赠人造成损害。

(3)根据上述条文确定的规则而不受合算的任何其他物,同样不被计算在内。

第五节 债务的清偿

第939条 （共同继承人如何分担债务的清偿）

(1)共同继承人之间,根据遗嘱人确定的比例和方式分担遗产债务的清偿。

(2)被继承人没有订立遗嘱或者没有对债务的分摊作出任何指示的,共同继承人应根据其各自在遗产中的份额比例分担该债务的清偿。

---

① 为2004年第18号法案第100条所废止。
② 为2004年第18号法案第100条所废止。
③ 为2004年第18号法案第100条所废止。
④ 为2004年第18号法案第100条所废止。
⑤ 为2004年第18号法案第101条所修正。

第 940 条 （各继承人按比例对债权人承担责任）

(1)在所有情况下,对于债权人,各继承人根据其份额的比例,各自对遗产债务承担个人责任。

(2)但若某一共同继承人占有为担保债权而被设定抵押权的财产,他应当以该财产对抵押的全部债务承担责任,但保留他对其他共同继承人的救济权。

第 941 条 （清偿全部债务的继承人可以对共同继承人行使的救济权的范围）

(1)由于抵押权,某共同继承人清偿的共同债务超出其份额的,他仅得在其他共同继承人各自应分担的份额内向他们寻求救济,即使他在清偿债务后代位取得债权人的权利,亦同。

(2)但某共同继承人通过享有清单利益而保留要求清偿对他本人所负之债务的请求权的,可以像任何其他债权人一样请求清偿该债务,但应从中扣除他作为共同继承人所应付的份额。

第 942 条 （共同继承人的支付不能）

任何共同继承人支付不能的,他不能清偿的抵押债务的份额在全体其他共同继承人之间按比例分摊。

第 943 条 （遗产的分别）

遗产的债权人和受遗赠人,可以根据第 2096 条至第 2106 条的规定,请求将死者的财产与继承人的财产相分别。

第 944 条 （受遗赠人不对遗产债务承担责任）

受遗赠人无须清偿遗产债务。但不影响债权人对被遗赠的财产享有的抵押诉权,也不影响上述遗产分别利益的行使。

第 945 条 （清偿债务的受遗赠人代位取得债权人的权利）

受遗赠人对遗赠给他的不动产所抵押的债务作出清偿的,将代位取得债权人对继承人所享有的权利。

第六节 分割的效力及份额担保

第 946 条 （分割之后,共同继承人被视为包含在其份额中的财产的唯一和直接的相续人）

各共同继承人被视为单独和直接地继承包含在其份额中的或通过拍卖所取得的全部财产,且被视为从未对其他遗产享有所有权。

第 947 条 （对于侵扰和追夺,共同继承人互为担保人）

(1)仅在因遗产分割前的事由而发生侵扰和追夺的情形,对于该侵扰和追夺,共同继承人互为担保人。

(2)如果共同继承人因自己的过错被追夺,该担保终止。

第948条 （可以排除担保）

共同分割人可以约定他们不承担任何担保责任。在任何此等情形,适用第1411条和第1412条的规定。

第949条 （担保的效力）

(1)各共同继承人应根据其遗产份额的比例,各自对其共同继承人因追夺而产生的损失进行补偿。

(2)任何共同继承人支付不能的,他所承担的份额在被担保人和全体有支付能力的共同继承人之间,按本条第1款所规定的比例分摊。

第950条 （对债务的担保）

(1)对遗产债务人的支付能力,继承人互为担保人。

(2)该担保仅在为索回债务的必要诉讼所需的期限内有效。

第951条 （对年金债务人的支付能力的担保期限为5年）

对年金债务人的支付能力的担保,不得超过遗产分割后5年。

第952条 （对分割后产生的支付不能,无担保）

对遗产分割后产生的债务人的支付不能,不存在担保。

第七节　父母或其他直系尊血亲在其直系卑血亲之间作出的分割

第953条 （父母可以在其子女之间分割自己的财产）

父、母或任何其他直系尊血亲,可以在其子女或直系卑血亲之间分割并分配自己的财产,即使对不可处分的部分也可以进行分割。

第954条 （可以通过遗嘱或生前文书作出分割）

(1)任何此等分割,可以通过生前文书或遗嘱作出,但要遵照对赠与和遗嘱所规定的手续、条件和规则。

(2)如果通过生前文书作出此等分割,仅得对现有财产为之。

第955条 （未包含在分割中的财产将依法分割）

如果分割中并未包括直系尊血亲死亡时留下的全部财产,未被包括的财产将依法分割。

第956条 （未在所有的子女之间作出的分割,无效）

(1)未在继承开始时存在的所有子女以及先死子女的直系卑血亲之间作出的分割,全部无效。

(2)在任何此等情形,未被包括在分割中的子女或直系卑血亲,以及在其之间作出此等分割的子女或直系卑血亲,均可请求重新分割。

第957条[①] (可对分割提出异议的时间)

如果表明直系尊血亲作出的分割或任何其他处分,损害了在其之间作出财产分割的任何人所享有的特留份,可以对该分割提出异议。

第958条 (分割的无效并不导致处分的无效)

在执行处分时作出分割的,分割的无效并不导致处分的无效,即使陌生人已从该分割行为中受益,亦同。

第三A题　信托及其效力

第958A条[②]

(1)(信托及可适用的规则)

信托财产由有关信托的特别法调整,以及在可适用的范围内,受本法关于信托的规定调整。

(2)(与信托财产有关的交易)

(a)与信托财产有关的下列交易,如果系依法产生或者依照可适用的法律所要求的形式和方式实施的,由有关信托及其效力的特别法调整:

(ⅰ)设立财产信托,即使根据单方声明或法院的判决或裁定而为之;

(ⅱ)受托人向受益人分配、请求或预付财产;

(ⅲ)信托不成立或终止时,将财产返还于信托人或其遗产中;

(ⅳ)某一受托人向同一信托的另一受托人让与、授予或移转信托财产。

(b)此等交易意在将财产所有权或财产中的其他权利,自一人移转于另一人的,该交易应遵守可适用于移转该财产所有权的所有规定,如果第996条的规定可以适用,也包括该规定。如此而为,则:

(ⅰ)是移转该财产所有权或该财产中的其他权利的有效方式;

---

① 为1975年第58号法案第5条和2004年第18号法案第102条所修正。
② 为2004年第13号法案第39条所增设。

(ⅱ)为有关信托的特别法所规定之人的利益,导致对该财产享有的依法可强制执行的利益的产生或终止;

(ⅲ)而且可以对抗第三人。

(c)此等交易有效的唯一对价是对或由与该财产有关的受托人课加或承担、履行或终止对于该财产的依法可强制执行的义务(视具体情况而定)。

(3)①(受托人对信托财产的处分)

受托人可以有效处分信托财产并将之移转给第三人,而不考虑因适用第615条至第653条以及本法典有关扣减信托财产的其他规定而产生的对特留份的任何权利。

(4)②(为提出请求的特留份权利人之利益的法定信托)

信托人死亡后,在信托财产将被出售时,受托人被正式通知对特留份的请求权的,在任何此等情形,为任何特留份请求人的利益,信托人应对转让时的财产净转让价值以现金的方式继续信托该款项,直至对特留份的请求权终止或因其他原因而失效。

(5)如果负担特留份请求权的信托财产或者出售该财产的收益已被分配给任何受益人,特留份权利人可以对该受益人提出特留份请求,如同该受益人为继承人、受遗赠人或受赠人一样,视具体情况而定;如果在此等信托之下尚有其他财产,可以对信托财产和受益人按比例提出特留份请求。

(6)③(受托人为特留份权利人继续信托5年)

受托人根据第4款的规定保留转让价值的义务在5年的除斥期间内有效,该期间自被继承人死亡之日起算。但不妨碍任何请求人对于作为遗产的一部分但未被信托的其他财产所享有的权利。

第958B条④

(1)(对享有利益权的限制)

根据本法典的规定,绝对不能通过遗嘱处分或赠与取得财产者,或者不能通过遗嘱处分或赠与取得超过本法典所允许的份额者,对于此等人的利益而为的信托,根据本条的规定应予全部扣减或对超出的部分进行扣减。

---

① 为2007年第13号法案第3条所修正。
② 为2007年第13号法案第3条所修正。
③ 为2007年第13号法案第3条所修正。
④ 为2004年第13号法案第39条所增设,后为2007年第13号法案第7条所修正。

在修道会或宗教法人的会员的情形,第611条的规定经适当的修改后,适用于为此等人利益的信托。

(2)(信托处分的扣减)

以不违反《信托与受托人法》①第6B条的规定为条件,除受托人行使变更权或实施其他行为以遵守本法典之规定的情形外,如果在对信托人的继承开始时,发现信托处分超过其遗产的可处分部分的,应扣减到法律所允许的份额。

信托财产被扣减时,超出的财产由受托人绝对性地为信托人的继承人或者为对超出的财产享有权利之人的利益而持有(视具体情况而定)。

(3)对于超过法律所允许的部分的信托财产,如果其受益人为信托人的配偶,超出的财产部分应当绝对性地为该配偶终身使用和享有孳息而设立独立的信托,之后则根据信托条款,为信托人的继承人使用和享有孳息而设立独立的信托。

(4)对于信托处分的扣减,应遵守第621条的规定和第647条至第653条有关扣减遗嘱处分的规定,但不得违反本题的规定。

(5)信托处分的扣减仅能由法律为其利益而保留死者财产的一部分之人及其继承人,或者由继受其权利的其他人提出请求,并且:

(a)第1240条的规定除外,在信托人生前,此等人不得通过明示声明或者通过同意该信托处分而放弃该权利;

(b)死者的受赠人、受遗赠人或债权人不得请求扣减信托处分或者因此受益;

(c)作为商业交易之一部分的信托,在该商业交易完成之前,不得以任何方式被扣减,该商业交易完成后,剩余的财产依照本条的规定处理。

(6)(对其他财产的先诉利益)

在根据任何遗嘱所处分的全部财产的价值耗尽之前,不得扣减信托处分。当发生扣减时,应当从最后一次信托处分依次向前进行。

(7)基于信托财产的扣减而产生的权利为取得其价值的权利,而不存在以实物返还财产的请求权。

(8)在请求权通知之前尚未分配的范围内,对于超过可处分部分的信托处分的部分的如下孳息,受托人应予返还:如果在对信托人的继承开始当年提出

---

① 第331章。

扣减之诉，自继承开始之日起的孳息；否则，自提出请求之日起的孳息。在第958A条第4项提及的情形，请求人享有为其利益而保留的价值之利息，该利息自对受托人通知其请求权之日起或者自受托人取得收益之日起，以二者中时间较后者为准，以银行的存款利率计算。

(9)①（请求特留份的效力）

《信托与受托人法》②的规定除外，除非信托条款明确排除该效力：

(a)向受托人、继承人或者与信托财产有关的任何其他人请求特留份者将丧失任何信托利益；

(b)而且对于根据信托条款而获取的任何所得，适用第620条第4款的规定。

(10)如果受益人的受益在于使用和享有财产，以及享有其孳息或终身年金，且表明信托基金的价值超过信托人遗产的可处分部分的，享有特留份权利者可以：

(a)请求特留份而丧失根据（如果存在的）信托和任何遗嘱享有的所有利益；

(b)或者在上述受益人死亡后，不考虑任何信托条款，在受益人死亡时尚存的信托财产的价值范围内，请求从受托人处取得等同于上述特留份的金额以及年利率为5%的利息，但不计算复利。在此等情形，不得根据遗嘱或信托享有任何利益。如果信托财产仍有剩余，则根据信托条款进行处理；

(c)或者选择不主张和不享有根据任何信托和任何遗嘱的所有利益。

(11)在前款规定的情形，当受益人因精神上或物理上不能而无法独立维持生活时，如果在受托人看来，为满足特留份权利人根据第10款(a)项的请求，对信托财产的分割、出售或扣减将会对上述受益人的利益造成重大损害的，受托人可以向法院提出请求，法院可以裁定：在上述受益人死亡之前，财产不得出售、分割或扣减。而且，在此等情形：

(a)受益人不得请求扣减为其利益而设立的信托，并且向受托人、继承人或任何其他人主张特留份，除非信托财产并不等同于或超过特留份，此人可以向受托人以外的任何人请求他应得的，为其利益被设立信托的特留份数额；

(b)而且在受益人死亡时，任何其他特留份权利人有权适用第10款(b)

---

① 为2007年第13号法案第3条和第7条所修正。
② 第331章。

项之规定,但他在信托人死亡后的 5 年内,已根据第 10 款(c)项的规定作出选择的除外;

(c)而且受托人被视为享有如下权力并对之享有法律利益:对任何其他人提出受益人应得的特留份之请求,以及受领应归入在本款范围内所设立的信托的任何款项。

(12)特留份权利人可以通过书面通知受托人和其他继承人或遗产执行人的方式作出如上任何选择。

(13)(时效)

不论对受托人或第三人的扣减之诉,自继承开始之日起,5 年时效届满后不得提起。该期限同样对未成年人和禁治产人进行,且不因司法文书或者其他原因而中止或中断。

(14)将财产设立信托和根据信托而持有财产,不视为违反有关任何人的特留份的强制性规定,如果信托的目的在于:

(a)暂时且无条件地为根据特定的信托而对财产享有权力的人持有财产;

(b)或者在进行计算以确定特留份之前持有财产,且此后根据特定的信托持有该财产,以将上述特留份分配给权利人;

(c)或者为根据第 11 款而处于精神上或物理上不能之人持有财产。

第 958C 条[①]　(不配根据信托取得财产者)

(1)第 605 条的规定以其适用于遗嘱的相同方式适用于信托,并且在其中所规定的情形,基于受托人或任何利害关系人的请求,为不配者的利益而设立的信托将终止。

(2)即使设立信托而没有保留撤销权或变更权,信托人也可以基于第 1787 条规定的事由主张变更信托条款,本法典第 1788 条和第 1790 条的规定以及《信托与受托人法》[②]第 15 条的规定将适用之。

第 958D 条[③]　(赠与和信托之规则的适用)

既存在赠与又存在信托的,为了确定交易顺序以及确定为扣减(a)第二编第二分编第十四题第六分题规定的赠与和(b)本题规定的信托的其他事项,赠与和信托被视为构成同类型的交易的一部分,并从时间最近者开始扣减。

---

①　为 2004 年第 13 号法案第 39 条所增设。
②　第 331 章。
③　为 2004 年第 13 号法案第 39 条所增设。

但信托人/赠与人明确表示了他希望适用于该目的的顺序的,不在此限。

第 958E 条① (信托财产应受合算)

在为本法典的任何目的而计算遗产的价值的范围内,包括为特留份请求人的利益,以及为继承人的利益,为了在共同继承人之间进行合算,任何信托财产均应被包括在遗产之中。

但信托财产的设立人可以根据第914条免除该财产的合算。

如果为某一继承人的利益而设立信托的财产,为了其他共同继承人的利益而被合算的,被合算的财产之后应当绝对性地为该继承人的利益由受托人根据独立的信托而持有。

第 958F 条② (受托人和遗嘱执行人)

(1)根据遗嘱信托而被指定的受托人,不应被视为遗嘱执行人,而且第762条至第778条的规定不适用于遗嘱受托人。

(2)某人被指定为受托人,同时被指定为遗嘱执行人的,在将相关财产交付于受托人或者以受托人的名义进行登记从而执行完结之前,该遗嘱执行受本法典调整。

第 958G 条③ (财产在马耳他而住所在外国的马耳他人或外国人设立的信托)

(1)某人根据马耳他法律或其他法律,将位于马耳他的动产或不动产设立信托,但其住所在设立信托时不在马耳他的:

(a)如果在进行该转让或处分时,根据其住所地法和马耳他法律,他已经成年且精神健全,被视为此人具有设立此等信托的能力;

(b)而且本法典有关遗产或对此等财产继承的规定,包括根据本法典可以适用的特留份或类似权利在内,在设立信托之时或之后均不适用于此等信托财产,但不影响有关遗产或继承的一般性规定;

(c)而且受益人被视为具有受益的能力。

(2)一旦财产被设立信托,则不因信托人住所的变更而受影响,即使信托人随后居住在马耳他的,亦同。

(3)在本条的范围内,"特留份"是指限制某人在生前处分其财产的权利,

---

① 为2004年第13号法案第39条所增设,后为2007年第13号法案第3条所修正。
② 为2004年第13号法案第39条所增设。
③ 为2004年第13号法案第39条所增设,后为2007年第13号法案第3条所修正。

从而保留该财产以在其死亡时进行分配的法律规则,或者具有类似效力的规则。

第 958H 条① （买回权的不适用）

如果对遗产的不可分割的份额的转让是对第 912 条规定的买回权的信托处分,且信托受益人为信托人本人、其继承人或者遗产的其他继承人,或者包括将该权利分配或返还于此等人的,该买回权不予适用。

第 958I 条② （对第 1000 条和第 1001 条适用的限制）

第 1000 条和第 1001 条的规定,不得解释为对任何人设立信托的权力的限制,或者对某人为受益人的利益而接受担任信托的受托人的权力的限制,也不得解释为对任何信托的约束性和约束力的限制,以及对受益人根据信托所享有的权利的强制执行力的限制。

第 958J 条③ （第 1483 条的不适用）

如果信托处分涉及讼争权利的转让,为转让债权的债权人的利益,不产生第 1483 条规定的讼争权利的债务人的权利。

第四题　债的一般规定

第 959 条　（债的发生根据）

债不仅依法产生,债还产生于合同、准合同、侵权或准侵权。

第一分题　合同

第 960 条　（合同的定义）

合同是在两人或更多的人之间设定、调整或解除债的协议或合意。

第 961 条　（合同可为双务合同或单务合同）

(1)合同当事人,一方对另一方相互承担义务的合同,为双务合同或双边合同。

---

① 为 2004 年第 13 号法案第 39 条所增设。
② 为 2004 年第 13 号法案第 39 条所增设。
③ 为 2004 年第 13 号法案第 39 条所增设。

(2)一人或更多的人对另一人或更多的人承担义务,而后者不承担任何义务的合同,为单务合同。

第962条 (有偿合同或无偿合同)

(1)各方当事人均承担义务的,此等合同被称为有偿合同。

(2)一方当事人无偿地为另一方带来利益的,此等合同被称为无偿合同。

第963条 (等价合同)

各方当事人允诺自己给予某物或做某事,此等物或事被视为对等于他方对己方给予的物或做的事的,此等合同为等价合同。

第964条 (射幸合同)

不论对于双方或一方,如果利益或损失取决于某种不确定事件,此等合同为射幸合同。

第965条 (调整合同的规则)

无论有名合同或无名合同,均受本题的一般规定调整,但适用于特定合同的特别规定不受影响。

第一节 合同的有效要件

第966条 (合同的要件)

下列各项为合同的有效要件:

(a)当事人的缔约能力;

(b)承担义务的当事人的同意;

(c)构成合同标的的特定事项;

(d)合法的对价。

合同当事人的能力

第967条[①] (当事人的能力)

(1)未被法律宣告为无能力的任何人,均有缔约能力。

(2)被判任何处罚者的无能力均被废止。

(3)下列人,在法律规定的情形下,无缔约能力:

(a)未成年人;

(b)禁治产人或者被剥夺行为能力之人;

---

① 为1973年第46号法案第65条所修正。

(c)通常情况下,所有法律禁止其订立某些合同之人。

第968条 (没有理智者)

没有理智者或者未满7周岁者订立的任何合同,无效。

第969条① (未满14周岁者)

(1)未满14周岁的儿童缔结的任何债,同样无效。

(2)但若儿童年满9周岁,对于任何其他人为该儿童的利益而缔结的债,与该债有关的协议有效。

第970条② (已满14周岁但未满18周岁者,如果处于亲权等之下)

任何人已满14周岁但未满18周岁的,如果此人处于亲权之下或受保佐,前条的规定同样适用,但始终不影响有关婚姻的任何其他法律规定。

第971条③ (如果未处于亲权之下)

(1)以不违反《商法典》④的任何其他规定为条件,年满14周岁的任何未成年人,既未处于亲权之下也未受保佐的,非经适格法院授权,不得转让或抵押其不动产。

(2)但该未成年人可以缔结其他债,对于此等债,根据第1214条至第1219条的规定他所享有的显失公平的任何解约诉权不受影响。

第971A条⑤ (16周岁以上的儿童可以开设和管理银行账户)

不考虑本法典的任何规定,年满16周岁的儿童,可以在其以自己的名义在任何银行开设的账户中存款,并且即使任何此等账户中的任何存款处于任何其他人的管理、用益权或权力之下,该存款也仅能由该儿童取出。在法律的范围内,对于任何此等账户的开设和管理,儿童被视为成年人。

第972条 (禁治产人)

根据《组织与民事程序法典》⑥第二编第二分编第四题的规定,禁治产人或者一般地对于所有的协议无能力,或者特别地对于某些协议无能力。

第973条 (有缔约能力者不得主张合同无效)

有缔约能力者不得以对方当事人无缔约能力为由主张合同无效。

---

① 为1975年第37号法案第23条所修正。
② 为1993年第21号法案第2条所修正。
③ 为1993年第21号法案第2条所修正。
④ 第13章。
⑤ 为1993年第21号法案第76条所增设。
⑥ 第12章。

同　意

第 974 条　（同意）

因错误、受暴力胁迫或欺诈而作出的同意，不为有效同意。

第 975 条　（针对法律的错误）

针对法律的错误，如果该错误并非合同的唯一或主要诱因，不使合同无效。

第 976 条　（针对事实的错误）

(1)针对事实的错误，如果该错误并未影响协议标的物的实质本身，不使合同无效。

(2)如果错误仅涉及与之订立协议之人，除非对该个人的考虑为与之订立协议的主要诱因，协议并不无效。

第 977 条　（暴力）

(1)对债务人使用暴力为合同无效的原因，即使该暴力是由债权人以外的其他人实施的，亦同。

(2)然而，为某个并未协助使用暴力者的利益而缔结的债，考虑到他为使债务人免受第三人实施的暴力而提供的服务，该债不因该暴力而无效。如果允诺的金额或物过高或过多，可以削减之。

第 978 条　（被视为受暴力胁迫而作出同意的情形）

(1)当暴力能对理智之人产生影响，并担心其人身或财产面临不法的严重损害的，被视为受暴力胁迫而作出同意。

(2)在此等情形，应当考虑人的年龄、性别及状况。

第 979 条　（对合同当事人的配偶等实施暴力的情形）

(1)即使直接对合同当事人的配偶、直系尊血亲或直系卑血亲的人身或财产实施的暴力胁迫，也为合同无效的原因。

(2)如果是直接对其他人的人身或财产实施的胁迫，由法院根据案件的具体情况自由裁量，使合同无效或者确认其效力。

第 980 条　（敬畏）

仅仅因为对父、母、其他直系尊血亲或丈夫的敬畏，如果未使用暴力，不足以使合同无效。

第 981 条　（欺诈）

(1)如果一方当事人不实施欺骗，则对方当事人不会订立合同的，欺诈为协议无效的原因。

(2)欺诈不得推定,应予证明之。

合同的标的

第 982 条 (合同的标的)

(1)任何合同,均以一方当事人允诺自己给予、作为或不作为为标的。

(2)只有交易物可为协议之标的。

(3)单纯使用物或单纯占有物,如同物之本身,可为合同之标的。

第 983 条 (债的标的必须为确定之物)

(1)债的标的,必须至少是在种类上已确定之物。

(2)物的份额或数量可以是不确定的,只要它能够被确定。

第 984 条 (将来之物可为合同的标的)

(1)将来之物可为合同的标的。

(2)但不得放弃尚未开始的继承,也不得就任何此等继承作出任何约定,无论该约定是与被继承人为之或者与任何其他人为之,即使取得被继承人的同意,亦同。对于为结婚或者因进行宗教宣誓而作出的任何放弃或约定,法律有任何其他规定的除外。

第 985 条 (不可能的事项或非法的事项)

不可能的事项、法律禁止的事项、违反道德或公共政策的事项,不得为合同的标的。

第 986 条

(1)(**帮诉**【帮诉(英文为 chanperty,拉丁文为 *quotae litis*)是指帮助本无意于诉讼之人进行诉讼,以求胜诉时分享诉讼利益的行为。帮诉在某些国家构成犯罪。】)

帮诉的约定无效。

(2)(高出的利率)

第 1852 条以及本法典或任何其他法律的任何其他规定除外,支付的年利率高于 8% 的,高出的部分同样无效。

合同的对价

第 987 条 (无对价或非法的对价)

无对价之债,或者基于虚假对价或非法对价之债,没有任何效力。

第 988 条 (对价虽未表明但可证实)

但如果证实协议系基于充分的对价,即使该对价未予表明,协议有效。

第 989 条 （所表明的对价为虚假对价的情形）

如果所表明的对价为虚假对价,但能证实另一对价的,协议维持。

第 990 条 （非法对价）

如果对价为法律所禁止、违反道德或公共政策,为非法对价。

第 991 条 （对价仅对债权人为非法的或者对债务人和债权人均为非法的）

(1)如果作为已允诺之物的对价仅对债权人为非法的,为履行合同而已经给付的任何物,均可请求返还。

(2)如果对价对合同当事人双方均为非法的,除非他为未成年人,对于已经给付给对方之物,不得请求返还,但第 1716 条的规定不受影响。

第二节　合同的效力

第 992 条 （合同的效力）

(1)依法订立的合同,对合同当事人具有相当于法律的效力。

(2)它们仅得依当事人的相互同意或者法律允许的原因而撤销。

第 993 条 （合同应被诚信履行）

合同必须被诚信履行,且不仅对其中所明示的事项具有约束力,而且对公平、习惯或者法律根据债的性质而赋予的任何后果均具有约束力。

第 994 条 （转让物为特定物时合同的效力）

如果合同的标的为转让特定物的所有权或者该物之上的任何其他权利,该所有权或其他权利依当事人的同意而移转和取得,且即使尚未交付,物的风险亦由受让人承担。

第 995 条 （转让物为不特定物的情形）

(1)如果合同的标的物为不特定物,在物被确定之前,或者在债务人将之特定并将此等信息通知给债权人之前,债权人并不成为该物的所有权人。

(2)在物被确定或被特定之前,其风险由债务人承担。

第 996 条 （合同对第三人的效力）

(1)然而,转让不动产所有权或者该不动产之上的任何权利的任何合同,在根据第 330 条的规定登记于公共登记处之前,不对第三人产生效力。

(2)通过司法拍卖进行转让的,对登记的说明应由作出司法拍卖之裁决的法院的登记员签字。

第 997 条 （通过相继的协议将动产允诺给两人或更多的人的情形）

如果某人通过相继的协议承诺将某物给予或交付于两人或更多的人,且该物为天然动产或为见票即付的权利证书的,收到物的交付者以及诚信取得该物者对其他人享有优先权并对该物享有留置权,即使其权源在时间上居后,亦同。

第 998 条 （推定合同当事人为其本人、其继承人等而作出约定）

任何人均被视为为其本人、其继承人及其权利继受人而作出允诺或约定,但法律有明确的相反规定,或者当事人之间有相反的约定,或者协议的性质与之相反的,不在此限。

第 999 条

(1)（以自己的名义缔约者仅得约束其本人）

某人以自己的名义订立的合同,仅得约束其本人或者仅得为其本人而作出约定。

(2)（但可以约束其本人而由第三人履行）

但某人可以为了他人的利益约束其本人,而由第三人履行债务。在任何此等情形,如果第三人拒绝履行债务,约束其本人者或者允诺认可债务者,仅负支付补偿金的责任。

第 1000 条 （可以为第三人的利益而作出约定的情形）

如果某约定是作为他为其本人利益的约定的方式或条件,或者是他对其他人赠与或授权的方式或条件,可以为第三人的利益而作出约定。如果第三人已表示其接受利益的意思,作出任何此等约定者不得撤销之。

第 1001 条 （合同仅在合同当事人之间产生效力）

合同仅在合同当事人之间产生效力,除法律规定的情形外,并不为第三人带来损害或利益。

第三节　合同的解释

第 1002 条 （如果文句的意思明确则无须解释）

如果通过对协议的文句赋予其在订立协议时所惯用的意思,该协议的条款明确,则不存在解释的余地。

第 1003 条 （字面意思不同于当事人的意图的情形）

如果字面意思不同于当事人的共同意图,且该意图显然能为整个协议所证明的,当事人的意图优先。

第 1004 条 （条款可以有两种意思的情形）

当某条款可以有两种意思时，必须以可以使它产生某些效力的意思解释之，而不采使它不产生任何效力的意思。

第 1005 条 （可以有两种意思的文句）

可以有两种意思的文句，应取其更为符合合同标的的意思。

第 1006 条 （歧义）

出现歧义的，应依合同订立地的习惯用法解释之。

第 1007 条 （惯例条款）

惯例条款，即使未在合同中予以明示，亦被视为包含在合同中。

第 1008 条 （每一条款应参照其他条款进行解释）

全部合同条款，在解释时均应相互参照，并赋予每一条款依据整个文书而产生的意思。

第 1009 条 （有疑问的情形）

如有疑问，协议应作不利于债权人而有利于债务人的解释。

第 1010 条 （一般条款）

不论合同的文句所表达的条款如何一般，它仅涵盖当事人意欲处理的事项。

第 1011 条 （为解释协议而指出某个事例的情形）

在合同中，为解释协议而指出某个事例的，如果其他事例可以被合理地解释为属于协议的范围之内，不得推定当事人意欲以此排除其他未被指定的事例。

第二分题　准合同、侵权与准侵权

第一节　准合同

第 1012 条 （定义）

准合同是指，引起对第三人负担某种义务或者引起当事人之间相互负担义务的某种法定且自愿的行为。

第 1013 条 （无因管理人的义务）

成年且有缔约能力的人，自愿管理他人事务的，在他为其利益而实施管理之人能够自行承担该管理之前，管理人应当继续其已经开始的管理，且应当实施与之有关的所有附属事项,并负担产生于委任的全部义务。

第 1014 条 （利害关系人在事务完成前死亡）

自愿管理人为其利益而实施管理之人在事务完成前死亡的,在其继承人能够自行提供管理之前,管理人应当继续管理事务。

第 1015 条 （勤勉的标准）

自愿管理人在管理事务时,应尽善良家父之全部勤勉。

第 1016 条 （需要更高的勤勉标准的情形）

在下列情形,前条规定的适用应更为严格:

(a)尽管利害关系人禁止管理,管理人仍涉入该事务;

(b)如果因其涉入,该事务未能由更为合适之人管理;

(c)如果管理人本人未掌握必要的技能。

第 1017 条 （法院减轻损害赔偿的权力）

在所有情况下,法院均得视致使管理人管理事务的具体情形,减轻因其不谨慎或过失而引起的损害赔偿。

第 1018 条 （利害关系人的义务）

如果事务得到妥善管理,即使意外地没有为利害关系人带来利益,他也应当履行管理人为其利益而缔结的债务,并对该管理人就其以自己的名义缔结的任何债务给予补偿,同时应偿还管理人任何必要的或有益的费用,以及自该费用发生之日起的利息。

第 1019 条 （管理人以为是在管理自己的事务的情形）

但若管理人误以为是在管理自己的事务,则仅在利害关系人实际从中所得利益的范围内有权请求补偿。

第 1020 条 （如果管理人违反利害关系人的禁止而行事,无权请求补偿）

如果某人违反他人的明确禁止而涉入其事务,无权请求任何补偿。

第 1021 条 （对不当受领之物的返还）

某人因故意或错误受领某物,而根据任何民事之债或自然之债他均不当受领该物的,应当向给付人返还其不当受领之物。

第 1022 条 （因错误而清偿债务的情形）

(1)任何人误以为自己负有债务而作出清偿的,可以请求债务被如是清偿的债权人予以返还。

(2)但若债权人在清偿之后,诚信地自行放弃债的证据或债的担保,该返还请求权终止,但清偿人对真正的债务人所享有的权利不受影响。

第 1023 条 （如果受领人为恶信,本金和利息的返还）

(1)不当受领所偿付的金钱的任何人,如果为恶信,应当返还本金及其自偿付之日起的利息。

(2)但若他为诚信的,仅需返还本金。

第 1024 条 （对不当受领之物的返还）

任何人不当受领金钱以外的任何物的,如果仍然占有该物,应当以原物返还于给付该物之人。

第 1025 条 （不当受领之物不再由受领人占有的情形）

(1)如果受领之物未由其占有,或者已经损坏,如果他是恶信受领该物,则负有第 556 条和第 557 条课加给恶信占有人的同样义务。

(2)如果他是诚信受领该物,则应当返还该物的价值,或者视具体情况而定,对损坏予以赔偿,但仅以他因物的转让或损坏所得的任何利益的数额为限。如果他尚未从该转让或损坏中取得利益的标的,则仅需让与其请求返还该利益的诉权。

(3)如果他已丢失、赠与或者毁灭物,无须返还物的价值。

第 1026 条 （第 540 条至第 545 条和第 547 条的适用）

(1)对于不当受领某物的任何人,第 540 条至第 545 条和第 547 条的规定,根据他是诚信或恶信受领该物而适用之。

(2)在所有情况下,第 548 条、第 549 条和第 550 条的规定适用于任何此等人。

第 1027 条 （请求返还不当给付的诉讼时效）

请求返还不当给付之诉的诉讼时效为 2 年,自诉权享有人发现错误之日起算。但有关时效之题【即第二编第二分编第二十五题。——译者注】中有任何其他规定的,不在此限。

第 1028 条 （因误解而给付之人不得向第三人请求返还）

因误解而给付某物的,如果受领该物的一方无论以何种名义已将物转让给第三人,给付人不得向该第三人请求返还。

第 1028A 条① （使他人受损的得利;转化物之诉）

(1)没有正当理由,使他人受损而使自己得利的任何人,在该得利的范围

---

① 为 2007 年第 13 号法案第 13 条所增设。

内,应当补偿并赔偿该他人所遭受的任何财产损失。

(2)如果得利为特定物,只要在提出请求时该物仍然存在,受领人应当以原物返还。

第1028B条① （不得提起转化物之诉的情形）

如果遭受损失者可以采取其他措施弥补该损失,不得提起转化物之诉。

第二节 侵权与准侵权

第1029条 （意外损害）

意外事件所引起的或者不可抗力所造成的任何损害,在法律没有明确的相反规定时,由遭受此等人身或财产损害的一方承担。

第1030条 （对权利的适当行使）

在适当的限度内行使其享有的权利的任何人,不对因此导致的任何损害承担责任。

第1031条 （对因其过错而引起的损害承担责任）

但任何人应对因其过错而产生的损害承担责任。

第1032条 （某人被视为有过错的情形）

(1)如果某人在其行为中没有尽到善良家父之谨慎、勤勉和注意,被视为有过错。

(2)在法律没有明确规定的情况下,任何人均不对没有尽到高度的谨慎、勤勉或注意而引起的任何损害承担责任。

第1033条 （应当承担责任的过失）

任何人,无论是否有损害的意图,故意或者因过失、不谨慎或没有注意而实施了任何违反法定义务的作为或不作为的,应对因此造成的损害承担责任。

第1034条 （未成年人或精神不健全者的照管人的责任）

照管未成年人或精神不健全者的任何人,如果未能尽到善良家父的照顾,从而未能阻止该未成年人或精神不健全者实施造成损害的行为,他应当对该损害承担责任。

第1035条 （未满9周岁的儿童等造成的损害）

精神不健全者、未满9周岁的儿童,以及——除非证明其行为是出于恶作剧——未满14周岁的儿童,对于他们所造成的损害不负赔偿责任;但不影响

---

① 为2007年第13号法案第13条所增设。

受害人对根据前条的规定而对该损害承担责任者所享有的任何诉权。

第 1036 条 （法院裁定以未成年人等的财产赔偿损害的权力）

但若因为其他人不应承担责任或者因为他们没有经济能力,从而受害人不能从他们处获得赔偿,且受害人并未因其过失、没有尽到注意或者不谨慎而导致损害的,法院视案件的具体情况,特别是致害人和受害人的经济能力,可以裁定以前条提及的未成年人或精神不健全者的财产赔偿全部或部分损害。

第 1037 条 （对不能胜任者的雇用）

某人雇用不能胜任者或者雇用没有合理的原因而认为他能够胜任者,从事任何工作或服务的,雇主应当对雇员在该工作或服务中因其不胜任而给他人造成的任何损害承担责任。

第 1038 条 （没有必要的技能而承担工作者）

没有必要的技能而承担任何工作或服务的任何人,应当对其因为缺乏技术而给他人造成的任何损害承担责任。

第 1039 条[①] （旅馆经营者的责任）

(1)旅馆经营者对任何旅客带到旅馆的财产所遭受的任何损害、毁灭或丢失所承担责任的最高额为 174 欧元 70 欧分(174.70)。

(2)在下列任一情形,旅馆经营者承担无限责任:

(a)财产被寄托给旅馆经营者的;

(b)根据下一款的规定,旅馆经营者应当接受财产的寄托进行安全保管,而拒绝接受的;

(c)在任何情形中,因旅馆经营者或其雇员,或者因旅馆经营者应当对其行为负责的任何人,故意或者因过失或缺乏技能——即使程度很轻——造成财产损害、毁灭或丢失的。

(3)旅馆经营者应当接受证券、现金和贵重物品进行安全保管,但危险性物品以及考虑到旅馆的规模或标准,笨重的或者过于贵重的物品除外。

(4)旅馆经营者有权要求将交付给他进行安全保管的物品置于固定的或加封的容器中。

(5)如果旅客在发现财产损害、毁灭或丢失后,不当地迟延通知旅店经营者的,或者如果财产的损害、毁灭或丢失是由于下列原因的,不适用本条第 1

---

① 为 1966 年第 2 号法案第 21 条所代替,后为 1983 年第 13 号法案第 5 条和 2007 年第 407 号法律通告所修正。

款和第 2 款之规定:

(a)意外事件或不可抗力;

(b)或者损害、毁灭或丢失的财产之固有性质;

(c)或者将该财产带进旅馆的旅客的作为或不作为,或者旅店经营者以外的受托该旅客的上述财产的任何人的作为或不作为,或者该旅客所雇用的或陪同该旅客的或探望该旅客的任何人的作为或不作为。

(6)在财产损害、毁灭或丢失之前,旅馆经营者与旅客之间签订的任何默示或明示的协议,如果导致或旨在排除、减少或减轻本条所规定的旅馆经营者的责任的,协议无效。

在本条第 2 款(a)项和(c)项规定的情形,如果财产的损害、毁灭或丢失是由前述(c)项提及之人故意或因重大过失造成的,旅客在任何时候签署的将旅馆经营者的责任额减少至不低于 174 欧元 70 欧分(174.70)的任何协议均有效。

(7)在本条和本法典第 2009 条中,"旅客"是指,住在旅馆中并自行支配其中的寝息设施,但非旅馆的雇员之人。

(8)在本条中,每次提及"旅馆经营者",应被解释为包括旅馆的负责人或旅馆中负责接待顾客之人,但在课加给旅馆经营者责任的情形除外。每次提及"丢失",应视为包括被盗。

第 1040 条 (动物的所有权人的责任)

动物的所有权人或者使用动物的任何人在使用期间,应对动物造成的任何损害承担责任,该动物在其管束之下、已走失或逃脱,在所不问。

第 1041 条 (建筑的物所有权人的责任)

如果建筑物因缺乏修缮或者因建造的瑕疵而产生脱落物,而建筑物的所有权人知道该瑕疵或者有合理的理由相信存在瑕疵的,应对脱落物造成的任何损害承担责任。

第 1042 条 (在坠落物造成损害的情形,关于建筑物的居住人之责任的规则)

如果因悬挂或搁置在危险位置而坠落之物,或者因从任何建筑物中抛掷或倾倒之物品或物件,对任何人造成任何损害的,该建筑物的居住人只要其本人没有实施并且没有以任何方式促成该行为,则不承担责任。但本题中有关某人对他人造成的损害承担责任的规定对他适用。

第 1043 条 (醉酒)

即使致害人在造成损害时处于醉酒状态,同样存在损害赔偿之诉。

第 1044 条 （帮助者或教唆者）

不当造成损害的,通过建议、胁迫或指挥而故意促成此等损害发生的任何人,同样应当承担责任。

第 1045 条① （损害的计算）

(1)承担责任之人根据上述规定而应赔偿的损害为:行为直接对受害人造成的实际损失、受害人因损害而被迫支付的费用、实际工资或其他收入的损失,以及因行为所造成的永久性地完全或部分丧失行为能力而产生的将来收入的损失。

(2)对此等无行为能力所赔偿的金额,由法院视案件的具体情况,特别是所造成的无行为能力的性质和程度以及受害人的条件而评定。

第 1046 条② （对死亡一方的继承人的损害赔偿）

因造成损害的行为,受害人继而死亡的,除任何实际损失和所发生的费用外,法院还可以根据前条的规定,如同永久性地完全丧失行为能力的情形,判给死者的继承人损害赔偿金。

第 1047 条③ （损害为剥夺某人对其现金的使用的情形）

(1)如果损害为剥夺某人对其现金的使用,应通过支付年利率为8%的利息进行赔偿。

(2)但若致害人为恶意,且能够表明致害人通过剥夺受害人使用其现金,而意图给受害人造成其他损害,或者该损害是受害人被剥夺使用其现金而即时发生的直接后果的,法院根据具体情况,可以同时对受害人遭受的任何其他损害,包括所有的收入损失,判给赔偿金。

(3)对此等收入损失所判给的金额,由法院视案件的具体情况而评定。

第 1048 条 （对致害人享有的救济权）

某人应对他人造成的损害承担责任且履行了其责任的,不得向致害人寻求救济,但后者同样应对该损害承担责任的除外。

第 1049 条 （恶意造成损害时的连带责任）

---

① 为1938年第3号条例第2条和1962年第21号条例第17条所修正。

② 为1938年第3号条例第3条所代替。

③ 为1939年第39号条例(原文为第49号条例,通观法典全文,很可能是原文有误——译者注)第2条和1983年第6号法第3条所修正。

(1)两人或更多的人恶意造成任何损害的,赔偿损害的责任为连带责任。

(2)如果某些人为恶意而其他人无恶意的,前者承担连带责任,后者仅对各自造成的损害承担责任。

第1050条 (不能确定数人中各人所造成的损害的部分的情形)

(1)不能确定各人所造成的损害的部分的,即使全部或部分致害人没有恶意行事,受害人也可以请求任一致害人赔偿全部损害,但保留被告向其他人寻求救济的权利。

(2)在此等情形,被告可以以《组织与民事程序法典》①第962条规定的方式并为了该条的目的而要求全部致害人共同参与诉讼,法院根据具体情况,可以在他们之间以同等或不等的份额分配损害赔偿金。但始终不影响受害人向承担连带责任的任一致害人主张全部损害赔偿金的权利。

第1051条② (受害人促成损害)

如果受害人因其不谨慎、过失或没有注意而促成或导致了损害,法院在评定应偿付给他的损害赔偿金时,应以其自由裁量,确定受害人在何种程度上促成或导致了他所遭受的损害,而恶意或故意促成该损害的其他人应当偿付给受害人的赔偿金数额应相应地减少。

第1051A条③ (在腐败的情形中的民事救济)

(1)在本条的范围内,"腐败"是指,直接或间接地要求、提供、给予或接受贿赂或预期贿赂或者任何其他不当利益或预期不当利益,因该不当利益或预期不当利益,而扭曲受贿者所要求的任何义务或行为的适当履行。

(2)任何人主张因腐败而遭受损害的,对于腐败行为给他造成的损害,受害人对实施或授权实施腐败行为者或者没有采取合理的措施阻止腐败行为者,享有获得赔偿的诉权。

(3)实施或授权实施腐败行为者,以及没有采取合理的措施阻止腐败行为者,应对第2款提及的损害承担连带责任。

(4)政府或依法设立的法人的官员或雇员实施腐败行为的,在下列情形,政府或依法设立的法人(视具体情况而定),应对腐败行为造成的损害承担赔偿责任:

---

① 第12章。

② 为1938年第3号条例第4条和1939年第39号条例第3条所修正。

③ 为2002年第20号法案第2条所增设。

(a)如果主张遭受损害者在知道官员或雇员的不当行为后,已经通知政府或法人(视具体情况而定)采取在具体情况下合理的预防措施以阻止腐败行为的实施;

(b)如果主张遭受损害者对于同一事项,自己没有促使任何官员或雇员实施腐败行为,或者没有以任何方式作为腐败行为的当事人;

(c)如果受害人为取得赔偿,已经对根据第3款应当对损害承担责任者采取了所有的措施;

(d)如果在对根据第3款应当对损害承担责任者提起的诉讼中,政府或法人(视具体情况而定)为了保护自己在本款的中利益,已经作为一方当事人。

但政府或法人(视具体情况而定)仅对尚未从根据第3款应当对损害承担责任者处取得的赔偿的部分承担责任。

(5)如果主张遭受损害的一方,自己故意作为腐败行为的当事人,则不享有损害赔偿请求权。

但本款的规定不得解释为:如果任何人因非法的对价而作出支付或给付某物,排除他请求返还所作出的支付或给付的物或者其价值的权利。

(6)本条规定的请求赔偿之诉,应当在自请求人知道或应当知道损害发生或腐败发生,并且知道责任人的身份之日起3年内提起,或者在自腐败行为发生之日起10年内提起,以二者中时间较早者为准。该期限届满后,不得提起任何此等诉讼。

(7)如果任何人(包括政府或依法设立的法人)订立了任何合同,而合同或合同条款是由雇员、官员或者其代理人,在腐败行为后,为该官员、雇员或代理人的利益而订立的,受该合同约束者以及其官员、雇员或代理人被如是腐败者,在不影响本条规定的请求损害赔偿的任何诉权的前提下,在知道或应当知道该腐败行为后的1年内,对于因腐败而订立的合同或任何条款,有权提起宣告无效之诉。

但自腐败行为之日起经过10年后,不得提起任何此等诉讼。

第三分题　债的各种类型

第一节　附条件之债

条件的一般规定及其种类

第 1052 条　（附条件之债的定义）

如果债的发生取决于不确定的将来事件，在该事件发生之前债的效力中止，或者视该事件的发生或不发生而解除债的，此种债为附条件之债。

第 1053 条　（偶然条件和任意条件）

（1）如果某条件使债的发生取决于债务人和债权人所不能控制的意外事件，该条件为偶然条件。

（2）任意条件是指，使债的发生取决于合同当事人一方或另一方有权力使其发生或阻止其发生之事件的条件。

（3）混合条件是指，使债的发生取决于合同当事人一方的意志，并且同时取决于第三人的意志或意外事件的条件。

第 1054 条　（违反道德等的条件）

违反道德、公共政策或者法律禁止的条件，或者课加履行不可能之事项的条件，此等条件无效，并且使依赖于此等条件的协议无效。

第 1055 条　（不为某种不可能之事项等条件的效力）

（1）以不为某种不可能之事项为条件，并不使以此为条件缔结的债无效。

（2）但以不为某种违反道德、公共政策或者法律禁止之事项为条件，可使债无效。

第 1056 条　（如果以仅取决于债务人的条件缔结的债，无效）

（1）如果附某项条件缔结债，而该条件使债仅取决于债务人的意志，该债无效。

（2）但若债的发生取决于某项事件，而该事件的发生在债务人的权力之下，如果事件发生，将约束债务人。

第 1057 条　（条件根据当事人的意图而成就）

任何条件，均应以当事人极有可能期望和意图其成就的方式成就之。

第 1058 条　（以在确定的期间内将发生某事为条件而缔结的债）

(1)以在指定的期间内将发生某事为条件而缔结的债,如果期间届满而该事件并未发生,该条件即被视为不成就。

(2)如果未确定期间,在肯定事件不会发生之前,条件不被视为不成就。

但如果条件为债权人可以实施的某项行为,法院根据具体情形,可以为条件的成就确定一个期间,如果该期间届满而条件未成就的,债即终止。

第1059条 (以在确定的期间内不发生某事为条件而缔结的债)

(1)以在指定的期间内不发生某事为条件而缔结的债,如果期间届满而该事件并未发生,以及如果在期间届满之前肯定该事件不会发生,条件即被视为成就。

(2)如果未确定期间,在肯定事件不会发生之前,条件不成就。

但如果条件为债务人权力下的某项行为,法院可以确定一个期间,如果该期间届满而作为条件的事件并未发生,条件即被视为成就,债务人必须履行债务。

第1060条 (条件被视为成就的情形)

(1)如果受条件约束的债务人阻止条件的成就,条件即被视为成就。

(2)在任何情形,如果因行使未在协议中规定的法定权利而阻止条件成就,不适用本条的规定。

第1061条 (条件的溯及力)

(1)已经成就的条件具有溯及力。

(2)如果债权人在条件成就之前死亡,其权利归于其继承人。

第1062条 (在条件成就之前,债权人可以保全其权利)

在条件成就之前,债权人可以采取一切必要的措施以保全其权利。

停止条件

第1063条 (停止条件的定义)

(1)停止条件是指,使债的存在取决于将来不确定事件的条件。

(2)附停止条件之债,在事件发生之前,债不存在。

第1064条 (在条件成就前,标的物灭失或毁损的情形)

附停止条件而缔结债,并且作为协议标的之物在条件成就之前灭失或毁损的,应遵守下列规则:

(a)如果标的物完全灭失而债务人无任何过错的,协议无效;

(b)如果标的物因债务人的过错而完全灭失的,该债务人对债权人承担

损害赔偿责任;

(c)如果标的物仅部分灭失或毁损而债务人无任何过错的,损失由债权人承担,他应当以物所处的状态接受之,且不得请求减少任何价金;

(d)如果标的物因债务人的过错而部分灭失或损毁的,债权人可以选择:或者请求解除协议;或者主张以物之所处的状态交付物,并可请求损害赔偿。

第1065条 （债取决于已经发生的事件的情形）

如果债取决于已经发生但当事人不知其发生的某项事件,债自缔结之日起有效,但在该未知的事件确定之前,不得强迫债务人履行债务。

解除条件

第1066条 （解除条件的定义）

(1)解除条件是指,一旦成就,债即解除,并将物回复至如同从未缔结债的相同状态的条件。

(2)此等条件并不中止债的履行,但若条件规定的事件发生,债权人负有返还已收受之物的义务。

第1067条 （明示的解除条件的效力）

如果解除条件被明确规定在协议中,条件成就后,该协议依法当然解除,并且法院不得授予被告任何期限。

第1068条 （解除条件被默示规定在双务合同中）

在所有情况下,如果一方合同当事人不履行其承诺,解除条件被默示规定在双务协议中。

但在任何此等情形,协议并不依法当然解除,法院根据具体情况,可以授予被告一个合理的期限,但不影响法律有关买卖合同的任何其他规定。

第1069条 （未履行债务时债权人的权利）

(1)无论明示或默示的解除条件,如果与一方当事人未履行其承诺的任何情形有关,条件成就后,作为债权人的一方当事人在该未履行之债中,可以选择:或者请求解除合同;或者,如果债务能够履行,强迫对方当事人履行债务。

(2)在上述两种情形,被告均可被判处支付损害赔偿金。

第二节　附期限之债

第1070条 （履行债务的期限）

(1)期限为所确定的履行债务的期间。

(2)期限的确定,可以通过特别指定某一天而为之,或者通过指出即使发生的时间不确定但肯定将会发生的某一事件而为之。

第 1071 条 （期限并不使债中止）

期限并不使债中止,而仅推迟债的履行。

第 1072 条 （在期限届满前不得主张的事项）

仅在特定的时间才到期的事项,在该期限届满前不得主张。但已经提前作出清偿的,不得请求返还,即使债务人在支付时不知道关于时间的约定,亦同。

第 1073 条 （推定期限为债务人的利益而约定）

期限始终被视为为债务人的利益而约定,但若依约定或视具体情形,表明期限也为债权人的利益而订立的,不在此限。

第 1074 条 （期限的计算）

在计算期限时,日以 24 小时计,月和年依历法计算。

第 1075 条 （起算日不计算在内）

缔结附期限之债的当日,或者期限开始计算之日,不计入期限之内。

第 1076 条① （公共假日）

(1)公共假日不中止期限的计算。

但如果期限的最后一日为公共假日,在并非公共假日的下一日终了之前,期限不被视为届满。

(2)在本条的范围内,公共假日是指,根据《组织与民事程序法典》②第 109 条的规定,普通法院均不开庭之日。

第 1077 条 （没有确定债务履行的期限的情形）

如果没有确定债务履行的期限,应立即履行,但债的性质或履行方式或约定的履行地点暗含必要的期限的,不在此限,如果必要,该期限由法院确定。

第 1078 条 （履行债务的期限由债务人的意志决定的情形）

如果履行债务的期限由债务人的意志决定,或者如果约定当债务人能够履行债务时或者当债务人有经济能力履行时再履行债务,则应遵守下列规则:

(a)如果债的标的为支付一笔金钱,且无须支付利息,则应在 2 年内履行该债务;若需要支付利息,则应在 6 年内履行该债务;

---

① 为 1976 年第 22 号法案第 4 条所修正。
② 第 12 章。

(b)如果债的标的并非支付一笔金钱,债务的履行期限由法院视具体情况而定。

第 1079 条 （债务人不得主张期限利益的情形）

如果债务人变得支付不能,或者其状况发生改变从而危及债的清偿,或者通过他的行为而减少了根据协议他应当向债权人提供的担保,或者他未能提供约定的担保,则不得再主张期限利益。

第三节 选择之债与任意之债

第 1080 条 （如何履行选择之债）

(1)选择之债的债务人通过交付债务中包含的两物中的一物而解除其义务。

(2)债务人不得强迫债权人接受一物之部分和另一物之部分。

第 1081 条 （选择权授予债务人）

选择权属于债务人,但明确将之授予债权人的除外。

第 1082 条 （享有选择权的一方没有行使选择权的情形）

(1)如果享有选择权的一方没有在为此而明确约定的期限内行使该选择权,选择权将归于另一方。

(2)没有约定此等期限的,法院有权确定一个期限,如果享有选择权的一方没有在该期限内行使选择权,选择权将归于另一方。

第 1083 条 （允诺的两物中的一物不能作为债的标的的情形）

如果允诺的两物中的一物不能作为债的标的,对于另一物,该债被视为简单之债【本法典中,简单之债为附条件之债和选择之债的对称。——译者注】。

第 1084 条 （允诺的两物中的一物灭失的情形）

(1)如果允诺的两物中的一物灭失或者不能再交付,即使系因债务人的过错而发生,对于尚存之物,该债变为简单之债。不得以提交灭失物的价金代替原物。

(2)如果两物均灭失且债务人对其中一物的灭失有过错的,他应当偿付最后灭失之物的价值。

第 1085 条 （债权人享有选择权的情形）

如果在前条提及的任何情形,根据协议,选择权被授予债权人的,应遵守下列规则:

(a)如果仅有一物灭失,且债务人无过错的,债权人应当受领尚存之物;如

果债务人有过错,债权人得请求尚存之物或者请求灭失物的价金;

(b)如果两物均灭失,且债务人对两物的灭失均有过错或者仅对其中一物的灭失有过错的,债权人得依其选择请求该两物中任一物的价金。

第1086条 (两物均灭失且债务人无过错的情形)

如果两物均灭失而债务人无过错,且在债务人迟延交付之前灭失的,依第1207条的规定,债消灭。

第1087条 (选择之债包括两个以上的物的情形)

如果选择之债包括两个以上的物,适用同样的规则。

第1088条 (任意之债的定义)

(1)如果债的标的物为特定物,但债务人有权通过交付另一物而解除其义务的,此等债被称为任意之债。

(2)在任何此等情形,债权人仅得请求协议中指定之物。

(3)如果该物灭失,债消灭。如果债务人迟延交付标的物或者标的物因其过错而灭失,在此情形,法律的任何其他规定不受影响。

第四节 连带之债

第1089条 (连带之债不得推定)

连带责任不得推定。如果法律没有规定,必须明确约定之。

连带债权人

第1090条 (为数个债权人利益的连带之债)

如果明示赋予两个或两个以上债权人中的每一人请求全额清偿之权利,并且向任一债权人清偿即解除债务人之债务的,即使债所产生的利益可以在数个债权人之间分割,此等债即为各债权人利益的连带之债。

第1091条 (债务人选择向任一连带债权人清偿的权利)

债务人可以选择向任一连带债权人清偿,但某一连带债权人先前已经通过司法请求或者其他司法文书向他作出通知的,不在此限。

第1092条 (时效的中断与中止)

(1)对某一连带债权人中断时效的任何行为,同样为其他债权人带来利益。

(2)为某一连带债权人的利益而中止时效的,并不为其他债权人带来利益。

第1093条 (某一连带债权人免除的效力)

如果某一连带债权人免除债务,仅对该债权人的份额产生效力。

连带债务人

第1094条 (连带债务人)

如果所有债务人就同一事项负有债务,其中任一债务人均得被强迫清偿全部债务,且某一债务人作出清偿即可免除其他债务人对债权人的债务,此等债务人为连带债务人。

第1095条 (即使各债务人所负义务不同,仍得为连带债务)

即使某一债务人和其他债务人就同一事项的清偿所负义务不同,例如,某一债务人的债务为附条件之债而另一债务人的债务为简单之债,或者某一债务人的债务享有清偿期限而另一债务人的债务无此期限,或者各债务人应在不同的地点清偿的,此等债仍得为连带之债。

第1096条 (债权人可对任一连带债务人提起诉讼)

债权人可依其选择对任一连带债务人行使其请求权,该债务人不得主张分担利益【分担利益(benefit of division)是指,同一连带债务的数名债务人或者同一债务的数名保证人,每人所享有的要求债权人按债务人或保证人各自在该债务中的份额分别求偿的权利。另参见本法典第1937条。——译者注】。

第1097条 (对某一连带债务人的司法请求不妨碍对任何其他连带债务人的类似请求)

对某一连带债务人提出的司法请求,不妨碍债权人对任何其他连带债务人提起类似的诉讼,即使在提出第一个请求时债权人未明确保留该权利的,亦同。

第1098条 (支付利息的请求)

对某一连带债务人提出支付利息的请求,导致对全体债务人计算利息。

第1099条 (连带债务人可以提出抗辩)

(1)如果债权人对某一连带共同债务人提起诉讼,该共同债务人可以提出专属于其个人的抗辩以及由全体其他共同债务人共有的抗辩。

(2)但该共同债务人不得提出专属于某一其他共同债务人个人的抗辩。

第1100条 (时效的中断)

某一连带债务人对债务的承认,以及能够对任一连带债务人中断时效的所有其他行为,同样对其他债务人及其继承人中断时效。

第1101条 （连带债务人的某一继承人对债务的承认）

（1）某一连带债务人的某一继承人对债务的承认,以及对该继承人实施的所有其他行为,即使该承认或行为可以对该继承人中断时效,也不对其他共同继承人中断时效,即使债务为抵押债务,亦同,但不可分之债除外。

（2）时效对某一连带债务人的某一继承人中断的,除该继承人负担的债务部分外,并不对其他共同债务人产生效力。

（3）但若时效对已故共同债务人的所有继承人中断的,该中断对所有健在的共同债务人就全部债务产生效力。

第1102条 （标的物因某个或数个连带债务人的过错而灭失的情形）

（1）如果标的物因某个或数个连带债务人的过错而灭失,或者在该债务人迟延交付期间灭失的,不免除其他共同债务人偿付标的物之价值的义务,但其他共同债务人不承担损害赔偿的责任。

（2）债权人仅得向对标的物灭失有过错的债务人或者向已迟延履行的债务人请求损害赔偿。

第1103条 （如果某一债务人成为债权人的继承人等）

如果某一债务人成为债权人的继承人,或者债权人成为某一债务人的继承人,由于混同,连带债务对于该债务人的部分灭失。

第1104条 （如果债权人同意为某一债务人的利益而分割债务）

如果债权人同意为某一债务人的利益而分割债务,不因此而妨碍他对其他债务人就全部债务行使其连带诉权。

第1105条 （如果债权人受领部分清偿）

（1）分开受领某个或数个连带债务人对债务的一次或多次部分清偿的,不论对清偿该部分的债务人,或者对其他债务人而言,均不意味着对连带之债的放弃,即使债权人在受领该部分时并未明确保留其连带诉权或一般权利,亦同。

（2）对于债权人对某个或数个共同债务人就部分债务提出的任何司法请求,适用同样的规则。

（3）此等放弃不得推定,即使受领的款项或者请求清偿的款项等同于作出清偿的债务人或者被请求清偿的债务人在他和其他连带债务人之间他所应当负担的份额,亦同。

第1106条 （债务人之间按比例承担义务）

为债权人利益而缔结的连带债务,依法当然在债务人之间分担;在债务人之间,仅就各自的份额承担义务。

第1107条 (清偿债务的共同债务人仅可对其他共同债务人请求其各自的份额)

(1)如果某一共同债务人已全额清偿连带债务,他仅得对其他共同债务人请求其各自的份额以及自清偿之日起的利息,即使发生任何权利的转让,亦同。

(2)如果某一其他共同债务人支付不能,由此造成的损失在所有有支付能力的共同债务人之间,包括已作出清偿的债务人在内,依各自债务份额的比例分摊。

第1108条 (债权人免除某一共同债务人承担连带责任的情形)

如果债权人放弃他对某一债务人的连带诉权,而某个或数个其他债务人变得支付不能的,支付不能者的份额在所有债务人之间,包括先前被债权人免除连带责任的债务人在内,依各自份额的比例分摊。

第1109条 (连带债务的标的仅与某一共同债务人有关的情形)

如果连带债务的标的仅与某一共同债务人有关,该共同债务人对其他共同债务人就全部债务承担责任,后者仅被视为该共同债务人的保证人。

第五节 可分之债与不可分之债

第1110条 (可分之债)

根据作为债之标的的物或行为是否在物理上或观念上可分,债得为可分之债或不可分之债。

第1111条 (不可分之债)

如果作为债之标的的物或行为即使在性质上可分,但从债的关系考虑该物或行为则不允许部分履行的,此等债为不可分之债。

第1112条 (连带之债并不意味着不可分)

不得仅因债为连带之债而被视为不可分之债。

可分之债

第1113条 (债权人和债务人之间如何履行可分之债)

(1)债,即使可分,在一个债权人和一个债务人之间,必须如同不可分之债履行之。

(2)债的可分性,仅适用于他们的继承人。各自的继承人代替债权人或债务人,仅得在其有权请求的范围内请求清偿债务,或者仅在其负有义务的范围内清偿债务。

第1114条　(可分性规则不适用于债务人的继承人的情形)

(1)关于债对债务人的继承人的可分性之规则,不适用于下列情形:

(a)标的物为特定物的;

(b)根据权利文书,债务人的某一继承人单独负担债务的履行的;

(c)根据债之标的或债的性质或协议的目的,表明当事人的意图为该债务不得分为若干部分履行的。

(2)在本条第1款(a)项和(b)项提及的情形,占有物的继承人或者单独负担债务的继承人,以及在本条第1款(c)项提及的情形,各继承人得被诉请清偿全部债务,但他对其他共同继承人享有追偿权。

不可分之债

第1115条　(不可分之债中债务人的责任)

(1)如果两人或更多的人共同缔结不可分之债,各债务人均对全部债务承担责任,即使并未连带缔结债,亦同。

(2)对于缔结了一个类似债务者的数继承人,适用同样的规则。

第1116条　(在不可分之债中债权人的继承人的权利)

(1)债权人的每一继承人均得请求履行全部不可分之债。

(2)各继承人不得单独免除全部债务,亦不得单独受领价金以代替原物。

(3)如果某一继承人单独免除债务或者单独受领物之价金,任何其他共同继承人仅在考虑到已经免除债务或受领价金的继承人的份额后,始得请求不可分之物。

第1117条　(债务人的共同继承人请求其他共同继承人作为诉讼当事人的权利)

债务人的某个继承人就全部债务被提起诉讼的,可以请求休庭,以使其共同继承人作为被告参加诉讼,但以债的性质并非为仅能由被诉的继承人清偿为条件;在此情形,可以对被诉的继承人单独作出判决,但他对其他共同继承人享有追偿权。

第六节　附违约金条款之债

第1118条　(违约金条款的定义)

违约金条款是指,某人为确保履行协议,允诺自己在不履行协议的情况下为某种事务的条款。

第1119条 (主债无效的效力和违约金条款无效的效力)

(1)主债无效引起违约金条款无效。

(2)违约金条款无效并不引起主债无效。

第1120条 (违约金代替损害赔偿)

(1)违约金代替对债权人因主债不履行所遭受的损害的赔偿。

(2)债权人可以诉请履行主债以取代请求由债务人引起的违约金。

(3)债权人不得同时请求主债和违约金,但就单纯迟延而约定的违约金不在此限。

第1121条 (违约金到期的时间)

(1)如果债务为不作为,一旦发生相反的情况,违约金即到期。

(2)如果债务只应在特定的期间履行,则一旦该期间届满,违约金产生,但通过协议确定了另一个期间的除外。

(3)在任何其他情形,根据第1130条的规定债务人处于迟延时,产生违约金。

第1122条 (违约金的减少或减轻)

(1)除下列情形外,法院不得减少或减轻违约金:

(a)如果债务人部分履行债务且债权人明确受领该履行的部分;

(b)如果债务人部分履行债务,且考虑到债权人的特定情况,该履行的部分对债权人明显有用。但在任何此等情形,如果债务人在承诺支付违约金时明确放弃其请求任何减少的权利,或者如果就单纯迟延而约定违约金,不得减少违约金。

(2)如果根据本条应当减少违约金,则根据债务未履行部分的比例予以减少。

第1123条 (不可分之债中的违约金条款)

如果附违约金条款而缔结的主债的标的物为不可分之物,即使仅债务人的某一继承人违反债务,亦产生违约金。在此等情形,可以:

(a)对违约的继承人就全部债务主张违约金;

(b)或者对各共同继承人就其各自的份额主张违约金,或者如果享有抵押诉权,甚至可以对各共同继承人就全部债务主张违约金,但他们对违约的继承人享有追偿权。

第 1124 条 （可分之债中的违约金条款）

(1)如果附违约金条款而缔结的主债为可分之债,且债务人的某一继承人违反债务的,仅对该继承人就其所承担的主债的份额产生违约金,对已经履行债务者不得提起任何诉讼。

(2)如果约定违约金的目的在于不得进行部分清偿,而某一共同继承人阻止债的整体履行的,不适用本条第 1 款确定的规则。在任何此等情形,该共同继承人应对全部违约金承担责任,其他人仅就其各自的份额承担责任,并对违约的继承人享有追偿权。

第七节　信义之债

第 1124A 条① （信义之债）

(1)信义之债依法律、合同、准合同、信托以及因某人(受信人)承担下列职责或实施下列行为而产生:

(a)负有保护他人利益的义务;

(b)或者为他人的利益而持有、行使对财产的控制或处分权,包括他为此目的而被授予该财产的所有权;

(c)或者自他人处获取信息但负有保密义务,并且此人知道或者根据具体情形应当知道该信息被限制使用。

(2)某人被受信人委以任何职权,并且知道或者根据具体情形应当知道存在信义之债的,同样被视为信义之债的主体。

(3)当某人有下列行为时,产生信义之债:

(a)不论为其本人的利益或其他利益,无权取得或无权使用他人的财产或信息而为之;

(b)或者作为第三人,知道或者根据具体情形应当知道受信人违反信义之债而行事,并从受信人的行为中或因受信人的行为而收到或获得财产,或者取得其他收入。

(4)在不影响受信人在所有情况下以最大诚信履行其债的义务和诚实行事的义务的前提下,且以不违反法律的明确规定或者不违反排除或变更该义务的任何书面文书的明示条款(视具体情况而定)为条件,受信人应当:

(a)尽善良家父之勤勉履行其债;

---

① 为 2004 年第 13 号法案第 40 条所增设。

(b)避免任何利益冲突;

(c)不得从其地位或职权中获得未公开的或未授权的利益;

(d)当多人负有信义义务时,公平行事;

(e)将作为受信人所取得或持有的任何财产,与其自身的财产以及他对之负有类似债务的其他人的财产相分别;

(f)对该信义之债相对人的利益保持适当的书面记录;

(g)提交有关该信义之债所涉及财产的账目;

(h)基于请求,将依信义之债而持有的任何财产,返还于依法对之享有权利之人,或他所指定之人,或可适用的法律所规定的其他人。

(5)除依法享有的任何其他救济外,受信人的行为违反信义义务的,应当将任何财产以及直接或间接取得的所有其他利益,返还于义务相对人。

(6)因违反信义义务而产生的返还财产的义务,同样适用于原始财产转化后的所有财产或者取代原始财产的所有财产。

第1124B条① （受信人享有的所有权）

(1)如果某人被授予财产的所有权但应负信义之债,第三人可将其视为财产的绝对所有权人而为与此人有关的事项。

(2)如果某人负信义之债地持有财产,该财产不承受其自身债权人之请求权或诉权,亦不承受其配偶或法定继承人之请求权或诉权。

(3)某人就有关信义之债所涉及的财产与受信人交易时,以其诚信为条件,可以信赖受信人就其授权所作的声明,而无须:

(a)调查对受信人授权之条款;

(b)或者获得信义义务的相对人或任何其他人的同意。

(4)受信人可以向与之交易的任何人提供包含下列信息的证书,但不得违反任何保密义务:

(a)存在授权,相关文书的制作日期,授权未被撤销;

(b)声明他被授权实施正在进行的交易;

(c)受信人的身份和地址。

(5)受信人发放任何证书的,如果包含他知道或应当知道为虚假的任何陈述,构成犯罪,基于有罪判决,应被处以不超过2年的监禁或者处以罚金。

---

① 为2004年第13号法案第40条所增设。

第四分题　债的效力

第 1125 条　（不履行债务时的责任）

任何人不履行他所缔结的债务的，应承担损害赔偿责任。

第 1126 条　（给予某物之债包括保管义务和交付义务）

(1)给予某物之债包括交付物的义务和交付前保管物的义务。

(2)即使在债务人迟延交付前标的物的风险由债权人承担，如果债务人迟延交付，风险转由债务人承担。

第 1127 条　（作为之债的不履行）

如果不履行作为之债，债权人得被授权自己使之被履行，费用由债务人承担。

第 1128 条　（违反不作为之债的情形）

如果债务为不作为，只要有违反义务之事实，违反义务的债务人即应承担损害赔偿责任。

第 1129 条　（违反不作为之债时债权人的权利）

除损害赔偿之诉外，债权人还得请求去除违反义务的任何事项，并得被授权自行去除之，费用由债务人承担。

第 1130 条　（债务人迟延的情形）

(1)如果为给予之债或作为之债，且在协议中确定了履行期限，只要该期限届满，债务人即处于迟延。对于第1141条规定的利息的支付，该条的规定不受影响。

(2)如果在协议中未确定履行期限，或者在债务人死亡后期限届满，除以司法文书作出通知外，债务人或其继承人不处于迟延。

第 1131 条　（给予之债或作为之债的履行期限届满时的损害赔偿责任）

如果承诺给付之物或者承诺所为之事只应在特定的期间履行，而该期间已届满的，债务人同样应承担损害赔偿责任。

第 1132 条　（债务履行中要求的勤勉程度）

(1)本法典有关寄托的规定除外，无论债的目的在于仅为当事人一方的利益或者为当事人双方的利益，在所有情况下，在债务履行中应尽的勤勉程度为第1032条所规定的善良家父之勤勉。

(2)但本法典规定的某些情形，可高于或低于该规则的严厉程度而适用之。

第 1133 条 （未履行债务时的损害赔偿责任）

即使债务人无恶信,亦应对债务不履行或迟延履行所造成的损害承担责任。但债务人能够证明不履行或迟延履行系由于不可归责于他的外部原因的,不在此限。

第 1134 条 （在不履行是由于不可抗力时不承担责任）

如果债务人因不可抗力或意外事件,不能履行其承诺的给予或作为,或者实施了被禁止的事项,债务人不承担损害赔偿责任。

第 1135 条 （应偿付给债权人的损害赔偿金）

除以下规定的例外和变更情形外,通常应按债权人遭受的损失以及被剥夺的利润向他偿付损害赔偿金。

第 1136 条 （债务人仅就所预见或能够预见的损害承担责任）

债务人仅就订立协议时所预见或能够预见的损害承担责任,但因债务人的欺诈而致债务不履行的,不在此限。

第 1137 条 （不可请求赔偿遥远的和偶然的损害）

即使债务不履行系债务人一方的欺诈所致,对债权人遭受的损失以及被剥夺的利润的赔偿,仍仅限于因债务不履行而即时发生的直接后果的损害。

第 1138 条 （协议确定了应偿付的损害赔偿金的数额的情形）

协议规定不履行协议的当事人应支付一定数额的款项作为损害赔偿的,判给另一方当事人的款项不得高于或低于规定的数额。

第 1139 条[①] （如果债务为支付一笔款项,应偿付的损害赔偿金）

本法典有关保证或合伙的规定除外,如果债的标的限于支付一定的款项,因迟延履行而产生的损害赔偿仅包括年利率为 8% 的利息额。

第 1140 条 （利息的支付无须损失的证明）

对于前条提及的利息的支付,债权人无须证明任何损失。

第 1141 条 （自何日计算利息）

(1)如果为商事性质之债,或者法律规定依法当然计算利息的,自应当履行债务之日开始计算利息。

(2)在任何其他情形,即使协议中确定了债务的履行期限,仍自以司法文书通知之日开始计算利息。

---

① 为 1983 年第 6 号法案第 4 条所修正。

第1142条 (复利)

或者依上述规定,自提出计算复利的司法请求之日起,或者依利息到期后订立的协议,到期的利息得产生复利;但在这两种情形,计算复利的利息均以至少已满1年的利息为限。

第1143条 (代位之诉)

任何债权人为获得应得之物,可以行使属于其债务人的任何权利或诉权,但专属于债务人自身的权利或诉权除外。

第1144条 (撤销之诉【原文为拉丁文 Actio Pauliana,直译为"保卢斯之诉"(又译"保利安之诉")。——译者注】)

(1)任何债权人也得以其本人的名义对债务人实施的欺诈其债权的任何行为提出异议,但被告有权根据《组织与民事程序法典》[①]第795条至第801条的规定提出先诉利益的抗辩。

(2)如果此等行为系有偿为之,债权人必须证明缔约双方均存在欺诈。

(3)如果此等行为系无偿为之,债权人证明债务人一方的欺诈即为已足。

(4)债权人依据本条所享有的诉权,仅得在其被剥夺的任何利益的范围内对未成年人行使,但不影响债权人对参与欺诈的任何监护人所享有的任何其他诉权。

第五分题 债的消灭方式

第1145条 (债如何消灭)

除解除条件及时效的效力外,债因下列任一原因而消灭:

(a)清偿;

(b)更新;

(c)债务免除;

(d)抵销;

(e)混同;

(f)标的物灭失;

(g)解除。

---

① 第12章。

第一节 清 偿

清偿的一般规定

第1146条 （清偿的定义）

无论债的标的为给予或作为,清偿均指债的履行。

第1147条 （清偿意味着存在债务）

(1)每一清偿均意味着存在一项债务,非债清偿得请求返还。

(2)但若系履行自然之债而为之清偿,不得提起请求返还之诉。

第1148条 （由何人作出清偿）

(1)债得因与之有关的任何人,例如共同债务人或保证人,所为之清偿而消灭。

(2)债亦得因与之无关的第三人所为之清偿而消灭,但以该第三人以债务人的名义并为履行债务人的债务而作出清偿为限;或者如果该第三人以其本人的名义为清偿,则以其并不代位取得债权人的权利为限。

第1149条 （债权人不得拒绝第三人所为之清偿）

(1)如果债务人因第三人提供的清偿而受益,债权人不得拒绝之。

(2)同样的规则甚至适用于作为之债,但在此等情形,以债权人并不在意是否由债务人本人履行债务,且第三人系应债务人之请求而提供履行为条件。

第1150条 （清偿移转物之所有权的情形）

(1)如果清偿之目的在于向债权人移转给付之物的所有权,除非由物之所有权人为之,否则此等清偿无效。

(2)但以金钱或者以某些其他因使用而消费之物所为之清偿,不得向诚信消费该款项或该物的债权人请求返还,即使清偿系由非所有权人所为,亦同。

第1151条 （无转让能力之人所为之清偿的无效）

无转让能力之人为其利益而为的任何清偿,均得被宣告无效。

第1152条 （向何人作出清偿）

(1)清偿,必须向债权人为之,或者向被债权人、法院或法律授权的受领者为之。

(2)向未被如是授权之人所为的清偿,如果债权人认可它或因此受益,该清偿有效。

第1153条 （向占有债权之人诚信所为的清偿）

向占有债权之人诚信所为的清偿有效,即使占有人此后被追夺债权,亦同。

第 1154 条　（何时向无受领能力的债权人所为之清偿有效）

如果债权人无受领清偿的能力,向他所为的清偿无效;但债务人能证明给付之物已使该债权人受益的,不在此限。

第 1155 条　（债务人违反债权扣押令所为的清偿）

债务人违反债权扣押令或法院的任何其他指令而向其债权人进行清偿的,此等清偿对为其利益而发布或作出指令之人无效;此等人,在其权利的范围内,可以强迫债务人再次清偿,但债务人对债权人享有救济权。

第 1156 条　（不得强迫债权人受领他物或受领部分清偿）

不得强迫债权人受领应向其交付之物以外的他物,即使向其提供之物的价值等于或甚至大于本应受领之物的价值;亦不得强迫债权人受领债务的部分清偿,即使债务可分,亦同。

第 1157 条　（特定物的交付）

特定物的债务人通过按物在交付时所处的状态交付该物而解除债务,但以在物发生任何损坏之前债务人并未迟延,且该损坏并非因债务人或他应对之承担责任的其他人的过错所致为限。

第 1158 条　（仅确定其种类之物的交付）

如果债务与仅确定其种类之物有关,为解除债务,债务人无须交付最优质量之物,但不得交付最劣质量之物。

第 1159 条　（清偿地）

(1)清偿必须在合同指定的地点进行。

(2)如果未指定地点,且应交付之物为特定物的,必须在合同订立时作为清偿标的之物的所在地进行。

(3)如果在清偿中应给付之物为金钱或者为可以无须费用地携带或发送的任何其他物,并且债权人和债务人居住于同一岛屿,则必须在债权人的住所进行清偿。

(4)在任何其他情形,必须在债务人的住所地进行清偿。

第 1160 条　（在租金、利息或其他定期支付之情形中的清偿推定）

在租金、利息或其他定期支付的情形,如果收据表明债务人已连续 3 个周期清偿了到期的款项,而对先前到期的款项未有任何保留意见的,则推定先前到期的款项已受清偿。

第1161条 （其他情形中的清偿推定）

在下列情形，同样推定债务已受清偿：

(a)如果在某人应当向另一人清偿的当事人之间，在债务到期后，至少已3次做成往来账目，而未提及该债务或者未提及包含该债务的任何其他保留意见；

(b)如果在债务人死亡后，或者在自出具关于最后一次往来账目的清偿证明书之日起不少于3年的期限后，对该债务提出请求。

第1162条 （推定的不适用）

如果存在能够表明债务不可能已被清偿的情形，或者存在能够表明债务到期后在作出清偿或做成账目时有正当理由而未提及债务的情形，则在前两条提及的各种情形中，均不产生清偿推定。

第1163条 （有关清偿的费用）

(1)有关清偿的费用由债务人承担。

(2)清偿人可以要求自己承担费用将清偿证明书记录于公文书中。

代位清偿

第1164条 （清偿人代位取得债权人的权利的情形）

清偿他人债务者，非依约定或法律规定，不得代位取得债权人的权利。

第1165条 （依约定代位）

(1)在下列情形，清偿人依约定代位取得债权人的权利：

(a)债权人使清偿人代位取得他对债务人的所有权利，但此等代位应明示约定并与清偿同时发生；

(b)债务人借款以清偿债务并使出借人代位取得债权人的权利。

但除非具备下列条件，此等代位无效：

（ⅰ）借贷与清偿均以公文书作出，

（ⅱ）在借贷文书中指明所借款项用于清偿债务，

（ⅲ）并且在清偿文书中指明清偿系以新债权人为此提供的款项所为。

(2)本条第1款(b)项提及的代位的发生无须债权人的同意。

第1166条 （依法代位）

为下列之人的利益，依法发生代位：

(a)本身就是债权人的任何人，向因优先权或抵押权而拥有在先权利的另一债权人为清偿者；

(b)取得任何不动产的任何人,以其价款向对该不动产享有抵押权的债权人为清偿者;

(c)有义务与他人共同清偿债务或者有义务为他人清偿债务的任何人,对清偿债务享有利益者;

(d)享有清单利益的任何继承人,以其本人的金钱清偿了遗产债务者。

第1167条 (对保证人和债务人均发生代位)

不论依协议代位或依法代位,均可对保证人和债务人发生;在债权人仅受部分清偿时,代位清偿不得使债权人受到损害;在任何此等情形,债权人得优先于仅向其进行部分清偿者主张债权余额。

指定清偿

第1168条 (债务人可将清偿用于解除某一特定债务)

(1)负有数宗债务的任何债务人,在清偿时有权声明该清偿用于解除某一特定债务。

(2)但在也为债权人的利益而推定已经对未到期债务约定了清偿期限的任何情形,未经债权人同意,债务人不得优先于到期债务而指定清偿未到期债务。

(3)债务人亦不得优先于先前到期的租金或利息而指定清偿之后到期的租金或利息。

第1169条 (附利息的债务)

(1)附利息的本金的债务人,未经债权人同意,不得优先于利息而指定清偿本金。

(2)同时对本金和利息所为的任何部分清偿,首先用于清偿利息。

第1170条 (债务人接受包含债权人之指定的收据的情形)

如果负有数宗债务的债务人接受了收据,债权人已于其中明确将清偿用于某一特定债务的,债务人不得请求将该清偿用于任何其他债务,但债权人一方存在欺诈或突然变卦的,不在此限。

第1171条 (关于指定清偿的规则)

以不违反上述条文的规定为条件,在清偿时没有作出任何指定的,应遵守下列规则:

(a)优先于有争议的债务而将清偿用于无争议的债务;

(b)有数宗无争议的债务之情形,优先于清偿时尚未到期的债务而将清偿用于已到期的债务;除非在尚未到期的债务中,债务人因某一债务应受人身逮捕的,在此情形,只要并未也为债权人的利益而约定清偿期限,应指定清偿该债务;

(c)对于已到期的债务,应指定清偿债务人应受人身逮捕之债;没有任何此等债务的,应指定清偿附利息之债,而优先于其他债务;

(d)优先于无保证担保的债务而指定清偿附保证担保的债务;优先于无优先权或抵押权担保的债务而指定清偿享有优先权或抵押权担保的债务;

(e)优先于清偿人作为其他人的保证人或者作为连带债务人的债务,而将清偿用于清偿人作为主要债务人或唯一债务人的债务;

(f)在上述规则未明确规定的任何情形,应指定清偿在清偿时债务人对清偿有最大利益的债务;

(g)如果债权人对优先于清偿另一债务而清偿某一特定债务并无任何利益,应指定清偿时间最早的债务;在数宗债务缔结于同一天但到期时间不同的情形,最先到期的债务被视为时间最早的债务;

(h)如果所有的事项均相同,则按比例清偿各宗债务。

第1172条 (债权人通过出售负担债务之物而获得清偿时关于指定清偿的规则)

如果债权人通过出售负有用以担保其债权的优先权或抵押权之物并取得其收益而获得清偿,应遵守下列规则:

(a)应指定清偿附优先权或抵押权担保的债务而优先于任何其他债务,即使债务人可能对清偿此等其他债务有更大的利益,亦同;

(b)如果某物承受优先债务的同时承受抵押债务,应指定清偿优先债务;如果承受数宗抵押债务,应将清偿用于最早的抵押权所担保的债务。

(c)如果所有的事项均相同,按比例清偿各宗债务;

提示清偿与提存

第1173条 (债务人可以提存应付之款项或应付之物的时间)

(1)如果债权人拒绝受领清偿,债务人或能够依法作出清偿之人,可以《组织与民事程序法典》[①]规定的方式提存应付之款项或应付之物,费用由债权人承担。

---

① 第12章。

(2)有效的提存视同清偿,提存之物的风险由债权人承担。

第1174条 (之前拒绝有效的提示清偿的方可提存)

(1)除非之前的有效提示清偿被拒绝,否则提存不产生前条规定的效力。

(2)提示清偿甚至可以以口头方式为之。

(3)如果未在自提示清偿之日起4日内接受,被视为拒绝提示清偿。

(4)如果一方当事人居住于马耳他岛而另一方当事人居住于戈佐岛或科米诺岛,期限为8日。

第1175条 (有效的提示清偿的条件)

提示清偿符合下列条件的,方为有效:

(a)提示清偿是向有受领清偿能力的债权人或者被授权代债权人受领之人作出的;

(b)提示清偿是有清偿能力之人作出的;

(c)提示清偿包括应偿付的全部本金及利息、已经清算的费用及针对尚未清算的费用的另外一笔金额,并保留对任何不足予以补足;

(d)为债权人利益而约定的清偿期限已经届满;

(e)缔结债务所附之条件已经成就;

(f)提示清偿是在协议约定的清偿地作出的;或者协议无约定时,是在法律规定的清偿地作出的。

第1176条 (可以撤销提存的时间)

(1)只要提存尚未被债权人接受,债务人均可撤销;但附有债权人或任何其他人向法院请求发布的债权扣押令的除外。

(2)债务人撤销提存的,其共同债务人或保证人并不被解除债务。

第1177条 (债务人获得宣告提存有效之判决的情形)

债务人已获得宣告提存有效之判决的,即使债权人同意,债务人亦不得损害其共同债务人或保证人再撤销提存。

第1178条 (债权人同意撤销已被宣告有效的提存的情形)

债权人同意债务人撤销已被宣告有效的提存的,不得再为使对其所负的债务得到清偿而行使担保该债务的优先权或抵押权;仅自同意撤销提存的文书以设立抵押权及登记于公共登记处的必要手续做成,且撤销提存的文书被如是登记之日起,该债权人仍享有抵押权。

第二节 更 新

第1179条 （发生更新的时间）

在下列情形,发生债的更新:

(a)债务人与其债权人缔结新债取代已消灭的原债的;

(b)新债务人取代被债权人解除债务的原债务人的;

(c)依据新债,新债权人取代原债权人,债务人对后者的债务被解除的。

第1180条 （何人得进行债的更新）

(1)债的更新仅得在有缔约能力的人之间进行。

(2)债的更新不得推定,进行债的更新的意图必须清楚地被表明。

(3)因新债务人取代原债务人而进行的债的更新,可以不经原债务人的同意而为之。

第1181条 （除非原债消灭,不发生债的更新）

(1)如果原债并未消灭,即使被变更,亦不发生债的更新。

(2)债务人单纯指示某人代其清偿债务,不产生债的更新。

(3)债权人单纯指示某人代其受领清偿,亦不产生债的更新。

第1182条 （考虑到原债务而接受证券,不产生债的更新）

(1)考虑到原债务而接受票据或其他有价证券,不产生债的更新。但从其他情形能够清楚地表明上述接受意在消灭原债的,不在此限。

(2)原先为商业性质的债务,仅因该债务之后被记录于公证书并附抵押担保,亦不产生债的更新。

第1183条 （债务移转不产生债的更新）

债务人向债权人提供另一债务人,由后者对债权人负担债务而发生的债务移转,如果债权人未明确表示其免除移转债务的债务人之债务的意思,不产生债的更新。

第1184条 （债务承担人支付不能）

债权人免除移转债务的债务人之债务的,如果债务承担人变得支付不能,债权人对原债务人不享有救济权;但债权人明确保留该权利的,或者债务承担人在承担债务时已经支付不能或破产或即将破产的,不在此限。

第1185条 （担保原债务的优先权等,并不延伸至替代债务）

担保原债务的任何优先权或抵押权,并不延伸至替代债务,但债权人已作出明确保留的除外。

第 1186 条 （原有的优先权等不对新债务人的财产产生作用）

如因新债务人取代原债务人而发生债的更新,原有的担保债务的优先权和抵押权不对新债务人的财产产生作用。

第 1187 条 （债权人与某一连带债务人之间的债的更新）

如果在债权人与某一连带债务人之间发生债的更新,原债务的优先权和抵押权作为一项负担仅对缔结新债者的财产保留之。

第 1188 条 （其效力）

(1)债权人与某一连带债务人之间的债的更新,解除其他共同债务人的债务,但保留缔结新债的债务人对其他共同债务人,就其清偿的其他共同债务人各自的原债务份额享有的救济权。

(2)对主债务人发生债的更新的,解除保证人的义务。

(3)但若在本条第 1 款提及的情形,债权人要求其他共同债务人加入债的更新,或者在本条第 2 款提及的情形,债权人要求保证人加入债的更新,而其他共同债务人或保证人拒绝接受新协议的,原债务继续存在。

第 1189 条 （债务承担可以对其新债权人提起的抗辩）

(1)接受债务移转的债务承担人不得以其可以对抗原债权人的抗辩对抗其新债权人,但保留他对原债权人的救济权。

(2)如果债务承担人意在通过承担债务而为对其利益而承担债务者作出赠与,则不适用本条第 1 款的规定。

(3)对取决于个人状况——例如未成年——的抗辩,只要该状况在债务承担人接受债务移转时仍然存在,同样不适用上述规定。

第三节 债务免除

第 1190 条 （连带债务中的免除）

(1)为某一连带债务人利益的免除或合意解除,亦解除所有其他共同债务人的债务,但债权人已明确保留对其他共同债务人的权利的,不在此限。

(2)如果作出此等保留,债权人在主张债权时应扣除被免除的部分。

第 1191 条 （债务免除对保证人的效力）

(1)为主债务人利益的免除或合意解除,亦解除保证人的义务。

(2)免除保证人的义务的,并不解除主债务人的债务。

(3)免除某一保证人的义务的,仅在其他共同保证人有权向被免除义务的共同保证人寻求救济的份额范围内解除其他共同保证人的义务。

第 1192 条　（债权人应当从债务中扣除作为免除义务的对价而从保证人处取得的任何物）

债权人为免除保证人的义务而从保证人处取得的任何物,应抵充债务额,在该数额内,解除主债务人及其他保证人的义务。

第 1193 条　（交还创设债务的文书意味着免除）

(1)债权人向债务人自愿交还创设债务的原始文书,产生免除债务的推定,但能证明系为解除债务人的债务以外的其他目的而交还的,不在此限。

(2)向某一连带债务人交还上述文书的,对其他共同债务人产生同样的效力。

第 1194 条　（在有关其他债务的清偿证明书中未保留某债务）

仅在有关其他债务的清偿证明书中未保留某债务的,不产生免除该债务的推定。

第 1195 条　（放弃质押）

放弃质押不足以产生免除债务的推定。

第四节　抵　　销

第 1196 条　（抵销发生的时间）

(1)两人互为债务人的,在其之间发生抵销。

(2)抵销依法当然发生,即使各债务人不知,亦同。自两宗债务同时存在起,在各自同等数额的范围内相互消灭。

第 1197 条　（在何种债务之间发生抵销）

(1)仅在两宗债务的标的物均为一笔款项或一定数量的同种类的可替代物,且其数额已经清算并到期时,始发生抵销。

(2)如果债务的数量确定,视为债务的数额已清算。

第 1198 条　（清偿期限不妨碍抵销）

无偿授予的清偿期限不妨碍抵销。

第 1199 条　（不发生抵销的情形）

除下列情形外,无论各债的对价如何,均发生抵销：

(a)请求返还其所有权人被不法剥夺之物时；

(b)请求返还寄托物或使用借贷之物时；

(c)在债所针对的是不得扣押的扶养费之情形。

第 1200 条　（保证人可主张抵销）

(1)保证人有权主张抵销债权人对主债务人所负的债务。

(2)但主债务人不得主张抵销债权人对保证人所负的债务。

(3)债权人对某连带债务人负欠债务的,其他共同债务人仅得就该债务人的份额主张抵销。

第 1201 条　（债务人同意债权转让的情形）

(1)如果债权人将其权利转让给第三人,债务人无保留、无条件地同意该转让的,该债务人不得以其同意转让之前可以对抗让与人的任何抵销对抗受让人。

(2)如果债务人未同意转让,但已向其送达转让通知的,债权转让仅得阻止在此通知后所产生的债务的抵销。

第 1202 条　（同一人负有数宗可以抵销的债务的情形）

如果同一人负有数宗可以抵销的债务,第 1168 条、第 1169 条和第 1171 条有关指定清偿的规定适用于抵销。

第 1203 条[①]　（抵销不影响第三人的权利）

(1)抵销的发生不得损害第三人已经取得的权利。

(2)作为债务人的人,在因第三人向法院请求发布的债权扣押令而占有债权后成为债权人的,不得损害请求发布扣押令的一方的利益而主张抵销。

本条的任何规定均不禁止抵销在授予《组织与民事程序法典》[②]第 381 条第 1 款(f)项、(g)项和(h)项提及的便利的过程中产生的贷款。

第 1204 条　（因抵销而消灭的债务的清偿）

某人负担的债务根据法律已因抵销而消灭但他又作出清偿的,在诉请偿付其未主张抵销的债权时,不得损害第三人的利益而行使其债权所附的任何优先权、抵押权或其他担保;但他有正当理由而不知本可以抵销其债务的债权的,不在此限。

第五节　混　　同

第 1205 条　（混同发生的时间）

债权人和债务人的身份集于同一人时,依法发生混同,债权和债务均告消灭。

[①] 为 2007 年第 8 号法案第 14 条所修正。

[②] 第 12 章。

第 1206 条 （混同使保证人受益）

(1)在主债务人身上发生的混同,使保证人受益。

(2)在保证人身上发生的混同,不引起主债的消灭。

(3)在某一连带债务人身上发生的混同,仅在该债务人所负担份额的范围内使其他共同债务人受益。

第六节 标的物灭失

第 1207 条 （何时标的物的灭失使债消灭）

(1)如果作为债之标的物的特定物灭失、成为非交易物或丢失而完全不知其是否尚存,债消灭,但以物在债务人迟延交付之前灭失、成为非交易物或丢失且债务人并无过错为限。

(2)债务人迟延交付,但并不承担意外事件之风险的,如果将物交付于债权人由债权人占有同样会灭失,债消灭。

(3)债务人必须证明他所主张的意外事件。

(4)被盗之物无论以何种方式灭失或丢失的,物的丧失并不免除盗窃该物者返还物之价金的义务。

第 1208 条 （债务人将诉权让与债权人）

如果标的物灭失、成为非交易物或丢失而债务人并无过错,债务人应当将他对该物享有的请求损害赔偿的任何权利或诉权让与债权人。

第七节 解 除

第 1209 条 （解除的效力）

(1)除非法律有其他规定,合同解除的效果为使当事人回复至合同订立前的状态。

(2)各当事人应向对方当事人返还因合同或依合同而受领或取得的任何物。

(3)对于在主张解除合同之前所收取的孳息或取得的利息,法院视案件的具体情况,可以指令抵销该孳息或利息。

(4)因欺诈或暴力而解除合同的,实施该欺诈或暴力的当事人同样应当向对方当事人返还已经收取的以及因其过错而未收取的孳息。

第 1210 条 （解除可以对抗第三人）

(1)合同的解除同样产生对抗第三方占有人的效力。

(2)合同的解除使得针对解除之后应当返还之物所授予的任何权利或课加的任何负担归于无效。

第1211条 （仅对部分文书主张解除的情形）

(1)如果文书包含相互独立的数部分,可以仅对某一部分文书主张解除。

(2)如果文书的数部分以无论何种方式相互联系,而原告仅诉请解除某一部分的,被告有权对原告,或者如果存在与未包含在诉讼中的部分有利害关系的其他当事人,对该其他当事人主张解除全部文书或者主张解除相互联系的各部分。

第1212条[①] （解除的事由）

任何协议因缺少合同的有效要件而具有瑕疵的,或者被法律明确宣告无效的,应当解除。

第1213条[②] （因显失公平而解除）

成年人不得以显失公平为由主张解除。

第1214条 （未成年人）

(1)对于未成年人,在法律未明确排除的任何种类的协议中,不论显失公平的程度如何,除非程度极小,显失公平均为解除协议的正当理由。

(2)但如果显失公平系意外且无法预见的事件所致,即使是未成年人也不得诉请解除协议。

第1215条 （在未成年人情形中的其他显失公平的情形）

如果未成年人虽未遭受实际损失,但表明协议使其承受诉讼或承担巨额费用或者丧失本来享有的任何利益的,为未成年人之利益,同样允许以显失公平为由解除协议。

第1216条 （合同当事人双方均为未成年人的情形）

即使协议的对方当事人也为未成年人,一方当事人亦可以显失公平为由行使解约诉权。

第1217条 （未成年人宣称其已成年的情形）

(1)仅有未成年人宣称其已成年的声明,并不剥夺他诉请解约的权利。

(2)但若未成年人进行了意在使他人相信其有缔约能力的虚假陈述,且以这种方式欺骗了对方当事人的,则不得以其无缔约能力为由对其债务提出异

[①] 为1975年第58号法案第6条所修正。

[②] 为1975年第58号法案第7条所修正。

议。

第 1218 条 （未成年人不得主张解除的情形，但成年人享有该权利的除外）

如果协议为，根据《商法典》①的规定，对于该协议未成年人被视为已成年的，或者协议是由未成年人因其职业而订立的，或者债产生于侵权或准侵权的，在此等情形，除非成年人同样有权主张解除合同，否则未成年人不得主张解除；在侵权或准侵权的情形，适用第 1035 条和第 1036 条的规定。

第 1219 条 （未成年人被视为成年人的情形）

如果遵守了对未成年人或禁治产人的任何行为或者对有关未成年人或禁治产人的任何行为所规定的手续，或者如果监护人或保佐人实施的行为并未超出其管理的限度，对于此等行为，未成年人或禁治产人被视为成年人或非禁治产人，但保留他对监护人或保佐人所享有的救济权。

第 1220 条② （侵权或准侵权情形中的无缔约能力）

如果债产生于侵权或准侵权，无缔约能力并非禁治产人解除债务的正当理由。

第 1221 条③ （未成年人或禁治产人偿还的范围）

(1) 未成年人或禁治产人有权以其无缔约能力为由诉请解除债务的，对于在他们未成年或禁治期间为履行该债务而向他们所为的给付，仅得在其利益增加额的范围内请求偿还。

(2) 本条的规定同样适用于第 1216 条提及的情形。

第 1222 条④ （以暴力、错误等为由的解约诉权的期限）

(1) 以暴力、错误、欺诈或者禁治产人或未成年人无缔约能力为由解除合同的诉权，应当在 2 年内行使，但法律在其他特定情形规定了较短期限的除外。

(2) 对于无对价或基于虚假对价的任何债，适用同样的规则。

第 1223 条 （时效期间的起算日）

(1) 上述时效期间，在暴力之情形，仅自暴力终止之日起算；在错误、欺诈

---

① 第 13 章。
② 为 1973 年第 46 号法案第 67 条所代替。
③ 为 1973 年第 46 号法案第 68 条所修正。
④ 为 1973 年第 46 号法案第 69 条所修正。

或虚假对价之情形,仅自发现瑕疵之日起算。

(2)在无对价之债的情形,期间自合同订立之日起算。

第1224条 (其他情形中解约诉权的期限)

在前两条没有规定的任何其他情形,解除债务的诉权,应当在自该权利可以行使之日起5年内行使,享有此等权利者的状况或条件在所不问;本法典的任何其他规定不受影响。

第1225条 (诉权可移转给继承人)

诉权可移转给继承人。

但继承人仅得在其被继承人享有诉权的期限内行使该权利,法律有关时效中断或中止的任何其他规定对此适用。

第1226条 (合同无效的抗辩)

(1)在所有情况下,被诉请履行合同的当事人已提起解约之诉的,可以随时提出合同无效的抗辩。

(2)该抗辩不受第1222条和第1224条规定的时效的限制。

第1227条 (债的确认或认可)

对因无效或任何其他事由而产生解约诉权或解约抗辩之债的确认或认可,在合同当事人之间产生效力,但不影响第三人的权利。

第1228条 (确认或认可在何种情形意味着放弃解约诉权)

除非表明作出确认或认可的当事人知道引起解约诉权的瑕疵,确认或认可并不意味着放弃该诉权。

第1229条 (确认或认可可以默示为之)

前条的规定除外,确认或认可可以通过自愿履行根据法律享有解约诉权之债或者通过表明使债务生效之意图的任何其他文书而默示为之。

第1230条 (对因缺乏手续而被法律明确宣告无效的行为的确认或认可)

法律的任何其他特别规定除外,对因缺乏必要手续而被法律明确宣告无效的任何行为的确认或认可不使该行为有效,但通过包含为使所确认或认可的行为有效所需的全部手续的文书而作出的确认或认可,不在此限。

第1231条 (对赠与或遗嘱处分的确认或认可)

在赠与人或遗嘱人死亡后,其继承人或继受其权利的其他人作出的对赠与或遗嘱处分的确认或认可,不适用前条之规定。在任何此等情形,继承人或该其他人即使默示确认或认可的,同样意味着放弃解约诉权或解约抗辩。

第六分题　债及其消灭的证明

第 1232 条① 　（债及其消灭的证明）

(1)如果法律没有规定必须以公文书或私文书订立或消灭债,债或其消灭可以通过证人或者《组织与民事程序法典》②所允许的任何其他方式予以证明。

(2)公文书是由公证人或者被法律授权赋予文书以公信的其他公共官员,通过必要的手续制作或接收的文书。

第 1233 条③ 　（必须明示于公文书或私文书中的交易）

(1)法律明确规定文书必须为公文书的情形除外,下列交易必须明示于公文书或私文书中,否则无效：

(a)包含以任何名义转让或取得不动产所有权或者对不动产的任何其他权利之允诺的任何协议；

(b)消费借贷的任何允诺；

(c)任何保证；

(d)任何和解；

(e)对城市房地产超过 2 年期限的任何租赁,或者对乡村土地超过 4 年期限的任何租赁；

(f)任何民事合伙；

(g)《婚姻承诺法》④中提及的任何承诺、合同或协议。

(2)在私文书的情形,如果文书未由各方当事人签名,必须以《组织与民事程序法典》⑤第 634 条规定的方式证明之。

第 1234 条　（法律的推定）

法律为其利益而作出推定的任何人,对作为推定对象的事实免于任何证明。

---

① 为 1913 年第 14 号条例第 1 条所修止。
② 第 12 章。
③ 为 1913 年第 14 号条例第 2 条所修正。
④ 第 5 章。
⑤ 第 12 章。

第1235条 （推翻推定的证据的可采纳性或不可采纳性）

（1）推翻法律作出的推定的证据，仅当基于该推定，法律已宣告某些行为无效或者驳回任何诉讼或抗辩且未对提出反证的权利作出任何保留时，不予采纳。

（2）在任何其他情形，即使法律未明确保留提出反证的权利，推翻推定的证据得予采纳。

第五题 婚姻合同

第1236条[①] （婚姻合同）

除本题第三分题提及的所得物之外，法律不在配偶之间设立合伙或财产共有。

第1237条[②] （当事人可以订立不违反道德等的其他协议）

（1）但将来的配偶可以订立不违反道德或者不违反本条及本法典以下条文规定的任何其他协议。

（2）在婚前合同或婚后合同中，配偶双方可以约定他们在婚姻期间所得的财产分别所有，或者约定采用本题第五分题的单独管理外剩余财产的共有制。在不影响本条第3款的前提下，将来的配偶之间不得设立一般的合伙或财产共有，但本条或第1236条提及的合伙或财产共有除外。

（3）不论配偶双方采用何种财产制调整其财产，均得根据《商事合伙条例》[③]【为1995年第25号法案（第386章）所废止。（第386章为《公司法》。——译者注）】单独或与他人共同设立有限责任公司，任何法院不得干涉；附属于以配偶一方的名义登记的份额的投票权，应由以其名义登记的配偶一方行使。在任何此等公司中的份额的所有权，仍根据夫妻财产制进行调整。

第1238条[④] （某些协议不得订立）

（1）将来的配偶不得订立将其某一方确立为家主的任何协议，或者违反产

---

① 为1993年第21号法案第77条所代替。
② 为1993年第21号法案第77条所代替。
③ 第168章。
④ 为1973年第46号法案第70条所修正，后为1993年第21号法案第77条所代替。

生于亲权的任何权利的任何协议,或者违反有关未成年的法律规定或者法律的任何禁止性规定的任何协议。

(2)但根据配偶某一方的宗教信仰来抚养所有的子女或任一子女的任何约定,均有效。

第1239条 (协议不得违反法定继承顺位)

将来的配偶不得订立或作出将变更配偶双方对其子女或直系卑血亲之遗产的法定继承顺位或者变更其子女间的法定继承顺位的任何协议或放弃,为本法典的规定所允许的遗嘱处分和遗赠除外。

第1240条① (在婚姻合同中作出的某些允诺的有效性)

(1)将来配偶的某一方的父、母在婚姻合同中对该将来配偶作出的下列允诺有效:

(a)留给该将来配偶的他的/她的遗产份额不会少于该将来配偶在无遗嘱继承中所能得到的份额;

(b)或者不会通过对其他子女或任何其他人的赠与而减少该份额;

(c)或者通过赠与或遗嘱而给予或留给任何其他子女之物不会多于给予或留给该将来配偶之物。

(2)将来配偶的任一方同样可以放弃其父、母或其他直系尊血亲的遗产,以取得该父、母或其他直系尊血亲通过因婚赠与而给予他/她的物。

(3)但任何此等放弃,除非明确作出,否则无效。

第1241条② (未成年人订立的婚姻协议)

未成年人取得行使亲权的父母双方或一方的同意而订立的婚姻协议,或者如果父母双方均失踪、死亡、被禁治产或精神不健全的,取得法院的授权而订立的婚姻协议,有效。

第1242条 (无缔约能力者)

在所有情况下,为使无缔约能力者订立的婚姻协议有效,必须取得法院的授权。

第1243条 (婚姻合同在婚前的变更)

将来的配偶在婚姻举行之前对婚姻合同作出的任何变更或相反的声明,非经所有的合同当事人同意,无效。

---

① 为1973年第46号法案第71条和1993年第21号法案第78条所修正。

② 为1973年第46号法案第72条所修正,后为1993年第21号法案第79条所代替。

第 1244 条① （婚后协议）

(1)婚姻举行之后,配偶双方取得法院的授权,可以变更其婚姻协议,但不影响子女或第三人的权利。

(2)未订立婚前协议的,配偶双方取得法院的授权,同样可以订立婚姻合同。

(3)法律禁止在婚前订立的任何协议同样禁止在婚后订立之。

(4)婚姻举行之后,无须法院的任何授权,配偶双方可以特定抵押权代替在婚姻合同中规定的任何概括抵押权。

第 1245 条 （婚姻合同必须明示于公文书中）

任何婚姻合同以及对其作出的任何变更或相反的声明,应明示于公文书中,否则无效。

第 1246 条 （并登记于公共登记处）

婚姻合同、对其作出的变更或相反的声明,除非登记于公共登记处,否则对第三人不产生效力。

第 1247 条 （公证人必须作出附注说明）

在任何变更或相反声明的情形,公证人应如同在注销文书或解除文书的情形作出一项附注说明,否则将受到《公证业与公证档案法》②规定的处罚。

第一分题③* 嫁资与亡夫遗产的设立

第 1248 条 （设立的废止）

嫁资与亡夫遗产的设立特此废止。

第一节④ 嫁资的设立

第 1249 条至第 1258 条,包括第 1249 条和第 1258 条在内,为 1993 年第 21 号法案所废止。

---

① 为 1981 年第 30 号法案第 9 条和 1993 年第 21 号法案第 80 条所修正。
② 第 55 章。
③ 本分题之规定为 1993 年第 21 号法案第 81 条所代替。
* 本分题之规定的适用,参见 1993 年第 21 号法案第 89 条。
④ 为 1993 年第 21 号法案第 81 条所废止。

第二节① 丈夫对嫁资的权利

第 1259 条至第 1267 条,包括第 1259 条和第 1267 条在内,为 1993 年第 21 号法案所废止。

第三节② 嫁资的不可转让性

第 1268 条至第 1299 条,包括第 1268 条和第 1299 条在内,为 1993 年第 21 号法案所废止。

第四节③ 嫁资的返还

第 1300 条至第 1312 条,包括第 1300 条和第 1312 条在内,为 1993 年第 21 号法案所废止。

第二分题④ 亡夫遗产

第 1313 条至第 1315 条,包括第 1313 条和第 1315 条在内,为 1993 年第 21 号法案所废止。

第三分题⑤* 婚后所得共有

第 1316 条 (结婚产生婚后所得共有)

(1)在马耳他举行的婚姻,在没有以公文书订立的相反协议的情况下,依法当然在配偶之间产生婚后所得共有。

(2)在马耳他以外举行的婚姻,配偶双方之后定居于马耳他的,在该对配偶之间就其到达马耳他后所得的任何财产亦产生婚后所得共有。

第 1317 条 (婚后所得共有可以在婚后设立)

---

① 为 1993 年第 21 号法案第 81 条所废止。
② 为 1993 年第 21 号法案第 81 条所废止。
③ 为 1993 年第 21 号法案第 81 条所废止。
④ 本分题之规定为 1993 年第 21 号法案第 81 条所代替。
⑤ 本分题之规定为 1993 年第 21 号法案第 82 条所代替。
* 本分题之规定的适用,参见 1993 年第 21 号法案第 89 条。

即使在婚姻举行之后,配偶双方取得法院的授权,同样可以设立已被婚姻合同或其他文书排除的婚后所得共有,或者终止依婚姻合同或依法设立的婚后所得共有。

第1318条 (不得违反规定)

配偶双方不得违反本法典有关婚后所得共有的规定。

第1319条 (婚后所得共有开始和终止的时间)

配偶各方对婚后所得共有享有的权利始于婚姻举行之日,止于婚姻解除之日,法律有任何其他规定的除外。

第1320条 (婚后所得共有财产)

婚后所得共有财产包括:

(a)配偶双方因工作或劳务所得;

(b)配偶双方之财产的孳息,包括被设立为嫁资的或受限定继承的财产之孳息,该财产在婚前系由丈夫或妻子占有,或者由其根据任何继承、赠与或其他名义而占有,在所不问,但以给予或遗留该财产时并未附带下列条件为限:该财产的孳息并不作为婚后所得的一部分;

(c)父亲或者母亲对之享有法定用益权的子女之财产的孳息,但本法典有任何其他相反规定的除外;

(d)以婚后所得的金钱或其他物而取得的任何财产,即使仅以配偶一方的名义而取得该财产;

(e)以配偶一方在婚前占有的金钱或其他物而取得的任何财产,或者以配偶一方在婚后根据任何赠与、继承或其他名义而占有的金钱或其他物而取得的任何财产,即使以该方配偶的名义而取得该财产,但该方配偶有权扣除为取得该财产而支付的款项;

(f)配偶一方或配偶双方偶然赢得之物,以及配偶一方发现的埋藏物中依法归于发现者的部分,该方配偶是在自己的、其配偶的或者第三人的房地产中发现埋藏物的,在所不问。

但埋藏物中授予房地产所有权人的部分,完全属于在其房地产中发现埋藏物的一方。

第1321条 (对婚后所得的推定)

(1)配偶一方或双方占有的全部财产,在无相反证据的情况下,被视为婚后所得的一部分。

(2)但配偶一方在婚前以任何名义所得的任何财产,即使该方配偶仅在婚后才被赋予对财产的占有,亦不包含在婚后所得中。

第 1322 条[①]　(婚后所得共有财产的管理)

(1)对婚后所得的普通管理以及对该普通管理的起诉权或应诉权,赋予配偶各方。

(2)实施特别管理行为的权利以及对该行为的起诉权或应诉权,或者就任何行为订立任何和解合同的权利,共同赋予配偶双方。

(3)特别管理行为为下列行为:

(a)取得、设立或转让不动产物权的行为;

(b)设立或课加财产抵押的行为;

(c)分割不动产的行为;

(d)授予对不动产的使用权和/或享有权的行为;

(e)第 1753 条第 2 款(a)项规定以外的赠与;

(f)在银行账户中存款以外的金钱借贷;

(g)动产的取得、对动产或不动产的任何使用权或享有权的取得,且未在交付时或交付之前支付对价的;

但该规定不适用于,第 1327 条(c)项规定的为家庭需要而发生的任何债务,或者相较于家庭条件,其对价适中且租赁期限较短的对动产或不动产的租用;

(h)订立任何保证合同;

(i)提供质押;

(j)负无限责任地加入商事合伙,或者认购或取得出资尚未完全缴清的有限责任公司的任何份额;

(k)营业的转让以及上市公司以外的商事合伙的任何份额的转让;

(l)根据第 2010 条(b)项,产生特别优先权的任何行为;

(m)撤销(a)项和(c)项提及的任何行为的行为,以及在生前作出承认或放弃任何不动产物权的任何声明;

(n)对作为婚后所得共有之一部分的财产设立信托,以及变更或撤销任何此等财产被设立的任何信托之条款。

[①] 为 1995 年第 4 号法案第 2 条、2004 年第 13 号法案第 41 条、2008 年第 15 号法案第 3 条和 2009 年第 12 号法案第 21 条所修正。

(4)存入银行中的任何金钱和《投资服务法》①的附录二中所定义的任何文书,归于某已婚者之账户的,仅得由该已婚者取出,无须调查该金钱或文书是否属于婚后所得共有。

(5)即使婚后所得共有出于任何原因而终止,第 4 款的规定同样适用,且不影响配偶各方基于共有财产的分割而对其全部共有份额享有的权利。

(6)配偶一方可以通过根据《组织与民事程序法典》②第 634 条被适当证明的公文书或私文书,指定配偶他方或任何其他人就特别管理行为及和解作为其代理人。

(7)出具第 6 款提及的公文书的公证人,以及证明第 6 款提及的私文书的律师或公证人,应当提醒该方配偶指定代理人的重要性及其后果,并且应当在公文书或私文书中(视具体情况而定)声明他已经如是对该方配偶作出提醒。

第 1323 条③　(拒绝同意或无须同意)

(1)如果配偶一方拒绝对特别管理行为作出同意,在特别管理行为为家庭利益所必要时,配偶他方可以向适格法院申请授权。

但在此等情形,当事人可以选择采用第 6A 条规定的程序而在他们之间达成协议或进行仲裁。

(2)如果配偶一方离开马耳他,或者对于配偶一方存在任何其他障碍,并且在这两种情形,不存在根据《组织与民事程序法典》④第 634 条被适当证明的公文书或私文书的授权,则配偶他方可以对婚后所得实施任何必要的,根据法律需要配偶双方同意的,享有自愿管辖权的法庭可以特别授权的特别管理行为;但在此等情形,法院不得概括授权实施所有的特别管理行为。

(3)对于转让不动产所有权或任何不动产物权的任何行为,以及任何概括抵押或特定抵押,第 996 条或第 2033 条(视具体情况而定)所要求的登记还应包括配偶他方的姓名,如同该配偶他方为转让文书或抵押文书的一方当事人;如果仅以配偶一方的名义作出该登记,仅在与以其名义进行登记的配偶一方有关的范围内,对第三人产生效力。

第 1324 条　(交易、营业等的管理)

---

① 第 370 章。
② 第 12 章。
③ 为 2004 年第 9 号法案第 14 条所修正。
④ 第 12 章。

配偶一方正在实施的对交易、营业或职业的正常管理行为,仅授予实际实施该交易、营业或职业的配偶一方,即使如果所实施的行为若非与该交易、营业或职业有关则构成特别管理,亦同。

第 1325 条① （排除配偶一方对共有财产的管理）

(1)如果配偶他方有下列情形,适格法院基于配偶一方的请求,可以裁定为特定目的或行为而概括地排除或者有限地排除配偶他方对婚后所得共有财产的管理:

(a)不适于管理;

(b)或者对共有财产管理不善;

在任何此等情形,在该方配偶被排除的范围内,婚后所得共有财产的管理仅授予未被如是排除的配偶一方。

(2)被排除对婚后所得进行管理的配偶一方,如果被排除的事由不复存在,可以请求法院恢复其管理。

(3)根据本条作出的任何裁定,应由登记员在 24 小时内通知公共登记处主任,后者应原样作出特殊登记并为之制作一条特殊索引。该裁定应包括《公共登记法》对登记的说明所要求的有关配偶双方的所有事项,并且在登记后对第三人产生效力。

(4)在不影响根据本条第 1 款作出的任何裁定的前提下,如果配偶一方被禁治产或者被剥夺行为能力,在禁治产或剥夺行为能力终止之前,该方配偶被排除对婚后所得的管理;在任何此等情形,对婚后所得的管理仅授予未被如是排除的配偶一方。

第 1326 条 （未经必要同意而实施的行为）

(1)需要配偶双方同意的行为,配偶一方未经配偶他方同意而实施的,如果该行为涉及不动产物权或不动产债权的转让或设立,未作出同意的配偶一方可以请求宣告该行为无效;如果该行为涉及动产,仅得在无偿授予对动产的权利时始得被宣告无效。

(2)宣告无效之诉仅得由需要其作出同意的配偶一方提起,并仅得在自下列日期中最早者之日起 3 年的除斥期间内提起:

(a)该方配偶知道上述行为之日;

(b)或者如果该行为可以登记,登记之日;

---

① 为 2004 年第 9 号法案第 14 条所修正。

(c)或者婚后所得共有终止之日。

(3)不考虑第2款的规定,第1款授予配偶一方的请求宣告行为无效的权利,自以司法文书的方式通知该方配偶上述行为之日起届满3个月的,权利失效。在该3个月的期限内,该方配偶已提起宣告无效之诉的,不在此限。

(4)未在规定的期限内提起宣告无效之诉并且未明示或默示认可该行为的配偶一方,享有如下诉权:强迫配偶他方将婚后所得共有财产恢复原状,或者如果不能恢复原状,强迫其赔偿所遭受的损失。

(5)本条的上述规定除外,如果系需要配偶他方同意且涉及动产的任何行为,而配偶一方单方实施的,配偶他方无权请求宣告行为无效;但配偶他方并未明示或默示认可该行为的,该方配偶享有如下诉权:强迫单方实施该行为的配偶将婚后所得共有财产恢复原状,或者如果不能恢复原状,强迫其赔偿所遭受的损失。

(6)本条的规定不影响各方配偶根据本法典或任何其他法律所享有的任何权利。

第1327条 （共有财产应负担的债务）

第1329条的规定除外,作为婚后所得共有之一部分的财产仅负担下列债务:

(a)根据取得该财产的行为而承受的负担和债务;

(b)管理婚后所得而发生的费用和债务,但如果行为需要配偶双方同意,配偶一方未经配偶他方同意而单独实施的,由该行为发生的费用除外;

(c)为包括子女的教育和抚养在内的家庭需要而发生的费用和债务,即使单独发生的,亦同;

(d)配偶双方共同缔结的任何债务;

(e)如果配偶一方的财产之孳息包含在婚后所得中,涉及该财产的普通修缮的债务;

(f)配偶一方负担的作为民事救济的任何债务或赔偿,但以该赔偿并非作为故意实施的任何犯罪的民事救济而负担为限。

第1328条 （特定配偶方的债权人）

特定配偶方的债权人,除非享有合法的优先事由,其顺位在婚后所得共有财产的债权人之后。

第1329条 （各方配偶单独缔结的债务）

(1)以不违反本条的下列规定为条件,对于婚后所得共有财产并不负担的属于配偶一方的债务,不论该债务产生于婚前或婚后,如果债权人不能以该方配偶的个人特有财产满足其债权,在该方配偶在婚后所得共有中享有的财产份额的价值范围内,可以对作为婚后所得共有之一部分的财产补充行使其债权。

(2)债务人的配偶除请求司法的财产分别的权利外,无权反对对债务人的任何财产或婚后所得共有财产行使债权的行为,但试图执行的财产为债务人的配偶的个人特别财产的,除外。

第1330条 (个人特有财产负担共有财产之债务的情形)

如果婚后所得共有财产不足以清偿其负担的债务,该共有财产的债权人可以对配偶双方的个人特有财产补充行使其债权。

但如果(a)债务系作为配偶一方实施的故意犯罪的民事救济而负担,或者(b)债务系实施第1324条提及的交易、营业或职业而产生,债权人不得对未引起该债权的配偶一方的个人特有财产行使其债权,但在此等情形,债权人可以在婚后所得共有财产不足以清偿的范围内,对引起债权的配偶一方的个人特有财产行使其债权。

第1331条 (补偿与返还)

(1)各方配偶对于他/她从婚后所得共有财产中取出用以清偿第1327条规定以外的债务的任何款项或任何物的价金,应当进行补偿,但他/她能够表明该行为对共有财产有利或者系为满足家庭需要而实施的,不在此限。

(2)各方配偶对于从其个人特有财产中取出的任何款项或任何物的价金,如果该款项或物用于与婚后所得共有财产的债务或投资有关的花费或消费,则有权得到补偿。

(3)作为婚后所得共有财产的债权人的配偶一方,在其债权价值的范围内,可以请求受让共有财产。以婚后所得共有财产作出的补偿,应首先以转让金钱,其次以转让其他动产,最后以转让不动产为之。

(4)上述补偿应在婚后所得共有终止时为之。

如果家庭利益需要或允许,法院可准许早于该时间作出任何此等补偿。

第1332条 (司法的财产分别)

(1)得因下列任一事由而宣告司法的财产分别:

(a)配偶一方被禁治产或者被剥夺行为能力的;

(b)配偶一方事务的无序状态或其与婚后所得的管理有关的行为,危及婚后所得共有财产的利益,或者危及家庭利益,或者危及请求司法的财产分别的配偶方的利益的；

(c)配偶一方实质上未履行其根据本法典第 3 条的规定对家庭需要作出贡献的义务的；

(d)根据第 1325 条的规定，配偶一方被概括地排除管理或者在很大程度上被排除管理的。

(2)司法的财产分别仅得由配偶一方或其法定代理人提出；但引起本条第 1 款(b)项或(c)项提及的司法分别之事由的配偶一方或其代理人，不得请求此等分别。

(3)根据本条第 1 款(d)项而被排除对婚后所得共有财产进行管理的配偶一方请求司法分别的，如果司法分别给配偶他方造成经济损害，法院应当命令请求司法分别的配偶一方就他方因司法分别所遭受的损失向他方支付赔偿金。

(4)在宣告司法的财产分别的判决中，法院应当指令配偶之间的婚后所得共有自判决产生既判力之日起终止。

但在不影响任何第三人依法取得的任何权利的前提下，法院可以指令判决的效力溯及至提交援引因之作出判决的事由的司法文书之日。

(5)配偶一方的债权人或者婚后所得共有财产的债权人，如果因其权利受到欺诈而被法院宣告财产分别，即使财产分别已经生效，仍得对之提出异议。

(6)如果法院认为情势需要，可以指令：婚后所得共有终止后，在法院确定的期限届满前，不得分割包含在婚后所得共有中的财产。

(7)法院根据本条第 6 款作出的任何指令，基于正当理由，得由法院变更或撤销之。

(8)行使对婚后所得共有财产的任何债权的任何诉讼，不因请求司法的财产分别而延缓。

(9)如果提出司法财产分别的请求，特定配偶的债权人可以提起行使其对婚后所得共有财产之债权的诉讼或继续该诉讼；在任何此等情形，债务人的配偶得因其在婚后所得共有中的份额，而请求将出售属于婚后所得共有的任何物的收益的一半寄托于法院；但如果该寄托超过该配偶方在婚后所得共有中的份额，超出的任何寄托额仍归于负债的配偶一方，并得被其债权人扣押。

(10)宣告司法的财产分别的任何判决，仅自该判决登记于公共登记处之日起，始得对抗第三人。

第 1333 条 （共有财产的分割）

婚后所得共有财产的分割,通过将共有财产及其包含的债务的一半分配给配偶各方而为之。

第四分题① * 个人特有财产

第 1334 条 （个人特有财产的定义）

(1)如果配偶之间实行婚后所得共有或单独管理外剩余财产的共有,未包含在第 1320 条(a)项至(f)项中的或者嫁资以外的所有财产,为个人特有财产。如果配偶双方根据分别财产制而持有其财产,嫁资以外的所有财产为个人特有财产。

(2)个人特有财产的管理专属于该财产所属的配偶一方。

(3)为供养家庭,配偶双方应先使用从共有财产所得的收入,后使用专属于他们某一方的收入;先使用作为共同财产的资金或者属于婚后所得共有的资金,后使用专属于配偶一方的资金。

第 1335 条 （配偶一方指定配偶他方为代理人的情形）

如果配偶一方指定配偶他方为其代理人以管理其个人特有财产,后者应以与任何其他代理人同样的方式对前者承担责任;但如果在委任中有明确规定,该方配偶仅负有提交孳息之账目的义务。

第 1336 条 （配偶一方未经授权而享用财产,或者虽经授权但未附有对孳息承担责任之条件的情形）

(1)如果配偶一方未经授权而享用配偶他方的个人特有财产,但配偶他方未提出反对的,基于婚姻的解除或者财产所属的配偶方的第一次请求,享用他方特有财产的配偶或其继承人仅负有交付尚存孳息的义务,且对婚姻解除时或提出请求时已经消费的孳息不承担责任。

(2)如果配偶一方经过授权而享用配偶他方的个人特有财产,但未明确附有对孳息承担责任之条件的,适用同样的规则。

第 1337 条 （配偶一方虽遭反对但仍享用财产的情形）

如果配偶一方虽遭反对但仍享用配偶他方的财产,他/她应当对尚存的和已经消费的全部孳息承担责任。

---

① 本分题之规定为 1993 年第 21 号法案第 82 条所代替。

* 本分题之规定的适用,参见 1993 年第 21 号法案第 89 条。

第五分题①* 单独管理外剩余财产的共有

第1338条 （单独管理外剩余财产的共有）

(1)如果将来的配偶在婚姻合同中约定,他们在婚姻期间所得的财产由单独管理外剩余财产的共有制调整,则适用本分题的下列规定。

(2)由单独管理外剩余财产的共有制调整的财产,为第1320条(a)项至(f)项中的所有财产。

第1339条 （所得物如何登记）

(1)在单独管理外剩余财产的共有制下,各方配偶在婚姻期间的所得应由该所得方持有和管理,并且以不违反本分题规定的任何期限为条件,对于该方配偶与之交易的第三人,该方配偶视同所得物的单独所有权人。

(2)如果在单独管理外剩余财产的共有制下,财产系由配偶双方共同所得,应由双方共同管理。各方配偶在该财产中的份额,只有取得配偶他方的同意,或者如果这种同意被不合理地拒绝,取得适格法院的授权,或者在该配偶的任何债权人请求的司法拍卖中,才能在生前予以转让。

第1340条 （单独管理外剩余财产共有的终止）

(1)单独管理外剩余财产的共有因婚姻的解除而终止,但配偶双方经法院授权,以公文书的形式相互同意在婚姻解除前终止的,不在此限;因第1332条第1款(b)项和(c)规定的适用于婚后所得共有的相同情形(措辞经适当的修改)而终止;因配偶双方的合法别居而终止。

(2)如果单独管理外剩余财产的共有因法院的判决宣告而终止,第1332条第2款、第4款、第5款、第9款及第10款的规定经适当的修改后适用之。

第1341条 （剩余财产的计算）

(1)单独管理外剩余财产的共有无论如何终止的,各方配偶将计算的剩余财产,应包括配偶一方仅为自己的利益而以其持有的受该共有调整的财产所支出的任何费用,但应当扣除该配偶方以其个人特有财产对其负担的、与其持有的并受该共有制调整的财产有关的债务所支付的任何款项,以及该配偶方对该财产所发生的尚未清偿的债务。

---

① 本分题之规定为1993年第21号法案第82条所代替。

* 本分题之规定的适用,参见1993年第21号法案第89条。

(2)对于超过配偶一方的个人特有财产的该配偶方的任何个人债务,应当从第1款确定的剩余财产中扣除。

(3)根据第2款确定的结果,如果并非为亏空,则构成该配偶方的最终剩余财产;若结果为亏空,视为该配偶方没有最终剩余财产。

(4)如果配偶一方的最终剩余财产多于配偶他方,或者仅有配偶一方拥有最终剩余财产,则拥有较多最终剩余财产或唯一拥有最终剩余财产的配偶一方应当向拥有较少最终剩余财产或者没有最终剩余财产(视具体情况而定)的配偶一方让与必要的最终财产,以使配偶各方可以对配偶双方的最终剩余财产享有同等的份额。

第1342条　（债务为非个人债务的情形）

在第1341条第2款的范围内,下列债务以外的任何债务为个人债务:

(a)根据取得该财产的行为而承受的负担和债务;

(b)管理婚后所得而发生的费用和债务;

(c)为包括子女的教育和抚养在内的家庭需要而发生的费用和债务,即使单独发生的,亦同;

(d)如果配偶一方的个人特有财产之孳息包含在受单独管理外剩余财产的共有制调整的财产中,涉及该方配偶的此等财产的普通修缮的债务;

(e)配偶一方负担的作为民事救济的任何债务或补偿,但以该补偿并非作为故意实施的任何犯罪的民事救济而负担为限。

第1343条　（第三人的权利）

(1)第三人仅得对与其订立合同或者对其发生债务的配偶方行使其权利。

(2)在单独管理外剩余财产的共有终止并且让与任何最终的剩余财产之后,就配偶一方在单独管理外剩余财产的共有终止之前所负的任何债务,如果负债的配偶一方向配偶他方让与了任何最终的剩余财产,负债配偶方的债权人可以在该让与额内对配偶他方补充提出请求。

第1344条　（无偿转让）

(1)如果配偶之间实行单独管理外剩余财产的共有制,非经配偶他方同意,配偶一方不得在生前无偿转让自己的任何财产。

(2)考虑到各方当事人的状况以及所有其他情势,对于适度价值的赠与,不适用本条第1款的规定。

(3)宣告无偿转让行为无效之诉,仅得由需要其作出同意的配偶一方提起,并仅得在自下列日期中最早者之日起3年的除斥期间内提起:

(a)该方配偶知道上述行为之日；

(b)或者如果该行为可以登记,登记之日；

(c)或者单独管理外剩余财产的共有终止之日。

第1345条 （以欺诈意图而实施的行为）

(1)如果配偶一方意图欺诈配偶他方因单独管理外剩余财产共有的终止所享有的潜在权利而实施某项行为,配偶他方可以如同债权人而行使第1144条规定的诉权。

此等权利专属于其权利受到欺诈的配偶方或其继承人,而不得由该配偶的债权人行使。

(2)本条中的诉权自下列日期中最早者之日起经过5年而失效：

(a)该方配偶知道上述行为之日；

(b)或者如果该行为可以登记,登记之日；

(c)或者单独管理外剩余财产的共有终止之日。

第六题　买　　卖

第一分题　买卖合同

第1346条 （买卖合同的定义）

买卖是一方缔约当事人允诺自己向他方移转物,以取得后者允诺自己向前者支付的价金的合同。

第1347条 （买卖的完成）

买卖在当事人之间完成。对于出卖人,一旦就物及价金达成一致,即使物尚未交付或者价金尚未支付,物的所有权即移转给买受人；自该时起,物本身的风险和利益由买受人承担和享有。

第1348条 （按重量等买卖物）

(1)但如果并非按批,而是按重量、数量或尺寸出售动产的,在出售物被称重、计数或测量之前,由于财产并未移转于买受人,买卖并未完成,出售物的风险仍由出卖人承担。

(2)但买受人可以请求对出售物进行称重、计数或测量并交付于他,或者在不履行义务的情形,可以请求支付赔偿金。

(3)出卖人同样可以强迫买受人履行其义务,或者在不履行义务的情形,可以强迫其支付赔偿金。

(4)如果出售物为不动产且在测量前不能精确确定,本条的规定同样适用。

第1349条 （按批买卖物）

反之,如果按批出售物,即使尚未对物进行称重、计数或测量,买卖亦告完成。

第1350条 （按批买卖或按重量买卖等的定义）

(1)如果不考虑物的重量、数量或尺寸而以同一价金出售之,此等买卖被称为按批买卖。

(2)不论是对存在于特定地点的全部数量的物或者仅对其某一部分进行买卖,如果根据物的重量、数量或尺寸而达成价金,此等买卖被称为按重量、数量或尺寸买卖。

(3)如果对特定数量的物或者对特定物的数千克或数尺寸进行买卖,即使对该特定数量的物或该特定物的此等数量仅确定了一个单一的价格,此等买卖亦称为按重量、数量或尺寸买卖。

第1351条 （物被品尝或试用的情形）

(1)根据惯例或者依明确约定,将在购买之前进行品尝或试用的,对于此等物,买受人在认可该物之前不受约束。

(2)仅根据惯例而未有明确约定,将在购买之前对物进行品尝或试用的,如果该物不符合买受人的口味或个人意见,但该品尝或试用仅为确定该物是否质量良好并适于买卖所必要的,不适用前款的规定。在任何此等情形,如果为特定物且已就其价金达成一致,双方当事人均受其约束,但合同视为附停止条件而订立,且如果证明物的质量良好并适于买卖,即使买受人并不认可该物,也应当受领之并支付其价金。

第1352条 （价金）

(1)价金必须为金钱。

(2)但如果除了约定的金钱之外,买受人为补充该价金还负有给付某些实物之义务的,合同并不终止作为买卖合同。

第1353条 （如何确定价金）

(1)价金必须由双方当事人确定并指明。

(2)但价金可以留待双方当事人指定的某人或数人来决定。在此等情形,如果被指定人或者某一被指定人不愿或不能确定价金,买卖无效。

第1354条 (由专家确定价金的情形)

价金同样可以由当事人并未指明的一名或数名专家确定;在此等情形,如果当事人未能就将被指定的专家达成一致,应由法院作出指定。

第1355条 (价金由两人或数人确定的情形)

在所有情形下,价金由两人或数人确定的,如果为两人以上,应根据多数意见确定价金;但如果仅为两人且其意见不一致,或者如果为两人以上但他们之间未能达成一致而不能获得多数票,则应取各人所确定金额的平均数。

第1356条 (以时价买卖)

可以以特定时间的时价进行买卖;该价格被视为合同履行地和合同履行时的平均时价。

第1357条[①] (出售承诺)

(1)以特定的价格或者以上述条文规定的某人或数人确定的价格出售某物的承诺,不视同买卖;但如果承诺被接受,将对承诺人产生进行出售的义务,如果出售不能再实施,承诺人对受诺人负有赔偿损害的义务。

(2)当事人之间为此目的而约定的期限届满,该承诺的效力终止;或者没有任何此等约定的,自出售可以实施之日起届满3个月的,该承诺的效力终止。但受诺人在上述可适用的期限届满之前,通过提请司法指示要求承诺人履行承诺的,或者在承诺人未履行承诺时,自上述期限届满之日起30日内,通过宣誓申请提出履行承诺之请求的,不在此限。

第1358条 (以合理的价格出售的承诺)

前条的规定同样适用于以合理的价格进行出售的承诺。

第1359条 (附定金的出售承诺)

如果在任何出售承诺中已给付定金,各方当事人可以自由退出合同。给付定金的一方丧失该定金,收受定金的一方双倍返还定金。但对于已经给付定金的特定合同,任何其他惯例不受影响。

第1360条 (有关出售承诺的规定适用于购买承诺)

有关出售承诺的规定,适用于购买承诺。

第1361条 (买卖的费用)

---

① 为1976年第27号法案第2条和2005年第22号法案第81条所修正。

(1)买卖合同的或者与之有关的全部费用,包括根据《组织与民事程序法典》①第二编第二分编第二题【该题的标题为"通过公告的程序解除不动产之负担"。——译者注】的规定,使任何不动产解除任何限定继承之约束的必要费用,或者解除任何抵押权、地役权或不动产承受的其他负担的必要费用,均由买受人承担。

(2)经纪费,以及应对第1353条提及的专家或其他人支付的任何费用,由出卖人和买受人各承担一半。

第1362条 (经纪费)

如果没有约定,在买卖动产的情形,经纪费的费率为1%,在买卖不动产的情形,经纪费的费率为2%。

第1363条 (买卖无效的情形)

(1)如果未以公文书为之,不动产的买卖无效。

(2)为指定之人所为的买卖,同样无效。

第1364条 (有疑问的条款的解释)

任何有疑问或者有歧义的合同条款,应根据有关合同的一般解释规则,对出卖人或买受人解释之。

第二分题 可为买卖之人

第1365条 (可为买卖之人)

未受到法律禁止进行买卖的任何人,均可为买卖。

第1366条 (夫妻间的买卖合同)

除下列情形外,夫妻间的买卖合同无效:

(a)妻子向其丈夫转让财产,以支付她对他所负的嫁资;

(b)配偶一方向配偶他方所为的买卖或转让,其目的在于清偿对买受人或受让人所负的债务,或者对属于该买受人或受让人的金钱进行投资。

但在上述情形,配偶一方获得任何间接利益的,配偶他方的继承人或者任何其他利害关系人,有权请求在该范围内解除合同。

第1367条 (债权人请求拍卖配偶一方的财产)

前一条关于禁止配偶一方向他方购买财产的规定,不适用于基于财产所

---

① 第12章。

属的配偶一方的债权人的请求而拍卖该财产的情形。

第1368条 （被限制购买某些财产的其他人）

但直接或者通过中间人向监护人或保佐人出售受其监护或保佐之人的财产的，或者向代理人出售授权其出售的财产的，无效，即使通过司法拍卖而为，亦同。

第1369条 （向法官或地方法官出售或转让诉讼等）

直接或通过中间人向任何法官或地方法官出售或转让诉讼、讼争权利或诉权的，亦无效。

第三分题　可被买卖之物

第1370条 （可被买卖之物）

未被任何特别法禁止转让的任何交易物，均可被买卖。

第1371条 （将来之物）

（1）将来之物的买卖为附条件的买卖；如果出售物根本不会存在，买卖无效。

（2）但如果买卖的标的为对将来之物的预期，则为绝对且无条件的买卖；并且即使出售物根本不会存在，买受人仍负有支付价金的义务。

（3）如有疑问，买卖被推定为附条件的买卖。

第1372条① （对属于他人之物的出售）

对属于他人之物的出售无效，但不影响第559条的规定以及对跳蚤市场【特指位于首都瓦莱塔的跳蚤市场(Il-Monti)，是马耳他最受欢迎的露天市场。第1969条和第1970条所指跳蚤市场与此同。——译者注】有关质押的规定。

但如果买受人不知物属于他人，此等买卖可以产生损害赔偿之诉。

在任何情形下，出卖人均不得主张此等买卖无效。

第1373条 （对健在之人的继承权的买卖）

买卖或转让对健在之人的继承权的，虽经此人同意，该买卖或转让亦无效。

第1374条 （关于为扶养而授予等的权利的买卖）

明确为扶养而授予任何金钱或作出任何遗赠的，或者政府授予任何补助

---

① 为1981年第49号法案第6条所修正。

金的,关于此等权利的买卖或转让同样无效;对于影响该金额、遗赠或补助金的任何债权扣押令,《组织与民事程序法典》①的其他规定不受影响。

第1375条 (订立合同时标的物已灭失)

(1)如果在订立买卖合同时标的物已完全灭失,合同无效。

(2)如果标的物仅部分灭失,买受人可以选择:或者解除合同,或者支付通过估价的方式按比例确定的尚存部分的价金,而请求获得尚存的部分。

第1376条 (如果买受人或出卖人知道标的物已灭失时各自的权利)

(1)如果出卖人知道而买受人并不知道标的物已经灭失,买受人可以主张损害赔偿之诉。

(2)相反,如果买受人知道而出卖人并不知道标的物已经灭失,买受人无支付价金的义务,但应承担损害赔偿责任。如果买受人已经支付价金,不得请求返还。

第1377条 (如果出售物为非交易物等时适用第1376条的规定)

如果因出售物为非交易物或者出售物已经成为买受人的财产而使合同无效,前条的规定同样适用。

第四分题 出卖人的义务

第1378条 (出卖人的义务)

出卖人负有两项主要义务,即交付出售物的义务和对出售物的担保义务。

第一节 交 付

第1379条 (不动产的交付)

买卖合同一旦公示,不动产的交付即依法当然发生,但对于通过司法拍卖出售的财产之占有的交付,不影响《组织与民事程序法典》②之规定的适用。

第1380条 (动产的交付)

动产的交付以如下方式进行:或者向买受人交付财产;或者向买受人交付财产存放地的钥匙;或者向买受人交付权利凭证,其交付依法产生移转该凭证所指涉财产的效力;或者使财产的占有人承认买受人。

---

① 第12章。
② 第12章。

第 1381 条 （动产通过单纯同意而交付）

在下列情形,仅有当事人的同意,同样发生动产的交付:

(a)出售物已经由买受人占有的;

(b)或者保留对出售物之享用的出卖人,承认其代表买受人而持有出售物的;

(c)或者在买卖之时不能移转出售物的。

在(b)项和(c)项提及的情形,此等交付不得损害第三人的利益。

第 1382 条 （无体物的交付）

无体物的交付以如下方式进行:或者买受人取得出卖人的同意而使用该物;或者如果权利凭证所负载的权利可以通过背书或交付而移转,交付该权利凭证。

第 1383 条 （交付的费用）

(1)交付的费用由出卖人承担。

(2)如果系按重量、数量或尺寸买卖,交付的费用包括对出售物称重、计数或测量的费用。

(3)如果系按批买卖,买受人为确定出售物是否与约定的或者承诺的数量相一致,而要求称重、计数或测量出售物的,称重、计数或测量的费用由买受人承担。

(4)运输费用由买受人承担。

第 1384 条 （交付的地点）

交付必须在买卖时物的所在地进行。

第 1385 条 （出卖人没有交付）

出卖人没有在约定的时间作出交付的,如果迟延交付是由出卖人单方面所造成,买受人可以选择:或者请求解除合同,或者请求占有出售物。

第 1386 条 （出卖人的损害赔偿责任）

在所有情形,如果因在约定的时间未交付物而致买受人遭受任何损失,出卖人应负损害赔偿责任。

第 1387 条 （到达某船舶上的货物）

如果某人允诺交付到达某船舶——他有权在特定的期限内指明——上的货物,而此人未在上述期限内指明船舶的,除承担损害赔偿责任外,他还应当在法院视具体情况而确定的期限内,交付与合同标的物同等质量和数量的其他货物。

第 1388 条 (没有在约定的期限内交付到达指定船舶上的货物)

如果某人允诺交付到达合同中指定的船舶上的货物,而他未在约定的期限内作出交付的,除非能够证明他为了使货物在约定的期限内到达已经尽了适当的勤勉,而且货物未能在该期限内到达系因不可抗力,否则,适用与前条同样的规则。

第 1389 条 (没有交付必须称重、计数或测量之物)

出卖人允诺在特定的期限内交付必须称重、计数或测量之物的,如果在指定的期限届满之前,已经为标的物的称重、计数或测量留有充分的时间,而他拒绝向前来受领该物的买受人交付标的物的,应被视为不履行债务。

如果出卖人准备在充分的时间内交付标的物,从而可以在指定的期限届满之前便利地开始对物的称重、计数或测量,即使买受人此前曾徒劳地前来受领该物,他也不得要求解除买卖,但不影响他提起第1385条和第1386条规定的损害赔偿之诉的权利。

第 1390 条 (标的物与约定的质量或样品不符)

如果出卖人提出交付之物不具有所承诺的质量,或者与作为买卖基础的样品不符,买受人可以选择:或者拒绝该物并请求损害赔偿,或者以基于专家的估价而减少的价金接受该物。

第 1391 条 (支付与交付为对流条件①)

如果买受人不支付标的物的价金,出卖人无交付标的物的义务,但出卖人给予了买受人付款期限的除外。

第 1392 条 (如果买受人已变得支付不能等,出卖人无交付的义务)

(1)即使出卖人给予了买受人付款期限,但如果买受人在买卖后以其自己的行为减少了根据合同已经向出卖人提供的担保,出卖人亦不负交付标的物的义务。

(2)如果在买卖后,买受人成为破产者或变得支付不能,或者其状况发生改变以致出卖人有丧失价金的危险,出卖人亦不负交付义务。

(3)即使买受人在买卖时已处于破产或支付不能的状态,但如果该状态在买卖之前并未显示,且出卖人在买卖时并不知晓,适用同样的规则。

(4)但在上述情形,如果买受人提供了在约定的时间支付价金的担保,出

---

① "对流条件"(concurrent conditions)系英美财产法中的概念,同于大陆法中的"同时履行"。——译者注

卖人应当交付标的物。

第 1393 条 （交付之物的状态）

必须以与买卖时物所处的相同状态交付之。

第 1394 条 （到期的或收取的孳息）

(1)自买卖之日起,全部的孳息属于买受人。

(2)在附停止条件的买卖之情形,条件成就之前到期或收取的全部孳息属于出卖人。

第 1395 条 （未分离的孳息）

在买卖时尚未砍伐或尚未摘取的孳息,或者如果买卖附停止条件,在条件成就时尚未砍伐或尚未摘取的孳息,属于买受人,即使该孳息系出卖人播的种子,亦同。

第 1396 条 （租金）

(1)在买卖时或条件成就时尚未到期的乡村土地的租金,同样属于买受人。

(2)但在城市房地产或者在动产的情形,对于买卖期间或者条件成就期间内的租金或部分租金,按买卖之前或条件成就之前与买卖之后或条件成就之后所经过时间的比例,在出卖人和买受人之间进行分割。

第 1397 条 （航运费）

在对航行中的船舶进行买卖的情形,该次航运费属于买受人。

第 1398 条 （应附从物交付物）

交付物的义务包括交付从物以及旨在使该物长久使用的一切物件。

第 1399 条 （应以约定的数量交付物）

出卖人应当交付合同约定的全部数量的物,但下列条文中的变更除外。

第 1400 条 （依测量的买卖）

(1)如果不动产买卖附有依测量的面积进行买卖的指示,在买受人有此要求时,出卖人有义务向买受人交付合同中约定的面积。

(2)如果不能如此而为,或者买受人无此要求的,出卖人应当接受按比例减少价金。

第 1401 条 （如果发现面积大于约定的面积）

反之,在前条提及的情形,如果发现面积大于合同约定的面积,买受人应当增补价金。

如果超过合同约定面积的 1/20,买受人可以取消买卖。

第 1402 条 (非依测量的买卖)

在所有其他情形,不论对限定的特定物的买卖,还是对明确的独立的房地产的买卖,也不论在买卖合同中规定先进行测量,还是先指定标的物再进行测量,对于测量结果的任何超出或者不足的部分,进行测量的指示既不赋予出卖人请求增加价金的权利,也不赋予买受人请求减少价金的权利。但实际面积与合同约定的面积之间的差额超过——无论高于或低于——所有出售物的价值的 1/20 的,不在此限。

如果通过司法拍卖出售物,或者明确约定并不担保标的物的面积,或者按现状出售物,即使差额超过——无论高于或低于——上述价值的 1/20,亦不得请求增加或减少价金,但如果买卖并非通过司法拍卖进行,法律在显失公平的情形所规定的任何救济不受影响。

第 1403 条 (应当增加价金的情形)

根据前条的规定,如果因面积的超出而应增加支付价金,买受人可以选择:或者解除合同,或者如果保留该房地产,支付超出部分的价金及其利息。

第 1404 条 (买受人选择解除合同时出卖人的义务)

在买受人有权解除合同的所有情形,出卖人除应向买受人返还已受领的价金外,还应当返还合同费用以及所发生的与买卖有关的任何其他合法费用。

第 1405 条 (以同一合同买卖两宗房地产)

如果以同一合同、同一价金出售两宗房地产,并且合同中已指明每宗房地产的面积,但发现一宗房地产的面积大于指定的面积,另一宗房地产的面积小于指定的面积,则在差额的限度内发生抵销。增加或减少价金之诉仅得依上述条文所确定的规则提起。

第 1406 条 (如何计算增加或减少的价金)

在应当增加或减少价金的所有情形,仅得在面积的超出或不足超过法律许可的范围内增加或减少价金。

第 1407 条 (诉讼时效)

(1)出卖人请求增加价金之诉以及买受人请求减少价金之诉或者解除合同之诉,应当自合同订立之日起 2 年内提起。

(2)如果失踪人、禁治产人、已婚妇女及未成年人继受了出卖人或买受人的权利,且上述时效期间的计算并未对该出卖人或买受人中止的,该时效期间同样对失踪人、禁治产人、已婚妇女及未成年人进行。

第二节 担 保

第 1408 条 （担保）

出卖人对买受人所负的担保义务为，对出售物之安静占有的担保以及对出售物的任何隐蔽瑕疵的担保。

对出售物之安静占有的担保

第 1409 条 （默示担保）

即使在买卖合同中没有关于担保的任何约定，出卖人亦依法应当担保买受人不被全部或部分追夺出售物，并担保买受人不承受未在合同中声明的他人对出售物主张的地役权或负担。

第 1410 条 （特别约定）

当事人可以通过特别约定增加或减少此等默示担保的效力，或者约定出卖人不负任何担保义务。

第 1411 条 （担保被否决时出卖人的责任）

即使约定出卖人不负任何担保义务，出卖人仍应对其自己的行为产生的担保承担责任，任何相反的约定无效。

第 1412 条 （如果被追夺，出卖人返还价金）

即使没有约定任何担保义务，如果出售物被追夺，在没有明确的相反约定的情况下，出卖人仍应返还价金。

第 1413 条 （在承诺担保或默示担保的情形，被追夺的买受人享有的权利）

如果有担保承诺，或者如果就此无任何约定，出售物被追夺的，买受人有权向出卖人请求：

(a)返还价金；

(b)返还孳息，如果买受人有义务向已经追回物的所有权人返还孳息；

(c)一切司法费用，包括向转让权利给他之人作出诉讼通知的费用；

(d)损害赔偿，包括合同的合法费用以及所发生的与买卖有关的任何其他合法费用。

第 1414 条 （追夺时物的价值减少）

(1)如果在追夺时，由于买受人的过失或者不可抗力，出售物的价值减少或者受到重大损坏，出卖人仍应返还全部价金。

(2)但若买受人从由他引起的损坏中获得利益,出卖人有权从价金中扣除与该利益相当的金额。

第 1415 条 (价值增加)

如果在追夺时,出售物的价值增加,即使该增加与买受人的行为无关,出卖人仍有义务向买受人支付超出买卖价金的金额。

第 1416 条 (费用的偿还)

(1)出卖人应当向买受人偿还或者使已经追回房地产的人向买受人偿还,与买受人对该地产进行的任何修缮或有益改良有关的一切费用。

(2)如果出卖人系恶信出卖他人的房地产,则应偿还买受人为房地产所支出的一切费用,即使是装饰性费用。

第 1417 条 (物被部分追夺)

(1)如果物仅被部分追夺,而该部分如此重要以致无此部分买受人就不会购买该物的,自追夺判决成为终局和绝对的判决之日起的 1 年内,买受人可以请求解除买卖。

(2)上述期间的计算,应根据第 1407 条第 2 款的规定为之。

第 1418 条 (对部分物的估价)

在前条提及的情形,如果买受人没有选择解除买卖,无论出售物的价值有任何增加或减少,对于被追夺的部分物,应根据其被追夺时的估价而非依照与买卖的总价金的比例确定出卖人应向买受人偿还的价金。

第 1419 条 (对于未声明的地役权的担保)

(1)如果出售的房地产上存在非可见地役权但未被声明,且该地役权如此重要以致可以认定如果买受人被告知该地役权就不会购买该房地产,则买受人可以请求解除买卖或者请求赔偿。

(2)在司法拍卖的情形,不适用本条之规定。

第 1420 条 (如果房地产被以不承受地役权或负担的方式出售,买受人享有的权利)

但如果房地产被以不承受任何地役权或其他负担的方式出售,或者以其他方式明确承诺了担保,在此等情形,如果出卖人没有使未在合同中声明的任何地役权或其他负担终止,即使该地役权或其他负担为可见的且能够证明买受人在买卖时知晓,买受人亦可以请求解除买卖或者请求赔偿。但能够清楚地表明当事人并无意将此等地役权或负担包含在担保承诺中的,不在此限。

第 1421 条 (如果买受人通过支付一笔款项而阻止追夺)

如果买受人通过支付一笔款项而阻止了对房地产的追夺,出卖人可以通过偿还买受人所支付的款项和利息及一切费用,以解除担保的一切后果。

第 1422 条 (如果买受人未使出卖人成为追夺诉讼的一方当事人)

如果买受人承受了终局和绝对的判决,而他并未使出卖人成为诉讼的一方当事人,且如果出卖人能够证明他本来可以提起买受人没有提起的合理抗辩,从而可以驳回该诉讼的,追夺担保终止。

第 1423 条 (对违反担保的诉讼时效)

(1)在所有情形,违反追夺担保的诉讼,应当自对买受人作出的判决成为终局和绝对的判决之日起 2 年内提起,但确定了一个较短期限的除外。

(2)上述时效期间的计算,应根据第 1407 条第 2 款的规定为之。

对出售物之隐蔽瑕疵的担保

第 1424 条 (对隐蔽瑕疵的担保)

如果出售物的任何隐蔽瑕疵使得不能将其用于原有的用途,或者使其价值减少以致买受人如果知道该瑕疵将不会购买该物或者将提供较少的价金,则出卖人应对该隐蔽瑕疵负担保责任。

第 1425 条 (出卖人对明显瑕疵不负担保责任)

出卖人对任何明显的且买受人自己可以发现的瑕疵不负担保责任。

第 1426 条 (出卖人对隐蔽瑕疵负担保责任)

即使出卖人并不知道出售物的隐蔽瑕疵,亦对此负担保责任,但出卖人已经讲明在任何此等情形均不负任何担保责任的,不在此限。

第 1427 条 (退货之诉和估价之诉【估价之诉(actio aestimatoria)为买受人发现买受物存在隐蔽瑕疵时对出卖人提出的、要求后者给予补偿的诉讼,这种补偿一般表现为减少出售物的价金,因此,该诉讼也被称为减价之诉(actio quanti minoris)。——译者注】)

在第 1424 条和第 1426 条提及的情形,买受人可以选择通过提起退货之诉而返还买受物并请求偿还价金,或者通过提起估价之诉而保留买受物并请求偿还由法院确定的部分价金。

第 1428 条 (如果共同出售的两个或数个物中的某个物存在瑕疵)

(1)如果两个或数个物被共同出售,以致某个物不能脱离其他物而单独买卖,而其中的某个物存在引起退货之诉或估价之诉的瑕疵,买受人仅得就全部出售物提起退货之诉,即使各个物的价金系单独确定,亦同。

(2)但若被共同出售的数个物相互独立,上述诉讼仅得就瑕疵物提起,即使全部物系以单一价金出售,亦同;在此等情形,出卖人应当根据以约定的全部价金为基础而作出的估价返还该物的价金。

第1429条 (如果出卖人知道或不知道瑕疵)

(1)如果出卖人知道出售物的瑕疵,则不仅应当返还已收受的价金,还应当对买受人承担损害赔偿责任。

(2)如果出卖人并不知道出售物的瑕疵,则仅负有返还价金并向买受人偿还所发生的与买卖有关的费用之义务。

第1430条 (如果瑕疵物灭失)

(1)如果瑕疵物因其瑕疵而灭失,损失由出卖人负担,且应当向买受人返还价金并根据前条的规定对买受人作出补偿。

(2)如果瑕疵物因意外事件而灭失,损失由买受人负担。

第1431条① (诉讼时效)

(1)退货之诉和估价之诉,对于不动产,应当自合同订立之日起1年内提起;对于动产,应当自交付出售物之日起6个月内提起。

(2)但若买受人不能发现出售物的隐蔽瑕疵,上述时效期间仅自买受人能够发现该瑕疵之日起算。

(3)上述时效期间的计算,应根据第1407条第2款的规定为之。

第1432条 (在司法拍卖的情形不得提起诉讼)

在司法拍卖的情形,不得提起退货之诉和估价之诉。

第五分题 买受人的义务

第1433条 (支付价金的时间和地点)

如果合同中没有约定支付价金的时间和地点,买受人必须在交付标的物的时间和地点支付价金。

第1434条 (买受人应当支付利息的情形)

在下列情形,即使没有约定利息,买受人也应当以5%的年利率支付价金支付之前的价金利息:

(a)如果出售并已交付之物产生孳息或其他收益;

---

① 为1994年第28号法案第45条所修正。

(b)即使出售物未产生孳息或其他收益,如果通过司法指示要求买受人支付价金;

(c)如果因买受人的过错而没有交付动产,且出卖人已通过司法指示要求买受人受领交付。

在(b)项和(c)项述及的情形,利息仅自上述司法指示送达之日起算。

第1435条 (买受人不负支付利息之义务的情形)

(1)在合同所允许的买受人支付价金的期限内,买受人不负支付利息的义务。

(2)但出卖人在订立买卖合同之后所允许的任何期限,并不产生放弃价金之利息的效力,在遗嘱中所允许的此等期限除外。

第1436条 (如果物能够产生孳息)

如果物能够产生孳息或其他收益,即使在价金未支付期间因意外事件或任何其他原因导致物没有产生孳息或其他收益,买受人仍应支付价金的利息。

第1437条 (买受人可以延期支付价金的情形)

(1)如果因任何抵押之诉或所有物返还之诉,买受人被妨碍占有物或者有合理的理由担心将被妨碍占有物的,可以延期支付价金,至出卖人使此等侵扰终止或者排除买受人所担心的此等侵扰的事由。但出卖人选择提供担保的,或者之前约定尽管存在任何侵扰买受人仍将支付价金的,不在此限。

(2)即使在本条述及的情形,如果存在第1434条规定的任何情形,买受人延期支付价金的,应当负担利息,但他选择向法院支付价金的,不在此限。

第1438条 (出卖人可以因未支付价金而请求解除买卖的情形)

(1)不动产出卖人不得因未支付价金而请求解除买卖。

(2)但在货物或其他动产之情形,即使合同未附明确的解除条件,如果买受人在确定的标的物交付期限届满之前没有受领交付,或者虽然受领交付,但未同时支付价金或者就价金的支付商定了赊销期限的,为出卖人的利益依法当然发生买卖的解除。

第1439条 (未受支付的出卖人对货物的权利)

如果进行动产的买卖而没有关于赊欠的任何约定,在未支付价金的情况下,出卖人可以取回出售物,但以出卖人仍然实际占有出售物为限;或者可以限制买受人转卖出售物,但以在交付后的15日内提出返还请求并且出售物与交付时处于同一状态为限。

第六分题　买卖的解除与撤销

第1440条① （买卖合同因买回而解除；买卖合同因显失公平而撤销）
除本题已经规定的撤销或解除事由，以及适用于所有协议的撤销或解除事由外，买卖合同得因行使买回权而全部或部分解除，并且得因显失公平而撤销。

买　回②

第1441条③ （买回权）
买回权由协议创设。

第1442条④ （买回之诉）
行使买回权时的请求返还不动产之诉，不仅可以对买受人提起，而且可以对不动产的任何其他占有人提起。因卖回，不动产移转给行使买回权的一方，买受人或其他占有人使该不动产所负担的任何抵押权、地役权或其他负担全部解除，但对于任何租赁合同，第1530条和第1531条的规定不受影响。

第1443条⑤ （行使买回权的一方的义务）
行使买回权的一方应当向该权利行使的相对方返还引起买回权行使的买卖之价金、买受人所发生的与该买卖有关的任何其他合法费用，以及买受人或任何其他占有人为该物所支出的一切必要且有益的费用，即使由于上述权利行使的相对方或者任何其他先前的占有人均不承担责任的任何原因，此等费用的效果不复存在，亦同。

第1444条⑥ （买回权行使的相对方有权取得利息）
上述权利行使的相对方，自根据前条的规定应当向他偿还各种费用之日起，有权取得利息，但应扣除自引起买回权行使的买卖之日起，他或者任何其他先前的占有人已经收取或者尽善良家父之勤勉本应收取的孳息之价值。

---

① 为1961年第4号条例第2条所修正。
② 为1061年第4号条例第3条所修正。
③ 为1961年第4号条例第4条所代替。
④ 为1961年第4号条例第2条和第5条所修正。
⑤ 为1961年第4号条例第2条所修正。
⑥ 为1961年第4号条例第2条所修正。

他/她可以保留上述孳息而放弃取得利息的权利。

第 1445 条① （取得利息的权利终止的时间）

自买回权行使的相对方被通知已将应向他返还的款项提存之日起,只要行使买回权的一方没有无正当理由地对以该提存的款项进行支付作出限制,取得利息的权利即终止;在行使买回权的一方作出限制的情形,取得利息的权利仅自该限制终止之日起终止。

第 1446 条② （孳息的返还）

自取得利息的权利终止之日,买回权行使的相对方应当将移交该物之前已经收取或者尽了善良家父之勤勉本应收取的全部孳息,返还于行使买回权的一方。

第 1447 条③ （未分离的孳息）

在移交物之日尚未分离的孳息,属于行使买回权的一方,但他负有补偿为出产和保存该孳息所发生的费用的义务。

第 1448 条④ （如何行使买回权）

(1)买回权以下列方式行使:考虑到物之占有人的居所地,向适格法院的登记处提交一份关于买回的明细表。

(2)行使买回权的一方根据买受人的居所地而向适格法院的登记处提交了明细表的,被视为有效行使了买回权,但他之前被通过司法指示告知,物已经从买受人移转给他人的,不在此限;在此等情形,之后所实施的有关买回权的行为应向同一法院为之。

第 1449 条⑤ （行使买回权的一方应作出提存）

行使买回权的一方应当与上述明细表一起,或者自提交明细表之日起 10 日内,提存一笔款项,该款项包括:

(a)引起买回权行使的买卖之价金;

(b)接收该买卖文书的公证员的费用;

(c)将上述文书登记于公共登记处所支付的费用;

---

① 为 1961 年第 4 号条例第 2 条所修正。
② 为 1961 年第 4 号条例第 2 条所修正。
③ 为 1961 年第 4 号条例第 2 条所修正。
④ 为 1961 年第 4 号条例第 2 条所修正。
⑤ 为 1961 年第 4 号条例第 2 条和第 6 条所修正。

(d)买卖文书所表明的或者行使买回权的一方以其他方式获知的由买受人所发生或负担的任何其他合法费用。

第 1450 条[①] （提存的期限）

(1)如果买回权被行使,只要在前条规定的 10 日内作出提存,则不得以提存是在所确定的行使买回权的期限之后作出为由提出异议。

(2)但若未在上述 10 日内作出提存,即使在确定的行使买回权的期限届满之前作出提存的,关于买回的明细表终止生效,但提交了明细表的一方可以在该期限内通过提交一份新的明细表而行使买回权,且第 1451 条至第 1468 条的任何其他规定也不受影响。

第 1451 条[②] （全部或部分未提存）

(1)如果行使买回权的一方对买回权行使的相对方对他所负的已经清算并到期的同等数额的款项提出抵销,以代替提存或者代替提存数额的不足部分,或者如果仅部分未提存,而具体情形清楚地表明提存数额不足系因大意或错误所致,亦不得以全部或部分未提存而对买回权的行使提出异议。

(2)但提存数额不足系因大意或错误所致的事实不得使行使买回权的一方受益。他在自买回权行使的相对方通过司法文书要求他补足提存数额之日起 10 日内补足提存数额的,不在此限。

第 1452 条[③] （行使买回权的一方可以撤回）

在买回权行使的相对方通过司法文书表明其接受买回之前,行使买回权的一方可以撤回之。

第 1453 条[④] （卖回给行使买回权的一方）

(1)买回权行使的相对方在行使买回权的一方已经根据第 1443 条、第 1444 条和第 1445 条的规定履行其全部义务之前,不负有将物卖回给后者的义务。

(2)卖回的费用由行使买回权的一方承担。

第 1454 条[⑤] （各方的权利）

[①] 为 1961 年第 4 号条例第 ? 条所修正。
[②] 为 1961 年第 4 号条例第 2 条所修正。
[③] 为 1961 年第 4 号条例第 2 条所修正。
[④] 为 1961 年第 4 号条例第 2 条所修正。
[⑤] 为 1961 年第 4 号条例第 2 条所修正。

(1)买回权行使的相对方可以在提交关于买回的明细表之后的任何时间,要求清算他对之享有权利的必要或有益费用,并可以强迫行使买回权的一方在法院基于前者的请求而确定的卖回之日支付上述费用。

(2)行使买回权的一方同样可以在提交明细表之后的任何时间,要求清算上述费用,并要求判处被告依法院指令的时间和方式卖回。

第1455条[①] （如果物因意外事件而损坏）

如果物因意外事件而损坏,行使买回权的一方对根据上述条文的规定应当支付的款项,无权进行任何扣减。

第1456条[②] （如果物为被告或任何先前的占有人所损坏）

如果物被买回权行使的相对方或者任何其他先前的占有人损坏,行使买回权的一方仅得在侵权人因侵权所得利益的数额内请求损害赔偿,除非能够表明后者系为逃避买回或者为损害行使买回权的一方的利益而造成损坏,但第1461条的规定不受影响。

第1457条[③] （期限为除斥期间）

法律对买回权规定的任何期限,均为除斥期间。

第1458条 （买回权）

(1)出卖人可以在买卖合同中,通过返还价金并偿付第1443条、第1444条和第1445条规定的费用及利息,为自己保留买回权或者取回出售物的权力。

(2)就出卖人将返还更多的款项达成的任何协议,在多出部分的范围内无效。

第1459条 （保留买回权的期间不得超过5年）

(1)保留买回权的期间不得超过5年,该期间自买卖之日起算。

(2)如果保留买回权没有任何时间限制,或者保留买回权的期间超过5年,超过5年的任何期间部分无效。

(3)合同所确定的期间或者被如上缩减的期间,均为除斥期间;该期间同样对未成年人、禁治产人或失踪人进行。

第1460条 （买回权可对占有物的第三人行使）

[①] 为1961年第4号条例第2条所修正。
[②] 为1961年第4号条例第2条和第7条所修正。
[③] 为1961年第4号条例第8条所修正。

(1)为自己保留买回权的不动产出卖人,可以对占有物的第三人行使买回权,即使在该第三人取得不动产的合同中没有提到该权利,亦同。

(2)对于动产,如果其已经移转于第三人手中,不得行使买回权。

第1461条 (买受人根据买回协议所享有的权利)

(1)买受人根据买回协议,可以行使其出卖人的所有权利;对真实所有权人以及主张对出售物享有权利或抵押权的人,买受人可以主张时效利益;对其出卖人的债权人,买受人还可以主张先诉利益。

(2)但买受人不得变更出售物的形式。

第1462条 (如果房地产的不可分割的部分的买受人取得全部房地产)

如果对某宗房地产的不可分割的部分订有买回协议,买受人因对其提起的拍卖之诉而成为整个房地产的所有权人的,他可以强制意欲执行买回协议的出卖人买回整个房地产。

第1463条 (出卖人为两人或数人的,如何行使买回)

如果数人以同一合同共同出售其共有的房地产,每人仅得对各自享有的份额行使买回权。

第1464条 (出卖人的继承人享有的权利)

出卖人单独出售其房地产的,如其留有数名继承人,各继承人仅得对其作为继承人所享有的份额行使买回权。

第1465条 (买受人对共同出卖人或共同继承人享有的权利)

(1)但在前两条述及的情形,买受人可以通过司法文书,要求共有财产的全部其他出卖人或者全部其他共同继承人表明其对各自的份额是否意欲行使买回权。

(2)被如是提出要求的共同出卖人或共同继承人,应当在剩余的买回权行使期限内作出上述声明,但如果该期限少于10日或者已经届满,应当在自上述司法文书送达之日起算的10日内作出该声明。

第1466条 (共同出卖人或共同继承人未作出声明的,买受人成为整个房地产的不可撤销的所有权人)

如果在上述期限内,任一共同出卖人或共同继承人没有声明其意欲对自己的份额行使买回权,买受人将成为整个房地产的不可撤销的所有权人。但已经对自己的份额行使买回权的共同出卖人或共同继承人,基于买受人通过司法文书所提出的要求,并在该文书送达后的10日内,根据第1448条的规定买回整个房地产的,除外。

第1467条 （各出卖人可以单独行使买回权的情形）

如果属于数人的某宗房地产并非共同且整体出售,而是由每人单独出售各自的份额,各出卖人可以对属于自己的份额单独行使买回权,且买受人不得强制以此方式行使其买回权的人买回整个房地产。

第1468条 （对买受人的继承人的买回权）

(1)如果买受人留有数名继承人,仅得对各继承人就其份额行使买回权,出售的房地产是否仍处于不可分的状态或者已经在继承人之间进行分割,在所不问。

(2)但若遗产已经分割,且出售物全部分配入某一继承人的份额,可以对该继承人就整个房地产行使买回权。

第七分题　债权及其他权利的转让

第1469条 （债权等的转让）

一旦就债权、权利或诉权以及价金达成一致,债权、权利或诉权的转让或买卖即告完成,受让人依法当然取得所有权,并且除了在可以通过交付各自的权利凭证而转让的权利之情形外,应当制作转让文书。

第1470条 （转让应以书面形式进行）

(1)除非以书面形式为之,否则转让无效。

(2)除非以公文书为之,否则对产生于公文书的继承权、债权、权利或诉权的转让无效。

第1471条 （通知债务人）

仅在受让人本人或让与人通过司法文书向债务人作出适当的转让通知后,受让人始得对第三人行使所受让的权利。

第1472条 （如果未作出通知）

未作出转让通知的,或者在作出转让通知之前:

(a)债务人不得以此等转让对其债权人提出抗辩,如果债务人向债权人清偿债务,其义务即告解除;

(b)债权人在将债权转让给某人之后,又将债权二次转让给诚信的他人的,如果该他人为其利益已经作出转让通知,将享有优先于先前受让人的权利;

(c)如果让与人的债权人向法院请求发布债权扣押令,以使应当支付的款

项处于债务人之手的,此等债权人享有优先于受让人的权利,即使他们仅在债权转让之后才成为让与人的债权人,亦同;

(d)债务人可以将让与人对他负欠的已经到期的任何款项进行抵销;但受让人不得将受让的债权与他对债务人负欠的任何款项进行抵销。

第1473条 （债务人承认转让）

如果债务人已经承认转让,不必通知。

第1474条 （汇票等的转让）

对于汇票或者可以通过背书或交付而转让的其他权利凭证,转让通知或者前条提及的承认均非必要。

第1475条 （转让中包括的权利）

债权的转让包括从属于债权的一切担保、优先权或抵押权,以及任何其他从物;但除非在转让中明确指出,转让不包括预期产生的孳息或者任何解约诉权。

第1476条 （担保）

(1)债权或任何其他权利的让与人应当对让与时该权利的存在负担保责任,即使在转让中未对担保作出明确约定,亦同。

(2)如果债权不存在,让与人应当返还所收受的价金,但让与人已经通过声明其转让债权但不负任何担保责任或者通过具有此等意思的其他文句,否决了对债权的存在作出担保的,不在此限。

第1477条 （除非约定,债务人的支付能力并不包含在担保中）

(1)让与人对债务人现在或将来的支付能力均不负担保责任,但让与人已经通过声明债权良好且可收取或者通过具有此等意思的其他文句,明确对此作出担保的,不在此限。

(2)让与人承诺此等担保的,仅在转让价金的范围内负担保责任。

第1478条 （对债务人的支付能力的担保期限）

(1)让与人已对债务人的支付能力作出担保但对担保期限没有任何限制的,该担保应限制为1年。如果债务已经到期,自转让之日起算;如果在转让时债务尚未到期,自债务到期之日起算。

(2)如果让与的标的为享有年金的权利,担保不得超过10年,自转让之日起算。

第1479条 （担保的终止）

如果因受让人的过失使债权变得无法挽回,担保义务终止。

第 1480 条 （受让人在起诉让与人之前应首先起诉债务人）

(1)受让人在起诉让与人之前应首先起诉债务人,但约定如果对债务人提出请求而债务人没有清偿债务时由让与人代债务人清偿的,不在此限。

(2)如果存在此等约定,受让人无须实施任何保全债权的行为;让与人在所转让债权的范围内承担责任。

第 1481 条 （在遗产买卖情形中的担保）

(1)某人出售遗产而没有明确指明遗产所包含之物的,仅对其继承人资格负担保责任。

(2)如果遗产因继承尚未开始而并不存在,或者遗产存在但出卖人对遗产并不享有权利的,出卖人应当向买受人返还价金并对其承担损害赔偿责任。

(3)某人仅出售其对继承的请求权,从而买受人可以自担风险提出该请求权的,出卖人不负任何担保义务及返还价金的义务。

第 1482 条 （出卖人为遗产的债务人或债权人的情形）

如果出卖人本身为遗产的债务人或者已经取得遗产的任何财产,应当向买受人清偿债务或者作出补偿(视具体情况而定);此外,买受人应当向出卖人返还后者为清偿遗产的任何债务或负担所支付的任何款项,并偿付出卖人对遗产所享有的任何债权。在这两种情形,有其他约定的除外。

第 1483 条 （讼争权利的转让）

(1)转让讼争权利的,债务人可以通过向受让人偿还转让的实际价金、费用以及自受让人支付上述价金之日起算的利息,从而解除对受让人的义务。

(2)如果对权利的存在发生诉讼争议,或者到期的债务尚未清算并难以清算,该权利即被视为讼争权利。

第 1484 条 （第 1483 条的不适用）

在下列情形,不适用前条之规定:

(a)被转让之权利的某一共同继承人或共有人向另一共同继承人或共有人进行转让的;

(b)为满足债权人的债权,向债权人进行转让的;

(c)向受到诉争的房地产的占有人进行转让的;

(d)完全无偿转让的。

第 1484A 条[①] （保理）

[①] 为 2006 年第 5 号法案第 26 条所增设。

(1)在转让一项或数项债权的情形,如果符合下列条件,此等债权的转让受本分题规定的调整,并由本条作出变更:

(a)让与人为商人;

(b)转让的债权产生于商人从事的贸易或营业或者与之相关;

(c)根据马耳他可以适用的法律,或者根据《银行法》①指定的适格权力机关所承认的司法管辖区的同等的法律,受让人为被许可从事银行业务或保理义务的人。

(2)只要在转让合同中确定了债务人,可以就现存的一组债权进行转让。

(3)只要在转让合同中确定了债务人以及产生将来债权的最近日期,同样可以就将来的债权或者将来的一组债权进行转让。在此等情形,转让自合同订立之时生效,在该债权产生之时无须进行新的转让。

(4)在转让本条提及的债权的情形,在受让人本人或者让与人向债务人作出适当的转让通知之前,受让人不得对第三人行使其受让的权利;在转让将来债权或者将来的一组债权的情形,在将来的债权产生之时无须另行通知。

(5)转让通知可以为任何书面形式所证明,包括对债务人作出的、随同证明债权的文书的通知,且无须让与人或受让人签名。

(6)转让无须约定固定的价金,价金亦无须为金钱。同样可以通过援引当事人约定的任何公式或方法确定价金。

(7)让与人在转让价金的范围对债务人现在或将来的支付能力负担保责任,但受让人全部或部分放弃该担保的,不在此限。

(8)让与人支付不能或者破产的,所转让的将来债权在法院作出终结或破产命令之日尚未产生的,清算人或者让与人的保佐人可以撤销转让。对将来债权之转让的撤销权,以返还受让人就该将来债权向让与人支付的任何对价为条件。

(9)对本条所调整的现存或将来债权或者一组现存或将来债权的转让,不适用第1483条第1款、第1506条第1款和第2013条第3款之规定。

(10)所有上述规定经适当的修改后适用于本条提及的债权的质押,本法典第二编第二分编第二十一题的规定应作出相应地解释。

(11)本法典第1980条至第1984条之规定将不适用,且受让人对已经受让的债权享有使用权和转质权。

---

① 第371章。

第七题 互 易

第 1485 条 （互易合同的定义）

(1)互易是当事人相互允诺彼此给付金钱以外的某物的合同。

(2)依买卖之相同方式,一经同意,互易即告发生。

第 1486 条 （以金钱进行补足）

(1)即使当事人对允诺彼此给付之物的价值作出约定,或者一方当事人允诺自己给付物的同时以金钱进行补足的,合同并不终止为互易合同。

(2)但如果一方当事人允诺自己给付的金额超过其允诺自己给付之物的价值,对于当事人允诺自己彼此给付的一切物,合同被视为买卖合同。

第 1487 条 （应当以金钱对其进行补足的一方当事人的权利）

应当以金钱对其进行补足的一方当事人,就价金而言,可以针对他所给付之物行使属于出卖人的所有权利和优先权,即使根据前条的规定合同为互易合同,亦同。

第 1488 条 （动产与不动产的互易）

动产可以与不动产互易。

第 1489 条 （应当以公文书进行互易的情形）

但在任何情形,给付不动产以互易动产或不动产的,未以公文书订立的合同无效。

第 1490 条 （互易的一方当事人可以拒绝交付物的情形）

互易的一方当事人收受向他给付的互易物以后,证明向他给付物的一方并非物之所有权人的,不得被强迫交付他所允诺给付之物,而仅应返还已收受之物。

第 1491 条 （被追夺时互易的一方当事人的权利）

(1)互易的一方当事人所收受的互易物被追夺的,他可以选择:或者请求损害赔偿,或者请求返还他所给付之物。

(2)如果该当事人选择请求返还其物,如果物为不动产,他甚至可以对占有物的第三人主张返还之诉;并且他将取回其物而不受互易的他方当事人或者占有物的第三人使该物所承受的任何负担或抵押权的约束。

对于以合理的条件诚信订立的任何租约,适用第1530条的规定。

第 1492 条 （互易合同的费用）

(1)互易合同或者与之有关的全部费用,由双方当事人各自承担一半。

(2)但根据《组织与民事程序法典》①第二编第二分编第二题的规定,使不动产解除任何限定继承或者任何抵押权、地役权或其他负担之约束的必要费用,由收受该不动产的互易当事人承担。

第 1493 条 （买卖的规定适用于互易）

有关买卖合同的任何其他规定,同样适用于互易合同。

第八题　永租权

第 1494 条② （永租权合同的定义）

(1)永租权是一方当事人将房地产永久地或者在一定期限内授予他方当事人,后者有义务以金钱或者实物向前者按年支付约定的租金或地租作为保有房地产的回报的合同。

(2)本条的规定适用于任何永租权,即使考虑到房地产孳息的价值而确定了地租数额,亦同。

第 1495 条 （何人可以授予永租权）

除非适格法院依法明确授权为之,无转让财产能力者不得授予永租权。

第 1496 条 （受到限定继承的房地产的永租权之授予）

即使设立限定继承的文书中禁止之,受到限定继承的房地产的占有人,根据《组织与民事程序法典》③第二编第一分编第八题第五分题【即"解除继承权的限制"。——译者注】和第二编第二分编第一题【即"通过享有自愿管辖权之法庭的法令解除继承权的限制"。——译者注】的规定,仍可获得适格法院的授权而永久地或者在一定期限内授予该房地产的永租权,只要法院确信该授予有利于继承权人即可。

第 1497 条 （授予无效的情形）

下列情形,永租权无效:

---

① 第 12 章。
② 为 1961 年第 4 号条例第 9 条所修正。
③ 第 12 章。

(a)未以公文书进行授予的;

(b)永久性的或者在自任何特定的某日起算的一定期限内的授予以外的授予;

(c)未在合同中明确约定地租数额的。

第1498条 （某些授予视为永租权的授予的情形）

(1)如果授予某项房地产的期限超过16年,或者以被授予人可以将其延长至16年以上的方式授予房地产的,在这两种情形,根据本题下一条条文规定的条件而非根据有关租赁合同所规定的条件,该授予被视为永租权的授予,即使当事人称之为租赁合同,亦同;如果未以公文书为之,任何此等授予均无效。

(2)反之,如果以永租权的名义授予房地产,该授予被视为永租权的授予,授予期限的长短以及契约的性质在所不问。

第1499条[①] （当事人可以作出不违反法律的约定）

(1)在所有情况下,都应当遵守上述条文的规定以及第1501条、第1502条、第1512条、第1513条和第1519条的规定,任何相反的协议均无效。

(2)除第1款的规定外,合同当事人可以在永租权合同中作出他们认为适当的任何约定,只要不违反法律即可。

(3)在不影响第1款规定的前提下,如果没有任何特别约定,应当遵守下列条文的规定。

第1500条 （地租不得变更）

(1)在永租权存续期间,地租不得变更。

(2)永租权人不得因任何情势变更而请求减少地租。

(3)如果因意外事件——不论为普通的或特殊的,已经预见的或没有预见的——而丧失全部或部分出产物,永租权人亦不得请求免除或减少某年或数年的地租。

第1501条[②] （永租权人可以买回地租【本条实际规定的是永租权人可以通过支付地租以及地租的利息以补偿所有权人,从而终止永租合同。——译者注】）

(1)永租权系永久授予的,即使在规定的时间段可以变更地租,永租权人

---

① 为1976年第27号法案第3条所代替,后为1981年第30号法案第10条所修正。
② 为1981年第30号法案第11条所增设,后为1984年第20号法案第2条、1995年第24号法案第362条和2004年第9号法案第14条所修正。

亦可以根据本条下一款的规定买回地租,但 1981 年 8 月 15 日之前所订立的合同本身规定了进行买回的其他方式的,不在此限。

(2)此等对地租的买回应以下列方式为之:通过支付相当于地租额加上 5% 的利息的一笔款项。

如果合同规定可以在特定的时间或者因特定状况的发生而变更地租,永租权人可以在任何此等变更之后或者在此等状况发生之后的 1 年内选择买回。在此等情形,为买回地租所支付的款项应等同于变更后的地租额并以买回之时商业银行对定期存款所支付的平均利率计息。

(3)如果有多个所有权人,永租权人可以单独向某人或数人买回。

(4)如果根据永久转永租权而持有房地产,转永租权人可以通过支付根据本条的规定所确定的应当支付的买回款项,买回原始地租以及增加的地租。

(5)在任何协议中,永租权人被剥夺本条所赋予的对地租的买回权的任何条款,被视为未包含在该协议中。

(6)对地租的买回可以通过所有权人与永租权人以公文书所达成的协议为之,或者通过本条第 7 款提及的明细表为之。

(7)如果买回未以公文书为之,永租权人可以下列方式使之生效:自行承担费用,向适格法院的登记处提交一份买回明细表,同时向该登记处提存根据本条第 2 款的规定所确定的应当支付的买回款项;对于该明细表,尽管任何其他法律有相反的规定,本款的下列规定亦有效:

(a)如果首次授予永租权的人或者受让所有权人的权利的人死亡,应当将买回明细表送达于所有权人的某个或数个继承人或者送达于所有权人的受让人,并为其利益作出提存。在法律的所有范围内,此等继承人被视为对买回明细表以及对被提存的金额享有法律利益之人的代理人;

(b)如果任何人根据本条的规定对被提存金额的任何部分享有利益,而其名字在明细表中被遗漏的,不影响被遗漏者对提存款项的任何份额所享有的权利;

(c)明细表中应当包括:

(ⅰ)永租权人的名字、姓氏、出生地、居所地、职业、行业或其他身份,其父亲的名字、母亲的名字和婚前姓氏。在永租权人为社团的情形,该社团的名称及与其组成有关的事项。

(ⅱ)在明细表中被指定之人的名字、姓氏、出生地、居所地、职业、行业或其他身份,其父亲的名字、母亲的名字和婚前姓氏,或者足以识别此人的其他事项,在被指定之人为社团的情形,该社团的名称及与其组成有关的事项。

(ⅲ)根据《公共登记法》[①]第 7 条,对于与所支付的被买回的地租有关的不动产的指定;

(d)永租权人应当为明细表附一份示意图,表明其地租被买回的不动产的范围和方位;

(e)明细表仅送达于该明细表中所指定之人,如果因失踪或任何其他原因,自明细表提交之日起 3 个月内未送达于上述之人,永租权人应当自行承担费用,请求法院的登记员将明细表的内容公布于法院公报,基于该公布,在法律的所有范围内,明细表被视为已送达给应当被送达之人;

(f)永租权人应当将两份明细表副本送达于公共登记处主任,后者应当将该明细表进行登记。《公共登记法》第 30 条的规定经适当的修改后适用于此等明细表。

(8)对上述提存的款项享有权利之人,可以通过向法院的登记员证明其权利而取走之。

第 1502 条[②] (地租的可分性)

(1)非经所有权人同意,不得分割地租。但房地产被分别转让于两人或两人以上,或者因其他原因而分别属于两人或两人以上的,如果实质上系根据请求同意分割之人各自所持有部分的比例分割地租,所有权人不得拒绝同意。

(2)所有权人对于将房地产的某个或数个单独的部分转让给不同的人所作出的同意,或者对于某个或数个被转让人所给付的某部分或数部分地租的受领,与所有权人明示同意分割地租具有同等的效力。

第 1503 条 (向共同占有人补偿地租)

(1)给付了全部地租的共同占有人,可以根据各共同占有人持有的房地产份额,按比例自其他共同占有人处获得补偿,权利的任何转让在所不问。

(2)他与其他共同占有人以同样的比例分担无支付能力的共同占有人的份额。

第 1504 条 (永租权人对房地产的权利)

(1)只要不对房地产造成任何损坏,永租权人可以变更房地产的表面。

(2)永租权人享有房地产产生的任何收益,并有权请求任何持有人返还房

---

① 第 56 章。
② 为 1976 年第 27 号法案第 4 条所代替。

地产,即使该持有人为所有权人,亦同。

(3)永租权人同样享有在房地产中发现的埋藏物,但依法属于发现人的部分除外。

第1505条 (以良好状态返还房地产)

永租权人应当保持房地产处于良好状态,并且在应当返还时保持其处于良好状态。

第1506条 (改良)

(1)永租权人对房地产所为的任何改良,在永租权存续期间属于永租权人。

(2)永租权人可以变更此等改良的形态,但非经所有权人的明示同意,不得将其毁坏。

第1507条 (永租权人的义务)

永租权人应当履行法律课加给建筑物或土地的所有权人的任何义务。

如果履行该义务需要巨额费用,且永租权限于一定期限的,法院基于永租权人的请求,可以强制所有权人分担部分费用,但应考虑到永租权协议、永租权的剩余期限、地租的数额以及其他具体情况。

第1508条 (永租权人可以处分房地产)

(1)永租权人可以通过生前行为或者通过任何遗嘱处分,处分永租房地产及其改良,而无须通知所有权人或征得其同意。

(2)但非以公文书进行的任何转让,均无效。

第1509条

(1)(除非所有权人承认受让人,永租权人的义务并不免除)

永租权人未经所有权人同意而作出任何处分的,永租权人对所有权人本人所负的义务并不免除,但所有权人承认受让人的除外。

(2)①(即使未被承认,受让人的义务)

但即使受让人未被所有权人承认,受让人本人也应当向所有权人全额支付在其保有期间到期的地租,并对在其保有期间所发生的任何损坏进行修缮;但对其保有之前到期的地租或者发生的损坏并不承担责任;即使对于此等地租或者损坏,所有权人对永租房地产、孳息及其拥有的用于房地产的布设、存储或耕作的任何物的价值所享有的权利,不受影响。

---

① 为1944年第7号条例第2条和1975年第58号法案第9条所修正。

如果上述物属于马耳他政府的任何部门或者为马耳他政府的任何部门所持有或为其利益而持有,而该部门本身在任何情形下均不承担清偿债务之责任的,所有权人对该物不享有此等权利。

第 1510 条① （所有权人应当承认受让人的情形）

如果受让人有能力履行因永租权授予而产生的义务,所有权人不得拒绝承认以任何方式受让永租权而代替永租权人的人。

第 1511 条 （受让人应当承认所有权人的情形）

以任何方式受让永租权的人,其占有房地产并且所有权人已承认或已提出将承认他的,不得拒绝明示承认所有权人,或者拒绝本人向所有权人履行因永租权授予而产生的义务。

第 1512 条② （承认）

(1)前两条提及的任何承认可以为明示承认或默示承认;受让人支付地租或者罚金,或者受领受让人支付的地租或罚金,为默示承认,但以司法文书作出明确保留的除外。

(2)所有权人和受让人均得要求以公文书或私文书进行承认;在任何此等情形,费用由要求书面形式的一方承担。

第 1513 条③ （除非约定,无权要求罚金）

基于 1976 年 7 月 1 日以后进行的任何买卖或其他转让,所有权人无权通过罚金或者任何名义对功用所有权或改良要求任何款项,除非:

(a)在永租权授予中对此等款项的支付有明确的约定;

(b)并且永租权授予的期限超过 20 年。

根据本条的上述规定,如果应支付的款项超过就被出售或转让的房地产或部分房地产而应支付给所有权人的 1 年的地租额,该所有权人无权要求任何此等超出的数额。

第 1514 条④ （有关永租权的承诺）

1976 年 7 月 1 日以后作出的对于永租权的承诺,适用第 1357 条、第 1359 条和第 1360 条的规定,如同它们适用于买卖承诺一样。

---

① 为 1961 年第 4 号条例第 10 条所修正。
② 为 1976 年第 27 号法案第 5 条所代替。
③ 为 1976 年第 27 号法案第 6 条所代替。
④ 为 1976 年第 27 号法案第 7 条所增设。

第 1515 条 （如果房地产全部或部分灭失）

(1)如果房地产因意外事件而全部或部分灭失,永租权依法当然解除。

(2)如果房地产部分灭失,且尚存的部分不能产生与地租相当的租金,永租权人不得请求减少地租,但可以向所有权人返还房地产及改良,而请求解除永租权,即使房地产的尚存部分主要由此等改良构成,亦同。

第 1516 条 （证明负担）

永租权人有义务证明:房地产系因意外事件而全部或部分灭失,并且他本人或其家人、佣人、客人、承租人或者未经所有权人承认的转永租权人没有任何过错。

第 1517 条[①] （在欠款的情形,永租权解除）

如果永租权人因地租而负欠的款项等同于 3 年的地租额,所有权人可以请求解除永租权,并为其利益而请求返还房地产及改良。

第 1518 条 （如果房地产发生损坏）

(1)如果房地产发生重大损坏,且永租权人未能表明他本人或者第 1516 条所提到之人对该损坏的发生没有过错,所有权人除可以请求对任何损坏进行修缮外,同样可以请求解除永租权,并为其利益而请求返还房地产及改良。

(2)如果对房地产实施的改良发生损坏,适用同样的规定。

第 1519 条[②] （偿付欠款等的期限）

(1)在前两条提及的情形,所有权人有权请求解除永租权,同时请求偿付所欠的地租。

(2)但在上述各种情形,法院可以视具体情况而授予被告偿付欠款或者进行修缮的一个合理期限,并且基于正当理由,该期限可以延长一次至更为合理的一个期限。

(3)明确约定合同因任何原因而解除的,前款的规定同样适用,即使约定排除授予任何期限的,亦同。

(4)本条的任何规定不得解释为:可以要求偿付因请求权被时效或者任何其他原因阻止而无须偿付的任何地租或其他款项。

第 1520 条 （偿付欠款等的期限可由永租权人的债权人提出请求）

(1)永租权人的债权人或者任何其他利害关系人,可以参加诉讼并请求授

---

① 为 1976 年第 27 号法案第 8 条所代替。
② 为 1976 年第 27 号法案第 9 条所修正。

予上述期限；即使在其参加下、基于永租权人的请求而授予上述期限,该债权人或任何其他利害关系人仍可以在该期限内,通过偿付欠款或实施所要求的修缮而阻止解除永租权。

(2)在此等情形,为补偿其偿付的欠款或者实施修缮所发生的费用,该债权人或其他利害关系人应被赋予所有权人的权利,以对抗除所有权人本人之外的永租权人的任何其他债权人。

第1521条 （暂时永租权的终止）

(1)暂时永租权因明确约定的期限届满而终止,并且为所有权人之利益,依法当然发生房地产以及改良的返还。

(2)除非在永租权授予中或者在任何其他公文书中有明确约定,无论对于何种财产,以任何事由更新永租权的任何诉讼均被废止。

第1522条 （返还的效力）

在所有返还的情形,对于房地产以及改良,任何抵押权、负担或地役权均告解除,即使没有永租权人的行为,该地役权仍可能被设立的,亦同；房地产及改良应无负担地返还于所有权人,但对于房地产及改良的任何租赁而言,适用第1530条和第1531条的规定。

第1523条 （何时永租权人可以请求对改良进行补偿）

(1)基于返还,对于改良,不论其价值或性质为何,永租权人无权要求任何补偿,但因第1517条和第1518条规定的任何事由而发生返还的,不在此限。

(2)在上述两条规定的情形,考虑到进行返还时改良的价值以及永租权的剩余期限,所有权人应当在进行返还时房地产的价值因该改良而增值的限额内,向永租权人偿付改良的价金。

第1524条① （1976年7月1日之前订立的永租权合同）

本题的规定适用于1976年7月1日之前或之后订立的任何永租权合同,但已于上述日期之前终止的永租权,或者在该日期之前通过协议或者通过已经产生既判力的判决或者依法而设定或解除的永租权除外；对于此等永租权,在其终止、设定或解除之时所适用的法律,如果必要,将继续适用。

---

① 为1976年第27号法案第11条所代替。

第九题　租赁合同[*]

一般规定

第1525条^①　（租赁合同得以口头或书面形式订立）

(1)租赁合同,不论为物的租赁或工作和劳务的租赁,均得以口头或书面形式订立,但2010年1月1日以后订立的城市房地产、住房和商业房地产的租赁合同应采用书面形式。

根据《城市房地产续租(调控)条例》^②设立的租金调控委员会(下文称之为"租金委员会"),对于决定与城市房地产、住房和商业房地产的租赁合同有关的所有事项,享有排他性的管辖权。其他租赁由享有民事管辖权的法院管辖,而与农业租赁有关的事项由根据《农业租赁(续租)法》^③的规定所任命的乡村租赁控制委员会管辖。

为履行本法典所规定的职责,租金委员会有权从政府机构、政府部门和政府当局以及任何其他机构中获取信息和文件。

(2)除非本题有其他特别规定,本题的规定不适用于将继续受《农业租赁(续租)法》^④的规定调整的农业租赁。

(3)在本题范围内:

"商业房地产"是指,并非住房,且被租赁用于为主要目的在于产生利润的活动提供场所的城市房地产,包括但不限于事务所、诊所、被租赁用于商品批发或零售的房地产、市场摊位、仓库、用于商业目的的储藏室,以及被许可出售物品、葡萄酒、烈酒、食品或饮料的任何房地产、剧院、主要用于任何工艺、行业或职业的房地产。

但出租给某团体或出租给音乐机构、慈善机构、社会机构、体育机构或政

---

*　关于2009年第10号法案对本题所作的修正的过渡性规定,附在本章(即本法典——译者注)末尾。
①　为2009年第10号法案第2条所代替。
②　第69章。
③　第199章。
④　第199章。

治机构,被用作俱乐部的房地产,不被视为商业地房产,即使其部分被用于产生利润的目的,亦同。

"俱乐部"是指,根据法律的规定,向警察局局长登记的任何俱乐部。

第一分题　物的租赁

第1526条　(物的租赁的定义)

(1)物的租赁是指,一方当事人允诺自己在一定期限内以特定的租金授予他方当事人对物的享有,后者允诺自己向前者支付特定的租金的合同。

(2)任何种类的有体财产,不论为动产或不动产,均得为租赁合同之客体。

第1527条① (共同占有人所为的出租何时无效)

(1)被一人以上共同占有的城市房地产、住房或商业房地产的出租,应由全体共同占有人为之,但第1530条的规定除外。

(2)某一共同占有人占用共同占有的财产的,如果当事人同意订立租赁合同,此等同意应通过以全体共同占有人为一方、以财产的占用人为另一方的书面合同为之。此后,根据租赁合同的期限和条件,此人应被视为承租人,但并不丧失其作为共同占有人的权利。

本款不影响本法典第二编第一分编第五题的规定。

(3)城市房地产、住房或商业房地产的某一共同占有人,未经租金委员会通过裁决作出的授权,或者在动产的情形,未经适格法院的授权,或者未经其他共同占有人的同意,将此等财产出租的,基于任一其他共同占有人的请求,该租约可以被宣告无效,但以此等请求在自该其他共同占有人获悉该租约之日起的2个月内提出为限。

第1528条② (委员会或法院何时可以作出授权)

(1)如果表明房地产适于出租并且所提议的出租是有利的,而且没有表明任何其他共同占有人有正当理由反对该出租的,基于城市房地产、住房或商业房地产的某一共同占有人通过申请提出的请求,租金委员会可以授权出租城市房地产、住房或商业房地产。

在动产的情形,本款的所有规定均适用之,但相关事项由享有民事管辖权

---

① 为2009年第10号法案第3条所代替。
② 为2005年第22号法案第81条所修正,后为2009年第10号法案第4条所代替。

的法院管辖。

(2) 如果任一共同占有人失踪,且(在城市房地产、住房或商业房地产的租赁的情形)租金委员会或者(在动产或其他物的租赁的情形)法院(视具体情况而定)没有收到失踪人是否仍然健在或者关于其下落的任何通知,第1款的规定同样适用。

第1529条① (共同占有人的优先权)

已经概括同意出租物的共同占有人,或者尽管他反对,租金委员会或法院(视具体情况而定)已经概括授权出租物的,可以行使第1591条、第1592条和第1593条提及的优先权,但他已经以任何方式放弃该权利的,除外。

第1530条② (受到限定继承或者承受用益权之物的占有人所为的出租)

(1) 某物受到限定继承或者承受用益权或任何其他暂时或可解除的负担的,如果该物的占有人以合理的条件将其出租,并且如果该物为乡村土地,其租赁期限未超过8年,如果该物为城市房地产,其租赁期限未超过4年,如果该物为动产,其租赁期限未超过通常的使用期限,如果该物为其出租若超过上述任何各期限中较短的一个期限则被禁止的财产,其租赁期限未超过上述相应期限的,出租有效。

即使占有人系对其相续人为之,亦同。

(2) 上述之物的占有人以任何较长的期限进行出租的,基于其占有物的相续人的请求,应当缩减至合理的期限,该期限自合同订立之日起算。

第1531条③ (适格法院授权更长期限的租赁的情形)

如果依法取得适格法院的授权而约定了更长的租赁期限,不适用前条对租赁期限进行限制之规定。

第1531A条④ (租赁合同的书面要件)

(1) 对于2010年1月1日之后所为的城市房地产、住房和商业房地产的租赁,租赁合同应采用书面形式并规定:

(a) 拟出租的财产;

---

① 为2009年第10号法案第5条所代替。
② 为2009年第10号法案第6条所修正。
③ 为2009年第10号法案第7条所代替。
④ 为2009年第10号法案第7条所增设。

(b)约定的所出租财产的用途;

(c)财产的租赁期限;

(d)该租约是否可以延长以及以何种方式延长;

(e)应支付的租金额以及支付方式;

(2)缺少上述要件的某一项或多项的,合同无效。

(3)2010年1月1日之后所为的城市房地产、住房和商业房地产的租赁,仅受租赁合同和本法典的条文调整。

第1531B条[①]　(1995年6月1日之前的租赁合同)

1995年6月1日之前订立的租赁合同,受在1995年6月1日之前有效的法律调整,但自2010年1月1日起,适用本法典第1531C条、第1531D条、第1531E条、第1531F条、第1531G条、第1531H条、第1531I条、第1531J条和第1531K条。

第1531C条[②]　(住房的租金)

(1)1995年6月1日之前有效的住房的租金,受在1995年6月1日之前有效的法律调整。但除非有其他书面约定,自2010年1月1日起,年租金如果低于185欧元(185),2010年1月1日之后,应增加到该数额。

但年租金如果超过185欧元(185),应保持在所确定的此等较高的数额。

(2)在任何情形,第1款所规定的租金率应每3年增长一次,增长比率与《住房(解除管制)条例》[③]第13条规定的通货膨胀指数的增长相同。第一次增长将在2013年1月1日进行。

但如果在2010年1月1日,年租金将超过185欧元(185),并且1995年6月1日之前,当事人通过书面合同约定了租金增长的方法,则2010年1月1日之后,只要约定仍然有效,租金的增长将继续根据该约定进行。

第1531D条[④]　(商业房地产的租金)

(1)商业房地产的租金,自2010年1月1日起,应以实际租金15%的固定比率增长,并且2010年1月1日至2013年12月31日之间,在每年的1月1日,应以最后一次租金的15%继续增长。但2010年1月1日之后有其他约

[①]　为2009年第10号法案第7条所增设,后为2010年第5号法案第6条所修正。

[②]　为2009年第10号法案第7条所增设。

[③]　第158章。

[④]　为2009年第10号法案第7条所增设。

定,或者租约系 1995 年 6 月 1 日之前以书面达成且 2010 年 1 月 1 日仍处于原来约定的期限之内的,不在此限。

(2)自 2013 年 6 月 1 日起,租金将由当事人之间的约定确定。没有达成此等约定的,房地产市场价值指数应作为负责住房的部长制定的规章确定租金的指导。没有此等规章的,自 2014 年 1 月 1 日起,租金每年将增长 5%,直至上述规章生效。【在本法典的两个官方版本(英语版本与马耳他语版本)中,本款中的两个日期发生了顺序变换,根据本款语境,英语版本日期似有不妥,故本译本采马耳他语版本中的行文,将该两个日期做如是翻译。——译者注】

(3)在商业房地产之情形,如果当事人之间约定了租金的周期性增长,此等约定继续适用,而不适用本条规定的增长。

但除租金的增长系根据约定为之的情形外,如果前文所提议的商业房地产租金的增长方式予以适用,承租人可以通过送达给出租人或某一出租人的司法信函终止租约,但应提前 3 个月通知出租人。如果系特定期限的租约,同样适用该规定。

第 1531E 条[①] （租赁物的外部日常维护）

2010 年 1 月 1 日之前出租的房地产的外部日常维护,除非当事人之间有其他书面约定,由承租人而非出租人承担费用。

第 1531F 条[②] （住房承租人的定义）

在被用作日常居住的房屋租赁的情形,如果系 1995 年 6 月 1 日之前所为,在 2008 年 6 月 1 日,根据合法的租赁的名义将居住房屋之人及其生活在一起且未在法律上别居的配偶,被视为承租人。承租人死亡时,租约终止。

如果在 2008 年 6 月 1 日出现下列情形,承租人死亡后,某人根据承租人的同样条件继续租赁:

(ⅰ)此人为承租人的亲生子女或法律上的子女,在过去 5 年中的 4 年与上述承租人生活在一起,且在 2008 年 6 月 1 日之后继续与承租人生活在一起直至承租人死亡;

但如果在 2008 年 6 月 1 日,有一个以上的子女在过去 5 年中的 4 年与承租人生活在一起,且他们继续与承租人生活在一起直至承租人死亡,所有的此等子女将连带地继续租赁。该租约并不及于该子女的妻子、丈夫或子女;

---

① 为 2009 年第 10 号法案第 7 条所增设,后为 2010 年第 5 号法案第 9 条所修正。
② 为 2009 年第 10 号法案第 7 条所增设。

(ⅱ)或者此人为承租人的兄弟姐妹,其在承租人死亡时年龄在45岁或45岁以上,或者此人为承租人的丈夫或妻子的兄弟姐妹,其在承租人死亡时年龄在45岁或45岁以上,且在2008年6月1日之前5年中的4年与承租人生活在一起,此后继续与承租人生活在一起直至承租人死亡;

但如果有一个以上的兄弟姐妹年龄在45岁以上,在2008年6月1日之前5年中的4年与承租人生活在一起,且此后继续与承租人生活在一起直至承租人死亡,所有的此等兄弟姐妹将连带地继续租赁。该租约并不及于上述兄弟姐妹的妻子、丈夫或子女;

(ⅲ)或者此人为承租人的亲生子女或法律上的子女,年龄在5岁以下,且2008年6月1日之后继续与承租人生活在一起直至承租人死亡;

(ⅳ)或者此人为承租人的亲生的或法律上的直系尊血亲,年龄在45岁以上,在2008年6月1日之前5年中的4年与承租人生活在一起,且此后继续与承租人生活在一起直至承租人死亡。该租约并不及于该直系尊血亲的妻子、丈夫或子女。

如果承租人死亡时,有数位子女、兄弟姐妹或直系尊血亲皆满足(ⅰ)项、(ⅱ)项、(ⅲ)项或(ⅳ)的标准,所有此等人均有权连带地共同继续租赁。

但并不仅因某人由于工作、学习或医疗暂时离开承租人的居所而将其视为未与承租人生活在一起。

在不影响本条规定的前提下,除非某人满足负责住房的部长不时引入的资历审查标准,此人在承租人死亡后无权继续租赁。

第1531G条[①] （不具有承租人资格之人）

如果根据第1531F条规定的标准,某人虽不具有继续租赁的资格,但在2008年6月1日之前与承租人居住在一起且继续与承租人居住在一起直至承租人死亡的,此人有权根据如下规定继续租赁:

(a)如果此人不符合上文规定的资历审查标准,在任何情形,自最后一位健在的承租人死亡之日起,租约将继续存在不超过3年的一段期间,但租金将是最后一位承租人所支付的两倍;

(b)如果根据资历审查以外的其他标准,此人不具有资格,自最后一位健在的承租人死亡之日起,租约将继续存在不超过5年的一段期间,但租金将是最后一位承租人所支付的两倍。

---

① 为2009年第10号法案第7条所增设。

第1531H条^①　（被租赁用作车库或消夏居所的房地产）

(1)在1995年6月1日之前租赁的车库的情形，该车库不构成出租给承租人作为日常居住的住房的一部分且不被视为商业房地产的，如果没有相反的约定，2010年6月1日之后，不存在任何更新租约的权利。

(2)在1995年6月1日之前租赁的房地产，被用作承租人的消夏居所而非日常居所的情形，如果没有相反的约定，2010年6月1日之后，不存在任何更新租约的权利。

但在本题范围内，任何承租人均不被视为拥有超过一处的日常居所。

第1531I条^②　（商业房地产的承租人的定义）

在1995年6月1日之前租赁的商业房地产的情形，在2008年6月1日，根据合法的租赁的名义占用房地产之人及其生活在一起且未在法律上别居的配偶，被视为承租人；如果承租人死亡，与其有堂（表）兄弟姐妹亲等以内的血亲关系或姻亲关系的继承人，亦被视为承租人。

在任何情形，1995年6月1日之前订立的商业房地产的租约，应在自2008年6月1日起算的20年内终止，但租赁合同规定了特定期限的除外。如果租赁合同系1995年6月1日之前就特定期限而订立，且在2010年1月1日，原期限仍在进行（"不变"或"遵守"），该租赁期限尚未被依法自动延长的，在此等情形，适用合同中规定的期限。1995年6月1日之前订立的，将自动更新或仅依承租人的自主决定而更新的合同，视为并非特定期限的合同，应在自2008年6月1日起算的20年内终止。

第1531J条^③　（被任何类型的俱乐部租赁的房地产）

在1995年6月1日之前，房地产被出租给某机构，包括但不限于音乐机构、慈善机构、社会机构、体育机构或政治机构，用作俱乐部的情形，租赁系特定期限的，且在2010年1月1日，原期限仍在进行（"不变"或"遵守"），租赁尚未被依法自动延长的，在此等情形，适用合同中规定的租赁期限。在所有其他情形，租赁合同系1995年6月1日之前订立的，1995年6月1日有效的法律及所有解释将继续适用。

不考虑1995年6月1日之前有效的法律规定，负责住房的部长可以不时

---

① 为2009年第10号法案第7条所增设。
② 为2009年第10号法案第7条所增设。
③ 为2009年第10号法案第7条所增设。

地制定规章,以调整俱乐部租赁的条件,从而在出租人的权利、承租人的权利和公共利益之间达成合理的平衡。

第 1531K 条① (既被用作住房又被用作商业经营场所的房地产)

在 1995 年 6 月 1 日之前租赁的房地产,既被用作住房又被用作商业房地产,而仅支付一种租金的情形,该房地产被视为住房,适用本条关于住房的规定。

但:

(a)对于租金率,租金应为第 1531D 条就商业房地产规定的租金;

(b)如果商业的部分不再继续被用作商业用途,就租金率而言,继续适用商业部分的用途终止之前应支付的租金,但此后租金的增长应以第 1531C 条规定的租金为基础进行调整;

(c)如果租金根据第 1531D 条规定的规则增长,则租金的增长应被视为仅对实际上将被用作商业目的的部分为之。

第 1531L 条② (1995 年 6 月 1 日或之后生效的租约)

对于 1995 年 6 月 1 日或之后生效的租约,无论住房的租约、商业房地产的租约还是城市房地产的租约,此等租约继续受当事人之间所约定的期限和条件以及当时有效的法律调整。

第 1531M 条③ (1995 年 6 月 1 日之前订立的其他房地产租约)

对于 1995 年 6 月 1 日之前订立的并非住房或商业房地产的房地产租约,在不违反第 1531J 条关于俱乐部之规定以及第 1531H 条关于车库和消夏居所之规定的条件下,在 1995 年 6 月 1 日之前有效的法律及所有解释将继续适用。

但负责住房的部长可以不时地制定规章,以调整此等租约,从而在出租人的权利、承租人的权利和公共利益之间达成合理的平衡。

第 1532 条④ (推定的租赁期限)

(1)对于租赁期限没有明确约定,或者不存在能够表明合同当事人对于租赁期限之意图的状况时,应遵守下列规则:

---

① 为 2009 年第 10 号法案第 7 条所增设。
② 为 2009 年第 10 号法案第 7 条所增设。
③ 为 2009 年第 10 号法案第 7 条所增设,后为 2010 年第 5 号法案第 10 条所修正。
④ 为 1870 年第 1 号条例第 1 条和 2009 年第 10 号法案第 8 条所修正。

(a)城市房地产的出租或者动产的出租,其租赁期限被视为已就其计算租金的期间,即:如果约定了1年的租金,租赁期限被视为1年;如果约定了1个月的租金,租赁期限被视为1个月;如果约定了1天的租金,租赁期限被视为1天;

如果未能表明系以年、月或日为单位约定租金,被视为依照惯例而约定之;

(b)乡村土地的出租,如果土地能够产生孳息,其租赁期限被视为收取4年的出产物所必要的期限;如果土地不能产生孳息,则如同在城市房地产之情形的规定,其租赁期限被视为已就其计算租金的期间;

(c)如果证明系出于任何特定的用途而出租特定物,被视为在该用途所确定的期限内出租该物。

(2)对于2010年1月1日之后订立的城市房地产、住房和商业房地产的租约,不适用第1款之规定。

第1533条① (租金)

(1)租金可以为金钱或实物,甚至可以为租赁物产生的部分孳息。

(2)如果没有表明已经约定以实物或者部分孳息支付租金,被视为约定以金钱支付。

(3)对于2010年1月1日之后订立的城市房地产、住房和商业房地产的租约,不适用第2款之规定。

第1534条② (没有约定时租金如何确定)

(1)合同已经开始生效,而没有明确约定租金或者没有确定租金数额的任何法律的,如果有时价,以时价确定之;如果没有时价,以专家的估价确定之。

(2)对于2010年1月1日之后订立的城市房地产、住房和商业房地产的租约,不适用第1款之规定。

第1535条 (提前支付租金)

(1)对乡村土地之租金的任何提前支付,如果因此给出租人的享有抵押权的债权人或者给受限定继承而继承财产之人或者给在其权利终止之后财产将移转于他之人造成任何损害的,支付无效。

(2)对城市房地产之租金提前6个月以上支付的,如果因此给上述人员造

---

① 为2009年第10号法案第9条所修正。
② 为2009年第10号法案第10条所修正。

成任何损害,支付同样无效。

第 1536 条① （租约的默示更新）

(1)如果租约期满,承租人继续享有并且出租人容忍他继续享有租赁物的,被视为以同样的条件和同样的权利义务更新租约,其期限根据第1532条的规定而定,但对于乡村土地,被视为在收取1年的出产物所必要的期限内更新租约。

如果租金系定期支付,被视为在相当于一个支付周期的期间内更新租约,但对于乡村土地除外。

(2)对于2010年1月1日之后订立的城市房地产、住房和商业房地产的租约,不适用第1款之规定。

第 1537 条 （何时不发生默示更新）

如果在租约期满时出租人已经通知承租人交还租赁物,承租人不得根据前条的规定主张默示更新,即使他已继续享有租赁物的,亦同。

第 1538 条 （担保的范围）

在前两条规定的任何情形,对于租赁合同的担保并不延伸至因租约更新或者因继续占有租赁物而产生的债务,但担保人明确允诺在承租人交还租赁物之前的整个期间承担担保责任的,不在此限。

第一节　出租人的权利和义务

第 1539 条 （出租人的义务）

依租赁合同的性质且无须任何特别约定,出租人应当:

(a)向承租人交付租赁物;

(b)保持租赁物处于租赁用途的良好状态;

(c)确保承租人在租赁存续期间安静享有租赁物。

第 1540 条② （以修缮后的良好状态交付租赁物）

(1)出租人应当交付修缮后各方面处于良好状态的租赁物。

(2)在租赁存续期间,出租人应当进行所有必要的修缮,但在建筑物之情形,第1556条规定的修缮除外,除非出租人明确允诺实施此等修缮。

(3)在本题范围内,对于城市房地产、住房和商业房地产,"结构性修缮"被

---

① 为2009年第10号法案第11条所修正。

② 为2009年第10号法案第12条和2010年第5号法案第11条所修正。

视为关于建筑物本身的结构的修缮,包括天花板。

(4)在1995年6月1日之前出租的住房的情形,如果出租人实施了并非因其过错而产生的必要的结构性修缮,租金应增加所发生费用的6%。

如果并非因承租人的过错而产生必要的结构性修缮,上述承租人有权终止租约,即使租赁期限尚未届满,亦同。

出租人愿意实施此等修缮的,承租人可以选择自己承担费用实施此等修缮,在此等情形,租金保持不变。但在此等情形,承租人无权在租约终止时就此等结构性修缮要求任何全部或部分补偿。

第1541条[①]　(何时可以授权承租人实施修缮)

(1)如果通过司法文书要求出租人实施其应当进行的修缮,而出租人没有为之,承租人可以通过申请,请求授权由出租人承担费用,以租金委员会或法院或乡村租赁控制委员会(视具体情况而定),在具体情形中认为适当的条件实施此等修缮。

(2)承租人有权留置已经到期的或者尚未支付的租金,以获得此等费用的偿还。如果此等费用的数额超过该租金,不影响承租人对于任何超出的数额享有的权利。在此情形,出租人无权根据第1540条第4款的规定增加租金。

第1542条　(出租人的迟延责任)

根据前条提及的指示,因出租人迟延实施其应当进行的修缮而使承租人遭受损害的,出租人应当进行赔偿。

第1543条[②]　(紧急修缮)

不进行修缮或者迟延修缮可能给承租人造成严重损害的,承租人可以实施紧急修缮而无须提起任何诉讼,修缮费用由出租人承担。在任何此等情形,承租人为获得补偿,可以根据第1541条的规定留置租金。

但承租人应当尽快将此等情形通知出租人,并向出租人提交一份关于该修缮的紧迫性、专家所估算的价值以及迟延修缮可能造成的损害的专家报告。

但出租人有权继续实施根据本条的规定已经开始的修缮。

第1544条[③]　(合同何时可以因未进行修缮而解除)

如果出租人应当进行的修缮,若不为之将妨碍或严重减损对租赁物的享

---

① 为2005年第22号法案第81条所修正,后为2009年第10号法案第13条所代替。
② 为2009年第10号法案第14条所代替。
③ 为2009年第10号法案第15条所修正。

用,且出租人没有在租金委员会或法院,或乡村租赁控制委员会(视具体情况而定)确定的期限内进行修缮的,承租人同样可以请求解除合同,并请求损害赔偿。

第 1545 条 (出租人对租赁物的缺陷或瑕疵的责任)

(1)出租人应当对妨碍或减少租赁物之使用的缺陷或瑕疵负担保责任;如果证明存在缺陷或瑕疵,承租人可以选择请求解除合同,或者请求减少租金。

(2)即使该缺陷或瑕疵产生于合同约定之后,适用同样的规则。

(3)但对于在订立合同时承租人自己本应发现的明显的缺陷或瑕疵,出租人不负担保责任。

第 1546 条 (在隐蔽瑕疵的情形,出租人的损害赔偿责任)

如果承租人因订立合同时存在于租赁物中的隐蔽缺陷或瑕疵而遭受任何损害,而出租人知道该缺陷或瑕疵或者对其存在有合理怀疑的,应当承担损害赔偿责任,但他已将该缺陷或瑕疵的存在或者将其怀疑告知承租人的,不在此限。

第 1547 条 (出租人不得改变租赁物的形态)

在租赁存续期间,非经承租人同意,出租人不得改变租赁物的形态。

第 1548 条 (承租人应容忍紧急修缮的实施)

(1)租赁存续期间,如果租赁的房地产需要紧急修缮,且不能推迟至租约期满后进行的,不论该修缮给承租人造成何种不便,即使他在该修缮期间被剥夺部分房地产的,承租人亦应容忍之。

(2)但如果此等修缮的实施超过 40 天,应当根据承租人被剥夺房地产的期限与被剥夺的部分的比例减少租金。

第 1548A 条① (出租人进入房地产的权利)

在城市房地产、住房或商业房地产的租约存续期间,出租人有权在与承租人约定的时间并以与承租人约定的方式进入房地产,从而出租人可以履行其义务或核实承租人是否履行义务,以及向潜在的买受人展示该房地产。

但当事人之间没有约定的,在出租人为此提出申请后,如果需要,租金调控委员会在简要地听取当事人的意见后,可以确定日期、时间和条件。委员会可以在开庭期间或者在办公室内作出裁决而无须听取当事人的意见。裁决应在自承租人被送达通知之日起的 5 个工作日内作出。租金委员会可以命令在

---

① 为 2009 年第 10 号法案第 16 条所增设。

法院执行官监督和在场的情况下进行检查。在履行该职责时,租金调控委员会还应考虑承租人的私生活权,并核实出租人没有滥用本款规定的权利。在此等情形,对上述裁决不得上诉。

第1549条 （在某些情形承租人可以请求解除租约）

(1)在用于居住的城市房屋之情形,如果前条提及的修缮使得承租人及其家庭居住所必要的部分房屋在任何期间内不适于居住,根据具体情形,承租人可以请求解除合同。

(2)在动产之情形,如果因修缮而在任何期间内妨碍租赁物的使用,适用同样的规定。

第1550条 （出租人对第三人的侵扰不负担保义务）

如果第三人对租赁物并不主张任何权利,仅以其行为侵扰承租人享有租赁物,出租人对此不负担保责任,但承租人有权以自己的名义对第三人提起诉讼。

第1551条 （除非对租赁物主张权利）

(1)反之,因涉及对租赁物之权利的诉讼而妨碍承租人享用租赁物的,如果承租人被完全剥夺租赁物,他可以对出租人提起损害赔偿之诉;如果他被部分剥夺租赁物,或者使他对租赁物的享用减少或给他造成不便,可以提起相应地减少租金之诉。

(2)但即使在后一种情形,如果留给他的部分租赁物不能用于占有全部租赁物时的目的,承租人亦有权诉请解除合同并要求损害赔偿。

第1552条 （何时不得主张损害赔偿）

在下列情形,不适用前条的损害赔偿责任:

(a)如果承租人没有毫不迟延地将侵扰通知出租人,且出租人因该疏忽而遭受损害;

(b)如果前条提及的诉因仅产生于合同约定之后,且并非由出租人的行为所引起;

(c)如果在订立合同时承租人知道第三人的权利。

第1553条 （何时承租人应当要求出租人为其抗辩）

如果仅以其行为造成侵扰的第三人对租赁物主张任何权利,或者如果承租人本人被起诉,强迫他放弃全部或部分租赁物或者容忍任何地役权的行使,他应当要求出租人为其抗辩,并且如果他愿意,他可以通过指出他据以持有租赁物的出租人的名字,而终止对他提起的诉讼。

第二节 承租人的权利和义务

第 1554 条① （承租人的义务）

承租人应当：

(a)如同善良家父一样使用租赁物,并将之用于合同约定的目的,或者在没有任何此等约定的情况下,用于根据具体情形而推定的目的;

(b)支付约定的或者根据法律的规定而确定的租金。

第 1555 条② （租赁物的非法使用）

如果承租人将租赁物用于当事人约定的目的或者根据前条的规定推定的目的以外的任何目的,或者以可能损害出租人的方式使用租赁物,出租人可以视具体情形而请求解除合同。

第 1555A 条③ （房地产的不使用）

(1)在住房的情形,不使用房地产超过 12 个月的,根据第 1555 条,被视为恶用租赁物。

但如果某人不使用租赁的房地产系因工作、学习或医疗而暂时离开,此等不使用不被视为恶用。

(2)如果在 1995 年 6 月 1 日之前开始的租赁的承租人正在医院或老年人之家恢复健康,且此等机构证明该承租人将永久依赖该机构,或者情况确实如此,房地产的承租人应转为第 1531F 条规定之人。

但如果承租人不再居住于房地产中系因完全依赖该机构,这为同一机构所证明或有其他事实表明如此,且不存在前文提及的租赁的移转权,或租赁的移转没有被具有此等资格之人接受的,出租人可以请求解除合同。

(3)在商业房地产的情形,没有将上述房地产用于租赁合同规定的商业目的的,根据第 1555 条的规定,被视为恶用租赁物。

(4)在乡村土地的情形,如果承租人放弃耕作或者没有如同善良家父一样耕作上述土地,且出租人可能因此遭受损害而就此没有得到任何担保的,第 1555 条的规定同样适用。

(5)在上述任何情形,承租人还应承担支付损害赔偿金的责任,但承租人

---

① 为 2009 年第 10 号法案第 17 条所修正。
② 为 2009 年第 10 号法案第 18 条所代替。
③ 为 2009 年第 10 号法案第 18 条所增设,后为 2010 年第 5 号法案第 12 条所修正。

因其在某机构中恢复健康而丧失租赁物的情形除外。

第 1556 条① （承租人对城市房地产负担的修缮）

城市房地产的承租人应当负责结构性修缮以外的所有修缮。

如果此等修缮未以良好的技艺适当地实施，出租人有权请求租金委员会授权自己实施此等修缮，费用由承租人承担。

在此等情形，如果在 2008 年 6 月 1 日之前承租人并不负担的新的修缮义务被课加给承租人，承租人在 2010 年 1 月 1 日【本译本所依英译本此处为"2009 年 1 月 1 日"，但在本法典的另一官方译本（马耳他语）中，却为"2010 年 1 月 1 日"，根据对本法典相关条文作出修订的 2009 年第 10 号法案，似乎后一日期为确。——译者注】之前未实施此等修缮的，不得以任何方式使承租人承担损害赔偿金或遭受任何其他形式的惩罚性措施，例如终止租约之诉。

第 1557 条② （因不可抗力造成的修缮除外）

在任何情形，承租人均不对因不可抗力造成的且承租人没有任何过错的损害承担修缮责任。

第 1558 条③ （蓄水池等的清洁）

蓄水池、水槽、污坑和烟囱的清洁由承租人负担。

第 1559 条 （应当以何种状态返还物）

如果出租人和承租人已对租赁物的状态作出描述，承租人应当根据描述，以与其接受该物时的相同状态返还之，但因年久或不可抗力而灭失或损坏的除外。

第 1560 条④ （何时推定以良好的状态接受租赁物）

没有对租赁物的状态作出描述的，若无任何相反的证据，推定承租人以良好的状态接受租赁物。

第 1561 条 （承租人对损坏等的责任）

承租人对发生于租赁期间的任何毁损或损害承担责任，但他能够证明其对该毁损或损害没有任何过错的，不在此限。

第 1562 条 （在火灾的情形，承租人的责任）

---

① 为 2009 年第 10 号法案第 19 条所代替。
② 为 2009 年第 10 号法案第 20 条所代替。
③ 为 2009 年第 10 号法案第 21 条所代替。
④ 为 2009 年第 10 号法案第 22 条所修正。

承租人对因火灾造成的任何损害承担责任,但他能够证明其本人或下一条提及的任何人对火灾的发生没有过错,或者能够证明火灾的发生是出于意外事件、不可抗力、建筑物本身的缺陷,或由于相邻房地产的火灾蔓延所致,不在此限。

第1563条 (承租人对佣人等的行为承担责任)

承租人对其家庭成员、佣人、客人或转承租人的任何行为或过错造成的任何毁损或损害承担责任。

第1564条 (改良)

(1)在租赁存续期间,未经出租人同意,承租人不得对租赁物进行任何变更。对于未经出租人同意而进行的任何改良,无论其价值如何,均不得主张之。

(2)但承租人可以移除该改良,以改良前的状态返还租赁物,但条件是:对于在租赁终止时存在的改良,承租人能够表明他可以因移除改良而获益,且出租人没有选择保留该改良并向承租人支付与其因移除改良将获得的收益同等数额的款项。

第1565条 (承租人应将侵害等通知出租人)

承租人应当毫无迟延地将租赁物遭受的任何侵害或损害通知出租人,否则应支付损害赔偿金。

第三节 租赁的解除

第1566条[①] (合同因期限届满而终止)

在不影响第1531A条至第1531M条之规定的前提下,租赁合同因明确约定的期限届满而依法当然终止,一方合同当事人无须向对方作出通知。

第1567条 (即使在乡村土地或动产之情形,期限系推定的)

对于乡村土地或动产,即使租赁期限系根据第1532条的规定而推定的,合同亦因期限届满而依法当然终止。

第1568条 (如果城市房地产的租赁期限系推定的,需作出终止通知)

但对于城市房地产,如果租赁期限系根据第1532条的规定而推定的,合同并不因期限届满而终止,但下列情形除外:如果推定的租赁期限为1年,一方当事人至少提前1个月向对方作出通知;如果推定的租赁期限少于1年,

---

① 为2009年第10号法案第23条所修正。

一方当事人至少提前15日向对方作出通知的。

第1569条 （租赁因解除条件成就而终止）

(1)租赁合同因明确约定的合同解除条件成就而依法当然解除,但受约人依法享有的任何损害赔偿诉权不受影响。

(2)如果约定在一方当事人不履行承诺的义务时合同解除,解除仅自受约人通过司法文书通知订约人其援引该约定的意思之日起生效。

(3)在本条提及的情形,不得给予处于迟延的一方任何期限以清除迟延。

第1570条[①] （或者因不履行义务而终止）

即使未附解除条件,如果一方当事人不履行其义务,租赁合同亦终止。在任何此等情形,因义务不履行而受到侵害的一方可以选择:或者强制对方履行合同,如果合同可以履行;或者请求解除合同并就不履行义务请求损害赔偿。

但在城市房地产、住房和商业房地产的情形,如果承租人没有按时支付到期的租金,仅在出租人通过司法信函催告承租人,而承租人虽被催告仍未在自催告之日起15日内支付上述租金后,始得终止合同。

第1571条 （或者因租赁物被毁灭而终止）

(1)在租赁存续期间,如果租赁物因意外事件而完全毁灭,租赁依法当然终止;如果租赁物仅部分毁灭,承租人可以视具体情形,或者请求减少租金,或者请求解除合同。

(2)如果租赁物因意外事件而变得不可使用,承租人同样可以视具体情形,请求减少租金或者解除合同。

(3)在本条述及的任何情形,均不得主张赔偿金。

第1572条[②] （租约不因出租人或承租人的死亡而解除）

在不影响第1531A条至第1531M条之规定的前提下,物的租赁合同不因出租人或承租人的死亡而解除。

第1573条 （或者不因出租人意欲自己居住房屋而解除）

出租人不得以意欲自己居住出租的房屋为由解除合同,但明确约定了该权利的除外,在此等情形,如果剩余的租赁期限不少于1年,出租人应当提前1个月通知承租人;如果剩余的租赁期限不足1年,出租人应提前15日通知承租人。

---

① 为2009年第10号法案第24条所代替。
② 为2009年第10号法案第25条所代替。

第1574条 （或者不因租赁物的转让而终止）

如果出租人出售租赁物或者以任何其他方式转让租赁物,受让人不得解除租约,但出租人在租赁合同中为自己保留了该权力的,除外。

第1575条 （受让人通知承租人）

(1)如果租赁物的受让人意欲行使租赁合同中保留的,关于在买卖或其他转让的情形下解除租约的权力,在乡村土地的情形,受让人应提前1年通知承租人;在城市房地产的情形,根据第1573条的规定,受让人应提前1个月或15日通知承租人。合同中有其他约定的除外。

(2)在动产的情形,应提前8日通知承租人,或者至少提前相当于剩余租赁期限一半的天数通知承租人。

第1576条① （当其权利有可能解除时,买受人不得驱逐承租人）

承受买回权的房地产的买受人不得行使其驱逐承租人的权力,但买受人成为该房地产的不可撤销的所有权人的,不在此限。

第1576A条② （属于政府等的房地产）

即使本法典以及任何其他法律有其他规定,如果出租人为政府或者依法设立的任何市政机关或权力机关,且特定的租赁期限尚未届满,出租人可以随时为公共利益,通过以司法文书通知承租人而解除租赁合同。不论在用于居住的城市房屋或者在其他房地产之情形,此等通知至少应提前3个月作出。如果已经作出此等通知,租赁合同将于通知中规定的日期解除,并将适用本分题的下列规定。

第1576B条③ （不存在赔偿权的情形）

如果根据本法典第1576A条解除合同的出租人,根据本法典第1566条至第1575条的规定,本来拥有解除合同的正当理由的,承租人无权请求赔偿。

第1576C条④ （存在赔偿权的情形）

如果根据本法典第1576A条解除合同的出租人,根据本法典第1566条至第1575条的规定,并不拥有解除合同的正当理由的,应当向承租人支付租金委员会视具体情形而确定的一笔款项,以赔偿上述承租人在租赁期限届满

---

① 为1961年第4号条例第2条所修正。
② 为1995年第4号法案第3条所增设。
③ 为1995年第4号法案第3条所增设。
④ 为1995年第4号法案第3条所增设,后为2009年第10号法案第26条所修正。

前为搬出该房地产所额外支出的费用,并应当在尚未届满的合同期限内,出租并转移与被搬出的房地产尽可能相似的另一处房地产;在商业房地产的情形,如果承租人证明其商誉因合同解除而遭受损失的,该出租人应当支付租金委员会视具体情形并考虑到合同解除前尚未届满的租赁期限而确定的一笔款项,以赔偿该商誉的损失。

第 1576D 条[①] （无须法院的宣告）

(1)当出租人根据第1576A条的规定通知承租人时,合同立即解除,承租人不再对房地产享有任何权利。对此无须租金委员会的任何授权或确认。

(2)不得通过主张如此而为并不必然符合公共利益而反对根据第1576A条的合同解除,但如果能够证明合同解除被滥用而且并非出于公共利益,承租人对法院视具体情形而认为适当的损害赔偿金享有权利。

第四节　对能够产生孳息的乡村土地之租赁的特别规定[②]

第 1577 条 （在损失收成的情形,租金的免除或减少）

如果租赁期限为2年或2年以上,在租赁期间,因任何意外事件而损失1年的全部收成,或者收成的损失程度的,剩余孳息的价值在扣除种子的价值及收取该孳息的费用后,已达不到约定租金的一半,在前一种情形,承租人可以请求免除全部租金,在后一种情形,承租人可以请求根据剩余孳息的价值与上述租金的差额,相应地减少租金。

第 1578 条[③] （承租人应请求确定损失）

为获得上述租金的免除或减少,承租人必须在孳息成熟期间且在收取之前,通过宣誓申请请求确定损失;未提出该请求的,不得主张其权利。

第 1579 条 （不允许免除或减少租金的情形）

如果在对前面数个年度的节余和亏损进行结算之后,仍有充足的收益可以将请求中提及的年份所遭受的损失减少至低于租金的一半,将不允许免除或减少租金。

第 1580 条 （如果租约持续,损失的调整）

在结算之后,如果发现上述损失大于租金的一半,且租约将再持续1年或

---

① 为1995年第4号法案第3条所增设,后为2009年第10号法案第27条所修正。
② 为1870年第1号条例第2条所修正。
③ 为2005年第22号法案第81条所修正。

更久,法院有权根据所受损失的比例,暂时免除承租人支付租金。

第 1581 条 (应在租约期满时进行确定的调整)

但在此等情形,如果对整个租赁期间的收成进行另一项节余和亏损的结算,基于该结算,如果仍有充足的收益可以将请求中提及的年份所遭受的损失减少至低于租金的一半,从而不允许免除或减少租金,则除非在租约期满时,不能确定地解决租金免除或减少的问题。

第 1582 条 (如果在计算时不存在损失,不得在此后请求免除或减少租金)

根据第 1579 条的规定进行结算之后,如果没有发现应当免除或减少租金,即使在之后的年度内有任何亏损,承租人亦不得在租约期满时重新提出请求;但如果有提出此等请求的充分理由,承租人有权就之后的每一年度请求免除或减少租金。

第 1583 条 (一旦同意免除或减少,不得撤回)

在租赁存续期间,如果出租人鉴于该年内遭受的损失而同意免除承租人 1 年的租金,或者同意减少该年的租金,则不得请求支付免除的数额,即使根据第 1581 条的规定进行结算之后,在之后的年度内,该免除或减少使承租人获得与该损失相当的甚至超过该损失的收益,亦同,但出租人在同意免除或减少租金时为自己保留了此等权利的,除外。

第 1584 条 (租约未超过 1 年时租金的免除或减少)

如果租赁期限未超过 1 年,而在该年内发生第 1577 条提及的状况,承租人同样有权请求免除或减少租金。

第 1585 条 (支付的租金不得请求返还)

在任何情形,承租人均不得因遭受任何损失而请求返还已经支付的租金,但他在支付该租金时为自己保留了此等权利或者已经提前支付租金的,除外。

第 1586 条 (对于已经与土地分离的孳息的损失,不免除或减少租金)

如果孳息的损失发生于已经与土地分离之后,承租人无权请求免除或减少租金,但约定的租金为实物形态的部分孳息的,不在此限;在此等情形,出租人必须按比例分担损失,但以承租人并未迟延向出租人交付其孳息份额为限。

第 1587 条 (如果损失的原因于订立合同时即存在,亦不免除或减少租金)

如果损失的原因于订立租赁合同时即存在且承租人知道其存在的,亦不得请求免除或减少租金。

第1588条 （承租人可以允诺承担意外事件所造成的损失）

(1)承租人可以通过明确的约定而允诺承担意外事件所造成的任何损失。

(2)任何此等约定被视为仅适用于普通意外事件,如冰雹、雨水的严重过剩或严重不足。

(3)除非承租人允诺承担已经预见或没有预见的所有意外事件,此等约定不得被视为及于特别意外事件。

第1589条 （分益租制度下的租约因承租人死亡而解除）

以在出租人和承租人之间分配出产物为条件缔结的乡村土地的租约,因承租人的死亡而解除。

第五节 物的租赁中的优先权

第1590条① （优先权或租赁权）

除以下任何条文所规定的情形外,对租赁物,不存在优先权或租赁权,即使对马耳他政府的财产,亦同。

第1591条 （共同占有人的优先权或租赁权）

如果两人或两人以上共同占有某物,在与陌生人提供的同等条件下,各占有人对该物比陌生人享有优先承租权。

第1592条 （由共同占有人本人行使）

上述权利仅得由共同占有人本人行使,且在该物被有效出租给任何其他人之后,不得行使之。

第1593条 （两个或两个以上共同占有人同时行使该权利）

如果享有该权利的两人或两人以上同时主张之,任一共同占有人均得请求将物拍租给最高竞价人,且不允许陌生人竞价。

第1594条② （现行承租人的优先权）

如果基于第1591条规定的事由而享有优先权的人没有主张优先权,那么对于房地产的优先权:

(a)就同一城市房地产的新租约而言,优先权授予该房地产的最后租约中的承租人;

---

① 为1975年第148号法律通告所修正。

② 为1933年第42号法案第2条、1967年第16号法案第20条和1972年第6号法案第2条所修正。

(b)就同一建筑物低层部分的新租约而言,优先权授予该建筑物高层部分的占有人或居住人。该低层部分属于高层部分的出租人或者任何其他人,以及是否有临街通道,在所不问。

但本款所授予的优先权不适用于如下情形:作为普通租赁房屋而建造或使用的任何建筑物;或者由为分开使用而建造、出租或居住的单元房组成的任何建筑物,即使共有该建筑物的其他部分的。

第 1595 条 (优先权为专属权利)

(1)在前条述及的情形,可以按下文规定的方式并在下文规定的期限内行使优先权,即使在与他人达成了新租约之后,亦同。

(2)但该权利为专属权利,不得转让给他人,亦不得由权利人的继承人或其他相续人承继。

第 1596 条 (如何行使优先权)

因第 1594 条规定的任何事由而被授予优先权的人,为有效行使该权利,必须在自出租人将他人提供的条件或者与他人达成的条件通知给他之日起 15 日内接受该条件,并且如果出租人作出通知的同时要求他提供履行上述条件的担保且该担保包含在该条件之中的,必须在上述期限内提供充分的担保。

第 1597 条 (条件的通知)

(1)出租人应当通过司法文书对他人提供的条件或者与他人约定的条件作出通知,要求被送达通知的人在前条规定的期限内表明其是否有意接受该条件,并提醒他,如果未在上述期限内接受,其优先权将失效。

(2)如果新租约为书面形式,出租人可以仅通过在上述司法文书中援引该书面文件的方式说明该租约的条件。但在此等情形,如果书面文件为私文书,他必须附以文件的副本;如果书面文件为公证书或公证书草稿,他必须在上述司法文书中指出持有该公证书或草稿的公证人的名字、姓氏和居所地。

第 1598 条 (如果应当被通知条件的一方不在)

(1)如果应当被通知的一方不在马耳他,为其利益,应当通知其任何代理人或者负责看管其房屋或房屋钥匙或者经他同意而根据任何名义持有或居住其房屋的任何其他人。

(2)没有上述代理人或者负责人或者持有人或居住人的,可以通过在政府公报上公告的方式进行通知。

(3)在本条述及的情形,接受条件的期限为 1 个月。

第 1599 条 (接受)

条件的接受,以及如果要求提供担保的,担保的出示,同样应当以司法文书的形式告知出租人。

第 1600 条 (条件的通知或接受的无效)

在前三条规定的情形,如果条件的通知或接受未按照该条文的规定进行,该通知或接受无效。

第 1601 条 (抵押担保)

如果承租人占有不动产,他可以抵押该财产作为担保,以代替出租人根据第 1596 条的规定要求的任何其他担保。

第 1602 条① (如果出租人拒绝不充分的担保)

在第 1596 条规定的期限内出示担保后,如果出租人在自以司法文书的方式通知该担保的出示之日起 15 日内拒绝了不充分的担保,承租人可以在自被通知该拒绝行为之日起 4 日内,通过宣誓申请,请求宣告他所出示的担保为充分的担保并请求宣告其优先权有效。

第 1603 条② (法院可以允许新的担保)

基于该宣誓申请,如果承租人未能证实担保的充分性,租金委员会在作出判决之前,可以允许他在不超过 8 日的期限内出示新的担保,并且如果租金委员会认为新的担保本身或者加上先前的担保并不充分,基于上述宣誓申请,租金委员会应当作出判决,宣告优先权已经失效。

第 1604 条 (期限为除斥期间)

前两条规定的期限为除斥期间。

第 1605 条 (因虚假陈述等,新租约的条件无效)

(1)即使新租约的条件被接受,如果已经接受该条件的一方证明该条件中有损及其利益的任何虚假陈述或者欺诈,他有权在租赁期间请求宣告该条件无效并请求损害赔偿。在此等情形,新租约在与先前租约相同的条件下继续有效,租金由专家在对该被提出异议的条件被接受之时的具体情形进行估价后予以确定。

(2)基于上述虚假陈述或欺诈的损害赔偿诉权,甚至可以在新租约解除后的 1 年内行使,但不得在该 1 年届满后行使。

---

① 为 2005 年第 22 号法案第 81 条所修正。
② 为 2005 年第 22 号法案第 81 条所修正,后为 2009 年第 10 号法案第 28 条所代替。

第 1606 条① （何时不享有优先权）

在第 1594 条述及的情形,如果将租约授予与出租人有堂(表)兄弟姐妹亲等以内的血亲关系或姻亲关系之人且租赁期限不少于 1 年的,不享有优先权。但在虚假陈述或者欺诈之情形,被授予优先权的一方仅得在 1 年内提起损害赔偿之诉:在该条(a)项述及的情形,自该方因上述租约而脱离房地产之日起算;在该条(b)项述及的情形,自上述租约订立之日起算。

第 1607 条② （现行承租人何时不享有优先权）

在下列情形,最后租约中的承租人将不享有第 1594 条(a)项就同一房地产的新租约所授予的优先权:

(a)如果承租人并不居住在马耳他;

(b)在订立新租约时,如果承租人及其家人不在马耳他并且在 2 年或多年前已经离开马耳他;

(c)在城市房地产之情形,如果承租人或者其任何家庭成员均未在房屋中居住,或者新租约之前 2 年内一直未在其中居住,且房屋主要是用于居住;

(d)如果在新租约之前,承租人已经交还或者被迫交还房地产;

(e)如果在先前的租赁期间,承租人曾两次或数次未按时支付租金;

在本项范围内,如果自出租人,甚至以口头的方式,请求该支付之日起,租金的迟延支付未超过 15 日的,承租人不被视为未按时支付;

(f)如果承租人没有履行或者违反了产生于最后的租赁合同的任何其他义务;或者仅当被租金委员会强制为之,始履行该义务;

(g)如果先前的租约因租赁期限届满以外的任何事由被解除;

(h)如果未经出租人明示同意,承租人将房地产全部转租或者将租约全部转让,且在订立新租约时,房地产由转承租人或者受让人占有;即使没有限制承租人转租房地产或者转让租约,亦同。

如果转租或者租约的转让仅对部分房地产为之,优先权仅对该部分终止;但如果出租人不希望将房地产的数个部分单独出租,并且承租人没有以他人对整个房地产提供的或者与他人达成的同等条件接受对整个房地产的新租约,则对未转租或者其租约未被转让的部分,承租人同样丧失优先权。

---

① 为 1939 年第 39 号条例第 5 条所修正。
② 为 1939 年第 39 号条例第 6 条、1977 年第 11 号法案第 2 条和 2009 年第 10 号法案第 29 条所修正。

第 1608 条[①]　(如果承租人拒绝接受新租约的条件,不得主张优先权)

如果承租人拒绝以对其提议的条件接受新租约,并且租金委员会认为该条件合理的,如果允许原告请求交还房地产,承租人不得主张其优先权以对抗之,即使证明原告意在以负担较轻的条件将房地产出租给他人,亦同。

第 1609 条[②]　(如果出租人声明在 1 年内等不出租房地产)

如果原告宣誓声明,他无意在自提出上述请求之日起算的 1 年内出租房地产,或者他无意在上述期间内以比被告拒绝接受的条件负担较轻的条件出租房地产的,如果允许原告提出该请求,承租人亦不得主张其优先权以对抗之,被告拒绝接受的条件为何以及租金委员会对该条件有何意见,在所不问。

但如果声明人违反任何此等声明的规定,在上述期限内将房地产出租给第 1606 条提及之人以外的人,因该声明而交还房地产的一方可以对声明人提起损害赔偿之诉,该诉讼可以在自该房地产被如是出租之日起 1 年内提起。

第 1610 条　(建筑物高层部分的居住人享有的优先权终止的时间)

在下列情形,建筑物高层部分的占有人或居住人将不享有第 1594 条(b)项就同一建筑物低层部分的新租约所授予的优先权:

(a)如果高层部分的占有人或居住人没有为其自己或家人的居住而使用该高层部分;

(b)如果最后租约中的承租人本人,依据第 1594 条(a)项所授予的优先权,主张对低层部分的新租约。

第 1611 条　(建筑物数个高层部分的数个居住人主张优先权的情形)

如果某建筑物数个高层部分的两个或两个以上的占有人或居住人主张对低层部分的新租约,优先权给予紧接出租部分之上的建筑物部分的占有人或居住人。

第 1612 条　(覆盖面积较大的情形)

如果低层部分紧接主张新租约的数个竞争人所占有或居住的同一建筑物的数个高层部分之下,优先权给予覆盖低层部分的面积较大的高层部分的占有人或居住人;如果数个高层部分所占据的低层部分的面积相等,出租人可以将之出租给他所愿意的任一竞争请求人。

---

① 为 2009 年第 10 号法案第 30 条所修正。
② 为 2009 年第 10 号法案第 31 条所修正。

第六节 转 租

第1613条① （转租）

如果没有特别规定,转租合同由调整租赁合同的同样规定调整。

但在1995年6月1日之前的商业房地产转租之情形,转租合同应于2018年5月31日终止,但与出租人达成协议的除外,在此情形,该转租由此等协议调整。

但租金应根据第1531D条【在本译本所依英译本和马耳他语版本的两个官方文本中,此处的"第1531D条"均为"第1513D条",显然此处存在笔误。——译者注】的规定确定。

第1614条②（除非受到限制,承租人可以转租【本条曾规定承租人在未被合同限制的情况下享有转租权,但在2009年第10号法案第33条代替本条后,立法精神发生转变,规定承租人除非在合同有约定的情况下否则不享有转租权。可能由于立法者的疏忽,在条文内容改变的情况下,对条名并未改动,从而造成目前的条名与第1款的规定相冲突的现象。但出于尊重原文,仍按原条名译出,特加注说明。——译者注】)

(1)承租人无权转租物或转让租约,但在合同中约定了此等权利的,不在此限。

(2)在本分题的范围内,根据管理协议或任何其他形式的协议,承租人将房地产的占有或将在该房地产中从事的营业转让给第三人的,被视为转租。

(3)如果承租人是有限责任公司或任何其他形式的公司,生前累计转让50%的股权,即使通过不止一次的转让为之,或者转让对该公司管理的实际控制权,或者转让对于在该房地产中从事的营业的控制权,被视为转租。

但如果此等转让系向并未在法律上别居的丈夫或妻子为之,或者向股东的子女为之,不被视为转租。

第1615条③ （第三人的居住）

(1)除非合同中明确禁止,承租人可以让第三人有偿居住在住房的一部分,但第1555条的规定不受影响。

(2)承租人还有权接受其他人通过支付部分租金或任何其他对价而与他

---

① 为2009年第10号法案第32条所代替。
② 为2009年第10号法案第33条所代替。
③ 为2009年第10号法案第34条所代替。

居住在一起,但此等权利被合同明确禁止的,除外。

第 1616 条 （分益租赁中的承租人未经出租人同意不得转租）

附有与出租人分享出产物之约定而耕作土地的承租人,未经出租人明确授权,不得转租或转让租约。

第 1617 条 （承租部分建筑物的人不得转租）

某人居住在一套城市房屋的某一部分,如果该部分与同一房屋的其他部分不可分离,或者该部分与同一房屋的其他部分拥有同一入口,则非经出租人同意,他不得转租或转让租约。

第 1618 条[①] （如果房屋被用于不道德的目的,出租人请求返还占有的权利）

即使没有排除转租或者转让租约的权力,并且还约定了此等权力,如果房屋被转租或者其租约被转让给任何人,后者将其用于、使其用于或容忍其被用于卖淫或者其他不道德的目的,出租人有权请求返还房屋的占有。

第 1619 条[②] （原始出租人对转承租人之物的权利）

出租人可以对孳息以及对用于房地产的布设、存储或耕作的一切物的价值,行使其对租金的权利以及对未修缮或者对与租约的任何其他约定有关的赔偿权,即使此等孳息或其他物属于转承租人并且后者已经对转出租人履行了其义务,亦同。

如果上述物属于马耳他政府的任何部门或者为马耳他政府的任何部门所持有或为其利益而持有,而该部门本身在任何情形下均不直接承担清偿债务之责任,出租人对该物不享有此等权利。

第 1620 条 （转承租人的权利）

转承租人不得对出租人主张承租人所享有的任何权利。

第 1621 条 （第 1619 条和第 1620 条的适用）

如果没有限制承租人转租或转让租约,或者明确允许承租人如此为之,前两条的规定同样适用,除非出租人已经明确免除承租人的义务,或者已经明确承认转承租人取代承租人。

第 1622 条 （优先权适用于转租）

(1)在将数个承租人共同持有之物进行转租的情形,第 1591 条规定的优

---

① 为 1939 年第 39 号条例第 8 条和 2009 年第 10 号法案第 35 条所修正。
② 为 1944 年第 7 号条例第 3 条和 1973 年第 46 号法案第 85 条所修正。

先权同样适用。

(2)对于房屋的新转租,转承租人同样享有第1594条(a)项授予的优先权;但转承租人仅在如下情形始享有第1594条(b)项授予的优先权:建筑物的低层部分系由已经转租高层部分之人转租给上述转承租人。

(3)第1596条至第1610条的规定,包括第1596条和第1610条在内,适用于本条提及的所有情形。

第1622A条[①]　(制定规章的权力)

负责住房的部长经与负责财政的部长协商,可以为下列所有或任何目的制定规章:

(a)起草相关当事人可能采用的租赁合同范本;

(b)使本题的规定得到适当的执行;实施必要的措施以使本题的规定得到充分实现;提供适当的管理,包括委员会程序;

(c)为部长确定的任何目的,包括为了使该合同本身有效,而设立存放、登记和/或注销登记租赁合同的登记处,并且为此目的而实施一切必要的事项;

(d)设立一个确定和管理房地产市场价值指数的机构;

(e)为第1531F条的规定确定资历审查标准;

(f)为第1531J条和第1531M条制定规章和标准;

(g)将本法典关于租赁的规定或其部分规定扩展适用于某人已经根据《住房法》[②]居住在房屋中的情形,或者公权力机关已经根据《土地取得(公共目的)条例》[③]或根据已经不时生效的任何其他法律占有住房的情形;

(h)在根据《住房法》[④]发布征用搬迁令的情形,提供过渡性的安置;

(i)对《区分所有法》[⑤]中包含的任何过渡性规定进行移除或变更;

(j)对根据本题的规定可以就其制定规章的任何事项作出规定。

第二分题　工作和劳务的租赁

第1623条　(工作和劳务的租赁合同的定义)

---

① 为2009年第10号法案第36条所增设。
② 第125章。
③ 第88章。
④ 第125章。
⑤ 第398章。

工作和劳务的租赁合同是指,一方当事人允诺自己为他人做某事,以取得后者允诺自己向前者支付的报酬。

第 1624 条 (报酬)

如果没有在协议中或者依照法律或习惯确定报酬,由法院基于专家的估价而确定;没有此等估价的,视具体情形确定之。

第 1625 条 (法律等禁止的工作)

(1)对于法律所禁止的或者违反道德的工作或服务,任何约定均无效。

(2)此等工作或服务的履行或实施,不产生任何报酬诉权。

第 1626 条 (工作和劳务的租赁合同的情形)

工作和劳务的租赁合同如下:

(a)允诺自己为服务他人而工作的家佣、工匠或其他雇员的情形;【1952 年以前,此类合同由本分题第一节"家佣、工匠及其他雇员的雇用"之规定调整。这些规定为 1952 年第 11 号法案所废止。】

(b)通过陆路或水路承担人或物之运输的承运人的情形;

(c)承担承揽合同之人的情形。

第 1627 条 (第 1569 条和第 1570 条对工作和劳务的租赁合同的适用性)

第 1569 条和第 1570 条的规定同样适用于工作和劳务的租赁合同,关于此类合同的特别规定除外。

第 1627A 条[①] (禁止歧视)

如果其官员、雇员或代理人有合理的理由怀疑存在腐败,并将其怀疑诚信地报告给负责人或主管权力机关的,任何人不得以此为由对该官员、雇员或代理人采取任何歧视措施或制裁。此等歧视措施或制裁的受害人,对于该歧视措施或制裁给他造成的任何损害有权请求赔偿,且不影响他根据任何其他法律所享有的任何其他权利。

第一节 陆路或水路承运人

第 1628 条 (承运人的责任)

陆路或水路承运人,对于受托之物的看管和保存,与受寄人负有相同的责任。

---

① 为 2002 年第 20 号法案第 3 条所增设。

第 1629 条 （对交付给他们之物的责任）

承运人不仅对在其车、船或其他运输工具中接受之物负有责任,而且对在任何地方交付给他们,将被装入车、船或其他运输工具之物,或者将被以任何其他方式运输之物负有责任。

第 1630 条 （对灭失的责任）

承运人对受托之物的灭失或损坏承担责任,但其能够证明此等灭失或损坏系由意外事件或不可抗力所造成,且他们没有任何过错的,不在此限。

第 1631 条 （水路运输）

本法典提及的水路运输是指,通过船舶或其他海上运输工具,在马耳他范围内进行的运输,即:自一个岛屿至另一个岛屿,或者自同一岛屿的一个部分至另一部分。

第 1632 条 （不影响第十章的规定）

本法典的任何规定不影响《警察法典》的规定。

第二节 承揽合同

第 1633 条 （与承揽人的协议）

在实施某项工作的合同中,可以约定承揽人仅提供其劳动或技能,或者同时提供材料。

第 1634 条 （加工人提供材料的,如果物在交付之前灭失）

加工人提供材料的,如果物在交付之前以任何方式灭失,损失由加工人承担,但雇主迟延受领物的,不在此限。

第 1635 条 （加工人仅提供劳动或技能的情形）

加工人仅提供其劳动或技能的,如果物灭失,他仅对其过错承担责任。

第 1636 条 （如果物在交付前灭失,无报酬）

在前条述及的情形,如果物在交付工作成果之前灭失,且雇主并没有迟延检查工作成果的,即使加工人没有过错,亦不再有权请求报酬,但物之灭失系材料的瑕疵所致的,不在此限。

第 1637 条 （工作包括数个部分的情形）

(1)如果工作包括数个部分或者系按尺寸实施的,在雇主对整个工作成果进行检查之前,工作成果的风险由加工人承担,但已经约定一旦某个部分完成则应对该部分进行检查的,除外。

(2)如果雇主根据完成工作的比例向加工人支付报酬,推定已经支付报酬的整个部分已被检查。

(3)但如果约定就整个工作成果支付报酬而没有指定报酬系针对该工作成果的某一特定部分,或者因工作成果的某部分或数部分的完成而对整个工作成果支付报酬且没有指定报酬系针对该工作成果的某一特定部分的,不产生上述推定。

第 1638 条 (承包人和建筑师的责任期间)

(1)如果根据建筑合同而建造的建筑物或其他大型石质工作物,自建造完成之日起 15 年内,因建造的瑕疵或者即使因土地的某些瑕疵而全部或部分灭失,或者明显有将要毁损之危险,建筑师及承包人应对此承担责任。

(2)有关的损害赔偿之诉,必须在自上述任何情形发生之日起 2 年内提出。

第 1639 条 (承包人不得请求增加价金)

根据已经确定的方案及其与雇主之间的约定,承担建筑物或其他大型工作物之建造的承包人,不得以工资比率或者材料费用的增加为由,也不得以对其而言并非繁重的方案的增改为由,而要求增加任何价金。

第 1640 条① (雇主可以解除合同)

(1)雇主可以解除合同,即使工作已经开始,亦同。

(2)如果雇主没有解除合同的正当理由,应对承包人的全部花费及工作进行赔偿,并向承包人支付法院视具体情形而确定的一笔款项,该款项不得超过承包人原本可以通过该合同而获得的收益。

(3)如果雇主有解除合同的正当理由,仅应向承包人支付不超过其花费及工作的一笔款项,但须考虑到该花费及工作对雇主的有用性以及雇主所遭受的任何损害。

(4)合同解除前向承包人所为的任何提前支付,应当用于根据本条第 2 款和第 3 款所应支付的款项,并且承包人应当将任何节余返还于雇主。

(5)一旦雇主以任何方式将其解除合同的决定通知承包人,合同立即解除,无须任何法院的任何授权或确认。

第 1641 条 (合同因加工人等的死亡而解除)

(1)承揽合同因加工人、建筑师或承包人的死亡而解除。

(2)但雇主应当根据约定价金的比例,向加工人、建筑师或承包人的继承

---

① 为 1995 年第 4 号法案第 4 条所代替。

人支付已经完成的工作以及已经备好的材料的价金,但仅以该工作和材料对雇主有用为限。

第 1642 条　（承包人的责任）
承包人应当对其雇用之人的行为承担责任。

第 1643 条　（泥瓦匠等的权利）
为履行承揽合同,在建造所承建的建筑物或其他工作物的过程中被雇用的泥瓦匠、木匠及其他工匠,对为其利益而实施该工作之人,仅在提起诉讼时此人对承包人所欠款项的范围内享有诉权。

第十题　合伙合同

一般规定

第 1644 条　（合伙合同的定义）
合伙为两人或多人约定共有某物,以期分享从中产生的收益的合同。

第 1645 条　（合伙的宗旨必须合法）
(1)任何合伙均须有合法的宗旨,并且必须为当事人的共同利益而订立。
(2)各合伙人必须以金钱、其他财产或者以其技能出资。

第 1646 条　（合伙人不得以继承或获赠的预期所得出资）
(1)某一合伙人以其将来可能继承或获赠的财产的所有权或者该财产的享用进行出资的任何协议,无效。
(2)基于任何其他合伙人的请求,包含此等条款的合同可以被全部宣告无效。

第 1647 条[①]　（规定不适用于商事合伙）
本题的规定不适用于商事合伙,但《商事合伙条例》[②]【为 1995 年第 25 号法案所废止。参见《公司法》(第 386 章)。】有规定的除外。

---

① 为 1973 年第 46 号法案第 86 条所修正。
② 第 168 章。

第一分题 合伙的不同类型

第1648条 (禁止针对全部财产的普通合伙)

针对合伙人全部财产的普通合伙,无效,即使仅指向全部现有财产的,亦同。

第1649条 (允许针对收益的普通合伙)

(1)允许针对收益的普通合伙。任何此等合伙仅应包括合伙人在合伙存续期间根据任何名义以其技能所得的一切,以及对用于占有该财产的合伙人从事交易或职业活动的动产或不动产的使用。

(2)本条所述及的合伙,除非以公文书设立,否则无效。

第1650条 (特别合伙)

特别合伙是指,其客体为某些特定的物,或者为对特定物的使用,或者为特定物产生的孳息,或者为特定的事业,或者为从事某些交易或职业的合伙。

第1651条 (如果以不动产出资,需公文书)

(1)任一合伙人允诺自己以不动产所有权进行出资的合伙合同,除非以公文书为之,否则,在以该财产所有权进行出资的义务范围内无效。

(2)第1646条第2款的规定同样适用于任何此等合同。

第1652条 (第994条至第996条的适用)

如果某一合伙人已经有效地允诺自己向合伙移转其出资财产的所有权,对于该财产的移转,适用第994条、第995条和第996条的规定。

第二分题 合伙人之间的义务

第1653条 (合伙的开始)

合伙始于合同订立之时,确定了其他时间的除外。

第1654条 (合伙将永久持续的约定,无效)

(1)合伙将永久持续或者对任一合伙人终身存续的任何约定,无效。

(2)包含任何此等约定的合伙合同被视为不定期合同。

第1655条 (如果合伙的宗旨为一项有期限的事业)

如果合伙的宗旨为一项有期限的事业,视为在该事业持续的整个期间设立合伙。

第 1656 条 （合伙人对出资的责任）

(1) 各合伙人就其承诺的全部出资，对合伙负有义务。

(2) 如果出资中包括合伙被追夺的特定物，作出该出资的合伙人应以与出卖人在追夺的情形对买受人承担责任的相同方式对此承担责任。

第 1657 条 （合伙人对其应当支付的或者被其使用的款项之利息的责任）

(1) 合伙人同意以一笔金钱对合伙出资而没有如此而为的，对于自该款项应当支付之日起的利息，该合伙人依法当然成为债务人。

(2) 对于合伙人为其私人利益而从合伙资金中取出的款项，适用同样的规则，自合伙人取出该款项之日起计算利息。

(3) 本条的任何规定不影响合伙就进一步的损害而对该合伙人提起可能存在的诉讼的权利，即使该合伙人未受催告，亦同。

第 1658 条 （对合伙金钱的私人使用的推定）

如果从合伙资金中取出金钱的合伙人并非合伙管理人，推定其为自己的私人利益而为之，但有任何相反证据的除外。

第 1659 条 （以技能出资的合伙人的责任）

同意以其技能对合伙出资的合伙人，应当就其运用作为合伙客体的技能所得的全部收益提交一份账目。

第 1660 条 （对同时为清偿人的独立债权人的合伙管理人的指定清偿）

如果负责合伙管理的一方本身为一笔款项的独立债权人，且其债务人同时对合伙负欠一笔到期款项的，该合伙人受领的该债务人的任何清偿，应当根据该债务人对合伙所负债务与对他本人所负债务的比例，用于清偿该两宗债务，即使他在出具收据时指定全部清偿其私人债务的，亦同。

第 1661 条 （对合伙人所负的债务比对合伙所负的债务享有优先权的情形）

(1) 如果根据第 1171 条 (c) 项、(d) 项、(e) 项和 (f) 项所确定的规则，对合伙人所负的债务比对合伙所负的债务享有优先权，并且清偿被明确指定用于对合伙人所负的债务的，不适用前条之规定。

(2) 但在所有情形，如果合伙人在收据中声明将清偿全部用于对合伙所负的债务，则不得要求将清偿全部或部分用于对他所负的债务。

第 1662 条 （如果合伙人受领了部分共同债款而债务人变得支付不能）

如果某一合伙人已经受领了部分共同债款，而债务人变得支付不能，他应当将受领的部分增加到共同份额之中,即使他在受领清偿时已经明确解除了该债务人对他所负的债务份额,亦同。

第1663条 (合伙人对给合伙造成的损害的责任)

各合伙人对于因其过错而给合伙造成的任何损害承担责任,并且他不得将合伙在其他事务中从其技能的运用中所得的收益抵销此等损害赔偿。

第1664条 (如果仅将对物的享用权投入合伙)

(1)如果仅将对物的享用权投入合伙,且该物为不因使用而消费的特定物的,其风险由作为所有权人的合伙人承担。

(2)如果该物可因使用而消费,或者不能够不无损坏地保存,或者旨在出售,或者被估价后投入合伙的,其风险由合伙承担。

(3)如果物已被估价,合伙人仅得请求返还估价的数额。

第1665条 (合伙人对合伙的权利)

合伙人不仅可以就请求返还他为合伙支付的款项及其利息,而且可以就他在合伙事务中诚信缔结的任何债务以及与其管理不可分割的风险,对合伙提起诉讼。

第1666条 (合伙人对收益或损失的份额)

(1)如果合伙合同没有确定各合伙人对收益或损失的份额,该份额与各合伙人对合伙资产的出资成比例。

(2)对于仅以其技能出资的合伙人对收益或损失的份额,以与对合伙出资最少的合伙人的份额相同的方式而定。

第1667条 (如果合伙人约定将该份额的确定交由某一合伙人等决定)

(1)如果合伙人约定,该份额的确定交由某一合伙人或者第三人决定,除非该决定明显违反公平,不得对之提出异议。

(2)即使该决定明显违反公平,如果自认为受到该决定侵害的合伙人被告知该决定之日起经过3个月后,或者他本人已经开始执行该决定的,不得对之提出异议。

(3)如果合伙人约定交由其决定的一方不愿或不能确定份额,或者没有在合伙人约定的期限内确定该份额,或者没有约定期限的,没有在1个月内确定该份额,合伙无效。

第1668条 (某些约定的无效)

(1)某一合伙人将享有全部收益的任何约定,无效。

(2)某个或数个合伙人投入合伙的资金或物将免于分担任何损失的任何

约定,同样无效。

第1669条 （合伙管理人的权利、权力和义务与受任人相同）

负责管理合伙的任何合伙人的权利、权力和义务,由有关受任人的权利、权力和义务的规定调整,但有其他约定或者本法典有其他规定的,除外。

第1670条 （合伙管理人的权力）

(1)根据合伙合同中的特别约定而管理合伙的合伙人,即使其他合伙人反对,仍可以实施与其负责的管理有关的任何行为,但以他不实施欺诈行为为限。

(2)在合伙存续期间,非有充分的理由不得撤销该权力;但该权力是订立合伙合同之后的任何文书所授予的,可以与普通委任相同的方式撤销之。

第1671条 （如果数个合伙人负责管理）

如果数个合伙人负责合伙的管理,而没有确定其各自的职责或者没有约定其中一人非与其他人一起不得行事的,他们中的每个人均可以单独实施与该管理有关的任何行为。

第1672条 （共同管理）

如果约定各合伙管理人非与其他人一起不得实施任何行为,在没有新约定的情况下,他们中的每个人均不得单独行事,即使其他合伙管理人事实上不能参与管理行为,亦同。但事项紧急,不实施该行为合伙可能遭受重大且无法弥补的损失的,不在此限。

第1673条 （没有约定时,关于管理的规则）

对于管理的方式没有特别约定时,应遵守下列规则:

(a)推定合伙人互相授予彼此管理权;每一合伙人实施的任何行为,即使是对其他合伙人的份额而为之且没有获得他们的同意,均有效;

(b)如果合伙人不超过2个,每一合伙人均可在事务执行之前提出反对,但如果反对为旨在为难对方的,或者违反合伙的宗旨,或者以其他方式严重损害合伙利益的,另一合伙人享有请求解散合伙并请求损害赔偿的权利;

(c)如果合伙人为2个以上,在提出反对的情形,根据所有的合伙人人数,采纳多数人的意见;如果决定是在协议所确定的会议中或者要求全体合伙人出席的会议中作出的,根据出席会议的合伙人人数,采纳多数人的意见;

但如果多数人的决定为旨在为难持异议者的,或者违反合伙的宗旨,或者旨在实施并未必然包含在合伙宗旨中的行为,或者以其他方式严重损害合伙利益的,持异议的合伙人有权请求解散合伙并请求损害赔偿;

(d)各合伙人均可使用属于合伙之物,但以将物用于习惯上的用途、不违反合伙的利益或者不以妨碍其合伙人根据他们的权利而使用它们的方式使用它们为限;

(e)各合伙人有权强制其他合伙人与其分担为保存合伙财产所必要的费用;

(f)除非其他合伙人同意,某一合伙人不得对合伙的不动产进行任何变更,即使他声称该变更对合伙有利,亦同。

第1674条 (非合伙管理人不得转让财产)

并非管理人的合伙人,不得转让合伙财产或者为合伙财产设定负担,即使该财产为动产,亦同。

第1675条 (对其他合伙人的接纳)

各合伙人可以不经其他合伙人同意,与第三人共同享有他在合伙中的份额;但未经上述同意,不得使该第三人成为合伙人,即使他拥有合伙的管理权,亦同。

第三分题 合伙人对第三人的义务

第1676条 (合伙人对合伙债务不承担连带责任)

合伙人对合伙债务不承担连带责任。除非其他合伙人授予他此等权力,某一合伙人不能约束其他合伙人。

第1677条 (在合伙中拥有不等份额的合伙人的责任)

各合伙人以同等的款项和份额对与之缔约的债权人承担责任,即使某一合伙人在合伙中的份额较少,但合同明确将他的责任限制在其份额的范围之内的,除外。

第1678条 (如果债是为合伙而缔结)

(1)约定债系为合伙而缔结的,该约定仅约束缔约合伙人而不约束其他合伙人,但其他合伙人授权他为之或者合伙已经从中受益的,除外。

(2)以自己的名义缔结债的合伙人,即使合伙已经从中受益,亦不约束其他合伙人,但不影响与之缔约的人根据第1143条的规定享有的任何诉权。

第四分题　合伙的解散

第1679条　(合伙如何终止)
合伙因下列事由而终止：
(a)合伙约定的期限届满；
(b)合伙财产灭失，或者为之缔结合伙的事业完成；
(c)任何合伙人死亡；
(d)概括禁止或特别禁止任一合伙人缔结合同，或者任一合伙人破产或支付不能；
(e)任一合伙人声明他不愿继续合伙。

第1680条　(承诺之物灭失)
(1)如果某一合伙人已经承诺将某物的所有权投入合伙，但该物在合伙取得其所有权之前灭失的，对于全体合伙人，合伙解散。
(2)但如果物的灭失发生于合伙已经取得其所有权之后，合伙并不解散。

第1681条　(承诺其享用权之物灭失)
如果某一合伙人承诺将某物的享用权投入合伙，即使物的灭失发生于合伙开始享用该物之后，其灭失亦引起合伙的解散。

第1682条　(在任一合伙人死亡之情形，约定继续合伙)
(1)可以约定，在某一合伙人死亡之情形，合伙对其继承人或者仅在健在的合伙人之间继续。
(2)在后一种情形，根据合伙人死亡时合伙的状况，死亡合伙人的继承人仅对合伙财产的分割享有权利，而无权分享之后的任何权利，但该权利为在他所继承的合伙人死亡前就已经执行的事务的必然结果的，除外。

第1683条　(因退伙而解散)
只有在未约定合伙存续期限的情形，其解散才因某一合伙人的意愿而发生。在此情形，合伙因某一合伙人退伙而解散，退伙的通知应对全体其他合伙人作出，但此等退伙应出于诚信且并非在不适当的时间为之。

第1684条　(何时退伙并非出于诚信等)
(1)如果该合伙人退伙的目的是将合伙人期望共同获得的收益单独归于自己，此等退伙并非出于诚信。
(2)如果合伙之物不再完整，并且合伙的利益要求推迟其解散的，此时退伙则为在不适当的时间为之。

第 1685 条 （在不定的期限内阻止合伙解散的约定，无效）

在不定的期限内剥夺任一合伙人请求解散合伙之权力的任何约定，无效。

第 1686 条 （阻止解散的约定的有效）

但合伙人通过免除请求解散的合伙人对合伙或者对第三人的所有承诺，并向他支付一笔确定的款项，或者如果合伙被分割为各个份额，向他支付其份额，从而保留反对解散合伙之权力的约定，有效。

第 1687 条 （在有限的期间内存续的合伙的解散）

在确定的期间内存续的合伙，在该期间届满之前不得被请求解散，但有正当理由的不在此限，例如某一合伙人没有履行其承诺，或者习惯性虚弱使他不适于合伙事务，或者其他类似的理由，其正当性和重要性由法院自由裁量。

第 1688 条 （分割的规则）

关于共有财产的分割的规则，同样适用于合伙人之间的分割及分割的效力。

第十一题 年金的设立

第 1689 条 （年金的设立）

可以通过让与可动物或不可动物，或者通过给付一笔给付人允诺自己不请求返还的金钱，而设立年金或者金钱或实物的按年支付。

第 1690 条 （设立年金的文书）

如果未以书面形式为之，或者如果不可动物被让与的，未以公文书为之，设立年金的合同无效。

第 1691 条 （让与不可动物的效力）

根据第 1689 条的规定而让与不可动物的，被让与物的所有权移转给受让人，即使有保留所有权的任何相反的约定，亦同，但始终不影响第 996 条的规定。

第 1692 条 （年金的种类）

年金可以是永久年金或终身年金。

第 1693 条 （有关以教皇诏书的形式设立的年金的法律）

有关所谓以教皇诏书的形式设立的年金的法律被废止，但对于 1862 年 8

月 14 日之前设立的此等年金,除外。

第一分题　永久年金

第 1694 条　(土地年金和简易年金的定义)

(1)作为有偿或无偿让与不动产的对价或负担而设立的永久年金,被称为土地年金。

(2)通过给付一笔金钱或其他可动物而设立的年金,被称为简易年金。

第 1695 条　(年金率)

通过给付一笔金钱而设立的年金,每年不得超过所给付金额的 4%。

第 1696 条[①]　(永久年金的买回)

(1)即使有任何相反的约定,永久年金本质上可以因债务人的意愿随时买回,但第 1701 条的但书不受影响。

(2)但债权人可以约定,在其生存期间,或者约定自年金设立之日起,如果为土地年金,在一个不超过 20 年的确定期间届满前,如果为简易年金,在一个不超过 10 年的确定期间届满前,不得买回年金。

(3)如果约定了一个更长的期间,应当根据具体情形,缩减至上述某一期间。

(4)如果债权人为某个基金或受托人,合同当事人可以确定买回由本法典第二编第十一题调整的任何年金的条款,包括买回利率的确定、在某期限之前不得买回、由谁选择买回以及类似的事项,且甚至可以明示禁止此等买回。

第 1697 条　(作为一笔金钱等的对价而设立的简易年金的买回)

(1)作为给付一笔金钱的对价而设立的简易年金,通过偿付一笔相等的金额进行买回。

(2)如果作为其他可动物的对价而设立的年金,且物的价值被规定在合同中的,通过偿付一笔与该价值相等的金额进行买回。

第 1698 条[②]　(土地年金等的买回)

(1)在土地年金的情形,通过偿付相当于年金加上 3% 的利息的一笔款项进行买回;在下列各种情形,通过偿付相当于年金加上 4% 的利息的一笔款项

[①]　为 1870 年第 1 号条例第 3 条和 2007 年第 13 号法案第 8 条所修正。

[②]　为 1870 年第 1 号条例第 4 条和第 5 条以及 2007 年第 13 号法案第 9 条所修正。

进行买回:

(a)在作为可动物的对价而设立的简易年金的情形,物的价值没有规定在合同中的;

(b)如果通过遗嘱、赠与或其他文书设立年金而没有明确指出设立年金的对价的。

(2)但如果设立年金的目的在于设立有俸圣职、宗教财团,或者将之用于宗教用途、救济穷人、奖励美德或功绩,或者为任何其他公共事业的目的,在此等情形,通过偿付相当于年金加上2‰的利息的一笔款项进行买回。

此外,如果年金系为某个社会目的的基金或慈善信托机构的利益而设立,适用同样的规则,但根据第1696条第4款的规定达成的任何相反的协议不受影响。

第1699条 (可以强制债务人买回的情形)

除合同中有明确规定外,在下列情形,可以强制永久年金的债务人买回:

(a)如果他没有向债权人给付合同中所允诺的担保;

(b)在提供的担保不充分时,如果他没有提供同样充分的新的担保;

(c)如果他3年未支付年金,或者尽管他每年都作出部分支付,但所欠款项等同于3年的年金数额;

(d)如果他破产或变得支付不能,或者他的状况发生改变,以致危及年金的继续支付。

第1700条 (法院可以授予期限)

(1)在前条(a)项、(b)项和(c)项述及的情形,法院可以授予债务人一个合理的期限,以提供所允诺的担保,或者以其他担保代替不充分的担保,或者支付到期的年金,以此解除其买回年金的义务。

(2)该期限不得超过2个月,有正当理由的,仅得再延长2个月。

(3)在本条所规定的情形,对于债务人的任何其他债权人以及任何其他利害关系人,第1520条的规定同样适用。

第1701条① (第1696条至第1700条的适用)

(1)对于以任何名义设立的任何其他永久性的按年支付,即使通过遗嘱或赠与而设立,第1696条至第1700条的规定同样适用,但有关永租权的规定不受影响。

---

① 为1870年第1号条例第6条所修正。

(2)第 1696 条至第 1700 条的规定同样适用于 1870 年 2 月 11 日之前设立的年金或其他按年支付。

但无论在 1870 年 2 月 11 日之前或之后合法设立的年金或按年支付,其目的在于设立有俸圣职或宗教财团,或者将之用于宗教用途的,非经适格的教会权力机关同意,不得买回。

第二分题　终身年金

第 1702 条　（终身年金的设立）
终身年金可以就提供金钱或其他物之人的终身设立,或者就债务人或对年金不享有权利的第三人的终身设立。

第 1703 条　（年金可以就某人或数人的终身设立）
年金可以就某人或数人的终身设立。

第 1704 条　（或者为第三人的利益而设立）
年金同样可以为第三人的利益而设立,即使其对价系由他人所支付。

第 1705 条　（在订立合同时已经死亡之人,就其终身设立的年金,无效）
就订立合同时已经死亡之人的终身设立年金的合同,无效。

第 1706 条　（年金率）
终身年金可以当事人选择确定的任何利率而设立。

第 1707 条　（被授予年金之人何时可以请求解除合同）
一个人付出一定对价而使终身年金为自己的利益被设立的,如果设立人没有就年金的执行向他提供约定的担保,他可以请求解除合同。

第 1708 条　（被授予年金之人的权利）
仅仅迟延支付到期的年度款项并不使被授予终身年金之人享有请求偿还本金或者请求返还被让与物的权利;他仅有权请求支付欠款,以及请求对将来的支付提供担保。

第 1709 条　（设立人不得请求解除合同）
设立人不得通过提出偿付本金并放弃请求返还他所支付的年度款项的全部权利,而解除自己支付年金的义务;他有义务在就其终身设立年金之人的整个生存期间支付年金,此人生存期间的长短,以及支付年金的负担变得如何沉重,在所不问。

第 1710 条　（如何支付年金）

(1)应当根据就其终身设立年金之人的生存天数的比例向受领人支付年金。

(2)但如果约定提前支付年金,已经提前支付的或者应当提前支付的全部分期付款,自支付到期之日取得。

第1711条 （不受扣押的情形）

(1)不得约定在执行债权扣押令时终身年金不受扣押,但通过生前行为或者遗嘱无偿设立的终身年金,除外。

(2)如果终身年金系无偿设立,可以约定不得将其转让或出售。

第1712条 （受领人应证明就其终身设立年金之人的生存）

除非终身年金的受领人能够证明就其终身设立年金之人的生存,否则他不得主张年金。

第十一A题[①] 人寿保险合同[*]

第一分题 合同的事项

第1712A条[②]

(1)（人寿保险合同的标的）

可以就保单持有人的生命,或者就保单持有人在合同开始时对之具有合法的保险利益的第三人的生命,订立人寿保险合同。

(2)（保险利益）

在本条范围内:

(a)某人对自己及其配偶的生命具有保险利益;

(b)未满18周岁之人的父母及其监护人对其生命具有保险利益;

---

① 为2005年第11号法案第3条所增设。

* 本题的规定对于本题生效(2005年8月15日)以后订立的保险合同以及随后根据该保险合同所实施的有关法律交易(legal transaction)产生效力,并对本题生效之日存在的保险合同产生效力。本题的规定不影响在其生效之日以前订立的任何保险合同以及根据该保险合同所为的或者与该保险合同有关的任何事务的有效性。

② 为2005年第11号法案第3条所增设。

(c)某人可能因他人的死亡遭受经济损失的,对后者的生命具有保险利益;

(d)法人对其职员、股东或雇员的生命具有保险利益,合伙对其合伙人或雇员的生命具有保险利益;

(e)雇主对其雇员的生命具有保险利益,雇员对其雇主的生命具有保险利益;

(f)某人对自己全部或部分依靠其扶养和扶助之人的生命具有保险利益;

(g)在本条范围内,术语"人寿保险"包括因死亡而据以支付任何利益的任何保险合同。

(3)在合法利益的前提下,保险人同意就保单持有人以外的其他人的生命订立人寿保险合同的,此等同意即为投保人对被保险人的生命具有保险利益之事实的充分证据。

(4)除第2款(c)项述及的情形外,如果某人对他人的生命具有保险利益,保单持有人无须证明他遭受了任何损失或者他所遭受的损失与保险金额有任何关联。

第1712B条① （其生命被投保的第三人的同意）

(1)如果保险合同涉及第三人的生命,需要该第三人对合同的订立及保险金额作出书面同意;如果他没有法律能力,需要其法定代理人对此作出书面同意,否则合同无效。

(2)如果没有前述同意,合同的无效仅得由保单持有人或者其生命被投保之人提起。在此等情形,向保险人支付的所有保险费应返还于支付人。

(3)其生命被投保的第三人作出的同意不可撤销,但在保单中有其他书面规定的,除外。

(4)如果根据第3款的规定可以撤销同意,且通过向保单持有人及保险人作出书面通知而撤销同意,则除非合同当事人之间作出其他安排,保险合同终止。

(5)(没有法律能力之人的同意)

在某人没有法律能力的情形,如果法定代理人本人即为所提议的保单持有人,则需要享有自愿管辖权的民事法庭的事先同意。

如果法定代理人为子女的父母双方或者父母一方,父母一方的同意即为

---

① 为2005年第11号法案第3条所增设,后为2007年第407号法律通告所修正。

已足。

如果被保险人为未成年人,保单中对其生命的投保额不得超过46587欧元47欧分(46587.47),或者负责司法的部长可能在公报中以告示的方式不时地指定的数额。

(6)(根据计划所投的团体保险中的推定同意)

如果第三人作为特定群体中的一员,该群体成员的生命根据团体保险所设定的期限和条件被投保,第三人赞成或签署了该团体保险作为雇用他的条件的一部分的,推定其作出了此等同意。

(7)(第三人对保单的质押和转让的同意)

不考虑本法典有关权利的转让和质押的规定,非经其生命被投保的第三人的书面同意,(i)人寿保险合同的转让或质押,以及(ii)人寿保险合同中规定的受益人的指定或替补,或者此等利益的转让,无效,但根据任何特别法的规定,该交易无须此等同意的,除外。

第1712C条①

(1)(为第三方受益人利益的保险合同)

保单持有人可以选择将产生于人寿保险合同的收益或任何利益,包括任何退保金,不论是应当在特定的到期日或者在被保险人死亡之日支付的,支付给指定的某个或数个受益人。

在保单持有人的配偶或者子女之情形,对他们的指定,通过概括指定某一类人即为已足。在此等情形,除非保单中有其他规定,他们对收益享有同等份额的权利并从该指定中受益,即使他们并未接受遗产,亦同。

如果保险合同系为参加第1712B条第6款所述及的团体保险之人的利益而订立,同样可以指定某一类人为受益人。

(2)(受益人的指定)

(a)对某个或某一类受益人的指定,应当在原人寿保险合同或者保单中,或者在保单之后的修正中作出,该指定可以针对全部或部分收益,并可以附加停止条件或解除条件;

(b)如果指定的目的明确规定为向受益人提供扶养费或养老金,上述指定可以受到转让或任何其他法律交易的限制;如果受益人破产或变得支付不能,或者他的任何财产为其债权人的利益而受到扣押,可以减少或终止该指

---

① 为2005年第11号法案第3条所增设。

定;该指定不受针对保险人的债权扣押令的扣押。

但上述扣押的豁免仅限于受益人的扶养费或者养老金所需的合理数额,并且不得超过马耳他国家养老金最高额的 2 倍。

(3)(指定的可撤销性)

在不违反第 1712D 条第 4 款之规定的条件下,保单持有人可以撤销或变更指定受益人的条款。

(4)(不得通过遗嘱或者由保单持有人的继承人进行撤销)

保单持有人不得通过遗嘱撤销或变更对受益人的指定。保单持有人死后,其继承人不得撤销对受益人的指定。

第 1712D 条①　(指定的法律效力)

(1)在不影响第 1712C 条第 3 款和本条第 7 款有关团体保险的规定中规定的保单持有人的撤销权的条件下,如果应当向指定的某个或数个受益人进行支付,无论受益人是否知道该指定,产生于保险合同的收益和任何利益,包括退保金在内,均属于受益人并成为其财产的一部分。

(2)除本条第 1 款的规定外,受益人不享有与保单有关的任何权利。在保单持有人死亡之前,事先未经保单持有人书面同意,保险人不得披露关于保单的任何信息。保单持有人死亡的,保险人知道该事实后,应当告知受益人其权利。

保险人应当告知接受指定的受益人可能引起保单失效的原因,并且应当在失效之前的合理期限内告知。

(3)(指定的不可撤销性)

受益人接受指定后,须事先经其书面同意,方可:

(a)撤销对受益人的指定;

(b)变更已经就其投保的款项;

(c)质押或转让保单。

上述规定不适用于团体保险,它由任何可以适用的计划的条款进行调整。

未经上述同意而进行的质押或转让有效,但受被指定的受益人的在先权利的限制。

(4)(指定的接受和通知)

被指定的受益人根据本规定接受指定的,应当注明日期,由受益人签字,

---

① 为 2005 年第 11 号法案第 3 条所增设。

由一名证人副签并通知保险人。在本条范围内:

(a)"书面"不包括电子的方式;

(b)被指定的受益人根据保单向保险人主张收益的书面请求,被视为以书面形式接受指定。

任何此等接受必须在保单上通过背书注明。

对受益人的指定的通知,甚至可以在保单持有人或者被保险人死亡之后作出,但任何此等通知须在上述死亡之后的7个工作日内作出,在该期限之后,指定失效且不产生任何法律效力。

(5)在不违反指定的明示条款的前提下,这些条文中述及的受益人,应解释为包括被指定的受益人的继承人、受遗赠人、质权人或受让人(视具体情况而定)。

(6)这些条文中述及的任何交易,仅当保险人收到其通知或者以其他方式承认书面通知时,始具有法律效力。如果被通知的行为不止一项,任何此等行为在不违反任何先前被通知或者被承认的行为的条件下产生效力。

(7)(团体保险的特别规则)

在第1712B条第6款提及的团体保险的情形,适用下列规则:

(a)此等受益人的权利应当与此等计划的规定相一致,计划中可以规定任何条件,包括利益因雇用的终止而终止;

(b)除计划中有其他规定外,计划的参加人无权转让或质押其权利,在利益终止时,也无权享有保单的退保金。如果可适用的法律作出要求,计划中应当规定利益转让的规则。

第1712E条①

(1)(特留份)

根据人寿保险合同应向被指定的受益人支付的款项,不受违反遗产特留份时的扣减规则限制。考虑到保单持有人的遗产,保单持有人通过保险费或者对保单的额外投入所支付的适度的款项,同样不适用该扣减规则。如果款项并非适度,因违反遗产特留份而享有的扣减权仅得对保单收益的受益人行使,并不对保险人享有任何权利。

(2)(共同继承人之间的合算)

对于向作为继承人的被指定的受益人支付的保单收益,除非保单持有人

---

① 为2005年第11号法案第3条所增设。

免除该收益承受本法典规定的合算,否则,所支付的款项受本法典可适用的规定的调整。

第1712F条① (为共同投保人的利益而巩固保单中的利益)

(1)如果人寿保险的保单由两名或数名保单持有人所缔结,可以约定:某一保单持有人死亡的,保险合同对于健在的保单持有人继续存在。在此等情形,死亡的保单持有人在其死亡时对保险合同享有的全部权利和承担的全部义务将增加给健在的保单持有人,而不构成死亡的保单持有人的遗产。

(2)如果联合保单约定,保险合同因某一保单持有人的死亡而终止的,可以授予健在的保单持有人选择权:或者接受保单收益,或者使保单继续至其死亡。

第1712G条② (受益人放弃保险利益的利息和损失)

(1)受益人放弃保险合同的利益的,如果没有其他指定受益人,该受益人的利益归于保单持有人。如果存在其他指定的受益人,该利益根据其各自利益的比例归于其他指定的受益人。本规定不适用于团体保险,它由据以订立团体保险的计划中的明示规定调整。

(2)如果指定的受益人因严重伤害或故意杀害保单持有人或被保险人(视具体情况而定)而被法院判刑的,人寿保险合同对保单持有人或指定的受益人终止生效。而且,如果指定的受益人试图杀害保单持有人或被保险人的,以及在第1787条述及的情形,保单持有人有权撤销指定,无须受益人或其权利相续人的同意,即使受益人已经根据第1712D条接受了指定,亦同,但始终不影响第1791条的规定。

第1712H条③ (继承法的不适用)

如果根据上述条文指定了受益人,本法典第二编第二分编第三题关于继承的规定不适用于保单或者根据保单所享有的任何权利或收益,但第1712E条明确规定的除外。

第1712I条④ (准据法)

(1)在不影响第3款之规定的条件下,人寿保险合同的有效性及其效力、

---

① 为2005年第11号法案第3条所增设。
② 为2005年第11号法案第3条所增设。
③ 为2005年第11号法案第3条所增设。
④ 为2005年第11号法案第3条所增设。

保险人的义务、保单持有人的权利、其生命被投保之人、任何受益人以及第三方受益人,由当事人明示选择的适当的法调整。

(2)没有作出明示选择的,根据国际私法通常的适用原则确定准据法,如有疑问,保险合同由保险人营业地所在国的法律调整,如果保险人在两个或两个以上国家从事营业的,由其主要办事机构所在国的法律调整。

(3)(强制性规定)

在下列情形,不考虑对外国适当的法的选择以及保单中的明示条款:

(ⅰ)如果其生命被投保之人在缔结保单时惯常居住在马耳他,适用第1712B条的规定;

(ⅱ)如果保单持有人居住在马耳他,适用第1712E条的规定。

第二分题　有关已婚者的事项

第1712J条①　(婚前订立的人寿保险合同)

(1)某人订立人寿保险合同之后结婚的,该合同不构成婚后所得共有财产,但如果保险费是从共有财产中支付的,配偶他方对相当于此人在婚姻期间所支付的保险费的一半的款项享有权利。

此人可以决定该保单作为婚后所得共有财产,在此情形,适用如下规定。

(2)除非有相反的证据,婚姻期间支付的保险费被视为以共有财产所为。

(3)在有相反证据的情形,保单持有人有权实施与该保单有关的任何行为,并有权取得保单到期或者提前退保的任何收益,而无须配偶他方同意,并且人寿保单及其全部收益为个人特有财产。

第1712K条②　(已婚者订立的人寿保险合同)

(1)已婚者可以其自己的名义或者联合订立人寿保险合同。

(2)(联合订立的合同)

当联合订立时,人寿保单的退保、质押、转让、变更,包括对受益人的指定,仅得由配偶双方为之,除非保单明确规定:

(a)在一定条件下,配偶一方可以在全部或某些事项中无须配偶他方同意而行事;

---

① 为2005年第11号法案第3条所增设。
② 为2005年第11号法案第3条所增设。

(b)或者在第1712F条规定的条件下,并且仅在配偶一方死亡后,配偶他方可以实施任何事项。

(3)(配偶一方订立的合同)

不考虑法律的任何其他规定,如果某人已经结婚并且夫妻财产采婚后所得共有制,人寿保险合同仅以其自己的名义订立的:

(a)人寿保单的退保、质押、转让、变更,包括对受益人的指定,可以由此人单独为之;在此等情形,如果(ⅰ)其目的与配偶双方的财产利益无关,或者(ⅱ)未经配偶他方的同意而实施的,将产生一项有利于配偶他方的债权,其数额相当于保单持有人所支付的全部保险费的价值的一半;

(b)保单的收益被视为该方配偶的个人特有财产,但配偶他方对相当于保单持有人所支付的全部保险费价值的一半的款项享有一项债权。

(4)不考虑《数据保护法》[①]、《职业保密法》[②]或者合同中的任何明示条款,如果人寿保险合同系配偶双方联合订立,配偶双方均有权获得与上述合同的所有事项有关的全部信息。如果系配偶一方订立,仅该方配偶以及以书面形式被明确授权的其他人有权获得有关保单的信息。

(5)如果共有解除时增加给保单持有人的共有财产的份额不足以向配偶他方偿付第3款(a)项和(b)项述及的债权的价值,该债权对保险人控制下的保单收益享有特别优先权。

第三分题 有关亲权的事项

第1712L条[③] (为子女财产的利益订立的合同)

(1)父母在管理其子女财产的过程中,有权以子女为保单持有人为其订立人寿保险合同。

(2)任何此等合同可以由父母一方订立,作为保单持有人的子女的名字应当记录于保单中。

(3)保单到期时,或者在保单存续期间通过撤销保单,或者基于提前退保而应支付任何收益的,仅得向父母共同为之,或者存入被指定为子女财产的银

---

① 第440章。
② 第377章。
③ 为2005年第11号法案第3条所增设。

行账户。第 136 条的规定适用于与人寿保险保单有关的任何行为。

(4)对于以子女为保单持有人而为其订立的人寿保险合同,父母不得指定第三人为受益人。

(5)子女成年后,有权行使与保单有关的任何权利,而且除了向保险人作出通知并向他提供其身份和年龄的证据外,无须任何手续。

第四分题 保单的质押

第 1712M 条① (人寿保险保单的质押)

(1)保单持有人为任何人的利益,可以质押根据保单所享有的权利,以担保任何债务。保单的质押应当通过在出质人与质权人之间订立书面文书的方式为之。

(2)上述质押对保险人和第三人具有约束力。仅在出质人或质权人对保险人作出书面通知后,或者保险人以书面形式承认质押后,方产生第二十三题规定的优先权。

(3)质押存续期间,对保单的任何转让均受为质权人利益的质押的限制。但质权人的权利受在质押之前已经接受指定的指定受益人的权利的限制。质押设立时,保险人应当将任何在先权利通知质权人,其保密义务在所不问。

(4)受任何在先权利的限制,保单的质权人享有保单持有人的任何权利:根据保单得到通知的权利、保单到期或者提前退保时受领保单收益的权利,以及行使出质人根据保单享有的任何选择权的权利,但指定受益人的权利除外。除非有其他明示的书面约定,保单的质权人不承担向保险人履行保单持有人所负的任何债务的责任。

(5)在不影响质权人请求司法拍卖保单的权利的前提下,并且不考虑本法典的其他规定,根据出质人与质权人之间的协议,如果发生违约,在以司法文书向出质人和保险人作出通知后,质权人有权:

（ⅰ）向第三人处分保单;

（ⅱ）在结清对他所负的全部或部分债务后,或者以不低于合理价格的最可能达到的价格,自己取得保单。

(6)在前款的范围内,保单的价值可以通过出质人向质权人【在本译本所依

---

① 为 2005 年第 11 号法案第 3 条所增设。

英译本和马耳他语他版本两个官方文本中,此处"出质人"与"质权人"的位置发生了互换,但根据上下文可知,此处当存在笔误,译者在译文中作了调整。——译者注】作出违约通知后在出质人与质权人之间达成的任何协议确定;任何先前的协议均无效。

如果没有达成协议,出售或者取得保单的合理价格通过下列方式确定:

(a)基于质权人的申请,由法院指定的或者当事人约定的仲裁员指定的注册会计师确定;

(b)以当事人之间明确约定的其他方式确定。

如果不能够获得合理价格,质权人可以请求法院或者仲裁员以不低于上述合理价格的价格批准出售或取得保单,但受法院或者仲裁员设定的条件的限制。

(7)如果存在保单的退保金,质权人同样可以向出质人和保险人作出请求退保并向自己支付退保金的通知。退保金为保险人根据保单的条款所确定并通知给各方当事人者。

(8)在第 7 款和第 8 款的范围内,保单的价值为在所提议的买卖、取得或退保之日所获得的价值。

(9)保单收益超过对质权人所负债务的,超过的部分应返还于出质人。

(10)保单持有人可以订立与同一保单有关的多个质押协议,本条的规定适用于第二个或更多的保单,其方式与适用于第一个保单相同,但在后质押受在先质押或其他在先权利的限制。在此等情形,在后质押以在先质押的存在为条件,并且在在先质权人的权利得到满足或者终止之前,在后质权人不得行使任何权利。

第十二题　博戏和打赌

第 1713 条　（对博戏债务的返还不存在诉权）

(1)法律对博戏债务或者赌注的支付不授予任何诉权。

(2)对下列事项也不授予任何诉权:

(a)某人知道出借的任何款项系用于博戏的,该款项的返还;

(b)某人与博戏有利害关系,而出借任何款项用于支付在该博戏中输掉的金钱的,该款项的返还。

第 1714 条　（例外）

(1)旨在练习使用武器的博戏、赛跑、赛马、赛船、赛球以及其他增进身体的灵巧和锻炼身体的同类博戏,不适用前条之规定。

(2)但如果法院认为请求数额过大,可以减少之。

第 1715 条 (推翻上述规定的协议,无效)

旨在推翻前两条的规定而订立的任何协议,无效。

第 1716 条 (在博戏中输掉的金钱的返还)

除第 1714 条述及的博戏外,博戏中的输家可以请求赢家返还已经给付的款项或物,但以输家自给付之日起算的 2 个月内,通过司法文书要求赢家返还所给付的款项或物为限。

第 1717 条 (为抽彩而给付的金钱的返还)

对于在马耳他或其他国家设立的抽彩,某人已经在马耳他作出与该抽彩有关的任何给付的,给付人可以请求受给付人返还所给付的款项,即使后者仅是其他人的代理人,亦同;但马耳他的适格权力机关授权或允许的抽彩,除外。

第 1717A 条① (不被视为博戏和打赌的某些合同)

根据差价合同、利息上限合同、掉期合同、外汇交易合同,或者其目的或既定目的在于(通过援引所描述的财产价值或价格的波动,或者指数的波动或者在合同中为此目的而指定的其他因素的波动)确保利益或避免损失的其他类似协议,所产生的债务或其他义务,以及任何保险合同,并不因本题或者有关博戏或打赌的任何其他法律而无效或者不能强制执行。

第十三题 和 解

第 1718 条 (和解合同的定义)

和解为各方当事人通过给付、承诺或保留某物或某事项而终止已经开始的诉讼或者阻止即将开始的诉讼的合同。

第 1719 条 (应当通过公文书达成和解的情形)

(1)如果当事人希望终止或者阻止的诉讼的标的物为不动产,除非以公文书为之,否则和解无效。

(2)如果为达成和解而给付或承诺不动产,适用同样的规则。

---

① 为 2000 年第 22 号法案第 101 条所增设,后为 2005 年第 11 号法案第 4 条所修正。

第1720条 （可以进行和解之人）

除非某人对包含在和解中的物有转让的能力，否则他不得进行和解。

第1721条 （配偶之间的和解）

配偶之间的和解未经适格法院授权的，无效。但根据第1366条的规定，配偶之间订立的买卖合同可以有效的情形，除外。

第1722条 （关于受到限定继承的财产等的和解）

关于受到限定继承之财产的任何和解，或者关于未来扶养费的和解，无论该财产或扶养费系通过遗嘱遗留的，或者通过赠与或其他合同取得的，或者由法院裁定的，或者依法应得的，非经适格法院授权，和解同样无效。

第1723条 （法院的授权）

（1）为使和解有效而需要法院授权的，如果诉讼或者对诉讼的审理尚未开始，并且如果有利，享有自愿管辖权的法庭应当作出授权。

（2）如果对诉讼的审理已经开始，可以由上述法庭或者诉讼所系属的法庭作出授权。

第1724条 （违约金条款的效力）

（1）在和解合同中针对不履行和解的一方而约定的违约金条款，将代替因迟延而造成的损害的赔偿，但不影响履行和解的义务。在合同被宣告无效的情形，第1119条的规定适用之。

（2）如果以无效为由对和解合同提出异议，在诉讼系属期间，违约金的支付中止。

（3）本条的规定适用于包含违约金条款的仲裁协议。

第1725条 （和解的效力）

和解的效力仅及于其标的物。在和解合同中对全部权利、诉权及请求权的放弃，仅适用于与引起该和解的争议有关的事项。

第1726条 （和解仅解决当事人意图解决的争议）

和解仅解决当事人意图解决的争议，无论当事人已经以特别条款或者一般条款表达其意图，或者该意图系当事人已经作出的表述的必然结果。

第1727条 （如果就某项权利达成和解者随后取得一项类似权利）

如果某人已经就某项属于他的权利进行和解，随后自他人处取得一项类似权利的，对于新取得的权利，他不受先前达成的和解的约束。

第1728条 （数个利害关系人中的某一人达成的和解）

数个利害关系人中的某一人达成的和解，不约束其他人，其他人也不得主张该和解。

第1729条 （和解具有既判力）

(1)和解在当事人之间具有既判力的效力。

(2)不得以法律错误为由取消该和解。

第1730条 （何时可以取消和解）

(1)但如果就与之达成和解合同的人或者就当事人意图和解的事项存在错误,可以取消和解。

(2)在所有情况下,如果存在欺诈或胁迫,可以取消和解。

第1731条 （事实错误）

如果由于事实错误而达成的和解为执行一项无效的权利,同样可以取消和解,但当事人已经将该无效明确考虑在内的,除外。

第1732条 （虚假的文书）

基于嗣后发现系虚假的文书而达成的和解,完全无效。

第1733条 （对于已经因判决而终止的诉讼的和解）

(1)各方当事人或者一方当事人不知诉讼因产生既判力的判决已经终结的,就该诉讼达成的和解同样无效。

(2)如果当事人所不知道的判决为仍然可以提起上诉的判决,和解有效。

第1734条 （和解之后发现文书）

(1)如果当事人已经就他们间的所有未决事项达成了概括和解,和解之时不为他们所知的文书或者嗣后发现的文书不构成撤销和解的正当理由,但此等文书由于一方当事人的行为被隐匿的,不在此限。

(2)但如和解仅涉及单一的某项物,并且嗣后发现的文书表明一方当事人对它无任何权利的,和解无效。

第1735条 （计算的错误）

各方当事人均有权请求更正和解中发生的任何计算错误。

第1736条 （有关遗产的和解）

有关取决于一项未知遗嘱的遗产的和解,无效。

第十四题 赠 与

一般规定

第 1737 条 （赠与的定义）

(1) 法律仅允许生前赠与。

(2) 生前赠与是赠与人据以不可撤销且无偿地将某物移转给接受物的受赠人的合同。

(3) 赠与人为自己保留了撤销或变更赠与之权力的,赠与无效,本法典有明确规定的情形除外。

第 1738 条 （出于感激的馈赠）

出于感激的馈赠,或者作为受赠人美德之回报的馈赠,或者作为受赠人不享有诉权的服务之特别报酬的馈赠,以及作为受赠人承受某些负担的服务之特别报酬的馈赠,同样为赠与,下一条的规定除外。

第 1739 条 （报酬性的赠与）

如果系作为受赠人享有诉权的服务之报酬而作出的赠与,不适用有关赠与的特别规定,但如果赠与物的价值至少超过该服务的价值的 1/2,对于超过的部分除外。

第 1740 条 （有偿赠与）

有关赠与的特别规定同样不适用于有偿赠与,但如果赠与物的价值至少超过对受赠人课加负担的价值的 1/2,对于超过的部分除外。

第 1740A 条[①] （关于赠与的规定不适用于信托处分）

有关赠与的规定不适用于根据信托对财产作出的处分或分配,在本法典明确规定的范围内除外。

第 1740B 条[②] （信托转让、集团内部的转让以及作为担保的转让）

下列任何转让不受本题规定的调整,尤其不受制于第 1753 条规定的手续:

[①] 为 2004 年第 13 号法案第 42 条所增设。

[②] 为 2007 年第 13 号法案第 10 条所增设,后为 2010 年第 8 号法案第 61 条所代替。

(a)为某受托人设立财产信托,或根据信托作出的财产分配,或受托人根据信托作出的财产返还;

(b)向某基金会捐助财产,或根据基金会条款作出的财产分配,或基金会根据其条款作出的财产返还;

(c)两个企业由同一人直接或间接控制或受益,其比重超过50%的,其中一个企业向另一企业所为之无偿转让或移转,资本、现金或任何其他资产的投入;

但此等转让、移转或投入应以书面形式为之,否则无效;

(d)为债务的履行设立担保的,因此等担保而进行的转让,以及在债务履行后向转让人返还担保财产而进行的任何转让。

如果上述交易在于或包括转让位于马耳他的不动产,此等不动产的转让仍应遵守第1753条第1款规定的手续。

第1741条 (赠与仅得对现有财产作出)

(1)赠与仅得对赠与人的现有财产作出。

(2)如果赠与包含将来的财产,对于此等财产,赠与无效。

(3)本条的规定不适用于本题第四分题和第五分题述及的赠与。

第1742条① (有俸圣职等由教会法调整)

除马耳他的任何其他特别法外,任何有俸圣职,或者永久性的教会牧师职,或者永久性的宗教财团或财产补贴,对于积极或消极的圣职推荐权的行使、享有、消灭或丧失,以及为使它们构成授予圣职的原因所需要的期限和条件,或者有利于该目的的期限和条件,由目前在马耳他生效的教会法调整。

本条的规定不影响政府对任何有俸圣职、牧师职、宗教财团或财产补贴所享有和行使的权利。

第一分题 通过赠与进行处分或取得财产的能力

第1743条② (能够通过赠与进行处分或者取得财产之人)

任何人均得通过赠与进行处分或者取得财产,被本题宣告为无能力者除外。

---

① 为1920年第5号条例第2条所增设。

② 为1975年第58号法案第10条和2004年第18号法案第103条所修正。

第 1744 条① （没有赠与能力之人）

下列之人没有赠与能力：

(a)根据第 597 条(a)项、(b)项、(c)项和(d)项的规定没有订立遗嘱之能力者；

(b)因浪费被禁治产者，但被裁定其禁治产的法院授权作出赠与的，除外；

(c)未成年人，但通过第 1807 条规定的婚姻合同作出赠与的，除外。

第 1745 条 （即使赠与人的无能力在赠与履行前终止，赠与同样无效）

没有赠与能力之人作出的赠与无效，即使赠与人的无能力在赠与履行前终止，亦同。

第 1746 条 （不能通过赠与取得财产之人）

(1)在赠与时或者在赠与所附的停止条件发生时尚未受孕者，不能通过赠与取得财产。

(2)本条的规定不适用于在赠与时健在的特定人的子女【本款规定的是向某人的尚未受孕的子女进行赠与的情形。对本款的理解可参照本法典第 600 条第 2 款及第 720 条第 2 款。——译者注】，也不适用于被召集享有任何基金者。

第 1747 条 （生而不可存活）

(1)生而不可存活者，同样不能通过赠与取得财产。

(2)如有疑问，活着出生者推定为可以存活。

第 1748 条② （通过赠与接受的数额不得超过根据遗嘱可以留给他们的数额之人）

第 1749 条 （第 609 条的适用）

第 609 条关于监护人或保佐人无能力的规定，适用于赠与。

第 1750 条③ （伪装的赠与）

对根据第 1749 条的规定不能通过赠与取得财产之人所为的赠与，无效，即使伪装成有偿合同的形式或者以中间人的名义作出，亦同。

---

① 为 1973 年第 46 号法案第 87 条所修正。

② 为 1962 年第 21 号条例第 18 条所修正，后为 2004 年第 18 号法案第 104 条所废止。

③ 为 2004 年第 18 号法案第 105 条所修正。

第 1751 条① （中间人）

不能通过赠与取得财产之人的父亲、母亲、子女、直系卑血亲和配偶,被视为中间人,有相反证明的除外。

第 1752 条 （对接收文书的公证人等所为的赠与）

对接收赠与文书的公证人,或者其配偶,或者与他有 3 亲等以内(包括 3 亲等)的血亲关系或者姻亲关系的任何人进行赠与的,只要该赠与尚未履行,可以基于赠与人或其继承人的请求而宣告无效。

第二分题　赠与的形式和效力

第 1753 条 （赠与应以公文书为之）

(1)非以公文书为之,赠与无效。

(2)但本条第 1 款的规定不适用于:

(a)考虑到当事人的状况和其他情势,数额或者价值适度的金钱、其他有体动产或者无记名文书的亲手赠与;

(b)权利的无偿放弃、债权或有价证券的无偿转让、债务的免除、在第 999 条、第 1000 条和第 1704 条述及的任何情形,为第三人的利益作出的任何约定。

对于任何此等放弃、转让、免除或约定的形式,应当遵守上述条文或者任何法律的规定,即使其规定与有偿协议相关,亦同。

第 1754 条 （赠与何时对赠与人产生约束力）

(1)自受赠人明示或默示接受赠与之日起,赠与始得约束赠与人并生效。

(2)非在赠与文书中或者以任何其他公文书为之,对不动产赠与的接受无效。

第 1755 条 （接受赠与的时间）

只要赠与人没有撤销赠与,受赠人可以在赠与人生存期间随时有效地接受赠与。

第 1756 条 （可以在赠与人死后作出接受的情形）

(1)在赠与人死后作出的接受无效,但下列情形除外:

(a)赠与人在生存期间为自己保留了赠与物的使用权或用益权的;

---

① 为 2004 年第 18 号法案第 106 条所代替。

(b)赠与将在赠与人死后履行的;

(c)赠与人在赠与后的 3 个月内死亡的。

(2)在上述各种情形,受赠人可以在法院基于任何利害关系人的请求而确定的期限届满之前,有效地接受赠与人没有撤销的赠与;此等期限不得超过 1 个月,有正当理由的,法院可以再延长 1 个月。

第 1757 条 （受赠人的继承人或债权人的接受）

受赠人的继承人或者债权人作出的接受,无效。

第 1758 条[①] （对未成年人的赠与）

(1)对未成年人作出赠与的,可以由其父亲或母亲,以及即使其父母尚健在,由其父系或母系的任何直系尊血亲代表他接受之。

(2)如果赠与系未成年人的父母一方或者未成年人的直系尊血亲所为,可以由父母另一方或者任何其他直系尊血亲代表未成年人接受之。

(3)但如果未成年人处于亲权之下,行使亲权的父、母之外的其他人,非经法院授权,不得代表未成年人接受赠与。

(4)如果赠与系未成年人的父母双方所为,法院可以授权未成年人本人或者指定他人代表未成年人接受之。

第 1759 条 （对非婚生子女的赠与）

对于在接受赠与的文书中或者通过任何其他文书被承认的非婚生子女,或者通过法院的裁定被准正的非婚生子女,前条的规定同样适用于此等非婚生子女的父母。

第 1760 条 （对受到监护或保佐之人的赠与）

对因年龄或其他事由而受到监护或保佐之人作出赠与的,仅得经法院授权后由监护人或保佐人接受之。

第 1761 条 （赠与因未经授权而被宣告无效）

在前 3 条述及的情形,除非受赠人提出请求,赠与不因未经其中提及的授权而被宣告无效。自受赠人成年或者终止受监护或保佐之日起届满 2 年后,不得提出此等请求。

第 1762 条 （何时可以指定特别保佐人）

(1)在第 1758 条、第 1759 条和第 1760 条述及的情形,如果父、母、法定直系尊血亲、监护人或保佐人疏于接受赠与,或者没有正当理由拒绝接受赠与,

---

① 为 1973 年第 46 号法案第 90 条和 1993 年第 21 号法案第 2 条所修正。

法院基于任何人的请求,应当为此指定一名特别保佐人。

(2)如果提出请求之人宣誓声明他不知道未成年人是否有健在的父、母或法定直系尊血亲,或者声明他不知道在何处可以找到此等父、母或直系尊血亲,并且法院认为赠与对未成年人有利的,适用同样的规定。

第1763条[①]　(何时未成年人本人可以接受赠与)

既未处于亲权之下又未受保佐的未成年人,如果他年满14周岁,可以有效地接受赠与;但他根据第971条可能享有的解约诉权不受影响。

第1764条[②]　(代表他人接受赠与者的义务)

(1)代表他人合法接受赠与者,如果赠与需要登记,应当根据第996条的规定并为了该条规定的目的将之登记于公共登记处。

(2)但此等登记同样可以基于接收赠与文书或者接收接受赠与的文书的公证人的请求,或者基于受赠人的请求而作出,不论受赠人为何人,并且即使未经任何授权,亦同。

第1765条[③]　(恢复原状)

(1)在未接受赠与或未对赠与进行登记的情形,作为受赠人的未成年人或任何其他人,不得恢复为受赠人;但受赠人对应当代表他接受赠与或者将赠与进行登记之人依法享有的任何救济权,不受影响。

(2)即使应当接受赠与或者将赠与进行登记之人支付不能,亦不得授予此等恢复。

第1766条　(不得因未接受而对因婚赠与提出异议)

因特定的婚姻且在该婚姻缔结之前作出赠与的,无论是将来的配偶相互为之,或者任何其他人对将来的配偶或者对该婚姻将生的子女为之,均不得因未接受而对之提出异议。

第1767条　(丈夫和妻子之间在婚姻存续期间的赠与)

对于丈夫和妻子之间在婚姻存续期间所为的赠与,同样适用前条的规定。

第1768条　(以如果赠与人生有子女则返还赠与物为条件的赠与)

不考虑第1056条的规定,以如果赠与人通过赠与之前或之后缔结的婚姻生有子女则受赠人返还赠与物为条件作出的赠与,有效。

---

① 为1993年第21号法案第2条所修正。
② 为1973年第46号法案第91条所修正。
③ 为1973年第46号法案第92条所修正。

第1769条 （赠与人的债务）

除非赠与条款有规定,受赠人没有义务偿还赠与人的债务;但为债权人的利益,第1144条述及的诉权以及抵押诉权,不受影响。

第1770条 （以清偿债务为条件的赠与）

(1)以清偿在赠与时存在的债务或负担为条件作出的赠与,或者以清偿将来的债务或负担为条件,但其原因明确规定在赠与文书或者赠与文书所附的说明中的赠与,有效。

(2)但以清偿其他将来债务或负担为条件作出的赠与,无效。

第1771条 （受赠人的责任限制）

在前条第1款述及的情形,如果债务或负担的数额没有在上述文书或说明中规定,受赠人仅在赠与物价值的范围内承担责任,但他明确允诺自己清偿无论证明其数额为多少的债务或负担的,不在此限。

第1772条 （推定的条件）

但就全部或部分现有财产作出赠与的,除非赠与文书表明了相反的意图,推定为:在让与或交付财产之前,保留从中扣除在赠与时存在的赠与人的债务额的权利。全部扣除或者根据赠与物的比例扣除,根据赠与是包括全部财产还是仅包括部分财产而定。

在交付或让与财产之后,不得主张此等扣除;但第1769条述及的债权人享有的任何诉权,不受影响。

第1773条 （赠与人的扶养费）

(1)受赠人应当在赠与物的孳息的范围内,向生活变得困难的赠与人提供扶养费,但以受赠人占有赠与物或其价值,并且他本人并未处于生活困难的状态为限。

(2)如果赠与物由受赠人占有,但没有产生孳息,上述义务以根据估价确定的赠与物本身价值的利息为限。

(3)如果受赠人为两个或两个以上,仅当在后的受赠人应当提供的数额不足以扶养赠与人时,在先的受赠人才负担上述义务。

(4)即使存在与赠与人有血亲关系或姻亲关系、应当且能够向赠与人提供扶养费之人,本条的规定同样适用。

第1774条 （处分权的保留）

如果赠与人为自己保留了处分包括在赠与中的某物或者被交付财产中的特定款项的权力,而未对之作出处分即死亡,该物或款项将属于受赠人,但在赠与文书中作出明确的相反声明的,或者受赠人阻止赠与人处分该物或款项的,除外。

第1775条 （从赠与中排除之物的归属）

如果赠与人将某物从赠与中排除以处分之,而没有在生前或者通过遗嘱处分该物的,该物将归于赠与人的继承人,但赠与人本人在赠与文书中明确声明：如果他没有对之作出处分即死亡,该物将归于受赠人的,除外。

第1776条 （赠与中禁止限定继承）

在赠与中,如同在遗嘱中,禁止限定继承；第331条、第736条和第757条至第761的规定适用于赠与。

第1777条 （用益权的保留）

赠与人可以为自己保留赠与物的用益权。

第1778条 （保留用益权的动产赠与）

如果赠与动产时保留了用益权,基于用益权的终止,对于该物的返还,受赠人对赠与人或其继承人享有根据本法典第二编第一分编第三题授予所有权人的相同权利。

第1779条[①] （返还的约定）

(1)赠与人可以约定：在任何时间,如果受赠人死亡而没有子孙,赠与物应返还于他本人或其继承人。

(2)赠与人同样可以约定：如果仅仅受赠人先于他死亡,或者如果受赠人及其直系卑血亲先于他死亡,应返还赠与物。

但此等约定仅得为赠与人的利益而为之。

第1780条 （返还的效力）

如果发生返还,赠与财产的任何转让即解除,并且在解除该财产的任何负担或抵押权后返还于赠与人,但下列抵押权除外：如果受赠人的其他财产不足以支付嫁资和亡夫遗产,并且是在与设立嫁资或允诺亡夫遗产的同一婚姻合同中作出赠与的,已经登记以担保受赠人之妻的嫁资和亡夫遗产的抵押权。

第1781条 （如果约定返还的赠与系对两人或两人以上作出）

如果包含返还约定的赠与系对两人或两人以上作出,根据第1779条述及的情形,在某一受赠人或其继承人先于赠与人死亡的情况下,对于已故一方的份额,条件视为已经发生,并且前条的规定适用于该份额。

[①] 为1939年第39号条例第10条所修正。

第 1782 条 （赠与人的担保）

除下列情形外，赠与人对受赠人不负赠与物的追夺担保义务：

(a) 如果系因婚赠与或者为设立宗教财团而赠与；

(b) 如果赠与人明示允诺担保；

(c) 如果由于赠与人本人应当承担个人责任的债务而发生追夺；

(d) 如果赠与人恶信赠与属于他人之物，且旨在诱使受赠人给予某物、作为或不作为；

(e) 如果通过赠与对受赠人课加了可以金钱估算的负担，或者如果赠与系作为受赠人享有诉权并且可以金钱估算的服务之报酬而为之。在此情形，赠与人应当在该负担或服务之价值的范围内提供担保。

第 1783 条 （担保的范围）

(1) 在前条(a)项、(b)项、(c)项和(d)项述及的情形，受赠人对赠与人的主张不得超过赠与物在赠与时的价值；在(d)项述及的情形，受赠人遭受损失的数额高于赠与物的价值的，不在此限，在此情形，担保的效力及于该数额。

(2) 在前条(e)项述及的情形，受赠人可以对赠与人主张与被解除的负担或者与提供的服务价值相当的款项。

第 1784 条 （地役权或负担）

赠与人不负解除赠与物承受的任何地役权或其他负担之义务，但接受赠与的受赠人不知道存在该地役权或负担的，受赠人有权自他知道存在该地役权或负担之日起 1 年内放弃赠与物。

第三分题 赠与不可撤销之规则的例外

第 1785 条[①] （撤销赠与的事由）

赠与仅得依第 1066 条、第 1067 条、第 1068 条和第 1069 条规定的明示或默示的解除条件而撤销，或者因忘恩负义而撤销，或者在向根据附录二所设立的组织进行捐助的情形，依调整撤销基金会和撤销向某组织所为的捐助的规定而撤销。

第 1786 条 （依解除条件的撤销）

在依解除条件而撤销的情形，财产返还给赠与人，并解除受赠人课加的任

---

① 为 2007 年第 13 号法案第 11 条所代替。

何负担或抵押权;赠与人对占有所赠与的不动产的第三人享有对受赠人本人所享有的任何权利。

第1787条 （因忘恩负义的撤销）

除下列任一情形外,赠与不得因忘恩负义而撤销:

(a)如果受赠人试图杀害赠与人,或者犯有虐待或严重伤害赠与人的罪行;

(b)如果受赠人故意严重损坏赠与人的财产或损害其利益,意图给赠与人造成损害;

(c)如果赠与人急需扶养或其他人身协助,受赠人拒绝向赠与人提供不会给他造成严重不便的扶助。

第1788条 （因忘恩负义绝不依法当然发生撤销）

因忘恩负义绝不依法当然发生赠与的撤销。

第1789条 （放弃因忘恩负义而撤销赠与之权利的,无效）

放弃因忘恩负义而撤销赠与之权利的,如果在引起行使此等撤销权的事件发生之前作出,无效。

第1790条 （可以提起撤销之诉的时间）

(1)基于忘恩负义请求撤销赠与的,仅自赠与人对受赠人提起控告的犯罪行为发生之日起,或者自赠与人知道该犯罪行为之日起的1年内提出。

(2)赠与人不得基于忘恩负义对受赠人的继承人主张撤销,赠与人的继承人也不得基于忘恩负义对受赠人主张撤销。在后一种情形,赠与人本人已经开始撤销之诉,或者赠与人在受赠人的犯罪行为之日起1年内死亡的,不在此限。

第1791条 （撤销不影响转让等）

(1)基于忘恩负义的撤销,不影响在撤销赠与的司法请求之前受赠人作出的任何转让,以及对赠与物设定的任何抵押权或其他负担。

(2)但受赠人应当将转让物的价值——考虑到提出上述请求的时间以及自该日起的孳息——返还给赠与人,并应当就为未转让的财产设定的任何抵押权或其他负担,对赠与人作出补偿。

第1792条 （因婚赠与不因忘恩负义而撤销）

(1)因婚赠与不因忘恩负义而撤销。

(2)本条的规定不适用于将来配偶的一方对另一方所为的赠与。

第四分题　因婚赠与

第1793条　（现有财产的赠与适用一般规定）

赠与现有财产的，即使为因婚赠与，适用本题确定的有关赠与的一般规定，但有任何相反规定的除外。

第1794条　（对赠与人死亡时将留下的财产的赠与）

具有法律能力的任何人，可以因特定的婚姻但在该婚姻缔结之前，为将来的配偶双方或一方以及为该婚姻将生的子女的利益，处分其死亡时可以留下的全部或部分财产。

第1795条　（此等赠与的不可撤销的范围）

（1）前条述及的赠与仅在如下意义上是不可撤销的：除通过报酬或其他方式进行小额处分外，赠与人不能再无偿处分包含在赠与中的物。但他为自己保留了较大处分权的，不在此限。

（2）但赠与人在其死亡之前，可以自由有偿处分包含在赠与中的物；此等权力的任何放弃，无效。

第1796条　（现有财产及将来财产的赠与）

因特定的婚姻，为将来的配偶双方或一方或者为其子女的利益作出赠与的，可以就全部或部分现有财产及将来财产为之，但应将对赠与人在赠与时存在的财产、债务和负担的描述附在赠与文书上；在此情形，赠与人死亡时，受赠人可以自由决定：自己保留在赠与时存在的财产，但负有清偿在赠与时存在的债务和负担的义务，或者放弃对赠与人的剩余财产的权利。

第1797条　（未将描述附在赠与文书上的情形）

（1）如果未将前条述及的描述附在对现有财产及将来财产的赠与文书上，受赠人应当整体接受或放弃赠与。

（2）如果接受，他仅得主张在赠与人死亡时存在的财产，并且应当在该财产价值的范围内清偿所有的遗产债务和负担。

第1798条　（推定财产足以清偿债务）

根据第1794条作出的赠与而归于受赠人的财产，或者在前条述及的情形归于受赠人的财产，如果受赠人在占有该财产之前没有根据《组织与民事程序法典》①的规定制作财产清单,推定上述财产足以清偿遗产债务或负担,但有任何相反证据的除外。

第1799条 (何时受赠人不得请求履行赠与)

(1)对于第1794条和第1796条述及的赠与,在赠与人生存期间,受赠人不得就赠与中包含的任何财产部分请求履行赠与。

(2)根据任何此等赠与,受赠人在赠与人死亡之前不享有赠与财产的所有权。

(3)但如果赠与系根据第1796条的规定为之,并且受赠人在赠与人死亡后,希望行使该条授予他的自己保留在赠与时存在的财产的权力,并承担清偿在赠与时存在的债务和负担的义务,则受赠人有权请求解除赠与人对包含在赠与财产中的不动产进行的任何转让,即使该转让系有偿转让,并有权请求解除赠与人本人对该不动产设定的任何抵押权或其他负担,但以根据第996条的规定对赠与进行了登记为限。

第1800条 (赠与人后于受赠人死亡的情形)

(1)如果赠与人后于受赠人及其因之作出赠与的婚姻所生的直系卑血亲死亡,第1794条和第1796条述及的赠与失效。

(2)如果此等子女和直系卑血亲被排除在上述赠与之外,赠与人后于受赠人死亡的,该赠与失效。

第1801条 (为子女利益的推定)

(1)上述赠与,即使系对将来的配偶双方或一方为之,如果赠与人后死,推定对因之作出该赠与的婚姻所出生的子女和直系卑血亲为之。但赠与文书排除此等子女和直系卑血亲的除外。

(2)对于赠与之前出生的子女,被因之作出赠与的婚姻准正的,本条的规定同样适用。

第1802条 (结婚礼物)

将来的配偶一方的亲属或朋友因该婚姻而给予另一方的礼物,即使在赠送该礼物时使用的词句含有对后者进行赠与的意思,被视为给予前者,但在该词句之外能证明赠与人的意图是将该物给予后者的,不在此限。

第1803条 (如果结婚没有发生等,赠与失效)

(1)如果结婚没有发生,任何因婚赠与或因婚允诺均失效。

---

① 第12章。

(2)如果受赠人自其达到可以担任圣职的年龄之日起 5 年内没有担任圣职的,以宗教财团的方式作出的任何赠与失效。

第五分题　将来的配偶之间通过婚姻合同的赠与;夫妻之间在婚姻存续期间的赠与

第 1804 条① 　(将来的配偶之间的赠与)

根据下文规定的条件,将来的配偶可以在其婚姻合同中相互作出赠与,或者一方对另一方作出赠与。

第 1805 条② 　(如果赠与人有子女)

第 1806 条 　(后死条件的推定)

在所有情况下,对现有财产的赠与,或者对现有财产及将来财产的赠与,或者对赠与人死亡时可以留下的财产的赠与,即使为相互赠与,亦推定以受赠人后死为条件,但有明示相反约定的除外。在所有其他方面,此等赠与适用前述关于他人对将来配偶的赠与之规定。

第 1807 条③ 　(未成年人)

未经其所处权力下的父、母的同意,或者如果父母双方均死亡或者上述父、母不能作出同意的,未经法院授权,未成年人不得在婚姻合同中对其将来的配偶作出任何赠与;但是取得此等同意或授权的,成年的将来的配偶一方依法可以给予另一方的任何物,未成年人均可以给予。

第 1808 条④ 　(将来的配偶给予的礼物)

(1)将来的配偶一方给予另一方礼物的,即使在交付礼物时使用的词句含有赠与的意思,结婚后,该礼物仍为前者的财产,且被视为仅给予后者在婚姻期间的使用权,但此等物的赠与为婚姻合同所证明的,不在此限。

(2)如果因可归责于接受礼物的一方的事由发生别居,甚至对上述礼物的使用权亦终止。

第 1809 条 　(如果结婚没有发生)

(1)将来的配偶作出的任何因婚赠与,或者通过婚姻合同作出的任何赠

---

① 为 1973 年第 46 号法案第 93 条所修正。
② 为 2004 年第 18 号法案第 107 条所废止。
③ 为 1973 年第 46 号法案第 94 条所修正。
④ 为 2002 年第 31 号法案第 212 条所修正。

与,不论系相互赠与或者一方对另一方赠与,如果结婚没有发生,赠与失效。

(2)但如果由于赠与人没有正当理由地拒绝缔结该婚姻而没有发生结婚,不适用本条的规定,受赠人可以保留赠与物。受赠人根据《婚姻承诺法》①的规定请求损害赔偿的权利,不受影响。

第 1810 条② (夫妻之间的赠与)

(1)在婚姻存续期间,丈夫对妻子或者妻子对丈夫作出任何赠与的,即使该赠与为相互赠与或报酬性赠与,如果未经法院授权为之,赠与无效。

(2)但如果存在此等授权,丈夫对其妻子或者妻子对其丈夫,可以就现有财产或者就现有财产及将来财产或者就赠与人死亡时可以留下的财产,作出赠与。第 1806 条的规定适用于任何此等赠与。

第 1811 条 (对配偶一方的亲属的赠与)

配偶一方未经法院授权对配偶他方的血亲或姻亲作出的任何赠与,同样无效。

第 1812 条③ (小额赠与)

考虑到赠与人的具体情况,对于小额礼物或者小额的亲手赠与,无须前两条述及的法院的授权。

第六分题 赠与的缩减

第 1813 条 (超过可处分部分的赠与的缩减)

任何种类的赠与,即使对将来的配偶或者对该婚姻将生的子女作出的因婚赠与,如果在对赠与人的继承开始时,根据第 614 条确定的规则,发现赠与超过赠与人可以处分的财产部分的,应当缩减至可以处分的部分。

第 1814 条 (关于遗嘱处分的扣减规则的适用)

对于赠与的缩减,同样应当遵守第 621 条和第 647 条及该条以下的条文确定的关于遗嘱处分的扣减规则。

第 1815 条 (何人可以请求缩减)

赠与的缩减仅得由法律为其利益而保留死者的一部分财产之人及其继承

---

① 第 5 章。
② 为 2004 年第 18 号法案第 108 条所修正。
③ 为 2004 年第 18 号法案第 109 条所修正。

人或继受其权利的其他人提出。

第 1816 条 （请求缩减的权利在赠与人生存期间不得放弃）

第 1240 条的规定除外，法律授予其请求缩减赠与之权利者，在赠与人生存期间，不得通过明示的声明或者通过同意该赠与而放弃该权利。

第 1817 条 （受赠人等不得主张缩减）

受赠人、受遗赠人或者死者的债权人不得请求缩减赠与或者因此受益。

第 1818 条 （在遗嘱所处分的财产耗尽之前，不发生赠与的缩减）

在遗嘱所处分的全部财产耗尽之前，不发生赠与的缩减。当发生此等扣减时，应当从最后一次赠与开始依次向前一次赠与进行扣减。

第 1819 条 （物的返还应以实物为之）

根据前条规定返还任何物的，应以实物为之，第 653 条的规定仍然适用。

第 1820 条 （孳息的返还）

受赠人应当返还超过可处分部分的赠与部分的孳息。如果在 1 年内提起缩减之诉的，该孳息自对赠与人的继承开始之日起算，否则，自提出请求之日起算。

第 1821 条 （应无负担地返还不动产）

因赠与的缩减而返还的不动产，不承受受赠人对该不动产设定的任何债务或抵押权。

第 1822 条 （缩减之诉等可以对第三人提起）

(1) 缩减之诉或返还之诉，可以由权利人对占有受赠人转让的作为赠与物的一部分的不动产的第三人，以如同对受赠人本人的同样的方式和顺序提起，但在原告已先对受赠人追诉之前不得为之。

(2) 此等诉权的行使应当根据转让的顺序和日期，从最后一次转让开始。

第 1823 条 （缩减之诉等的诉讼时效）

(1) 无论对受赠人或第三人的缩减之诉或返还之诉，自继承开始之日起，5 年时效届满后不得被提起。

(2) 上述期限同样对未成年人和禁治产人进行。

第十五题　使用借贷

第 1824 条 （使用借贷的定义）

使用借贷是一方当事人向另一方当事人交付某物,供其在一定期限内或者为特定的目的无偿使用,而借用人负有返还原物之义务的合同。

第 1825 条 （可以被使用借贷之物）

不因使用而消费的任何交易物均可为使用借贷之标的。

第 1826 条 （义务可移转于继承人）

因使用借贷所承担的义务将移转于出借人和借用人的继承人。

如果借贷仅对借用人本人为之,其继承人不得继续享有借用物。

第 1827 条 （借用人的义务）

(1)借用人应当如同善良家父般照管和保存借用物。

(2)借用人不得将借用物用于依物之性质或者依协议确定的用途以外的任何其他用途,否则,应支付损害赔偿金。

第 1828 条 （如果借用物灭失,借用人不承担补偿责任）

如果借用物因意外事件灭失,借用人没有过错的,不承担任何补偿责任。

第 1829 条 （借用人对不当使用或迟延的责任）

如果借用人将借用物用于其他用途或者超期使用借用物,他应当承担借用物即使因意外事件而灭失的责任,除非他能够证明,即使未将借用物用于其他用途或者即使在合同约定的时间返还,借用物同样会灭失。

第 1830 条 （如果借用人本可以使借用物免于灭失）

如果借用物因意外事件灭失,而借用人本可以通过使用自己之物代替借用物以保全借用物的,或者如果仅能够保全上述两种物中的一种,而他选择保全自己之物的,应当对借用物的灭失承担责任。

第 1831 条 （借贷时对借用物的估价的效力）

在借贷时对借用物进行的估价仅产生如下效力:在借用人对可能产生的任何损失承担责任的情形,确定借用物在当时的价值。不得仅因借用物在交付时被估价而要求借用人对产生于意外事件的任何损失承担责任,但有其他相反约定的除外。

第 1832 条 （借用人没有过错的减损）

如果借用物仅仅因借用目的内的使用而减损,借用人没有过错的,对该减损不承担责任。

第 1833 条 （借用人不得请求返还为使用物而发生的费用）

如果借用人为了能够使用借用物而发生任何费用,不得请求偿还。

第 1834 条 （同一物的数个借用人的责任）

如果数人共同借用同一物,他们对出借人承担连带责任。

第 1835 条 （期限届满前向出借人返还物）

(1)在约定的期限届满前,或者没有约定的,在借用物已经服务于借用的目的之前,出借人不得取回借用物。

(2)但在约定的期限内,或者在借用人终止需要借用物之前,如果出借人紧迫且没有预见地需要使用出借物,法院视具体情况,可以强制借用人将物返还给出借人,但出借人负有偿还借用人为使用该物已经发生的任何费用的义务。

第 1836 条 （如果借用人发生非常费用）

在借贷期间,如果借用人为保存借用物而必须发生任何非常且必要的费用,并且由于情形紧急,他不能将之事先通知出借人的,出借人应当向借用人偿还该费用。

第 1837 条 （出借物有瑕疵时出借人的责任）

当出借物存在可能对使用人造成损害的瑕疵时,如果出借人知道该瑕疵而没有事先提醒借用人,应当承担损害赔偿责任。

第 1838 条 （关于合同是使用借贷还是租赁的问题）

(1)如果产生关于是以使用借贷的方式还是以租赁的方式借贷物的问题,主张报酬者必须以明示或默示的约定证明其报酬权。

(2)默示的约定可以从当事人的状况、物的质量、对物的长期使用以及其他情势中推定出。

第十六题　容假借贷

第 1839 条 （容假借贷的定义）

容假借贷与第 1824 条定义的使用借贷合同相同,唯一的区别在于,出借人有权随时取回出借物。

第 1840 条 （基于请求而返还）

以容假借贷的方式借用某物的,当借用人被请求返还时,他不得以可能因此遭受任何损害为由而迟延返还。

如果表明请求返还的意图在于对借用人造成损害,法院有权授予借用人一定的返还期限。

第 1841 条 （关于使用借贷的规则的适用）

除前两条的规定外，对于使用借贷合同所确定的规则适用于容假借贷合同。

第十七题　消费借贷

第 1842 条 （消费借贷的定义）

消费借贷是一方当事人向另一方当事人交付一定数量的经使用而消费之物，而借用人有义务向出借人返还相同种类和数量之物的合同。

第 1843 条 （消费借贷对借用人的效力）

依此等借贷，借用人成为借用物的所有权人，并且借用物的损失由其负担，无论此种损失因何产生。

第 1844 条 （产生于金钱借贷的责任）

(1)在所有情况下，产生于金钱借贷的责任额为合同中规定的数额。

(2)不考虑任何相反的约定，如果在偿付期限届满前货币体制发生任何变更，债务人仅需返还其所借数额，并且仅需以偿付时的货币，依其法定价值返还。

第 1845 条 （以特定的币种返还）

可以约定以特定的币种返还。在任何此等情形，应当以约定的方式返还，如果在偿付时找不到此种货币或者此种货币不再流通，借用人应当以通行货币向出借人返还借款，并且如果存在损害，应当予以赔偿。

第 1846 条 （金银条块或货物的借贷）

如果借贷的是金银条块或货物，在所有情况下，无论其价格是涨是跌，债务人应当返还同等数量和质量的金银条块或货物。

第 1847 条 （第 1837 条的适用）

第 1837 条的规定同样适用于消费借贷。

第 1848 条 （如果借用人不能以同等的数量和质量返还借用物）

(1)如果借用人非受重大损害不可能以约定时的同等数量和质量返还借用物，则负有偿付考虑到应当返还借用物的时间和地点而确定的借用物之价金的义务。

(2)如果没有约定时间和地点，应当根据借贷之时借贷地的时价进行偿付。

第 1849 条 （除非约定,不支付利息）

对于消费借贷,除非约定利息,否则无须支付。如果借用人没有在约定的时间返还借用物,或者没有约定时间时,没有在法院确定的时间返还借用物的,适用第 1139 条和第 1140 条的规定。

第 1850 条 （利息的约定）

(1)无论为金钱借贷、货物借贷或其他动产借贷,可以就其约定利息。

(2)同样可以将到期的利息额转化为计算利息的本金,但以该利息的期限不少于 1 年为限。

(3)对利息支付利息的任何其他约定,无效。

第 1851 条 （没有约定时利息的支付）

(1)虽未约定利息,借用人已经支付的,不得请求返还,亦不得从本金中扣除,但超过下条所确定的利率的部分,除外。

(2)但对期限少于 1 年的任何利息额所支付的利息,可以请求返还或者从本金中扣除,即使所支付的利息没有超过上述利率,亦同。

第 1852 条[①] （利率）

(1)年利率不得超过 8%。

(2)如果约定了任何较高的利息,应当减少至上述利率。

(3)如果支付了比法律确定的利息更高的利息,高出的部分应当从本金中扣除。

第 1853 条 （为规避前条规定而订立的合同）

为规避前条规定而订立的任何合同,不论以何名义,均应当解除;在任何此等情形,如果已给付之物无法返还,债权人仅得请求偿付物在交付于债务人时的价值。

第 1854 条 （如果没有约定利率）

如果借用人已经允诺自己支付利息而没有确定利率的,年利率为 5%。

第 1855 条 （未对利息作出保留的本金清偿证明书）

未对利息作出保留而出具的本金清偿证明书,产生已经支付利息的推定,并作为利息的清偿证明,但有任何相反证据的除外。

[①] 为 1961 年第 39 号法案第 2 条、1974 年第 54 号法案第 9 条、1983 年第 6 号法案第 6 条、1992 年第 9 号法案第 2 条和 2009 年第 3 号法案第 3 条所修正。

第 1855A 条① （规章）

负责司法的部长协同负责财政的部长,可以制定规章,规定该规章中所指定的债务和义务不受第二编第二分编第四题和第十七题的任何规定的调整,但要遵守该规章中规定的条件;并且还可以制定规章,调整各方面利息的收取、复利和应支付的最高利息额。

第十八题 委任

第一分题 委任的性质和形式

第 1856 条 （委任合同的定义）

(1)委任或代理是某人据以授权他人为其做某事的合同。

(2)至受任人接受委任,委任始完成。

第 1857 条② （委任的客体）

(1)任何委任必须以委任人本人可以实施的合法之事为其客体。

(2)除法律的任何其他特别规定外,委任得以公文书、私文书或信件为之,或者以口头为之,甚至得以默示为之。

(3)根据第 1887 条第 1 款的规定,作为担保而授予不可撤销的委任的,应以书面形式为之,否则无效。

第 1858 条 （受任人的接受）

受任人的接受同样得以默示为之,并可以从行为中推知。

第 1859 条 （受任人没有将拒绝通知委任人的后果）

实施贸易或者从事某项职业的任何人,没有正当理由而未毫不迟延地通知委任人其拒绝接受有关商业事务或职业事务之委任的(视具体情况而定),对于迟延所导致的损害,应向委任人承担责任。

第 1860 条 （受任人的名字留白）

如果委任系以私文书为之,受任人的名字可以留白。在此情形,只要未写

---

① 为 2000 年第 22 号法案第 101 条所增设,后为 2009 年第 3 号法案第 4 条所代替。
② 为 2010 年第 8 号法案第 61 条所修正。

名字,书面文件、文书或委任书的持有人被视为受任人。

第1861条 （何时委任为无偿）

除非有相反的约定,委任为无偿。

第1862条 （委任为特别委任或一般委任）

委任或者为特别委任,即对于某一事项或者特定事项的委任;或者为一般委任,即对委任人的所有事项的委任。

第1863条 （以一般条款的委任）

(1)以一般条款作出的委任仅及于管理行为。

(2)管理限度以外的转让财产的权力,或者抵押财产的权力,或者实施与所有权有关的其他行为的权力,必须明示。

第1864条 （受任人的权力）

受任人不得实施委任限度以外的任何行为。

第1865条 （受任人可以实施的行为）

(1)为执行委任,受任人可以提起诉讼;提出上诉;通过援引其相对人的宣誓提出证据;在诉讼中宣誓或者作出补充宣誓;执行动产和不动产判决;请求发布预防令,包括请求发布宣誓申请或宣誓声明所要求的预防令;如果适当,请求对委任人的债务人进行人身逮捕;实施委任人本人可以实施的任何其他行为,即使上述权力没有在委任中明示,亦然。

(2)依上述权力,受任人同样可以在与包含在委任中的事项有关的任何诉讼中,代表委任人作为被告。

第1866条[①] （受任人何时不得起诉或应诉）

但如果委任人本人即在审理诉讼的岛屿上,即使他已经授权受任人代表他起诉或应诉,受任人亦不得为之,但《组织与民事程序法典》[②]第786条的规定不受影响;不考虑该规定,如果委任系作为担保而授予的不可撤销的委任,为保护或执行委任所担保的利益,受任人可以代表委任人起诉。

第1867条 （受任人的其他权力）

(1)明示的进行和解的权力并不包括提交仲裁的权力,反之亦然。

(2)接受的权力,包括出具清偿证明书的权力。

(3)出售的权力包括受领价款的权力。

---

① 为2010年第8号法案第61条所修正。

② 第12章。

第1868条 （一般权力）

如果某人被雇用在其职业或行业正常营业的过程中做某事,但没有任何明示的权力限制的,推定此人被授权从事他认为为执行委任所必要的任何行为,以及根据上述职业或行业的性质,他可以实施的任何行为。

第1869条① （未成年人可以为受任人）

未成年人可以被指定为受任人,但在任何此等情形,委任人不得对受任人提起诉讼,但与有关未成年人的债务的一般规定相一致的,除外。

第1870条② （委任人的权力）

(1)为执行合同,委任人可直接对在受任人权限范围内与受任人缔约之人提起诉讼。

(2)在委任期间,可以通过明示的协议,中止作为担保而授予的不可撤销的委任的委任人对于委任的标的的权力。

(3)此等委任可以登记于某一公共登记簿中。

在本条中：

(a)如果委任的标的为船舶或与之有关的权利,"公共登记簿"是指马耳他船舶登记簿,并以批注的方式进行登记；

(b)如果委任的标的为飞行器或航空发动机或与之有关的权利,"公共登记簿"是指国家飞行器登记簿,并以批注的方式进行登记；

(c)在所有其他情形,"公共登记簿"是指公共登记处的登记簿,并以说明的方式进行登记。

在此等情形,登记对第三人有效。委任人【此处英语版原文为mandatary(受任人),显然系笔误,当为mandator(委任人),经核对该法典马耳他语版本,得到验证。——译者注】对任何此等已被中止的权力的任何行使,非经受任人书面同意,不产生任何效力。

第1871条 （如果受任人以其自己的名义行事）

(1)如果受任人以其自己的名义行事,委任人不得对受任人与其缔约之人提起诉讼,后者也不得对委任人提起诉讼。

(2)但在任何此等情形,受任人直接对与之缔约之人承担责任,就如同他自己的事务一样。

---

① 为1973年第46号法案第96条所代替。
② 为2010年第8号法案第61条所修正。

第1871A条[①]　（负信义之债地持有财产）

(1)为他人持有财产的任何人,对于为此目的而委任他的人负有信义义务,并受本题的规定以及本法典关于信义之债的规定调整。

(2)如果此人以其自己的名义代表委任人取得财产,委任人有权随时请求受任人立即无条件移转该物。基于该请求,或者在任何情形,基于委任的存续期限届满,受任人应当根据第1875条的规定立即提交其委任账目,并以适当的方式将财产移转于委任人。有关任何诚信第三人的款项、费用和权利的任何特别的委任条款,不受影响。

(3)不考虑第1886条的规定,为根据本条行事之人的利益,委任:

(a)不因委任人死亡而失效,受任人应当继续保管财产和与之有关的所有权利,直至他所持有的财产有效移转于委任人的继承人或受遗赠人;

(b)不因委任人或受任人的破产而失效,受任人应当继续保管财产和与之有关的所有权利,直至他所持有的财产根据适格法院为委任人或者委任人的债权人的利益(视具体情况而定)作出的指令被有效移转。

(4)旨在约束上文述及的受任人将他所持有的财产在委任人死亡后移转给第三人的委任条款,无效,但根据法律规定的手续,通过遗嘱作出此等遗赠的,不在此限。

(5)如果受任人死亡,其法定继承人或者遗嘱执行人(如果有的话)将受同样义务的约束,即保管为委任人而持有的财产,以及立即将财产移转于委任人或者根据委任人的指示进行移转,但依法请求偿付尚未支付的款项和费用的权利,不受影响。

(6)不考虑第1871条第1款的规定,如果上文述及的受任人通过任何方式,使任何第三人注意到他是在其权限范围内行事之事实,则受任人只需以其持有的财产并仅在该财产范围内对其缔结的债务承担个人责任。

第1872条　（保留）

本法典的规定不影响《商法典》[②]或任何其他特别法的规定,亦不影响其他贸易惯例。

---

① 为2004年第13号法案第43条所增设。
② 第13章。

第二分题　受任人的义务

第 1873 条　（受任人的义务）

(1)受任人被授予委任的,他必须执行之,如未执行,应对损害赔偿金和利息承担责任。

(2)受任人在委任人死亡之前已经着手任何事务的,如果迟延可能造成损害,他应当完成之。

第 1874 条　（受任人的责任）

(1)受任人不仅应对执行委任中的欺诈承担责任,而且应对其中的过失承担责任。

(2)但对过失所承担的责任,无偿委任的受任人轻于收受报酬的受任人。

第 1875 条　（受任人提交账目的义务）

受任人应当向委任人提交其管理账目并提交他依委任而受领的任何物件的账目,即使他所受领之物并不属于委任人,亦同。但委任人明确免除受任人的上述义务的,除外。

第 1876 条　（受任人不得转委任其权力）

(1)非经委任人授权为之,受任人不得使他人代替他本人。

(2)委任人授予受任人此等权力,但没有指明由何人代替的,如果受任人所选择的代替他的人明显无能力或者支付不能,或者受任人以其他方式知道此人如此的,受任人应当为其承担责任。

(3)在所有情况下,委任人均得直接对代替受任人的人提起诉讼。

第 1877 条　（如果在同一文书中指定数个受任人）

(1)在同一文书中指定数个代理人或受任人的,他们并不承担连带责任,但明确约定如此的,除外。

(2)除非委任人已经明确命令各受任人未与其他人一起不得单独行事,或者委任人已经通过其他方式明确规定了受任人各自的义务,否则,各受任人均得有效执行委任而无须其他受任人的同意,或者即使其他受任人反对,亦得为之。

(3)上述各受任人的权限不得对抗第三人,但文书或委任书表明了此等权限,或者该第三人已经通过其他方式充分知道此等权限的,不在此限。

第 1878 条　（受任人对用于自己事务之款项的利息的责任）

对于受任人未经委任人授权而用于自己事务的款项,应当支付自使用之日起的利息;对于他为债务人的任何其他款项,应当支付自受到催告之日起的利息。在上述两种情形,不影响贸易惯例的适用。

第 1879 条　(受任人对与之缔约的人不承担个人责任)

受任人已经以此身份向与之缔约的人提供其权限的充分信息的,对超出此种权限所实施的行为,不负任何担保责任,但受任人自行负担此种责任的,不在此限。

第三分题　委任人的义务

第 1880 条　(委任人的责任)

(1)委任人应当履行受任人根据其授予的权限缔结的债务。

(2)委任人对于受任人超出此等权限而实施的任何行为,不承担责任,但他已经明示或默示认可该行为的,除外。

第 1881 条　(对受任人的责任)

(1)委任人必须偿还受任人在执行委任的过程中所预付的款项和发生的费用;如果约定报酬的,或者如果考虑到受任人的职业及其他情势,推定默示约定报酬的,委任人必须向受任人支付报酬。

(2)如无可归责于受任人的过失,委任人不得拒绝作出此等偿还和支付,即使事务没有成功,亦同;对于诚信发生的费用或者诚信预付的款项,委任人亦不得以该费用或款项本可能少一些为由,而减少其数额。

第 1882 条　(对损失的责任)

委任人还必须赔偿受任人由于委任且没有可归责于他的过失而遭受的损失。

第 1883 条　(对预付款和费用的利息的责任)

对于第 1881 条述及的预付款和费用,委任人应当向受任人支付自该款项支出之日起的利息。

第 1884 条　(如果委任人为两人或两人以上,他们对受任人承担连带责任)

如果受任人系由数人为共同事务而指定,各委任人就产生于委任的所有后果对受任人承担连带责任。

第 1885 条　(受任人享有留置权)

只要受任人没有获得由于委任而应当向他作出的偿付,即享有留置权。

第四分题　委任终止的方式

第 1886 条① 　(委任的终止)

(1)委任因下列事由而终止:

(a)代理的撤销;

(b)委任人或受任人的死亡、被禁治产、被概括剥夺或特别剥夺缔结合同的行为能力、破产宣告或财产委付【财产委付,即 cessio bonorum,一译"财产让与",承袭自罗马法,指债务人将其财产委付(或转让)于债权人以避免强制执行。——译者注】;

(c)委任人的权力终止;

(d)委任的存续期限届满;

(e)受任人的放弃。

(2)作为担保的不可撤销的委任不因第 1 款规定的事由而终止,根据委任条款,此等委任对下列之人继续具有约束力或为其利益而继续存在:委任人或受任人的继承人或清算人(或类似人员)、不同于上述之人的债权人。如果受任人并非是为其利益而被授予此等不可撤销的委任的债权人,此等事由发生在受任人身上时,委任亦不终止。

(3)其利益为委任所担保的债权人或其继承人、清算人(或类似人员),可以指定包括他本人在内的某人代替受任人行事,或请求享有自愿管辖权的法庭作出此等指定。

第 1887 条② 　(委任的撤销)

(1)委任人可以随时撤销委任,但明确规定是作为对受任人或任何其他人的担保而授予的委任除外,此等委任不可被撤销,仅在征得其利益被担保之人的同意后方可被撤销。作为担保而授予的不可撤销的委任的受任人,在行使此等委任授予他的权力时,应当以公平合理的方式行事。仅当委任的客体为天然动产或依法律规定的动产时,方可授予作为担保的不可撤销的委任,对于不动产或与之有关的权利,不得授予此等委任。

---

① 为 2010 年第 8 号法案第 61 条所修正。
② 为 2010 年第 8 号法案第 61 条所修正。

(2)如果根据上述规定而授予不可撤销的委任,且根据此等委任而行使的权力是调整某种更广泛的关系的书面协议的一部分,或者是根据此等协议而授予的,或者在此等协议的文义之内,则受任人还应当根据委任条款和此等协议规定的条件行使该权力。

(3)除前款规定的情形外,为同一事务指定新的受任人的,视同撤销先前的委任,即使新受任人没有接受委任,亦同。

(4)一般委任并不引起对先前作出的特别委任的撤销,但特别委任的事务被明示包含在一般委任中的,不在此限。

第1888条 (委任的终止不影响对此并不知晓的第三人)

(1)委任终止的任何事由的存在,不得对抗并不知道该事由而与受任人缔约的第三人;委任人对受任人享有救济权的,该权利不受影响。

(2)任何此等事由的存在,亦不得对抗在实施行为时同样不知道该事由的受任人。

第1889条 (委任的放弃)

(1)受任人可以通过向委任人作出通知的方式放弃委任。

(2)但如果放弃委任对委任人有害,受任人必须对他作出赔偿;但受任人本人非遭受重大损害不能继续执行委任的,不在此限。

第1890条 (已故受任人的继承人的义务)

在受任人死亡的情形,他的继承人如果知道他为受任人,必须将受任人的死亡告知委任人,同时必须为委任人的利益处理根据具体情况所需要处理的事务。

第十九题 寄托

第1891条 (寄托的定义)

寄托一般是指,某人据以接受属于他人之物并负有保管和返还原物之义务的合同。

第一分题 本义上的寄托

第1892条 (本义上的寄托的性质)

(1)本义上的寄托为无偿合同,但有任何相反约定的除外。
(2)只有动产可以作为此等寄托的标的物。

第 1893 条 （如何完成寄托）
(1)寄托仅得通过向受寄人交付寄托物而完成。
(2)如果寄托物已经由受寄人依任何其他原因而持有,并约定作为寄托由受寄人继续持有的,只需同意交付即完成。

第 1894 条 （如果受寄人可以使用寄托物）
金钱寄托或者因使用而消费的其他物的寄托,如果授予受寄人使用寄托物的权力,并且仅以返还相同种类和数量的物为条件的,由有关消费借贷的法律调整。

第 1895 条 （自愿寄托或必要寄托）
寄托,或为自愿寄托或为必要寄托。

第一节　自愿寄托

第 1896 条 （自愿寄托的性质）
自愿寄托依作出寄托者与接受寄托物者的相互同意而发生。

第 1897 条 （自愿寄托可以在何人之间发生）
(1)自愿寄托仅得在有缔约能力的人之间发生。
(2)但如果有缔约能力的人接受没有缔约能力的人作出的寄托,前者应负担真实受寄人的全部义务。

第 1898 条 （有缔约能力的人向无此能力的人作出的寄托）
如果寄托系有缔约能力的人向无此能力的他人作出,作出寄托者仅得对仍在受寄人手中的寄托物请求返还,或者仅得以受寄人所增加的利益为限提起返还之诉。

受寄人的义务

第 1899 条 （受寄人应尽的勤勉）
为保管寄托物,受寄人必须尽与保管自己的物所尽的同样的勤勉。

第 1900 条 （需要更高程度的勤勉的情形）
(1)在下列情形,前条的规定应更为严格地适用:
(a)如果受寄人本人主动提出接受寄托;
(b)如果约定受寄人为保管寄托物可得到报酬;

(c)如果寄托完全为受寄人的利益而作出；

(d)如果明示约定受寄人应对各种过失承担责任。

(2)在本条第1款(a)项、(b)项和(c)项述及的情形,适用第1132条第1款的规定;在本条第1款(d)项述及的情形,受寄人应当对即使最轻微的过失承担责任。

第1901条 （受寄人不对偶然的不幸或损失承担责任）

在任何情况下,受寄人均不对产生于不可抗力的事故承担责任,但他已经因迟延受到返还寄托物的催告的,不在此限。在后一种情形,寄托物由寄托人占有同样会灭失的,受寄人亦不承担责任。

第1902条 （受寄人不得使用寄托物）

未经寄托人明示或默示同意,受寄人不得使用寄托物。

第1903条 （受寄人不得试图探知寄托物为何物）

如果寄托物交付给受寄人时处于密封的盒子内或者加盖封印的封套下,受寄人不得试图探知寄托给他的为何物。

第1904条 （寄托物的返还）

(1)受寄人必须返还他所接受的同一物,并以返还时物所处的状态返还之。

(2)非因受寄人的过错而发生的任何损坏,由寄托人承担。

第1905条 （所得替代物的返还）

受寄人因不可抗力而丧失寄托物的,如果得到一笔款项或某些其他物作为替代,他必须返还所得之物。

第1906条 （受寄人的继承人的义务）

受寄人的继承人不知某物为寄托物而将之诚信出售,仅需返还其收受的价金,或者如果价金尚未支付给他,仅需让与其对买受人的诉权。

第1907条 （如果寄托物产生孳息）

寄托物产生孳息并且受寄人已经收取的,受寄人应当返还之。

第1908条 （向何人返还）

受寄人仅需向将寄托物交付给他者,或者向以其名义作出寄托者,或者向受指定取回寄托物者返还之。

第1909条 （受寄人不得要求寄托人证明物的所有权）

(1)受寄人不得要求寄托人证明他是寄托物的所有权人。

(2)但如果受寄人发现寄托物为遗失物或盗窃物,他必须将与他缔结的寄托告知失窃者或失主,并给予他主张该寄托物的充足的时间。如果被告知者没有在上述时间内主张寄托物,受寄人通过将寄托物返还给向他交付寄托物者而免责。

第1910条 (如果寄托人死亡,将物返还给继承人)

如果寄托人死亡,寄托物仅得返还给其继承人。

第1911条 (如果有数个继承人)

如果有数个继承人,或者由于其他原因寄托物属于数人,除非其各自的份额已确定,否则,受寄人仅在取得该数人的全体同意时始得返还寄托物。

第1912条① (如果寄托人的身份发生变更)

如果作出寄托者的身份发生变更,例如,如果作出寄托的成年人被禁治产,在所有此等类似的情形,受寄人知道该身份变更的,仅得将寄托物返还给管理寄托人的权利和财产的人。

第1913条 (如果寄托系由监护人等作出)

如果寄托系由监护人、保佐人、丈夫或管理人以任一此等身份作出,在他们的管理已经终止并且受寄人知道该终止的情况下,寄托物仅得返还给该监护人、保佐人、丈夫或管理人所代表的人。

第1914条 (在何处返还寄托物)

(1)寄托物的返还必须在寄托物所在地进行。如果在合同中指定了其他地点,受寄人应当将寄托物运送至该地点。

(2)运输费用由寄托人承担。

第1915条 (返还的时间)

即使合同确定了返还期限,一旦寄托人提出返还请求,寄托物必须返还给他,但因债权扣押令或司法请求而对返还存在异议的,不在此限。

第1916条 (受寄人的权利)

(1)受寄人可以强迫寄托人取回寄托物。

(2)但在约定的期限届满之前,没有正当理由,受寄人不得强迫寄托人取回寄托物。

第1917条 (如果受寄人为寄托物的所有权人,其义务终止)

如果受寄人发现并证明其本人为寄托物的所有权人,其所有义务均告终止。

---

① 为1973年第46号法案第97条所修正。

寄托人的义务

第1918条 (对受寄人所发生的费用的偿还)

寄托人应当偿还受寄人为保管寄托物所发生的费用,并对寄托物给受寄人引起的全部损失作出赔偿。

第1919条 (在费用偿还之前受寄人可以留置寄托物)

受寄人可以留置寄托物,直至因寄托而对他所欠的债务被全部清偿。

第二节 必要寄托

第1920条 (必要寄托的性质)

必要寄托是指,由于某种事故,例如火灾、毁损、抢劫、船难或没有预见的其他紧急事件,某人被迫作出的寄托。

第1921条 (有关自愿寄托的规定的适用)

有关自愿寄托的所有其他规定同样适用于必要寄托。

第二分题 约定的讼争物寄托

第1922条 (约定的讼争物寄托的性质)

(1)约定的讼争物寄托是指这样一种寄托:将有争议的某物置于第三人之手,争议终止后,该第三人应当将物返还于其被宣告归属之人。

(2)约定的讼争物寄托的标的物可以为动产以及不动产。

第1923条 (讼争物受寄人的免责)

讼争物的受寄人,仅得经将物交付于他的人的同意或者出于正当理由,始得在争议终止前免除其责任。

第1924条 (有关自愿寄托的规定的适用)

有关自愿寄托的规定适用于约定的讼争物寄托。

第二十题　保　　证

第一分题　保证的性质和范围

第 1925 条　（保证合同的定义）

保证是某人据以允诺自己在他人没有清偿其债务时对债权人清偿债务的合同。

第 1926 条[①]　（保证仅得针对有效的债务）

(1)保证仅得对有效的债务而存在。

(2)但某项债务得基于专属于债务人的某些抗辩,例如产生于未成年或者禁治产的无能力,而被宣告无效的,就此等债务可以缔结保证。

第 1927 条　（保证不得超过债务）

(1)保证不得超过债务人所欠债务的范围,亦不得以更重的条件缔结。

(2)可以只就债务之一部分并以较轻的条件缔结保证。

(3)超过债务范围的保证,或者以更重的条件缔结的保证,仅在主债务的范围内有效。

第 1928 条　（任何人均得在债务人不知道的情况下成为保证人）

(1)无须主债务人的请求,甚至在主债务人不知道的情况下,任何人均得成为保证人。

(2)某人不仅可以成为主债务人的保证人,亦可成为其保证人的保证人。

第 1929 条　（保证不得推定）

保证不得推定,必须明示之;且不得将保证扩大至超过其缔结的限度。

第 1930 条　（以一般条款作出的保证）

(1)以一般条款就主债务缔结的保证,及于该主债务的所有附属债务。

(2)它同样及于为获得清偿所发生的必要费用,但以债权人在产生该费用的诉讼开始之前,通过司法文书将其告知保证人为限。

(3)此等义书的费用包含在保证所及的费用之内。

[①] 为 1973 年第 46 号法案第 98 条所修正。

第 1931 条 （保证人的资格）

有义务提供保证人的债务人，所提供的保证人必须有缔结合同的能力、有对债之标的承担责任的足够的财产并且其住所在马耳他。

第 1932 条 （如果保证人变得支付不能）

(1)如果债权人自愿接受或者根据法院的裁定而接受的保证人嗣后变得支付不能，债务人必须另行提供保证人。

(2)仅在保证人的提供系根据债权人要求特定的人作为保证人的协议而为时，本规则始有例外。

第 1933 条[①] （妻子不得为丈夫的保证人）

第二分题　保证的效力

第一节　保证在债权人与保证人之间的效力

第 1934 条 （何时保证人应当清偿）

仅在主债务人不履行债务并且其财产被首先追偿之后，保证人始负清偿义务。

第 1935 条 （何时不适用先诉利益）

在下列情形，不适用先诉利益：

(a)如果保证人放弃先诉利益；

(b)如果保证人允诺自己与债务人承担连带责任；

(c)如果债务人可以提起专属于自己的抗辩，例如第 1926 条述及的抗辩；

(d)如果债务人变得支付不能。

第 1936 条 （如果允许先诉利益，债权人的责任）

如果允许先诉利益，对于因债权人本人迟延提起诉讼或者没有尽适当的勤勉继续进行已经开始的诉讼而发生的主债务人的支付不能，债权人在根据《组织与民事程序法典》[②]第三编第二题第八分题【即"关于先诉利益的抗辩"。——译者注】的规定制作的清单中所指出的财产范围内对保证人承担责任。

[①] 为 1973 年第 46 号法案第 99 条所代替，后为 1993 年第 21 号法案第 83 条所废止。

[②] 第 12 章。

第 1937 条 （如果数人成为同一债务人的保证人）

（1）如果数人成为同一债务人及同一债务的保证人，各保证人均对全部债务承担责任。

（2）但除非他已经放弃分担利益，或者允诺自己与债务人承担连带责任，各保证人均得请求债权人分割其诉权，并将其缩减至各保证人应当承担的份额。

第 1938 条 （共同保证人的支付不能）

如果在某一保证人获得分担利益时某些保证人支付不能，前者应对后者的份额按比例承担责任；但是对于在他获得分担利益之后变得支付不能的任何其他保证人的份额，不得对他提出请求。

第 1939 条 （债权人对诉权的分割）

如果债权人本人自愿分割其诉权，即使在他同意分割之前存在支付不能的保证人，亦不得拒绝该分割。

第 1940 条 （保证人的保证人的责任）

仅在主债务人及所有保证人均支付不能的情形，或者由于某些专属于债务人和保证人的抗辩，主债务人及所有保证人均被免除责任的情形，保证人的保证人始对债权人承担责任。

第 1941 条 （商业事务中的保证人）

在商业事务中，如果没有相反的约定，总是推定保证人与债务人承担连带责任。

第二节 保证在债务人与保证人之间的效力

第 1942 条 （保证人对债务人的救济权）

（1）不论保证的缔结已经取得债务人的同意或者债务人并不知道，清偿了债务的保证人对主债务人享有救济权。

（2）救济权及于本金、利息和费用。

对于费用，保证人仅对他在通过司法文书将其遭受的侵扰告知主债务人以后所发生的费用享有救济权。

第 1943 条 （保证人应得的利息和损害赔偿金）

（1）保证人同样可以对他已经为债务人支付的任何款项的利息主张救济，即使债务没有产生利息，亦同；如果存在损害，保证人还可以对债务人主张损害赔偿金。

(2)但对于无须向债权人支付的利息,仅自保证人通过司法文书将他已经作出的清偿告知债务人之日始为保证人的利益而起算。

第 1944 条 (如果保证的作出违反债务人的意愿)

如果保证的缔结违反债务人的意愿,保证人仅在债务人利益增加的范围内对其享有救济权。

第 1945 条 (保证人清偿的效力)

已经清偿债务的保证人依法当然继受债权人对债务人享有的所有权利。如果仅部分债务受清偿,第 1167 条的规定仍然适用。

第 1946 条 (存在承担连带责任的数名债务人时保证人的救济权)

如果存在就同一债务承担连带责任的数名主债务人,为全体债务人做保证人的人,对于他已经支付的全部款项,对各债务人均享有救济权。

第 1947 条 (何时保证人丧失其对债务人的救济权)

(1)如果保证人没有将他已经作出的清偿通知主债务人,主债务人也作出清偿的,保证人对主债务人不享有救济权。

(2)保证人没有通知主债务人而已经作出清偿的,如果在保证人清偿时债务人拥有本来可以使债务宣告消灭的手段,则保证人对主债务人不享有救济权。

(3)在上述各种情形,保证人对债权人提起请求返还之诉的权利不受影响。

第 1948 条 (何时保证人可以对债务人提起诉讼以获得赔偿)

在下列情形,保证人即使在清偿之前,亦得对债务人提起诉讼,以获得债务人的赔偿:

(a)如果保证人被诉请清偿;

(b)如果债务人破产或变得支付不能,或者其状况发生改变,并且有合理的担心其支付不能;

(c)如果债务人承诺在特定的期限内解除保证人的担保,而该期限已经届满;

(d)如果债务已经因约定的清偿期限届满而到期;

(e)如果债务人迟延清偿;

(f)如果没有确定清偿期限的,届满 2 年,并且债务在性质上并非在一个更长的期限之前不得消灭。

第三节　保证在共同保证人之间的效力

第 1949 条　（共同保证人相互间的权利）

（1）如果数人就同一债务为同一债务人的保证人,已经清偿债务的保证人对其他共同保证人就其各自的份额享有救济权。

（2）仅在保证人在前条述及的情形下作出清偿的,始享有此等救济权。

第 1950 条　（支付不能的共同保证人）

清偿了债务的保证人可以向其共同保证人主张的款项仅得为：各共同保证人所应承担的份额及其应当与其他共同保证人共同分担的支付不能的保证人的份额。即使清偿债务的保证人已经获得债权人对其权利的明示让与,亦同。

第三分题　法定保证和裁判上的保证

第 1951 条　（保证人的资格）

如果依法或者依照法院的裁定,要求某人提供保证人,所提供的保证人必须具备第 1931 条述及的资格。

第 1952 条　（如果找不到保证人,可以提供质押）

找不到保证人的人,可以提供足以清偿债务的质押或其他担保作为替代。

第 1953 条　（法定保证人或法院裁定的保证人不得主张对主债务人的先诉利益）

法定保证人或法院裁定的保证人不得主张对主债务人的先诉利益。

第 1954 条　（法定保证人或法院裁定的保证人之保证人可以主张对前者的先诉利益）

某人仅允诺自己作为法定保证人或法院裁定的保证人之保证人的,可以主张对后者的先诉利益。

第 1955 条　（保留条款）

本分题的规定不影响《组织与民事程序法典》[①]中包含的规定。

---

① 第 12 章。

第四分题　保证的消灭

第 1956 条　（产生于保证的债务的消灭）
产生于保证的债务,依任何其他债务消灭之相同事由而消灭。

第 1957 条　（如果债务人与其保证人发生混同）
在主债务人与其保证人之间,其中一人成为另一人的继承人而发生混同的,并不导致债权人对已经成为保证人的保证人之人的诉权因此而消灭。

第 1958 条　（保证人可以对债权人提起的抗辩）
保证人可以对债权人提起属于主债务人的一切抗辩,以及债务所固有的抗辩;但他不得提起专属于债务人的抗辩。

第 1959 条　（如果不能发生代位,保证人的义务解除）
如果由于债权人的过错而不能发生对债权人的权利、抵押权或优先权的代位,保证人的义务即告解除,即使保证人为连带保证人,亦同。

第 1960 条　（如果债权人未经其他保证人同意而免除某一保证人的义务）
如果债权人未经其他保证人同意而免除某一保证人的义务,在被免除义务的保证人的份额范围内,该免除产生有利于其他保证人的效力。

第 1961 条　（债权人对用于清偿债务的不动产或其他财产的接受）
如果债权人自愿接受用于清偿主债务的不动产或其他财产,保证人的义务即告解除,即使债权人嗣后被追夺该财产,亦同。

第 1962 条　（期限的延长并不解除保证人的义务）
仅仅因债权人同意主债务人延长期限,并不解除保证人的义务。在此等情形,保证人可以对债务人提起诉讼,强制他进行清偿。

第 1963 条　（保证人的义务期间）
保证人将其义务限制在主债务的相同期间内的,在为强制债务人进行清偿所必要的即使超过上述保证期间的任何期限内,只要债权人在该保证期间届满后的 2 个月内提起诉讼并以适当的勤勉为之,保证人应继续负担保义务。

第二十一题 质押合同

第1964条[①] （定义）

(1)质押是作为债务的担保而设立的合同。质押可以由债务人本人或者由第三人为债务人而提供。

(2)可以作为质押而提供之物为动产、债权或者关于动产的其他权利。

第1965条[②] （动产质押）

(1)动产质押通过将质物或者将授予对物进行处分的排他性权利的文书交付于债权人而设立。

(2)上述质物或者文书,同样可以如下方式交付于合同当事人选定的第三人,或者将其置于双方当事人的监管之下:提供质物的一方非与债权人合作不得处分质物。

第1966条[③] （质押的效力）

(1)质押授予债权人就质物优先于第二十三题规定的其他债权人受偿的权利。

(2)仅当已经将质物或者与之有关的文书根据第1965条的规定作出交付或者置于监管之下,对于质物的上述优先权始得存在;并且只要该物或文书仍然如上所述由债权人或者当事人选定的第三人占有或者仍然处于当事人双方的监管之下,对于质物的上述优先权就存在。

(3)如果质物为债权或其他权利并且对该质物不存在第1965条述及的文书,除非质押产生于公文书或私文书,并且通过送达给债权或其他权利的债务人的司法文书作出质押通知或者该债务人已经书面承认质押的,不产生上述优先权。

(4)如果该债权或其他权利产生于文书,提供质物者应当将文书交付于债权人,但文书为公文书的,除外。

第1967条 （对其他债务质押保留）

---

① 为1975年第58号法案第11条所代替。
② 为1975年第58号法案第12条所代替。
③ 为1907年第4号条例第1条所修正,后为1975年第58号法案第13条所代替。

如果在质物交付后,同一债务人与同一债权人缔结其他债务,在没有相反约定的情况下,债权人就质物对第二个债权享有与先前的债权同样的权利,即使没有明示约定质押应对第二个债务的清偿负责,亦同。

第 1968 条① （如果质物为债权）

(1)如果质物为债权,质权人应当负责该债务到期后的收取,并且应当将收受的金钱或其他物,根据约定或者没有此等约定时根据法院的决定进行处理。

(2)如果质押所担保的债务到期,质权人可以从上述所收受的任何金钱中留置能够充分满足其权利的数额,并将余额交付于出质人;如果收受之物并非金钱,他可以根据第 1970 条的规定将其出售。

(3)为另一债权的质押所担保的债务的债权人,可以在其债务到期后的任何时间,请求在其债权额内将被质押的债权让与他用于清偿。

(4)被质押的债权的债务人,可以能够对抗其自身的债权人的所有抗辩对抗被担保之债的债权人;但如果该债务人本人无保留地接受将该债权用作质押,则不得以提供质押之前所发生的任何赔偿金对抗被担保之债的债权人。

第 1969 条② （不属于出质人之物的质押）

(1)某人将并不属于他的物进行有效质押的,物的所有权人非经清偿该物所质押担保的债务,不得请求返还之。

(2)除对跳蚤市场之外,本规定不适用于下列情形:

(a)如果表明质权人为恶信;

(b)如果质物被证明为盗窃物,并且出质人不能被推定为该物的所有权人。

第 1970 条③ （通过拍卖出售质物）

(1)除非债权人为跳蚤市场摊主,不得在没有得到清偿的情形下处分质物,但他可以根据法院的授权拍卖之。

(2)(在质物有证券交易所或市价的情形,法院的权力)

债权人对此等出售的请求甚至可以通过申请的方式作出。如果被适当地送达申请书副本的债务人或者其合法代理人没有在 3 日的答辩期内提出答辩

---

① 为 1975 年第 58 号法案第 14 条所代替。
② 为 1981 年第 49 号法案第 6 条所修正。
③ 为 1907 年第 4 号条例第 2 条、第 3 条和 1976 年第 39 号法案第 8 条所修正。

或者没有对该请求提出任何异议,法院可以基于该申请而裁定出售质物。

(3)基于所表明的正当理由,法院可以依其自由裁量缩短《组织与民事程序法典》①第 256 条、第 312 条以及第 314 条第 3 款后半部分所确定的期限。

(4)如果质物有证券交易所或市价,基于将送达于债务人或者其合法代理人的债权人的申请,法院可以裁定出售质物,即使在执行裁决时通过公共经纪人或银行或法院指定的其他银行业金融机构进行出售以代替拍卖,亦同。

(5)除非质物的出售系执行法院的裁决,在要求债务人或者其合法代理人在 3 日内清偿债务并提醒他如果不清偿将提起出售质物之诉的通知送达后,该期限届满之前,债权人不得提出本条上一款述及的申请。

(6)在任何情况下,债务人对本条第 4 款规定的质物出售的异议并不阻止或推迟该出售,但如果债务人享有提起损害赔偿之诉的权利,该权利不受影响。

(7)在本条第 4 款述及的情形,如果债权人为银行或其他银行业金融机构,法院可以授权该债权人以时价出售质物,但如果债务人享有提起损害赔偿之诉的权利,该权利不受影响。

(8)本条述及的公共经纪人或银行或其他银行业金融机构,应当在收到出售质物的收益后 24 小时内,从中扣除应支付给他的任何费用和佣金之后,将该收益交给裁定该出售的法院。

第 1971 条 (何时债务人可以请求出售质物)

在债务到期之后,或者如果约定的清偿期限不是为了债权人的利益,甚至在债务到期之前,债务人同样可以请求以前条规定的方式出售质物,以清偿被质押担保的债务。

第 1972 条 (如果质物非经损坏不能保存)

如果表明质物非经损坏不能保存,债务人和债权人均得随时请求出售质物。

第 1973 条 (某些约定无效)

允许债权人取得质物的任何约定,或者允许债权人不遵守第 1970 条规定的手续处分质物的任何约定,或者剥夺债权人或债务人根据第 1970 条、第 1971 条和第 1972 条的规定请求出售质物的权利的任何约定,均无效。

第 1974 条 (债务人仍为质物的所有权人)

---

① 第 12 章。

债务人在其被剥夺质物的所有权之前仍为质物的所有权人。

第 1975 条 （债权人的责任）

(1)债权人对因其过失而导致的质物的灭失或损坏承担责任。

(2)债务人应当偿还债权人为保存质物所发生的任何费用。

第 1976 条 （孳息）

质物的孳息被视为质物的一部分，并如同质物本身一样受制于债权人的所有权利。

第 1977 条 （质物的利息或其他收益的用途）

(1)如果质物产生利息或其他收益，债权人应当将该利息或收益用于抵偿他应得的利息。

(2)如果为质押所担保的债务并不负担利息，前述利息或收益应当被用于抵偿债之本金。

(3)与本条规定相反的任何约定，均无效。

第 1978 条 （债权人滥用质物）

如果债权人滥用质物，债务人可以请求将质物交存于第三人，以保全债权人和债务人的权利。

第 1979 条 （向债务人返还质物）

仅在债务人偿清质押所担保的债务的本金、利息和费用时，始得请求返还质物。

第 1980 条 （债权人可以使用质物）

债权人可以在取得债务人同意的情况下使用质物，如果债权人从中获得利益，适用第 1977 条的规定。

第 1981 条 （未经债务人同意的对质物的使用被视为滥用）

债权人未经债务人同意而对质物的使用被视为滥用，债权人应当对第 1978 条述及的后果承担责任，而且，如果他从此等使用中获得任何利益，应当作出第 1977 条述及的抵偿。

第 1982 条 （取得债务人同意的对质物的转质）

取得债务人同意而将其通过质押所持有的物进行转质的债权人，应继续对过失所导致的质物的任何灭失或损坏承担责任，并且在应当返还质物时承担返还责任。

第 1983 条 （未经债务人同意的对质物的转质）

未经债务人同意而将其通过质押所持有的物进行转质的债权人，还应对意外事件所导致的任何灭失或损坏承担责任,但以如果质物由债权人占有则本不会灭失或损坏为条件。

第 1984 条 (转质权人对质物的使用)

如果被债权人通过转质而给予某物的人使用质物,为了通过质押将该物给予债权人的债务人的利益,适用第 1980 条和第 1981 条的规定。

第 1985 条 (质物的不可分)

(1) 质物不可分,即使债务人的继承人之间或者债权人的继承人之间的债务可以分割,亦同。

(2) 已经清偿其债务份额的债务人的继承人,在全部债务获得清偿之前,不得请求返还其对质物的份额。

(3) 此外,已经受领其债权份额的债权人的继承人,不得损害未受清偿的共同继承人的利益而返还质物。

第 1986 条 (对商业交易中货物的预付款的保留条款)

本题的规定不影响商业交易中涉及债权人对货物的预付款之权利的现行其他法律和惯例。

第二十二题 典 质

第 1987 条[①] (典质合同的定义)

(1) 典质是债权人据以取得收取属于其债务人的不动产的孳息的权利,但负有每年将该孳息从他应得的利息以及债的本金中扣除之义务的合同。

(2) 典质仅得依文书而设立。

(3) 1961 年 2 月 28 日之前依公文书设立的期限超过 30 年的任何典质,只要此等典质被作为以买卖的名义进行的移转而将该公文书登记于公共登记处,被视为买卖。

(4) 本条第 3 款述及的登记,可以随时由债权人或者从债权人处取得权利的任何人为之。

第 1988 条 (债权人的义务)

[①] 为 1981 年第 30 号法案第 13 条、1984 年第 20 号法案第 3 条和 1993 年第 5 号法案第 3 条所修正。

(1)除非有其他约定,债权人应当偿付根据典质而持有的不动产所承受的地租及其他负担。

(2)债权人还必须对不动产进行维护和必要的修缮。

(3)为上述目的而支出的所有费用应从孳息中扣除。

第1989条 （重新享有不动产）

(1)债务人在完全清偿其债务之前,不得重新享有其通过典质而提供的不动产。

(2)然而,债权人希望使自己解除前条述及的义务的,可以强制债务人重新享有不动产,但债权人放弃该权利的除外。

第1990条 （不动产的所有权不授予债权人）

(1)债权人并不仅仅因债务人没有在约定的时间清偿而成为不动产的所有权人；任何相反的约定均无效。

(2)在未获得清偿的情况下,债权人可以诉请根据《组织与民事程序法典》①的规定通过司法拍卖出售该不动产。

第1991条② （孳息与利息的抵销）

合同当事人可以约定以孳息全部或部分抵销利息,即使约定的利息可能因此而超出,只要利息并未因此超过8％的年利率即可。

第1992条③ （关于质押的规定的适用）

(1)典质可以由第三人为债务人而提供。

(2)第1979条和第1985条的规定同样适用于典质。

第1993条 （第三人对受到典质的不动产的权利）

(1)本题的规定不影响第三人对受到典质的不动产所享有的权利。

(2)如果通过典质而持有不动产的债权人,在该典质之外,享有依法设立于该不动产的任何优先权和抵押权,他可以依其顺位并如同任何其他债权人行使该优先权和抵押权。

---

① 第12章。
② 为1975年第39号条例第2条所修正。
③ 为1975年第58号法案第15条所代替。

第二十三题　优先权和抵押权

第 1994 条　（债务人的财产受制于其债务）
任何人负有个人债务的,均应以其现有的和将来的全部财产履行其债务。

第 1995 条①　（债务人的财产为其债权人的一般担保物）
(1)债务人的财产为其债权人的一般担保物,所有的债权人对该财产享有同等的权利,但在他们之间存在合法的优先事由,或者存在作为担保的任何财产的移转,或者存在根据本法典规定的以担保为目的的担保信托而进行的移转的,不在此限。

(2)根据第 2095E 条或第 2095F 条至第 2095I 条的规定而进行的财产移转为作为担保的合法移转,此等移转不得再被界定为任何其他合同。

(3)如果前款规定的作为担保的任何移转欺诈了其权利,转让人的债权人可以对此等移转提出异议。在第 1144 条的范围内,此等移转被视为有偿移转,在担保信托之情形,债权人必须证明转让人和受让人双方均存在欺诈,但如果他证明担保受托人或其利益被担保信托所担保的受益人任一方存在欺诈即为已足。

第 1996 条　（优先事由）
合法的优先事由包括优先权、抵押权和遗产分别利益。

第 1996A 条②　（债权人变更其权利的权利）
(1)债权人为他人之利益,可以转让【本条中的"转让"为 subordinate（subordination），指权利优先性或顺位等的让与。——译者注】、推迟、放弃或者以其他方式变更其现在或将来的受偿权、强制执行权、顺位以及其他类似的现在或将来的权利。

此等转让、推迟、放弃、变更或类似的行为,可以通过与包括另一债权人在内的任何人达成的协议或单方声明为之,在订立该协议或作出该声明时此等他人是否确定,在所不问。

本条所使用的词语"债权人"或"人",包括一类债权人或一类人（视具体情

---

① 为 2010 年第 8 号法案第 61 条所修正。
② 为 2006 年第 5 号法案第 26 条所增设,后为 2009 年第 15 号法案第 52 条所代替。

况而定),此等类别的成员是否确定,在所不问。

(2)即使权利系产生于公文书,并且此等公文书应被登记于某一公共登记簿或受制于任何其他手续的,如果本条规定的协议或声明系以书面的形式为之,则无须采取任何其他手续或登记,即在相关当事人之间有效并可被强制执行。

但此等协议或声明可以由该协议的任何一方当事人和该声明的任何声明人在如下登记处以如下方式进行登记,并且在此等情形,登记对第三人有效:

(a)在船舶登记处以批注的方式;

(b)在飞行器登记处以批注的方式;

(c)在所有其他情形,在公共登记处以说明的方式。

(3)针对任何现在或将来的权利的此等转让、推迟、放弃、变更或其他类似的行为,可以由信托文书调整。根据信托文书,任何人的权利,包括债权人或债务人的现在或将来的权利,均受其调整。

(4)本条第1款述及的任何协议或声明,根据其条款而有效并可被强制执行,且不受根据此等协议或单方声明而负有义务或享有权利的任何人的支付不能或相关债务人的支付不能影响。

第1997条[①]　(留置权)

(1)在依法享有留置权的情形,本题的规定不影响该权利。

(2)上述规定不适用于船舶或飞行器或者船舶或飞行器所承受的债务,但此等规定与《商船法》[②]或《飞行器登记法》(视具体情况而定)的规定相一致的,除外。

(3)上述规定亦不适用于商业交易中对货物的预付款的债务,但此等规定与其他现行法律及惯例相一致的,除外。

第1998条　(对先前法律的保留)

本题的规定,除第五分题的规定外,不影响先前的法律对设立于1870年2月11日之前的优先权和抵押权的规定。

---

① 为1975年第58号法案第16条和第2010年第8号法案第61条所修正。

② 第234章。

第一分题　优先权

第 1999 条　（优先权的定义）

优先权是指,依债权的性质而授予某债权人优先于其他债权人包括享有抵押权的债权人的权利。

第 2000 条　（一般优先或特别优先权）

优先权可以存在于动产及不动产之上。优先权,或为一般优先权或为特别优先权。

第 2001 条　（效力）

(1)一般优先权及于一般的所有财产。

(2)特别优先权针对某些特定动产或不动产。

第 2002 条①　（并非财产所固有的优先权）

(1)如果财产移转于第三人之手,除第 2 款规定以外的对动产的特别优先权以及第 2003 条规定的一般优先权终止存在。

(2)无论发生对其他人的任何移转,对不动产的特别优先权以及部长不时地确定的对动产的特别优先权继续附着于该不动产或动产。

第一节　一般优先权

第 2003 条　（由一般优先权所担保的债权）

对一般的所有财产享有优先权的债权为:

(a)司法费用;

(b)丧葬费用;

(c)临终的费用;

(d)佣人的工资;

(e)给养的供应。

第 2004 条　（司法费用）

(1)享有优先权的司法费用为制作清单所发生的费用,或者为债权人的共同利益而发生的费用,包括为出售财产和为分配其收益而发生的必要费用。

(2)某一债权人就其享有的债权所发生的、对其他债权人无益的费用,被

---

① 为 2007 年第 8 号法案第 15 条所代替。

视为该债权本身的从物。

第 2005 条 （丧葬费用）

享有优先权的丧葬费用为根据习惯并在体面的限度内所发生的、与尸体的搬移和埋葬以及宗教仪式有关的费用。

第 2006 条 （临终的费用）

(1)享有优先权的临终的费用为内科医生的、外科医生的、产科医生的、助产士或药剂师的费用，以及为护理病人所发生的费用。

(2)在慢性疾病的情形，优先权仅适用于死亡前最后 2 个月内所发生的费用。

第 2007 条 （佣人的工资）

享有优先权的佣人的工资仅为在债权人顺位的竞争开始之前 2 个月或者在债务人死亡之前 2 个月的工资。

第 2008 条① （供应和给养）

享有优先权的供应和给养包括为供养债务人及其家庭所必要的一切物，但在法律的所有范围内，该款项不得超过 3494 欧元 6 欧分(3494.06)或者负责司法的部长可能不时地指定的其他数额。

在寡妇或鳏夫或者他们的直系卑血亲的情形，该款项不得超过 5823 欧元 43 欧分(5823.43)或者负责司法的部长可能不时地指定的其他数额。

第二节　特别优先权

对特定动产的优先权

第 2009 条② （对特定动产享有优先的请求权）

对特定动产享有优先权的债权为：

(a)(质权人)

质权人就所享有的债权对其持有的质物享有优先权；

(b)(旅馆经营者)

旅馆经营者就其对顾客提供的膳宿或供应所享有的债权，只要该顾客的

---

① 为 2007 年第 8 号法案第 16 条所代替，后为 2007 年第 407 号法律通告所修正。
② 为 1944 年第 7 号条例第 4 条、1966 年第 2 号法案第 4 条和 1973 年第 46 号法案第 100 条所修正。

财物在旅馆或旅馆经营者的房屋之中,对该财物享有优先权;

(c)(运输费用)

就货物运输的债权,对承运的货物享有优先权;

(d)(物的价款)

不论买卖的实施是否附有赊欠的约定,就物之价款所享有的债权对该物本身享有优先权;在生产、保存或改良某物的过程中就付出的劳动、提供的供应或者发生的费用所享有的债权,对该物本身享有优先权,但对于出卖人,保留第1493条的规定;

(律师和法定代理人)

此等优先权同样适用于律师和法定代理人对于请求返还某物之诉的费用所享有的债权,如果物被返还,该债权对物本身享有优先权;该优先权还适用于支付了在此等诉讼中所发生的费用之人因此而享有的债权;

(e)(所有权人和出租人)

所有权人就地租的债权以及出租人就不动产租金的债权,对孳息以及用于房地产的布设、存储或耕作的任何物的价值享有优先权,不论该孳息或其他物属于何人。

但如果上述出产物或物品属于马耳他政府的任何部门,或者为马耳他政府的任何部门所持有,或者代表马耳他政府的任何部门而被持有,在任何情形,该部门本身并不直接负责债务清偿的,所有权人或出租人不享有上述优先权。

此等优先权同样适用于所有权人或出租人因实施永租权人或承租人没有实施的修缮而享有的补偿权,以及所有权人或出租人因永租权人或承租人未履行合同的任何其他约定而享有的补偿权。

如果未经所有权人和出租人同意而将用于房地产的布设、存储或耕作的动产移往他处,所有权人和出租人可以通过债权扣押令扣押该动产,并且只要他们在上述动产被移转之日起的15日内请求发布令状,则对该动产保有其优先权。

对不动产的优先权

第 2010 条 (对不动产享有优先权的债权人)

对不动产享有优先权的债权人为:

(a)(所有权人)

所有权人就永租权人应当支付的地租,以及就产生于永租权合同的其他义务的履行,对永租房地产的功用所有权享有优先权;

(b)(建筑师等)

建筑师、承包人、泥瓦匠及其他工匠就应当支付给他们的费用和工钱,对建筑、重建或修缮的不动产享有优先权;

(提供金钱或材料之人)

通过公文书为不动产的建筑、重建或修缮或者为支付所雇用的从事此等工作的工匠的款项而提供金钱或材料之人,只要上述文书表明系为此目的而作出供应,并且证明工作的实施或者对工匠的支付系以所提供的材料或金钱为之,材料或金钱的提供者享有同样的优先权;

(第三占有人)

第三占有人就其对被剥夺的不动产进行的修缮和改良,对该不动产享有同样的优先权;

在为保存不动产而进行的必要修缮的情形,上述优先权及于债务全额;在任何其他情形,上述优先权限于不动产的价值因该工作物或花费而增加的相应数额;

(c)(出卖人或其他转让人)

出卖人或任何其他转让人,无论系有偿或者无偿,就全部价款或价款余额,或者就买卖文书或转让文书中的约定的履行,对以公文书出售或转让的不动产享有优先权;

(为价款的支付而出借金钱之人)

通过公文书为约定的价款的支付提供全额或部分金钱之人,只要借贷文书表明系为此目的而提供金钱,并且证明所借的金钱已经支付给出卖人或其他转让人,则出借人享有同样的优先权;

如果存在数次相继的转让,第一个转让人优先于第二个转让人,第二个优先于第三个,依此类推;

(d)(共同继承人)

共同继承人及其他共同分割人,如果在他们之间被分割的不动产被追夺,就任何赔偿金或者分割的补差,对作为分割对象的不动产享有优先权;

(e)(律师和法定代理人)

律师和法定代理人就其在请求返还不动产之诉中的服务而应支付给他们的费用,以及支付了上述诉讼的费用之人就此等费用,(如果不动产被返还)对该不动产享有优先权。

第二分题 抵押权

第 2011 条 （抵押权的定义）

（1）抵押权是指，为债权人的利益而在债务人或第三人的财产上设立的作为债务履行之担保的权利。

（2）抵押权，依其性质为不可分的。对用于抵押的一切物，对其中的每一物及其每一部分，抵押权均完整地存在。

第 2012 条①【本条（为 1975 年第 58 号法案所代替）适用于 1976 年 1 月 1 日之前产生或设定的所有抵押权。】（抵押权的种类）

（1）抵押权，或为一般抵押权或为特别抵押权：如果针对债务人现有的和将来的所有财产，为一般抵押权；如果仅针对某项或多项下列财产，为特别抵押权：

(a)下列种类的特定不动产：

（ⅰ）天然不动产以及尚未与该不动产相分离的出产物；

（ⅱ）在对上述不动产的用益权存续期间，该用益权；

（ⅲ）对设定永租权的上述不动产的直接所有权，以及对该不动产的功用所有权。

(b)部长可能不时地确定的特定动产。

（2）抵押权，或为法定抵押权，或为裁判抵押权，或为约定抵押权：如果依法产生，为法定抵押权；如果产生于判决，为裁判抵押权；如果依合同而设定，为约定抵押权。

第 2013 条②【本条（为 1975 年第 58 号法案所代替）适用于 1976 年 1 月 1 日之前产生或设定的所有抵押权。但是，自上述日期起届满 10 年以前，并且在不影响本法典的任何其他规定的前提下，1976 年 1 月 1 日之前登记的一般抵押权，即使被设定抵押权的不动产系取得于 1976 年 1 月 1 日之后，抵押权继续附着于该不动产，如同本法典的规定在被 1975 年第 58 号法案代替之前一样有效。】（财产移转于第三人时抵押权的效力）

（1）根据第 2012 条第 1 款(a)项被设定特别抵押权的任何不动产以及根

---

① 为 1975 年第 58 号法案第 17 条所代替，后为 2007 年第 8 号法案第 18 条所修正。
② 为 1975 年第 58 号法案第 18 条所代替，后为 2007 年第 8 号法案第 18 条所修正。

据第 2012 条第 1 款(b)项被设定特别抵押权的任何动产,无论移转于何人占有,特别抵押权继续附着于该不动产或动产。

(2)只要被设定一般抵押权的财产未移转于第三人之手,一般抵押权就附着于该财产。

(3)就抵押权的效力而言,对于被转让的债权或诉权,只要受让人尚未收取债权或者尚未取得诉权标的物,债权或诉权被视为未移转于第三人之手。但在债权或诉权产生于汇票或者产生于可以通过背书或交付而移转的其他权利凭证的情形,除外。

第 2014 条 （抵押权可以为不特定之债而设立）

抵押权甚至可以为不特定之债而设立,但以该债的客体为特定的为限。

第 2015 条【本条条名与条文内容似有不符,条名所指为主债影响从债,而条文内容规定的是债务人对抵押物仅享有不完全的权利(附有停止条件或者可以被解除或宣告无效)时对作为从债的抵押权的影响。——译者注】（抵押权随主债务的废除而废除）

如果债务人对于抵押物享有的权利附有停止条件或者可以被解除或宣告无效,抵押权同样附条件或者可以被解除或废除,但第 1791 条的规定不受影响。

第 2016 条①【本条(为 1975 年第 58 号法案所代替)适用于 1976 年 1 月 1 日之前产生或设定的所有抵押权。但是,自上述日期起届满 10 年以前,并且在不影响本法典的任何其他规定的前提下,1976 年 1 月 1 日之前登记的一般抵押权继续附着于该不动产,如同本法典的规定在被 1975 年第 58 号法案代替之前一样有效,即使被设定抵押权的不动产系取得于 1976 年 1 月 1 日之后,亦同。】（除一般抵押权外的特别抵押权）

(1)为一般抵押权所担保之债的债权人,如果其权利未获得其他方式的充分担保,将对第 2012 条所述及种类的债务人的不动产和动产以及第 2063 条规定的其价值足以担保债权的债务人的不动产,享有特别抵押权,并且可以对该抵押权进行登记以作为同一债权进一步的担保。

(2)本条第 1 款授予的权利应当通过说明书来行使,该说明书应当提交给公共登记处主任进行登记,并且应当由根据第 2045 条能够就一般抵押权的说明书签字的任何人签字;如果债务人系产生于公文书,该权利应当通过由任何公证人签字的说明书来行使。但上述权利的行使不影响债务人根据本题第五

---

① 为 1975 年第 58 号法案第 19 条所代替,后为 1985 年第 7 号法案第 3 条和 2007 年第 8 号法案第 19 条所修正。

分题的规定请求缩减或注销登记的权利。

(3)如果将对其进行本条第1款述及的特别抵押权登记的债务人的不动产位于被《土地登记法》①宣布为土地登记区的区域内,或者根据《土地登记法》的规定,该不动产被以其他方式登记,第1款授予的权利应当通过下列方式行使:根据《土地登记法》的规定,将押记或警告性押记【根据《土地登记法》第2条的定义,押记(charge)是指"一种对不动产的特别优先权和一种特别抵押权,包括产生于法定抵押权、裁判抵押权或约定抵押权等一般抵押权的特别抵押权"。1985年第4号法案曾增设该法第5A编(第37A条至第37F条)"警告性押记"(cautionary charge),但新增的该编为1995年第7号法案第29条所废止。——译者注】进行登记(视具体情况而定)。

第一节　法定抵押权

第2017条　(授予法定抵押权的情形)

仅在下文规定的情形授予法定抵押权。

第2018条　(妻子就嫁资享有的法定抵押权)

(1)自婚姻举行之日起,就婚姻举行之前通过公文书设立的嫁资,妻子对丈夫的财产享有一般法定抵押权。

(2)对于依继承或赠与而获得的金钱嫁资或财产,上述抵押权仅自继承开始或者赠与生效之日起产生。

第2019条②　(未成年人享有的法定抵押权)

(1)未成年人对其所处权力下的父、母的财产,就该父、母在管理该未成年人的财产的过程中缔结的债务,享有一般法定抵押权。

(2)此等抵押权自该财产的管理权授予父、母之日起产生。

(3)父母一方再婚的,如果该方父母未经法律所要求的授权而继续管理,自婚姻举行之日起,上述抵押权及于继父母的财产。

第2020条　(子女或其他直系卑血亲享有的法定抵押权)

(1)子女和其他直系卑血亲就第637条、第638条和第825条为他们保留的权利,如果健在的直系尊血亲再婚,对此等直系尊血亲的财产同样享有一般

---

① 第296章。

② 为1973年第46号法案第102条所代替,后为1993年第21号法案第84条所修正。

法定抵押权。

(2)此等抵押权自另一方直系尊血亲死亡之日起产生。

第 2021 条① （被监护人等享有的法定抵押权）

自监护人或保佐人接受监护或保佐职务之日起，被监护人或被保佐人就监护人或保佐人在其管理中产生的债务，对监护人或保佐人的财产享有一般法定抵押权。

第 2022 条 （享有优先权的债权人享有特别抵押权）

对不动产享有优先权的债权人，对承受优先权的不动产享有特别法定抵押权。

第二节 裁判抵押权

第 2023 条② （裁判抵押权）

裁判抵押权产生于：

(a)马耳他的任何法院作出的判决，并为获得该判决的当事人的利益而产生；

(b)仲裁员的裁决和马耳他以外的法院出具的执行凭证和作出的决定，并为获得该裁决或决定的当事人的利益而产生，但以马耳他适格法院的判决命令执行之为限。

第三节 约定抵押权

第 2024 条 （何人可以设立约定抵押权）

(1)约定抵押权仅得由对设定抵押权的财产具有转让能力之人设立。

(2)除非具有法律规定的事由并且依照法律规定的形式为之，没有转让能力之人的财产不得通过合同被设定抵押。

第 2025 条 （非以公文书为之，不得设立约定抵押权）

非以公文书为之，不得设立约定抵押权。

第 2026 条③ （在马耳他以外缔结的合同）

---

① 为 1973 年第 46 号法案第 103 条所修正。
② 为 2005 年第 22 号法案第 82 条所修正。
③ 为 1965 年第 31 号法案第 22 条、1974 年第 58 号法案第 68 条和 2005 年第 22 法案第 81 条所修正。

在马耳他以外,根据当地的法律,或者在马耳他政府在当地的外交或领事代表面前,或者在供职于与马耳他政府达成协议,承诺代表马耳他政府在该地的利益的任何国家的外交机构、领事机构或其他外事机构者的面前,或者在被马耳他总统为此而授权者的面前,通过任何公共的或真实的文书缔结合同的,如果适格的民事法院基于债权人通过宣誓申请提出的请求而命令对该合同进行登记,该合同可以对存在于马耳他的财产设立抵押权。

第2027条 (应在文书中确定为之设立抵押权的数额)

如果为之约定抵押权的数额未在文书中确定,约定抵押权无效。如果产生于某项义务的债务的存在附有条件或者其价值不确定,债权人仅得在其明确声明的数额内对抵押权进行登记,但如果债务人享有减少该数额的权利,该权利不受影响。

第2028条① (约定抵押权为一般抵押权或特别抵押权)

(1)约定抵押权可以为一般抵押权或特别抵押权。

(2)仅得就第2012条述及的不动产和动产设定特别抵押权。

(3)特别抵押权及于嗣后对抵押财产所为的任何改良。

第三分题* 如何保持优先权和抵押权

第2029条② (特别抵押权应当被登记)

对不动产的特别抵押权,以及对第2002条第2款和2012条第1款(b)项规定的动产的特别抵押权,除非在2个月内被登记于公共登记处,否则无效。

第2030条 (登记期限的起算日)

前条述及的期限:

(a)对于第2010条(a)项、(c)项和(d)项述及的债务,自合同订立之日起算;

(b)对于第2010条(b)项述及的债务,自工作物完成之日,或者视具体情况而定,自有关不动产的裁判作出之日起算;

(c)对于第2010条(e)项述及的债务,自作出判决或者使诉讼终结的行为

---

① 为2007年第8号法案第20条所修正。

* 关于旧优先权和抵押权,参见《旧优先权和抵押权(登记及更新)条例》(第27章)。

② 为2007年第8号法案第21条所代替。

之日起算。

第 2031 条 （优先权如果被登记，不受登记期限内作出的转让等影响）

(1)上述优先权如果在前条述及的期限内被登记，不受在该期间内对承受优先权的财产作出的任何转让的影响，亦不受在该期间内对该财产设立的任何抵押权或负担的影响。

(2)附属于优先债权的法定抵押权不受影响。只要根据第 2033 条的规定对该抵押权进行了保全，即使该优先权未在上述期限内被登记，亦同。

第 2032 条① （一般优先权和对动产的特别优先权无须被登记）

除第 2002 条第 2 款和第 2012 条第 1 款(b)项规定的特别优先权外，一般优先权和对动产的特别优先权无须被登记。

第 2033 条 （抵押权应当被登记）

(1)无论是法定抵押权、裁判抵押权或约定抵押权，除非被登记于公共登记处，否则无效，并且仅自登记之日起具有优先效力。

(2)但对婚前设立的嫁资所享有的抵押权，只要在婚姻举行后的 1 个月内进行登记，自婚姻举行之日起具有优先效力。在此等情形，上述抵押权不受在该期间内实施、登记或设定的任何转让、抵押权或负担的影响。

第 2034 条② （公证人在某些情形就妻子对丈夫享有的法定抵押权的登记义务）

(1)接收涉及嫁资设立之文书的公证人，应当在之后的 1 个月内将对丈夫的财产享有的相关抵押权进行登记，任何相反的约定在所不问，但已经在其他人请求的期限内进行了此等登记的除外。

(2)违反本条第 1 款规定的公证人应对利害关系人承担损害赔偿责任，并且应被处以不超过 11 欧元 65 欧分(11.65)的罚金，具体数额由公证书修正法院依职权或者基于任何人的请求而裁定。

第 2035 条 （享有自愿管辖权的法庭的登记员对被监护人或被保佐人承担的责任）

如果享有自愿管辖权的法庭的登记员没有根据《组织与民事程序法典》③

---

① 为 2007 年第 8 号法案第 22 条所代替。

② 为 1939 年 39 号条例第 12 条、1973 年第 46 号法案第 104 条、1977 年第 11 号法案第 2 条、1985 年第 13 号法案第 5 条和 2007 年第 407 号法律通告所修正。

③ 第 12 章。

的规定将被监护人或被保佐人所承担的债务进行登记,他应当对被监护人或被保佐人承担损害赔偿责任。

第 2036 条 （何人可以主张登记）

登记可以由债权人或者任何其他利害关系人主张。

第 2037 条① （在某些情形,亲属可以主张登记）

授予未成年人、精神失常者或者被禁治产人法定抵押权的,其登记同样可以由他们的任何亲属主张。

第 2038 条② （直系尊血亲对授予未脱离亲权的子女的抵押权进行登记）

(1)根据第 2019 条的规定授予未成年人法定抵押权的,其登记由该条述及的父、母自该抵押权产生之日起的 4 个月内为之,但基于该子女的任何其他亲属的请求已经进行了登记的,除外。

(2)如果父、母违反本条第 1 款的规定,将丧失其亲权,并丧失继续管理先前处于其权力之下者的财产的权利或者丧失法律本来授予他的用益权。

(3)根据具体情形,享有自愿管辖权的法庭可以恢复父、母所丧失的权利。

第 2039 条③ （为子女的利益,直系尊血亲等应当进行登记的期限）

(1)如果第 2020 条述及的子女或其他直系卑血亲为未成年人,该条所授予他们的抵押权的登记,应由其中提及的直系尊血亲或者由监护人或保佐人（视具体情况而定）,自上述直系尊血亲举行婚姻后的 15 日内为之,但基于任何其他亲属的请求已经进行了登记的,除外。

(2)如果有义务进行登记的直系尊血亲没有在上述期限内为之,对于依第 637 条、第 638 条和第 825 条的规定而将其所有权授予上述子女或直系卑血亲的财产,法院可以视具体情形而指定一名财产管理人。前条的规定同样适用于此等直系尊血亲所享有的亲权中的权利。

第 2040 条 （针对处于破产状态的债务人或者针对遗产的登记无效的情形）

(1)如果在债务人处于破产状态时进行登记,或者证明债权人在登记时知

---

① 为 1973 年第 46 号法案第 105 条所修正。
② 为 1973 年第 46 号法案第 106 条、1981 年第 30 号法案第 14 条和 1993 年第 21 号法案第 2 条所修正。
③ 为 1993 年第 21 号法案第 2 条所修正。

道存在债务人可以宣告破产的情势,登记无效。

(2)如果登记系继承开始后所为,并且遗产无人继承或者被附清单利益地接受继承,在遗产的债权人之间同样适用本条第1款的规定。

第 2041 条 (例外)

(1)如果因时间不充分而不可能进行登记,不适用前条之规定。如果自本应进行登记之日至债务人处于破产状态之日或者至债权人知道存在债务人可以宣告破产的情势之日或者至债务人死亡之日,该期间不足15日的,推定时间不充分。

(2)对于在上述日期之前取得的优先权或抵押权,如果所允许的保全期限尚未届满,其登记同样不适用前条的规定。

第 2042 条[①] (登记说明书包含的事项)

进行登记时,应当提交给公共登记处主任一份包含下列事项的说明书:

(a)债权人的名字、姓氏及其以数字书写的身份证号码,如果债权人没有取得身份证的资格,在其他身份证书中出现的数字、出生地、居所地、职业、行业或其他身份,及其父亲的名字;

如果明显不可能获得(a)项要求的某些或全部细项,公共登记处主任可以自主决定接受该说明书;

(b)债务人的名字、姓氏及其以数字书写的身份证号码,如果债务人没有取得身份证的资格,在其他身份证书中出现的数字、出生地、居所地、职业、行业或其他身份,其父亲的名字、其母亲的名字及其婚前的名字,或者公共登记处主任认为足以证明债务人身份的任何其他事项;

如果明显不可能获得(b)项要求的某些或全部细项,公共登记处主任可以自主决定接受该说明书;

(c)债权或其他请求权的事由,以及产生该债权或请求权的行为的日期和性质;

(d)应当支付的资金额或者在第2027条述及的情形所声明的数额;

(e)关于是否已就债务约定利息的说明;

(f)(为2010年第8号法案第61条所删除);

---

① 为1939年第39号条例第13条、1940年第25号条例第2条、2004年第9号法案第13条、2004年第18号法案第110条、2007年第8号法案第23条和2010年第8号法案第61条所修正。

(g)指明所请求登记者为优先权还是抵押权;在抵押权的情形,系一般抵押权还是特别抵押权;

(h)在优先权或特别抵押权的情形,指明被设定此等优先权或抵押权的不动产和动产。

第2043条 （何时应当在说明书中指明优先权或抵押权的事由）

如果法定抵押权或优先权独立于公文书而存在,产生该优先权或抵押权的事由及其产生时间应当在说明书中予以指明。

第2044条 （无须指明债权额的情形）

在法定抵押权的情形,对于没有在公文书中指明其清算后的价值额的请求权,不适用指明债权额的规定。

第2045条 （说明书应由何人签字）

(1)如果债权产生于公文书,说明书必须由法院的登记员签字,或者由接收或保管该文书的公证人签字,或者由被授权出具该文书副本的公证人签字。

(2)如果债权产生于判决,说明书必须由作出该判决的法院的登记员签字。

(3)在任何其他情形,说明书必须由登记请求人或者律师、公证人、法定代理人签字。

第2046条 （裁判抵押权可以被登记的情形）

(1)即使判决可以上诉,裁判抵押权亦可以被登记,但可以进行任何必要的缩减或注销。

(2)但如果判决或裁决并未要求债务人偿付清算额,不得进行登记。将要登记的数额在同一判决或裁决中或者在任何其他判决或裁决中被确定的,或者将要登记的数额在公文书中征得债务人同意的,不在此限。

第2047条 （涉及死者财产的登记）

涉及死者财产的登记的,可以其名义为之,无须提及继承人。

第2048条[①] （如果不动产处于第三人手中）

如果在登记时不动产和动产处于第三人手中,仅需指明债务人即可。

第2049条 （应支付额与登记中指明的数额之间的差额）

如果在应支付额与登记中指明的数额之间存在任何差额,登记对其中较小的数额有效。

[①] 为2007年第8号法案第24条所修正。

第 2050 条 （登记费用由债务人承担）

如果没有相反的约定,登记费用由债务人承担。

第 2051 条 （转让可以被登记于登记处）

(1)任何债权或其他请求权受已经被登记的优先权或抵押权担保的,如果发生全部数额或者部分数额的转让,受让人可以就被转让的数额请求将该转让登记于登记处,但以该转让以公文书为之为限。

(2)上述请求同样可以由任何其他利害关系人提出。

第 2052 条[①] （将转让登记于公共登记处的说明书的要件）

(1)根据上述规定将转让登记于登记处时,应当提交给公共登记处主任一份说明书,该说明书应当包含登记的累进编号及年份、转让的日期,并且以规定的指明债权人的方式指明受让人。

(2)说明书必须由接收或保管转让文书的公证人签字,或者由被授权出具该文书副本的公证人签字。

第四分题　登记的更新

第 2053 条 （优先权和抵押权登记的更新）

(1)在公共登记处进行的优先权或抵押权登记,自登记之日起 30 年后终止其效力,但在该期限届满前登记被更新的,除外。

(2)为妻子或者任何被监护人或被保佐人之利益设定法定抵押权的,在婚姻解除或者管理终止后的 1 年内,其登记免于更新。

第 2054 条 （期限届满后的更新具有原始抵押权的效力）

在规定的期限届满后进行的更新,具有原始抵押权的效力,仅自更新之日起具有优先效力,即使在优先权的情形,亦同。

第 2055 条 （有权请求更新之人）

(1)更新登记的请求可以由依法有权请求登记的任何人为之。

(2)更新应当在进行登记的同一公共登记处进行。

第 2056 条 （登记的更新不中断时效）

由债权人促成的登记的更新,并不中断有利于债务人或者第三方占有人的时效的进行。

---

① 为 1986 年第 12 号法案第 5 条所修正。

第 2057 条 （如何进行更新）

为获得登记的更新，必须提交给公共登记处主任一份类似于先前登记时提交的说明书，并声明其更新原始登记的意图。

第 2058 条 （更新的费用）

如果没有相反的约定，更新的费用由债务人承担。

第五分题　登记的缩减和注销

第 2059 条 （登记的缩减）

(1)登记的缩减即登记的部分注销。

(2)在下列情形，登记可以缩减：

(a)如果债权部分消灭；

(b)如果债权人的权利先前涉及整个不动产或者数宗不动产，后来被限制于可以与该不动产便利地分割的部分不动产，或者被限制于上述数宗不动产中的某宗或数宗不动产。

第 2060 条 （如何得以缩减或注销登记）

(1)登记的缩减或完全注销，或者经债权人在公文书中作出的同意而为之，或者依适格法院的判决而为之。

(2)如果债权人没有转让能力，其对于缩减或注销登记的同意，非以法律规定的形式为之，无效。

第 2061 条 （何时可以不经债权人同意而缩减登记）

因已经产生既判力的判决或者任何其他公文书，某项已经被登记的债权全部或部分消灭的，其登记的注销或者对该债权额的登记的缩减，可以不经债权人的同意而为之。

第 2062 条 （何时法院可以命令缩减）

(1)在一般法定抵押权或者裁判抵押权的情形，包括第 2027 条述及的情形，如果表明可以将登记限制于其所涉及的财产而不会损害债权人的利益，可以通过判决命令缩减登记。

(2)在为担保某项依不确定事件而定的权利所设立的一般约定抵押权的情形，适用同样的规定，即使该抵押权约定于 1870 年 2 月 11 日之前，亦同。对请求缩减登记权的任何放弃均无效，但在设立抵押权的文书签订之后的某一日通过公文书作出的放弃，不在此限。

第 2063 条 （登记所限制于其的不动产的价值）

(1)但在前条述及的任何情形,如果债务人请求将登记限制于其的不动产的价值不超过登记的债权额及其产生的利息之和的1/2,并且自缩减登记之日起5年内债务将到期的,不得要求缩减登记。

(2)法院可以根据《组织与民事程序法典》①第三编第二题第三分题的规定确定上述不动产的价值。

第 2064 条 （可以通过判决命令注销登记）

如果未表明登记系因合法事由而为之,或者如果表明债权人的权利消灭,可以通过判决命令注销登记。

第 2065 条② （缩减或注销登记的说明书的要件）

进行缩减或注销登记时,应当提交给公共登记处主任一份包含下列事项的说明书:

(a)登记的累进编号及年份;

(b)指明是请求缩减登记还是请求注销登记;

(c)如果存在据以主张缩减登记或注销登记的判决或文书,指明该判决或文书。

第 2066 条 （在缩减登记的情形需要的其他要件）

如果请求缩减登记,应当在说明书中指出登记将继续对之有效的款项或财产。

第 2067 条 （缩减或注销登记的说明应由何人签字）

如果依公文书请求缩减或注销登记,说明书应由接收或保管该文书的公证人签字,或者由被授权出具该文书副本的公证人签字;如果依判决请求缩减或注销登记,说明书应由作出判决的法院的登记员签字。

第 2068 条 （缩减或注销登记的费用）

(1)缩减或注销登记的费用由债务人承担。

(2)但如果因缺乏作出登记的合法事由而注销之,费用由促成该登记之人承担。

(3)在第 2027 条述及的情形,法院可以视具体情况,自由裁量该费用由债权人或者债务人承担。

---

① 第 12 章。
② 为 1986 年第 12 号法案第 6 条所修正。

第六分题　优先权和抵押权对第三方占有人的效力

第 2069 条① （债权人对第三方占有人的权利）

享有已经被登记的优先权或抵押权的债权人，对于承受优先权或抵押权的不动产或动产，无论此等不动产或动产移转至何人之手，均保留其权利，并根据其债权的顺位或者登记的顺位受偿。

第 2070 条 （第三方占有人的责任）

如果第三方占有人没有完成为解除其财产负担所规定的手续，仍应因依法作出的登记而作为占有人对抵押债权承担责任，同时享有授予原债务人的任何期限与延缓期限。

第 2071 条② （第三方占有人的其他责任）

在上述情形，除非第三方占有人选择当抵押担保的债务到期时，无论其数额多少，全部清偿之，否则应毫无保留地放弃承受抵押权的不动产或动产。

第 2072 条③ （债权人可以请求出售承受抵押权的不动产或动产）

（1）如果第三方占有人没有放弃不动产或动产或者清偿到期债务，抵押债权人在通过抗议书要求债务人清偿债务，并要求第三方占有人或者清偿债务或者放弃不动产或动产之后，可以提出将承受抵押权的不动产或动产进行出售的司法请求。

（2）自抗议书送达债务人和第三方占有人之日起届满 30 日之前，不得提出上述请求。

第 2073 条④ （第三方占有人何时可以主张先诉利益）

如果债务人或者其保证人或者对债务承担个人责任，即使并非连带责任的其他人占有承受同一债务的其他财产，对债务并不承担个人责任的第三方占有人，可以通过主张先诉利益而反对出售其占有的不动产或动产。

第 2074 条⑤ （何时不得主张先诉利益）

---

① 为 2008 年第 15 号法案第 5 条所修正。
② 为 2008 年第 15 号法案第 6 条所修正。
③ 为 2008 年第 15 号法案第 7 条所修正。
④ 为 2008 年第 15 号法案第 8 条所修正。
⑤ 为 2008 年第 15 号法案第 9 条所修正。

不得以先诉利益对抗对不动产或动产享有优先权或特别抵押权的债权人。

第 2075 条① （第三方占有人在某些情形中的选择权）

如果第三方占有人对不动产或动产实施的改良的实际价值超过不带此等改良的不动产或动产的实际价值,第三方占有人可以选择:或者偿付不动产或动产除改良外的实际价值,或者放弃不动产或动产。

第 2076 条② （何时第三方占有人可以放弃财产）

不对债务之全部或部分承担个人责任并且具有转让能力或者已被适当地授予转让能力的任何第三方占有人,得放弃不动产或动产以清偿该不动产或动产所承受的债务。

第 2077 条③ （何时第三方占有人可以取回不动产或动产）

在出售之前,不动产或动产的放弃,并不妨碍第三方占有人在清偿全部债务与费用后取回不动产或动产,即使放弃的作出系执行判决,亦同。

第 2078 条④ （如何放弃不动产或动产）

不动产或动产的放弃应当通过提交给适格法院的文书为之。

第 2079 条 （对毁损承担的责任）

(1)因第三方占有人的重大过失造成财产的任何毁损,损害抵押债权人的利益的,产生对该第三人的损害赔偿诉权。

(2)除非根据第 2010 条(b)项的规定为之,该第三人不得就其支出的费用及实施的改良请求补偿。

(3)该第三人不因改良而享有留置权。

第 2080 条 （第三方占有人应返还的孳息）

仅自第三方占有人被要求放弃不动产或者清偿债务之日起不动产所产生的孳息始予以返还。如果自该日起至提出司法请求之前已经经过 1 年的,自提出司法请求之日起产生的孳息始予以返还。

第 2081 条 （第三方占有人的地役权等）

(1)第三方占有人在其占有不动产之前即对该不动产享有的地役权和物

---

① 为 2008 年第 15 号法案第 10 条所修正。
② 为 2008 年第 15 号法案第 11 条所修正。
③ 为 2008 年第 15 号法案第 12 条所修正。
④ 为 2008 年第 15 号法案第 13 条所修正。

权,在他放弃不动产之后或者在针对他的裁判作出之后,得恢复之。

(2)但如果该权利为优先权或抵押权,除非进行了登记,并不具有优先效力。

第2082条[①]　(第三方占有人的债权人的权利)

第三方自己的债权人,在已经于前所有权人作出转让之前或者在第2031条和第2033条提及的期限内对前所有权人登记其请求权的债权人之后,根据其各自登记的顺位,对被放弃或出售的不动产或动产行使其抵押权。

第2083条　(第三方占有人对债务人和其他第三方占有人的权利)

(1)已经清偿债务或者放弃不动产或者被剥夺不动产的第三方占有人,对主债务人就追夺享有救济权。

(2)其他第三人占有负担同一债务的其他不动产的,只要此等其他第三人取得其不动产的时间在上述第三人取得其不动产的时间之后,后者同样可以对前者提起诉讼。

第七分题　优先权和抵押权的消灭

第2084条　(优先权和抵押权如何消灭)

优先权和抵押权因下列事由而消灭:

(a)主债务消灭;

(b)债权人放弃优先权或抵押权;

(c)完成《组织与民事程序法典》[②]第二编第二分编第二题规定的手续;

(d)时效。

第2085条　(债务人何时取得时效)

对于债务人占有的财产,依为优先权或抵押权所涉及的债务所规定的期限届满,为债务人的利益即告完成时效。

第2086条　(第三方占有人何时取得时效)

对于第三人占有的财产,自取得该财产之日起届满10年的,即使债权人并不知道该财产已经移转于第三人之手,为该第三人的利益即告完成时效。

第2087条　(登记不中断时效)

---

① 为2008年第15号法案第14条所修正。

② 第12章。

由债权人促成的登记,并不中断有利于债务人或者第三方占有人的时效的进行。

第八分题　优先权和抵押权的优先顺位

第 2088 条　（对享有不同性质的优先权的债权人之间的优先顺位的一般规定）

在优先债权之间,根据各优先权的特定性质确定其优先顺位。

第 2089 条　（赋予某些一般优先权以优先性）

因第 2003 条(a)项、(b)项和(c)项述及的任何事由而享有一般优先权的债权,优先于享有任何其他优先权的债权受偿,仅第 2009 条(a)项规定的质权人享有的债权除外。

第 2090 条[①]　（赋予某些其他一般优先权以优先性）

因第 2003 条(d)项和(e)项述及的任何事由而享有一般优先权的债权,优先于享有任何其他优先权的债权受偿,但该条(a)项、(b)项和(c)项述及的债权、上述质权人享有的债权、旅馆经营者根据第 2009 条(b)项的规定享有的债权,除外。

第 2091 条　（在第 2089 条和第 2090 条规定以外的情形中的优先顺位的规则）

(1)除前两条的规定外,在优先债权进行竞争的所有情形,其优先程度不同的,依第 2003 条、第 2009 条和第 2010 条所列明的优先权的顺序确定其各自的优先顺位。

(2)但第 2009 条(d)项述及的出卖人的优先权并不影响该条(e)项述及的所有权人或出租人的优先权;第 1439 条述及的出卖人的权利并不影响第 2009 条(a)项、(b)项和(c)项述及的债权;第 2010 条(b)项述及的债权,如果系针对为保存不动产而进行的必要修缮,优先于所有权人享有的债权。

第 2092 条　（抵押债权应根据登记的顺位受偿）

抵押债权应根据登记的顺位受偿,第 2033 条第 2 款的规定除外。

第 2093 条　（在同一天的不同时刻登记的抵押权之间相互不产生优先性）

[①] 为 1977 年第 11 号法案第 2 条所修正。

在同一天登记的抵押权,赋予债权人同样的顺位,在同一天的不同时刻进行的登记之间没有任何区别。

第 2094 条 （处于相同顺位的抵押债权按比例受偿）

处于相同顺位的优先债权或抵押债权按比例受偿。

第 2095 条[①] （附属于债权的费用与债权处于同一顺位）

(1)与债权处于同一顺位者,还包括该债权产生的利息、登记的费用、对债权进行司法确认所发生的费用,但后者享有其他优先权的除外。

在抵押权之情形,如果在根据第 2042 条(e)项进行抵押权登记的说明书中指出已约定利息的事实,上述规定适用于该利息。

(2)在抵押登记的说明书中指出已就债务约定利息的,如果应付利息的利率、利息的计算参数(包括指数、利润率或市场机制)发生任何改变、变更或修正,无须提交额外的登记说明书。

(3)此外,下列事项发生任何改变、变更或修正,亦无须提交额外的登记说明书:

(a)返还的进度表;

(b)清偿债务所使用的货币。

(4)无论改变、变更或修正系依公文书或私文书而发生,或者根据原始协议的条款而发生,或者由于市场变动而发生,上述规定均予以适用。

(5)如上所述发生改变、变更或修正后的债务与主债务处于同一顺位。

第二十三 A 题　信托与债

第一分题　夫妻财产制

第 2095A 条[②] （信托和已婚者）

(1)对于作为婚姻合同标的物的财产,仅得通过书面文书设立信托。配偶之间的信托并不依法当然产生。

---

① 为 2010 年第 8 号法案第 61 条所修正。

② 为 2004 年第 13 号法案第 44 条所增设。

(2)对于作为婚后所得共有之一部分的财产,或者由单独管理外剩余财产的共有制调整的财产,仅在取得配偶双方同意后始得设立信托。对于配偶各方的个人特有财产,可以由其单独设立信托。

(3)配偶双方共同设立的信托仅得由配偶双方共同变更;如果此等信托可以被撤销,仅得由配偶双方共同撤销。配偶一方死亡后,即使信托条款有其他规定,非经享有自愿管辖权的法庭授权为之,此等信托不可被撤销。

(4)不论信托系为配偶一方的利益而设立或者该方配偶成为受益人,其信托收益不构成婚后所得共有之一部分,但信托收益所依之信托系配偶双方就共有财产共同设立的,且该信托仅涉及此等财产的,除外。

(5)除非在信托文书中有其他明示规定,为配偶一方的利益而根据信托分配的收入,根据第1320条和第1338条第2款的规定,视具体情况分别构成婚后所得共有之一部分或者该方配偶单独管理外剩余财产的共有之一部分。

(6)为配偶双方或者为配偶任一方的利益设立的信托的标的物为婚姻住所的,信托文书或者法律的任何规定均不使配偶一方对婚姻住所及其享用所享有的权利少于第3A条的规定,并且非经配偶双方书面同意,或者在没有同意的情况下,非经法院授权,信托条款不得被撤销或变更,受托人亦不得处分该财产。

(7)配偶一方作为受托人所负担的任何债务、损害赔偿或其他责任,不得根据第1327条的规定由婚后所得共有的财产负担,但第1329条的规定除外。在第1341条的范围内,任何此等债务被视为个人债务。

第2095B条① (作为配偶一方设立的信托的受益人的配偶他方)

(1)某人可以为受益人的利益而将财产信托给其配偶,使其作为受托人,并可使其配偶作为受益人。

(2)配偶一方为受益人的,除第1366条(b)项规定的情形外,受托人不得同作为设立人的配偶另一方缔结买卖合同。

(3)对于超过本法典所允许遗留给或者赠与配偶一方的财产,配偶他方不得成为该方配偶就该财产设立的信托的受益人。不考虑信托条款和可以适用的与任何超出的部分有关的法律的其他规定,超出的部分由受托人为该方配偶的终身使用和享用而持有,该方配偶死亡后,该部分为设立人或者其继承人而持有。

---

① 为2004年第13号法案第44条所增设,后为2007年第13号法案第3条所修正。

(4)如果作为受益人的配偶一方依法对任何财产享有所有权,根据本规定而不考虑信托条款,应当仅为该方配偶的利益而在特留份的限度内对信托财产设立单独的信托,但应考虑到为该方配偶利益的任何其他处分。为该方配偶的利益而对任何其他财产设立信托的,不考虑信托条款的规定,此等财产仅为受益人的终身使用和享用而根据信托被持有,受益人死亡后,为设立人或者其继承人而被持有。如果信托的设立侵害了本法典规定的特留份权利人对特留份的权利,上述规定不影响该权利人请求缩减信托的权利。

第 2095C 条[①]　(并非夫妻财产的信托财产)

有关配偶或者夫妻财产的法律规定不以任何方式适用于作为受托人的配偶一方的行为。

第二分题　年金

第 2095D 条[②]　(有关年金的规定的不适用)

第二编第十一题"年金的设立"以及该题第一分题和第二分题的规定,不适用于在信托文书中或者在遗嘱信托中设立的年金,受托人的义务和受益人的权利仅由信托条款以及有关信托的特别法调整,但信托文书(或受托人订立的任何书面协议)明确规定,特定年金应由第二编第十一题的规定调整的,不在此限。

第三分题　担保信托

第 2095E 条[③]　(担保信托)

(1)可以通过下列方式为现在或将来的任何债权人的利益,或者为某一类或某几类债权人的利益而对受托人(被称为担保受托人)设立担保:以可适用于特定类型的担保的马耳他法律规定的方式为受托人的利益而设立担保,或者根据调整旨在提供担保的信托的书面条款为受托人的利益而设立信托财产。

---

① 为 2004 年第 13 号法案第 44 条所增设。
② 为 2004 年第 13 号法案第 44 条所增设,后为 2007 年第 13 号法案第 12 条所修正。
③ 为 2004 年第 13 号法案第 44 条所增设,后为 2010 年第 8 号法案第 61 条所修正。

在第 2042 条以及可能适用于担保的特别法的其他规定的范围内,受托人被视为债权人,且有权被登记为担保持有人,但要表明其受托人的身份。

(2)担保受托人享有书面文书中所规定的调整下列事项的所有权利并承担其中规定的义务:

(a)担保受托人的指定;

(b)为债权人的利益而授予担保受托人的担保。

(3)在本条的范围内,担保是指债权人的权利据以得到法律保护的任何安排,包括任何承诺、保证、委任、质押、权利凭证、移转、授予、优先权或抵押权或者就受托人占有或控制的财产赋予约定的留置权和出售权。

(4)如果为担保受托人的利益而设立一项抵押权,该担保受托人为银行或者为《银行法》①或国外的类似立法所批准的其他机构的,即使法律有任何其他规定,亦得为担保同一债务人将来的债务而将此等抵押权授予在担保文书中限定的现在或将来的担保受托人或者担保信托的受益人。此等抵押权的有效的条件为:设立抵押权的文书明示规定其担保同一债务人将来的债务,并且该抵押权的效力限于约定的最高额。在第 2042 条的范围内,此等信息应作为登记的相关说明书的一部分,以代替第 2042 条(c)项、(d)项和(e)项所要求的事项。

(5)负责司法的部长可以制定规章,调整为担保将来的债权而为担保受托人的利益授予的担保的设立。

(6)如果将担保授予担保受托人,该受托人为执行担保有权提起任何诉讼并对之享有法律利益,即使根据信托和担保文书的条款:

(a)受托人并非主债务或主义务的债权人;

(b)或者所有的债权人对于债务的强制执行享有连带的起诉权。

但债务人对同时作为债权人的担保受托人或者受益人所为的清偿,在清偿的范围内解除债务人的义务。

(7)在不违反前款规定的条件下,《组织与民事程序法典》②中的任何规定不得基于任何信托受益人同时所为的任何司法行为或其他行为而阻碍担保受托人为信托受益人之利益的行为。

(8)担保受托人为债权人的利益持有担保物的,前者仅在书面明示约定的

---

① 第 371 章。
② 第 12 章。

范围内对后者负有义务。

(9)担保受托人可以根据信托条款辞任、退出或者被取代,在此等情形,原担保受托人应当以法律对持有的特定担保物规定的形式,将其持有的任何担保物让与替代的担保受托人。

(10)被赋予债权的担保信托的受益人,可以将债权让与第三人,第1475条的规定适用于该债权的担保物,即使该担保物为担保受托人所持有,亦同。在此等情形,在通知受托人或者在受托人承认之后,该债权的受让人享有担保信托的受益人的权利,无须对信托文书中的受益权进行单独让与。

(11)指定一名担保受托人持有担保物、对该受托人的免除或者以另一受托人取代该受托人,以及任何相关的行为,均不导致更新,也不以任何方式对有效设立的担保产生影响。

(12)为担保信托的受益人的利益,担保受托人同样可以担任代理人或受任人,并可以根据此等合同的规定履行其职能。

(13)在行使有关任何担保的强制执行的任何权利时,担保受托人受有关特定类型的担保的法律规定的约束。在任何情形,如果担保协议不受关于其强制执行的规定调整,担保受托人应当以对债务人公平合理的方式行事。

(14)如果债务人或为了债务人的第三人,为现在或将来的任何债权人的利益或者为某一类或某几类债权人的利益而向担保受托人授予质押的,第1967条之规定经适当的修改后予以适用。

第二十三B题[①]　移转权利的担保

第2095F条[②]　(设立担保的协议)

(1)移转权利的担保是债务人或为了债务人的第三人为担保现在或将来的债务而据以移转或让与天然动产或依法律规定的动产给下列之人的合同:

(a)现在或将来的债权人;

(b)第三人。首先为现在和/或将来的债权人之利益,其次为第2095E条规定的债务人的利益,此等第三人应因此被视为受托人。

---

① 为2010年第8号法案第61条所增设。
② 为2010年第8号法案第61条所增设。

在本题中：

（ⅰ）术语"债权人"既包括债权人，也包括为了债权人的第三方担保受托人；

（ⅱ）术语"债务人"和"转让人"可能指同一人，也可能指不同人，依具体情况而定；除非上下文有其他规定，术语"债务人"包括转让人。

（2）在遵守特定类型的动产所要求的手续的条件下，一旦债务人和/或转让人与债权人达成指明如下事项的书面协议，债权人即时取得财产的所有权：

（a）被移转的财产；

（b）被担保的现在或将来的债务；

（c）在发生协议中约定的违约的情形，受让人的权利。

（3）在前款的范围内：

（a）如果被移转的财产为债权和其他金钱之债，在协议中列出产生于书面文书或在法律上具有同等效力的文书的债权清单即为已足；

（b）如果财产的移转涉及一大笔或者某一类或某几类现在或将来的债权，《证券法》①第9条至第14条之规定经考虑到如下事实而进行适当的修改后予以适用：当事人可能是为担保之目的而非证券化之目的移转该财产。

（4）此等协议还可以指明：

（a）在违反被担保的债务之情形，受让人的权利；

（b）在被担保的债务因清偿或其他原因而消灭之情形，转让人的权利；

（c）如果债权人行使出售权或抵销权，对财产进行估价的方式。

此等协议根据其条款产生效力。协议条款中不存在本款规定的事项的，适用本题之规定。

（5）如果作为担保而被移转的财产是某种可以仅仅通过交付而移转的财产，此等财产的移转需要第2款规定的书面协议。在不影响诚信行事的第三人的权利的前提下，债权人可以同意债务人使用被如是移转的财产。

（6）作为担保而对债权和其他权利的移转，自达成第2款述及的协议之时起在当事人之间产生效力。

（7）在下列情形，作为担保而进行的移转对第三人产生效力：

（a）在移转的是针对债务人的债权和其他权利的情形，已根据第1471条作出通知或被转让的权利的债务人已承认该转让；

---

① 第484章。

(b)在移转的权利为不存在债务人的财产,且该财产上的权利已登记于公共登记簿上的情形,自该移转登记于相关登记簿上之时产生移转的效力。

在第1471条的范围内,书面通知可以通过任何方式为之,包括电子的方式,且不要求通过司法文书作出通知。

(8)除第1472条(b)项规定的情形外,作为担保而对债权或其他权利进行再次转让,且此等转让被通知给债务人或根据第7款进行登记的,仅当先前转让的效力终止时,再次转让始产生效力,且再次转让的受让人的权利以此为条件。先前的受让人对任何再次转让的受让人不承担任何义务,但再次转让经过了先前的受让人的书面同意且遵守了此等同意之条款的,除外。

(9)作为担保的移转的对价是授予和接受担保,第二编第二分编第六题关于"价金"之规定不适用于此等移转。

(10)在所有方面,为任何目的,受让财产的债权人应被视为被如是移转的财产的绝对所有权人,且此等财产不构成债务人的总括财产【本法典中,"总括财产"对应的英文是 patrimony,为某个人或组织的资产与债务之总和的统称。——译者注】之一部分。

(11)根据本题规定进行的移转:

(a)不得再被界定为任何其他合同,并根据其条款产生效力;

(b)可以根据依第2款和本题之规定达成的协议的条款被强制执行,债务人或移转权利的担保的授予人的破产或支付不能,或任何破产或终结程序的开始或继续,或任何重组措施,均不予考虑。

(12)作为担保而被移转的财产的孳息应被视为该财产的一部分,并受制于本题规定的债权人所有的权利。

第2095G条① （权利的强制执行）

(1)与作为担保的财产移转有关的协议条款将调整债务人、转让人和债权人之间的所有事项,包括债权人在发生违约的情形强制执行担保的权利。

(2)在不影响当事人之间的协议条款的前提下,如果发生违约,债权人在书面通知债务人和作为担保的财产的转让人之后,有权以下列任一方式处分受让的财产:

(a)出售;

(b)抵销或轧差其价值,用其价值清偿被担保的债务。

---

① 为2010年第8号法案第61条所增设。

(3)仅在当事人之间于协议中明确约定的情况下才能进行抵销或轧差。

(4)如果债权人如上所述行使其权利,他必须以在商业上合理的方式行使此等权利,且为此应承受信义之债,并应就被用于此等强制执行的价值对债务人作出说明。

(5)在不影响授予债权人之权利的前提下,在任何情况下,债权人均可以请求对作为担保而被移转的财产进行司法拍卖,且《组织与民事程序法典》①第二编第一分编第七题第二分题关于司法拍卖之规定,在根据具体情形进行适当的修改后予以适用。

(6)如果作为担保而被移转的财产由债务人占有,为进行上述任何方式的强制执行,法院应给予债权人必要的支持以占有该财产。

(7)任何第三人在作为担保的移转发生之前从债务人处取得对被移转的财产的任何债权或物权的,或者如果此等取得发生在上述移转之后,取得债权人事先的书面同意和参与的,根据上述各款进行的任何强制执行不影响第三人的此等权利。但作为担保的移转并未通过下列任一方式对第三人产生约束力或以其他方式为公众所知的,诚信有偿取得对上述财产的权利的任何人同样应受保护:

(a)将移转登记于公共登记簿;

(b)根据第1471条(为2095F条第7款所修改)对债务人作出通知或债务人予以承认;

(c)将财产的占有移转给债权人或担保受托人。

(8)如果发生违约,当事人可以根据《抵销与破产轧差法》②订立出清轧差协议。

第2095H条③ (作为受让人的债权人的责任)

(1)如果债权人占有被如是移转的财产,在不影响移转协议的前提下,不允许他使用该财产,除非当事人之间达成协议明确允许他使用,在此等情形,他应就因其过失引起的财产灭失或毁损对转让人承担责任。

(2)如果作为担保而被移转的财产在性质上为可替代财产:

(a)当事人可以约定,受让财产的债权人可以进行交易,包括出售之,也可

---

① 第12章。
② 第459章。
③ 为2010年第8号法案第61条所增设。

以将之作为履行其债务的担保;

(b)返还财产的义务是指返还相同的财产,但可以将该义务延伸为返还同等的价值。

(3)本法典有关信义之债的规定适用于债权人,在如下事项的范围内,应将债权人视为作为受信人而取得权利和占有:

(a)对担保被担保的债务之履行的财产,保有对该财产的权利,以及如果达成协议,占有该财产;

(b)如果发生违约,将该财产或其价值用于清偿被担保的债务;

(c)在被担保的债务得到履行后,返还财产,或者在可替代财产的情形,返还其等价物;在强制执行的情形,将价值余额返还给转让人。

不考虑避免利益冲突的义务,在上述事项的范围内,债权人有权为其自己的利益而行事。

(4)即使债权人为作为担保而被移转的财产的绝对所有权人,在当事人之间的协议的规定或此处的规定以外对所有权的任何行使构成对信义义务的违反,债权人对此应根据本法典对债务人承担责任。

(5)如果债权人通过抵销进行强制执行,在根据第2095G条第2款作出强制执行的通知后,债权人成为财产的绝对所有权人,并被解除产生于移转协议和本法典规定的所有信义义务。债权人返还作为担保而被移转的财产的义务与债权人对于债的清偿所享有的权利,二者的抵销额度应以与转让人的约定来确定,或者以当事人之间约定的方式来确定;如果没有此等约定,有市价的,以市价来确定,没有市价的,以适于对此等财产进行估价的独立之人确定的价格来确定。

(6)通过出售财产的方式进行强制执行的,在根据第2095G条第2款【此处原文为第2095F条第2款,参阅前文可知,此处当为笔误,应为第2095G条第2款。——译者注】作出通知后,债权人有权以下列方式和价格出售财产,且债权人是唯一可以取得出售的收益之人:

(a)以与转让人约定的方式,或如没有约定的,以债权人认为最适当且在商业上合理的方式;

(b)以与转让人的约定确定的价格,或者以根据当事人之间约定的方式确定的价格;如果没有此等约定,有市价的,以市价,没有市价的,以适于对此等财产进行估价的独立之人确定的价格;

(c)如果以司法拍卖的方式出售财产,以可适用的法律规定的价格并根据其规定为之。

(7)如果发生前几款规定的情形,债权人应将如下价值或收益用于抵销被担保的债务,并将余额立即返还给转让人:

(a)在第5款述及的情形,将负有返还义务的财产的价值用于抵销被担保的债务;

(b)在第6款述及的情形,债权人取得的出售的收益应被用于抵销被担保的债务。

(8)如果必须适当地实现在商业上合理的价值,债权人可以根据上述规定对作为担保而被移转的所有财产进行出售或抵销,即使超过被担保的债务的价值,亦同。否则,债权人只能在为满足被担保的债务、利息和费用的范围内进行出售或抵销,并将剩余的财产返还给转让人。

(9)除特别法有其他规定外,债务人在收到第2095G条第2款规定的出售通知或抵销通知之前,不得为强制执行之目的而就作为担保而被移转的财产之价值达成协议;但可以达成如下协议:如果当事人之间达不成协议,通过援引某个市场价格或遵循某种估价机制确定此等财产之价值。

(10)基于债务人的请求,法院可以事后对根据上文规定处分财产或进行估价时的商业合理性予以核实。基于此等复核,如果法院发现未根据当事人之间的协议进行处分,或者没有此等协议的,未根据在商业上合理的方式或市价进行处分,法院可以判处债权人就其行为给转让人和/或债务人造成的损失支付赔偿金。

第2095I条① (向债务人返还财产)

(1)如果债务人已经履行被担保的债务,债权人负有通过履行所需要的手续和其他行为而返还财产给转让人的绝对义务。

(2)除非有其他约定,部分履行被担保的债务的,转让人不得请求部分返还作为担保而被移转的财产;仅当债务人全部履行被担保的债务后,债权人才负有返还被如是移转的财产给转让人的义务。

(3)与本题规定的被移转的财产的返还有关的任何承诺条款,可以根据其条款被强制执行,而第1357条之规定不予适用。

第2095J条② (保留)

---

① 为2010年第8号法案第61条所增设。
② 为2010年第8号法案第61条所增设。

(1)在移转权利的金融抵押安排所涉及的特定财产的范围内,本题的规定不限制或影响为执行《金融抵押安排指令》(2002/47/EU)的马耳他法律的适用,此等法律可以被不时地修正。

(2)作为担保而移转某项权利的,此等移转不影响构成作为担保而被移转的债权或其他权利之基础的法律条款或合同条款的适用或效力。

(3)根据第1996A条,如果某项债权或其他权利是作为担保而被移转的客体,此等债权或其他权利的债务人可以有效放弃其抵销权或对其直接债权人的其他抗辩,此后,该债务人不得对被转让的债权的受让人提出的任何请求提起任何抗辩,即使不存在第1471条规定的任何通知或承认,亦同。

(4)在作为担保而进行转让的情形,第1483条之规定不予适用。

第二十四题　遗产分别利益

第2096条　（定义）

遗产分别利益是死者的债权人或受遗赠人享有的,请求将遗产中的财产,包括动产与不动产,与继承人的个人财产分开,并请求优先于继承人自己的所有债权人将遗产用于偿付其各自的债权或者用于履行遗赠的权利。

第2097条　（遗产分别利益的效力）

上述遗产分别利益对其享有者的效力仅为:保护他们免受因继承人个人的债权人的请求权而就遗产的财产可能遭受的任何损害。对各个相互竞争的享有遗产分别利益者,此等利益仅就各自根据其对遗产财产的债权或其他权利的性质和条件所享有的权利而存在。

第2098条　（可以主张遗产分别利益的期间）

除非自继承开始之日起的1年内主张上述利益,否则主张该利益的权利终止。

第2099条　（主张遗产分别利益之前的遗产财产的转让）

继承人在此等利益被主张之前,即使在上述期间内,对遗产中的动产或不动产进行任何转让的,其效力不受影响;但在任何此等情形,可以就依然应付的价金主张该利益。

第2100条　（主张遗产分别利益之后的遗产财产的转让）

(1)继承人对动产进行任何转让的,即使是在遗产分别利益被主张之后所为,其效力不受影响,但适用有关讼争物转让的法律规定。

(2)但在上述利益被主张之后所转让的不动产,继续承受死者的债权人以及受遗赠人的权利。

第 2101 条　（如何主张遗产分别利益）

(1)上述利益,通过司法请求的方式主张。

(2)但对于不动产,以利益的登记取代此等请求。

第 2102 条　（登记说明书的内容）

(1)对遗产分别利益进行登记时,应当提交给公共登记处主任一份包含下列事项的说明书:

(a)第 2042 条(a)项、(b)项、(c)项、(d)项、(e)项和(f)项规定的事项;

(b)对死亡债务人的遗产与其继承人的财产分开的遗产分别利益进行登记的请求。

(2)第 2043 条至第 2047 条以及第 2049 条至第 2052 条的规定适用于该利益的登记。

第 2103 条　（登记的效力）

自继承开始之日起 3 个月内进行的上述利益的登记,对于在上述期间内转让的不动产,自继承开始之日产生效力。

第 2104 条　（何时不得主张遗产分别利益）

(1)如果通过承认继承人为债务人而发生更新,不得主张遗产分别利益。

(2)遗产分别利益仅惠及主张该利益者。

(3)遗产分别利益的主张,可以对全部财产不加选择地为之,或者请求将指定的某物或数物分开。

第 2105 条　（继承人的债权人不得主张遗产分别利益）

继承人的债权人不得主张遗产分别利益对抗遗产的债权人。

第 2106 条　（对于 1870 年 2 月 11 日之前开始的继承的保留）

对于 1870 年 2 月 11 日之前开始的继承,遗产分别利益继续由该继承开始时生效的法律调整。

第二十五题　时　效

一般规定

第 2107 条　（时效的定义）
(1) 时效是通过持续、不间断、和平、公开和明确的占有，经过法律规定的期间而取得权利的一种方式。
(2) 时效还是当债权人没有行使其权利，经过法律规定的期间而使债务人免于被诉的一种方式。

第 2108 条　（放弃）
(1) 时效不得提前放弃，亦不得确定一个比法律规定的期间更长的时效期间。
(2) 已经取得的时效可以放弃。

第 2109 条　（放弃可以为明示或默示）
(1) 时效的放弃可为明示或默示。
(2) 默示放弃可从包含放弃既得权利之意思的事实中推知。

第 2110 条　（不得放弃已经取得的时效之人）
没有转让能力之人不得放弃已经取得的时效权利。

第 2111 条　（时效抗辩应由当事人提出）
如果相关当事人没有提出时效抗辩，法院不得依职权援引时效。

第 2112 条　（何时可以主张时效）
时效，可以在诉讼的任何阶段主张，即使在上诉阶段，亦同。

第 2113 条　（何人可以主张时效）
债权人和对时效的援引具有利益的其他人可以提起时效抗辩，即使债务人或者占有人放弃了时效，亦同。

第 2114 条　（不受时效限制之物）
对于非交易物，不发生时效。

第 2115 条[①]　（适用时效之物）

---

① 为 1975 年第 148 号法律通告所修正。

(1)时效毫无区别地适用于授予任何个人、机构或法人的权利和诉权,并且还适用于受到限定继承的财产。

(2)但除了第2149条、第2153条、第2154条、第2155条和第2156条述及的情形外,不得以时效对抗马耳他政府的任何权利或诉权。

第2116条 （本题规定的适用）

除本法典的其他部分或者其他法律另有规定外,适用本题的规定。

第2117条 （1870年2月11日之前开始的时效）

(1)1870年2月11日之前开始的时效,由当时生效的法律调整。

(2)但在上述日期之前开始的时效,如果根据当时生效的法律,为完成该时效,尚需经过一个比本法典规定的期间更长的期间,则一旦自上述之日期起算的本法典规定的期间届满,该时效即告完成。

(3)对于根据当时生效的法律不受时效限制,而根据本法典受时效限制的物或者诉权,在上述日期之前经过的期间不计入时效。

第2117A条① （时效和仲裁程序）

就时效而言,根据《仲裁法》②的规定将任何事项提交仲裁,与向适格法院所为的司法行为具有相同的效力。

第一分题　阻止时效的事由

第2118条 （为他人而持有的人不得为其自己的利益主张时效）

以他人或者他人的继承人的名义持有某物的人,不得为其自己的利益主张时效。此等人包括承租人、受寄人、用益权人以及通常并非以自己为所有权人而持有物的人。

第2119条 （但基于占有根据的改变可以为自己的利益主张时效）

但如果其占有的根据由于来自第三人的原因或者由于其本人反对所有权人的权利而发生改变,前条提及之人可以主张时效。

第2120条 （自承租人等处取得物的人可以主张时效）

承租人、受寄人或者纯粹持有人根据能够转让所有权的权源将某物转让给他人的,受让人可以主张时效。

---

① 为1996年第2号法案第78条所增设。

② 第387章。

第2121条 （对自身的权源的时效）

(1)在任何人不得相对于他自己改变他持有物的原因的意义上,任何人不得对其自身的权源主张时效。

(2)但在某人可以通过时效获得其债务之解除的意义上,他可以对其自身的权源主张时效。

第二分题 中止时效的事由

第2122条 （时效通常对任何人进行）

时效对下列之人或物进行：

(a)失踪人；

(b)无人继承的遗产,即使对它没有指定保佐人；

(c)在制作清单的期限内或者在考虑期内的继承人；

(d)通常没有包含在下列条文中规定的例外情形中的任何其他人。

第2123条[①] （例外）

下列情形,时效不进行：

(a)配偶之间；

(b)父、母与处于亲权下的子女之间；

(c)被监护人或被保佐人与其监护人或保佐人之间,在监护或保佐终止而且账目已被明确地提交并被核准之前；

(d)继承人与其享有清单利益的遗产之间。

第2124条 （未成年人、禁治产人等）

(1)除法律另有规定外,时效不对未成年人和禁治产人进行。

(2)在任何情形,如果妻子行使其享有的诉权,将赋予被告一项针对丈夫的救济权,则在婚姻持续期间,时效亦不对此等已婚妇女进行。

第2125条[②] （时效中止的其他情形）

下列情形,时效同样中止：

(a)对于附条件的权利,至条件成就之时；

(b)对于违反担保之诉权,至追夺发生之时；

[①] 为1973年第46号法案第107条和1993年第21号法案第2条所修正。

[②] 为2004年第6号法案第4条所修正。

(c)对于任何其他诉权,其行使在一定期间内中止的,至该期限届满之时;

(d)对于损害赔偿之诉权,如果对该请求享有相反利益的所有当事人或者任何当事人之间或者其保险人之间正在进行协商,在诉讼开始之前的期间内。

第 2126 条 (中止的事由消除后,时效继续进行)

时效已经开始但中止的,一旦中止的事由消除,它将继续进行。

第三分题 中断时效的事由

第 2127 条 (时效因占有人被追夺而中断)

当占有人被所有权人或者被第三人剥夺对物的享用达1年以上的,时效中断。

第 2128 条 (时效因司法文书而中断)

以所有权人或者债权人的名义提交的任何司法文书,送达于意图阻止时效对其进行的一方,同时清楚地表明所有权人或者债权人维护其权利的意图的,时效同样中断。

第 2129 条 (即使文书不符合规定等,中断亦有效)

即使请求、抗议书或其他司法文书因其形式的瑕疵或者被提交给非适格法院而无效,中断亦有效。

第 2130 条 (应当送达文书的期限)

(1)如果文书未在自时效期间的最后一日起算的1个月内被送达,不发生中断。

(2)但如果拟被送达人不在马耳他,根据《组织与民事程序法典》①的规定,基于提交文书的一方的请求,在自上述期间的最后一日起算的1个月内,通过在政府公报上公布一项告示,视为送达。

(3)上述告示应包含中断时效之文书的概要,并由文书被提交的法院的登记员签字。

第 2131 条 (因司法请求而中断)

时效因司法请求而中断,即使由于被告失踪或者任何其他合法的事由而没有将该请求通知被告,只要原告对法院根据《组织与民事程序法典》②的规

---

① 第12章。
② 第12章。

定指定的保佐人继续诉讼并获得基于该请求的判决,时效亦中断。

第 2132 条 (如果撤销诉讼等,中断无效)

(1)如果原告撤销诉讼或者诉讼被抛弃或者被驳回,通过司法请求的方式对时效的中断无效。

(2)对于诉讼的撤销或者被驳回,本条的规定不适用于原告可以依法重新提起诉讼的情形,但条件是:在自先前的撤销或者被驳回之日起的1个月内,向同一法院或者向其他法院重新提起该诉讼,而且以前两条规定的方式并在其规定的期限内视具体情况作出送达。

第 2133 条 (因承认而中断)

如果债务人或者占有人承认该时效已经对其开始的一方的权利,时效中断。

第 2134 条 (因分期清偿而中断)

时效还因债务人本人进行的分期清偿或者某人为债务人的利益进行的分期清偿而中断。

第 2135 条 (中断对保证人的效力)

主债务人对债务的承认,或者对该债务人中断时效的任何其他行为,同样作为对保证人的中断而产生效力。如果保证人约束自己与主债务人承担连带责任,保留第 1100 条和第 1101 条的规定。

第 2136 条 (已经经过的期间不予计算)

(1)如果时效中断,已经经过的时效期间的部分不计入时效。

(2)但时效可以重新开始。

第四分题 时效期间

第 2137 条 (时效的开始)

除法律的任何其他规定外,诉权的时效自该诉权可被行使之日起算,享有诉权者的身份或状况在所不问。

第 2138 条 (时效期间的计算)

(1)时效以日而不以小时计算。

(2)日为连续之日,月依历法计算。

第 2139 条① （时效何时完成）

(1)时效期间的最后一日终了,时效即告完成。

(2)但如果最后一日为星期六或者公共假日,并非星期六或者公共假日的下一日终了,时效即告完成。

第一节 10年、30年和40年时效

第 2140 条 （10年时效）

(1)任何人诚信并且根据能够移转所有权的权源占有不动产经过10年的,取得其所有权。

(2)如果权源来自依法必须在公共登记处登记的文书,时效期间仅自该文书被登记之日起算。

第 2141 条 （诚信）

诚信不应当仅存在于取得之时,而应持续于整个时效期间。

第 2142 条 （前手的恶信不影响相续人）

(1)先前占有人的恶信不影响其概括相续人或单项相续人。

(2)但在任何此等情形,相续人不得为时效的目的将自己的占有与其前手的占有合并。

第 2143 条 （对物诉讼、对人诉讼或混合诉讼的诉讼时效）

一切诉讼,无论是对物诉讼、对人诉讼还是混合诉讼,时效期间均为30年,不得以缺乏权源或者诚信为由对时效利益提出异议。

第 2144 条 （40年时效）

(1)第2140条和第2143条述及的时效期间不适用于受到限定继承的不动产、属于教堂或其他宗教机构的不动产或其享有的诉权。

(2)在第2140条和第2143条述及的情形,对于本条第1款提及的财产或诉权,只要没有以缺乏权源或者诚信为由对时效利益提出异议,经过40年时效方告完成。

第 2145 条 （可以行使但很少行使的权利）

(1)前条的规定同样适用于可以行使但很少行使的权利,即使为牧师的权利,亦同。

(2)但在任何此等情形,提出时效抗辩的一方除证明已经经过40年外,还

---

① 为1977年第11号法案第2条所修正。

必须证明:在该期间内,至少存在 3 次机会可以行使该权利,并且他每次均行使了该权利或者享有该权利的一方每次均未行使该权利(视具体情况而定)。

第 2146 条 (在年金的情形,债务人的义务)

(1)自最后的文书之日起 25 年后,持续超过 30 年的年金或者其他按年支付的债务人,可被强制向债权人或者债权人的权利继受人提供一份新的文书,该文书应包括对债务的承认或者对已经作出的支付的声明。

(2)债权人可以要求以其自己的费用将该文书以公文书的形式作成。

第二节　某些特殊时效

第 2147 条 (时效期间为 1 年的诉权)

下列诉权的时效期间为 1 年:

(a)理科教师或文科教师就其按日或按月所授之课享有的诉权;

(b)旅馆、客栈或宿舍的经营者就其提供的住宿和膳食享有的诉权;

(c)家佣或者按月付酬的其他人、工匠或日工就其工资、薪金或者应得的其他供应的支付享有的诉权;

(d)第 1628 条至第 1631 条提及的陆路或水路承运人就其租金或工资的支付享有的诉权。

第 2148 条 (时效期间为 18 个月的诉权)

下列诉权的时效期间为 18 个月:

(a)裁缝、鞋匠、木匠、泥瓦匠、粉刷匠、锁匠、金匠、钟表匠以及从事任何行业或机械工艺的其他人就其工作或劳动的价金,或者就其提供的材料的价金享有的诉权;

(b)债权人就其零售的商品、货物或者其他动产的价金享有的诉权;

(c)经营任何种类的教育或教学机构的人就其应得费用的支付享有的诉权;

(d)按年受偿的人就其薪金的支付享有的诉权;

(e)经纪人就经纪费享有的诉权;

(f)任何人就动产的租金享有的诉权。

第 2149 条① (时效期间为 2 年的诉权)

下列诉权的时效期间为 2 年:

---

① 为 1975 年第 148 号法律通告和第 2007 年第 8 号法案第 25 条所修正。

(a)船舶或其他运输工具的建造人,以及木制、石制或其他材料的建筑物或其他工作物的承包人,就其完成的工作物或者提供的材料享有的诉权;

(b)内科医生、外科医生、产科医生以及药剂师就其问诊、手术,或者就其提供的药物享有的诉权;

(c)律师、法定代理人、公证人、建筑师、土木工程师,以及从事任何其他职业或自由职业的其他人,就其费用和支出享有的诉权;

(d)诉讼代理人或者其他代理人或受任人,就其报酬、由他们发生的费用、对他们所遭受的损失的赔偿金,以及就其预付款项的偿还享有的诉权。

第 2150 条 （律师等的诉权之时效的开始）

(1)对于律师、法定代理人或者诉讼代理人的上述诉权,时效期间自最终判决或者诉讼和解之日或者自其委任终止之日起算。

(2)在本条的范围内,即使并不构成诉讼程序的一部分但与之有关的任何行为,被视为该诉讼的一部分。

(3)对于咨询费,以及与系属中的诉讼无关的或者与自提供咨询、服务或者实施行为之日起 2 年内开始的诉讼无关的司法信函、抗议书、令状,或者其他行为或服务的费用或支出,时效期间自该日起算。

第 2151 条 （供应等的继续）

(1)在前 4 条述及的情形,即使供应、赊购物的交付、劳动、服务或其他工作仍在继续,亦发生时效。

(2)但在此等情形,如果对该供应、交付、劳动、服务或其他工作的请求权为核准的账目或者债务人的其他书面声明所证明,诉讼时效为 5 年,自该账目或声明的日期之日起算。

第 2152 条 （针对律师和法定代理人的有关提交给他们的文件的诉讼时效）

(1)对于有关诉讼或者建议的文件,自该诉讼终结或者进行其他处理之日起经过 1 年,或者自提出该建议之日起经过 1 年,律师和法定代理人被解除对之作出说明的任何义务。

(2)对于为开始诉讼而提交给律师和法定代理人的任何文件,自提交之日起经过 2 年,如果在此期间没有开始诉讼,他们同样被解除对之作出说明的任何义务。

(3)但他们得被要求宣誓声明:他们是否占有文件,或者他们是否知道在何处可以找到该文件。

第2153条 （并非产生于刑事犯罪的损害赔偿之诉）

并非产生于刑事犯罪的损害赔偿之诉的时效期间为2年。

第2154条① （产生于刑事犯罪的损害赔偿之诉）

(1)对于产生于刑事犯罪的损害赔偿的民事诉讼的时效，应当遵守《刑法典》②确定的有关刑事诉讼时效的规则。

(2)但盗窃某物的人、通过犯罪或欺诈而占有盗窃物的人，或者知道该物为盗窃物或通过欺诈获得之物而取得或购买该物的人，无论经过多长时间，均不得对该物主张时效。

第2155条 （请求返还遗失物或盗窃物的诉权）

(1)如果根据第559条享有请求第三人返还遗失的或者失窃的动产的诉权，而第三人诚信取得该动产的，时效期间为2年。

(2)如果第三人系恶信取得，适用前条第2款的规定。

第2156条③ （时效期间为5年的诉权）

下列诉权的时效期间为5年：

(a)就每年的租金的支付、永久年金或终身年金的支付、1862年8月14日之前以教皇诏书的形式设立的年金的利息的支付享有的诉权，以及因永租土地的出售或其他转让而产生的罚金，就该罚金的支付享有的诉权；

(b)就扶养补贴的支付享有的诉权；

(c)就城市财产或乡村财产的租金的支付享有的诉权；

(d)就产生于借贷或任何其他事由的款项的利息的支付享有的诉权，以及就通常按年度或者按更短的其他周期给付的任何其他物的给付享有的诉权；

(e)如果借贷并非产生于公文书，就贷出的金钱的返还享有的诉权；

(f)就产生于商业交易或者其他事由的任何其他债务的清偿享有的诉权，但根据本法典或任何其他法律，该债务的时效期间短于本规定的，或者该债务产生于公文书的，除外；

(g)除任何特别法另有规定外，马耳他政府就司法费用、关税或者其他应得的费用的支付享有的诉权。

第2157条 （就账目的提交对监护人、保佐人等享有的诉权）

---

① 为1870年第1号条例第8条所修正。
② 第9章。
③ 为1976年第27号法案第12条和2007年第13号法案第26条所修正。

就账目的提交对任何监护人、保佐人、受任人或其他管理人享有的诉权,自管理终止之日起,时效期间为5年,或者自监护人、保佐人、受任人或其他管理人死亡之日起,时效期间为1年。

第2158条 (可以对为债务人进行清偿的当事人提起时效抗辩)

第2147条至第2157条规定的时效甚至可以被提起以对抗为债务人已经进行了清偿的当事人,但该清偿的作出系基于债务人本人的请求或者经债务人本人同意的,或者清偿人为保证人、连带债务人的,或者因任何其他事由而应当清偿的,除外。

第2159条 (未成年人和禁治产人)

此等时效对未成年人和禁治产人进行,但保留他们对监护人或保佐人的救济权。

第2160条 (可以要求债务人或其继承人或者继受债务人的权利之人进行宣誓)

(1)如果以第2147条、第2148条、第2149条、第2156条和第2157条规定的时效进行抗辩的当事人受要求进行宣誓,而他们没有声明其并非债务人或者没有声明他们不记得是否已经给付物,该时效无效。

(2)如果要求原告声称其为债务人之人的继承人进行宣誓,或者要求继受此人权利的当事人进行宣誓,该继承人或者当事人没有声明他们不知道应当给付物的,上述时效无效。

附录一

第一部分[①]　费　　用

根据第 268 条应当征收的费用

　　　　　　　　　　　　　　　　　　　　　　　　　欧元(€)

1. 出生证书的登记 …………………………………… 2.33
2. 结婚证书的登记 …………………………………… 2.33
   注：对于第 1 项和第 2 项费用的支付，在出生证书的情形，子女的父母承担连带责任；在结婚证书的情形，配偶双方承担连带责任。
3. 根据第 290 条第 3 款的规定，其出生证书未登记在公共登记处的任何人，对其准正的登记 …………………… 1.16
4. 任何批注 …………………………………………… 1.16
5. 对指明其日期的任何登记或批注的查阅 ………… 1.16
6. (a)每次查询特定人的条目，无论是否阅读 ……… 0.12
   (b)证明在民事身份记录中有关特定人的条目不存在的每份证明书，包括查询费用 …………………… 4.66

[①] 为 1932 年第 8 号条例第 3 条所修正，为 1948 年第 28 号法案第 2 条所代替，为 1962 年第 21 号条例第 19 条、1965 年第 31 号法案第 23 条、1972 年第 6 号法案第 3 条、1979 年第 30 号法案第 5 条和 1989 年第 161 号法律通告所修正，为 1997 年第 212 号法律通告所代替，为 2004 年第 355 号法律通告和 2007 年第 8 号法案第 27 条所修正，为 2007 年第 407 号法律通告所代替，后为 2007 年第 13 号法案第 13 条所修正。

7. (a) 根据本法典附录一的第二部分中的表格 I、K、M、O,对已登记的每份出生证书、结婚证书、死亡证书的每次摘录或者对被收养人登记簿中的每个条目的每次摘录………… 2.33

(b) 根据本法典附录一的第二部分中的表格 J、L、N、P,对已登记的每份出生证书、结婚证书、死亡证书的每次摘录或者对被收养人登记簿中的每个条目的每次摘录 ……… 2.33

(c) 包含某个出生登记、结婚登记或死亡登记的全文副本以及该登记所附的说明的每份证明书…………………… 9.32

8. 被收养人登记簿中的每个条目 ……………………………… 2.33

第二部分　表　　格

表格 A[①]

【第195条】

关于失踪人的音讯的公告

民事法院登记处

(享有自愿管辖权的法庭)

20＿＿＿＿＿

　　鉴于＿＿＿＿通过向＿＿＿＿＿提交的申请书,申请为＿＿＿＿＿指定一名保佐人(或者视具体情况而定,申请开启＿＿＿＿＿的秘密遗嘱,或者申请宣告可以接近＿＿＿＿＿的公示遗嘱,或者申请由申请人本人临时占有＿＿＿＿＿的财产),据称此人自＿＿＿＿起即终止出现在马耳他,至今没有收到此人的任何消息。

　　任何人如果有上述＿＿＿＿生存的任何消息,请在自本告示公布于政府公报之日起 1 个月内,通知在文末签名的民事法院(享有自愿管辖权的法庭)的登记员,以便上述法院知晓。

―――――――

　　① 为1975年第148号法律通告、1995年第30号法案第5条和2004年第9号法案第14条所修正。

依法院裁定，
登记员

表格 B①

【第 254 条】

通　知
民事法院第一法庭登记处

20＿＿＿＿＿＿

　　鉴于＿＿＿＿＿提交了宣誓申请，请求更正（或注销，或进行）＿＿＿＿＿的出生登记、结婚登记或者死亡登记。

　　与此有利害关系以及希望反对该请求的任何人，请在自本通知公布于政府公报之日起 15 日内，通过提交给上述登记处一份说明的方式提出。

　　对于在上述期间内提交此等说明者，将通过向其送达一份上述宣誓申请的副本，通知其将要指定的听证日期。

依法院裁定，
登记员

表格 BB②

【第 281 条】

公证书修正法院登记处

20＿＿＿＿＿＿

　　鉴于 AB 申报其出生／CD 的出生，该婴儿的母亲及外祖父母已死亡／无法找到，AB 主张他／上述 CD 于＿＿＿＿＿（日期）出生在＿＿＿＿＿（地点），其母亲是＿＿＿＿＿，为＿＿＿＿＿的女儿，于＿＿＿＿＿（日期）出生在＿＿＿＿＿（地点）。

　　有利害关系的任何人如果反对该登记，请在自本申报公布之日起 15 日内，通过提交给上述登记处一份说明的方式提出。

---

① 为 1975 年第 148 号法律通告和 2005 年第 22 号法案第 83 条所修正。
② 为 1985 年第 7 号法案第 4 条所增设，后为 1986 年第 12 号法案第 7 条所修正。

对于在上述期间内提交此等说明者,在文末签名的巡检员应将指定的听证日期通知此人,并应宣誓听取占有该事项之信息的每个人的意见。

依法院裁定,
E. F.
公证书巡检员

表格 C①

【第 278 条】

出生证书

证书的日期:＿＿＿＿

相关事项 婴儿	出生		性别	名字	婴儿将使用的名字和姓氏
	地点	时、日、月、年			

相关事项	名字和姓氏	身份证件	年龄（岁）	地点		父亲的名字和姓氏、是否健在
				出生	居所	
婴儿的父亲 婴儿的母亲 作出陈述者						

作出陈述者的签名
主管官员

---

① 为 1933 年第 21 号法案第 7 条所修正。

表格 D[①]

【第 287 条】

发现新生儿的证书

证书的日期：_____

关于婴儿的事项	发现的				在文末签名的官员为婴儿取的名字	婴儿的状况	
	地点	时、日、月、年	表面上的年龄	性别		是否穿戴衣物以及如何穿戴	是否带有任何明显的标记

相关事项	名字和姓氏	身份证书	年龄（岁）	地点		父亲的名字和姓氏、是否健在
				出生	居所	
发现婴儿者	(2)					
婴儿被送交者(1)	(2)					

发现婴儿者的签名：_____

婴儿被送交者的签名：_____

主管官员

(1) 如果被送交给公共慈善机构，指明该机构的名字即可。

(2) 如果此人不能书写,应插入下列字句:此人声明他或她不能书写。

---

① 为 1933 年第 21 号法案第 7 条所修正。

表格 E

【第293条】

结婚证书

证书的日期：_____(1)

丈夫和妻子的声明：

在文末签名的我们声明：我们在_____(2)和下文提及的证人的见证下，在（地点）_____(3)于（日期）_____(4)缔结婚姻。

在文末签名的我（妻子）声明：我选择在结婚后＊采用我丈夫的姓氏／＊保持我的婚前姓氏。（＊如果不适用，予以删除）

丈夫的事项		妻子的事项	附录
(5)	名字和姓氏	(9)	(32)
(6)	出生日期和出生地以及身份证书	(10)	
(7)	居所地	(11)	
(8)	父亲的名字和姓氏 母亲的名字、姓氏和婚前姓氏	(12)	
证人的事项		证人的事项	
(13)	(16)	名字和姓氏	(19)	(22)	
(14)	(17)	出生日期和出生地	(20)	(23)	
(15)	(18)	居所地	(21)	(24)	

（丈夫的签名）_____(25)（妻子的签名）_____(26)（证人的签名）_____(27)

上述声明在我的见证下签署。

婚姻登记员的签名：_____(28)

收到证书的日期(29)

登记的累进编号 No.(30)

主任的签名或者被授权代替主任行事的其他官员的签名_____(31)

表格 F

【第 296 条】

死亡证明书

20 _____

致瓦莱塔被委托制作死亡证书的官员_____：

兹证明（指明是来自个人认知还是自他人处获得的消息，如果系后者，指明来自何人）_____，在患致死疾病期间，本人作为内科医生对其进行治疗，于_____（日期）在_____（地点）第_____号房间死于_____（死因）；死亡发生在_____午_____点。

（签字）
内科医生

表格 G[①]

【第 301 条】

死亡证书

证书的日期：_____

相关事项	名字和姓氏	已婚还是未婚；是否为鳏夫或寡妇	身份证书	年龄（岁）	地点		父母的名字和姓氏、是否健在	死因、死亡地点、死亡时间、埋葬地点
					出生	居所		
死者								

主管官员

---

① 为 1933 年第 21 号法案第 7 条所修正。

表格 H[①]

【第125条】

被收养人登记簿中的条目的形式

1	2	3	4	5	6	7	8	9
条目的编号	被收养人出生的日期和国家、出生地	被收养人的名字和姓氏	被收养人的性别	收养人的名字、姓氏、年龄、身份证书、出生地、居所地	收养人的父亲的名字和姓氏	收养令的日期	条目的日期	公共登记处主任的签字

表格 I[②]

【第251条】

本人,在文末签名者,兹证明下列各项是与根据本法典(第16章)的规定而保存在马耳他岛瓦莱塔／戈佐岛维多利亚【维多利亚(Victoria)为戈佐岛的首府。——译者注】的公共登记处的出生证书和被收养人登记簿有关的民事身份记录中的_____年第_____号条目的真实摘录。

出生地	出生日期	子女的名字	性别	父亲的名字、姓氏、出生地	母亲的名字、姓氏、出生地

马耳他岛／戈佐岛公共登记处
主任

[①] 为1962年第21号条例第19条所增设。

[②] 为1965年第31号法案第23条所增设,后为1993年第21号法案第85条所代替。

表格 J[①]

【第 251 条】

本人,在文末签名者,兹证明下列各项是与根据本法典(第 16 章)的规定而保存在马耳他岛瓦莱塔／戈佐岛维多利亚的公共登记处的出生证书和被收养人登记簿有关的民事身份记录中的_____年第_____号条目的真实摘录。

出生地：_____

出生日期：_____

名字和姓氏：_____

性别：_____

马耳他岛／戈佐岛公共登记处
主任

表格 K

【第 251 条】

公共登记处

本人,在文末签名者,兹证明下列各项是根据本法典(第 16 章)的规定而登记在马耳他岛瓦莱塔／戈佐岛维多利亚的公共登记处的第_____号结婚证书的真实摘录。

相关事项	名字和姓氏	年龄或出生日期	出生地	丈夫的父母和妻子的父母
丈夫 妻子				
结婚地点和结婚日期	妻子选择在婚后保持其姓氏(如果不适用,予以删除)			

支付的费用：_____

马耳他岛／戈佐岛公共登记处
主任

---

① 为 1965 年第 31 号法案第 23 条所增设,后为 1993 年第 21 号法案第 85 条所代替。

表格 L①

【第 251 条】

本人,在文末签名者,兹证明下列各项是根据本法典(第 16 章)的规定而登记在马耳他岛瓦莱塔/戈佐岛维多利亚的公共登记处的第＿＿＿＿号结婚证书的真实摘录。

丈夫的名字和姓氏:＿＿＿＿＿＿＿＿＿＿

妻子的名字和婚前姓氏:＿＿＿＿＿＿＿＿

结婚地点:＿＿＿＿＿＿＿＿＿＿＿＿＿

结婚日期:＿＿＿＿＿＿＿＿＿＿＿＿＿

妻子选择在婚后保持其姓氏(如果不适用,予以删除)

马耳他岛/戈佐岛公共登记处
主任

表格 M②

【第 251 条】

表格 N③

【第 251 条】

表格 O④

【第 251 条】

本人,在文末签名者,兹证明下列各项是根据本法典(第 16 章)的规定而登记在马耳他岛瓦莱塔/戈佐岛维多利亚的公共登记处的第＿＿＿＿号死亡证书的真实摘录。

---

① 为 1965 年第 31 号法案第 23 条所增设,后为 1993 年第 21 号法案第 85 条所修正。
② 为 1965 年第 31 号法案第 23 条所增设,后为 1993 年第 21 号法案第 85 条所删除。
③ 为 1965 年第 31 号法案第 23 条所增设,后为 1993 年第 21 号法案第 85 条所删除。
④ 为 1965 年第 31 号法案第 23 条所增设。

死者的 名字和姓氏	已婚还是未婚； 是否为鳏夫或寡妇	身份证书及 年龄（岁）	出生地	父母的名字 和姓氏	死亡地点和 死亡日期

马耳他岛／戈佐岛公共登记处
主任

表格 P①

【第 251 条】

本人，在文末签名者，兹证明下列各项是根据本法典（第 16 章）的规定而登记在马耳他岛瓦莱塔／戈佐岛维多利亚的公共登记处的第_____号死亡证书的真实摘录。

死者的名字和姓氏：_____

死亡的地点和日期：_____

年龄（岁）：_____

马耳他岛／戈佐岛公共登记处
主任

---

① 为 1965 年第 31 号法案第 23 条所增设。

表格 Q

【第 4 条第 5 款】

关于姓名使用的声明

相关事项	名字和姓氏	年龄（岁）	出生地	配偶双方父母的名字和姓氏、是否健在
丈夫				
妻子				

当前婚姻的相关事项

结婚证书的编号*		日期 年　月　日	出生地

先前婚姻的相关事项**

前夫的相关事项以及先前婚姻的结婚日期

名字和姓氏	年龄	出生地	父母的名字和姓氏、是否健在

结婚证书的编号*	死亡证书的编号*
结婚日期 　年　月　日	死亡日期 　年　月　日

本人，在文末签名者，选择使用我的婚前姓氏／我亡夫的姓氏＊＊＊

妻子的签名：＿＿＿＿＿＿＿于＿＿＿＿＿＿＿（时间）由＿＿＿＿＿＿＿提交

注：＊如果结婚或死亡没有在公共登记处登记，必须提出令公共登记处主任满意的证据。

＊＊仅在妻子选择使用亡夫的姓氏的情形始须填写。

＊＊＊如果必要，予以删除。

表格 R

【第 4 条第 6 款】

关于保留使用前夫的姓氏的声明

本人,在文末签名者,在我的丈夫以及在下文提及的证人的见证下声明:我将保持我前夫的姓氏。

当前婚姻的细项

丈夫的名字和姓氏	妻子的名字和婚前姓氏	结婚地点和结婚日期

先前婚姻的细项

前夫的相关事项以及先前婚姻的结婚日期

名字和姓氏	年龄	出生地	父母的名字和姓氏、是否健在

结婚证书的编号*	结婚日期*		
	年 月 日		
死亡证书的编号*	死亡日期*		
	年 月 日		

妻子的签名:_____ 丈夫的签名:_____ 提交日期:_____
证人的签名:_____ _____ 提交人:_____

*注:如果结婚或死亡没有在公共登记处登记,必须提出令公共登记处主任满意的证据。

第三部分[①]

【第257条】

关于民事身份证书之更正的事项

出生证书

(a)证书的日期;
(b)子女的出生地;
(c)子女的性别;
(d)给子女取的名字;
(e)子女将使用的名字;
(f)下列人的年龄、出生地和居所地:
(ⅰ)子女的父母,
(ⅱ)作出陈述者;
(g)子女的(外)祖父的名字和姓氏,作出陈述者的父亲的名字和姓氏;
(h)子女的(外)祖父或者作出陈述者的父亲是否健在;
(i)如果有证人,证人的所有事项。

结婚证书

(a)证书的日期;
(b)丈夫和妻子的名字和姓氏(无论在何种情况下出现)、出生日期和出生地、居所地;
(c)丈夫和妻子的父亲的名字和姓氏,丈夫和妻子的母亲的名字、姓氏和婚前姓氏;
(d)证人的所有事项;
(e)举行婚姻的教堂、礼拜堂或其他场所。

[①] 为1965年第31号法案第23条所增设,后为1995年第30号法案第7条所修正。

死亡证书

(a)证书的日期;
(b)死者的名字和姓氏;
(c)死者已婚还是未婚,是否为鳏夫或寡妇;
(d)死者的年龄、出生地和居所地;
(e)死者的父母的名字和姓氏及其是否健在;
(f)死亡地点、死因和埋葬地点;
(g)如果有证人,证人的所有事项。

附录二[①]

第一题　法律组织

第一分题　预备性规定与定义

第1条[②]　(预备性规定与定义)

(1)在本附录的范围内,组织是指,具有法律承认的形式、能够依法成为法人、为了实现合法目的而结合在一起的人的集合或被聚集在一起的物的集合。

(2)法律人格是法律授予如下组织的身份:为了设立文书中以书面形式规定的合法目的而设立,拥有一项包括资产与债务的总括财产,该总括财产独立且区别于任何其他人的总括财产,且拥有通过其管理机构的管理而实现此等目的的法定权力。

(3)当组织依特别法被承认为法人,或者依特别法作为法人而被设立,或者根据本附录或授予法律人格的任何其他特别法的规定而被登记时,法律人格始存在。

(4)在确认马耳他的宪法和法律所保障的结社自由时,不得要求人的集合具有法人资格作为此等人的集合为了实现它所设立的目的而从事任何合法活动的前提条件。

(5)任何人,只要遵守就法律组织的形式和内容所规定的规则,均有权设立法律组织。

(6)组织可以为公共组织或私人组织。

(7)公共组织及其管理人由可以适用于国家和公共机构的法律以及可以

---

① 为2007年第13号法案第13条所增设,后为2010年第196号法律通告所修正。
② 为2010年第196号法律通告所修正。

适用于特别组织的任何其他法律调整。如果国家采用由本附录第三题或任何特别法调整的法律组织的形式,可以适用于特定法律形式的规定应予适用。

(8)私人组织由可以适用的本附录第三题的规定以及可以适用于其法律形式和目的的特别法调整。

(9)在本附录中:

(a)每次提及"法院",除非有其他明确规定,应视为提及民事法院中享有自愿管辖权的法庭;

(b)术语"非营利的"和"社会目的"具有《志愿组织法》[①]所赋予它们的含义;

(c)术语"公共组织"是指,政府直接或间接控制的任何组织,如果政府享有任命或免除某组织的多数管理人的权力,该组织即为"政府控制的"组织;

(d)"相关日期"是指 2008 年 4 月 1 日;

(e)"特别法"是指,调整法律组织的特定法律形式的议会法律或本法典的一部分。

第二分题　外国组织与国际组织

第 2 条　(外国组织与国际组织)

(1)根据其设立所依据的法律具有法律人格的外国组织,在法律许可的所有范围内,应被承认为法人。

(2)被国家作为一方的任何多边或双边条约赋予法律人格的国际组织,在法律的所有范围内,应被承认为法人。负责司法的部长应在公报中不时地公布此等组织的清单。

(3)可以适用于此等外国组织或国际组织的法律,应适用于有关该法人的所有事项,包括其存在、建构、设立文书的效力及其管理。如果由于国家对设立某个国际组织的条约的批准,该国际组织成为某项特别法的调整对象,该国际组织同样受该法或条约的调整。

(4)任何外国组织或国际组织,无论是否被赋予法律人格,在马耳他定期从事活动的,在开始其活动之前,需要向根据本附录第 11 条所任命的登记员登记为法人,但法律明确规定免于如此的,不在此限。在本条范围内,"定期活

---

① 第 492 章。

动"是指,持续超过3个月的活动,或者通过在马耳他的固定机构从事的活动。

第二题　法律人格

第一分题　法人

第3条　(对法人的承认)

(1)法人是被赋予法律人格的组织。法律人格通过国家的正式承认而取得。国家的承认需要特别的承认证书,与组织或活动有关的国家的任何其他行政证书不构成承认。某组织应基于其根据本附录第12条公共登记处的登记而被授予法律人格。

(2)如果组织系自愿设立,应根据法律所规定的法律形式而设立。

(3)仅当组织的设立和登记遵守了可适用于其法律形式的手续,始得被承认为法人。

(4)自愿设立的组织,无论登记与否,主要由可适用于其特定法律形式或/和目的的法律调整;如果特别法的条款或本法典其他部分的条款没有就本题所规定的任何事项作出规定,同样受本附录规定的调整。

(5)不具有法律人格的组织,仅享有法律的明示规定授予它们的权利和权力。

第4条　(适用于法人的一般规则)

(1)任何法人均有一项总括财产,在法律规定的范围内,它应被用于合法的、可能的、道德的或不违反公共政策的目的。此等目的可以为私人利益或目的,可以为非营利的社会目的或其他目的。如果目的为私人利益,必须为可以确定或已经确定的某人或某类人之利益,否则无效。如果没有明确的目的,法人的目的应被视为创立人或其权利继受人的私人利益。

(2)任何法人必须有一个可识别的、在设立之日赋予它的特有的名称,并以该名称行使权利和履行义务。该名称可以根据法律规定的程序进行变更。任何名称必须符合法律,如果需要,必须包含一个明确表明法人所采用的法律形式的名称。

(3)任何法人均应在马耳他有一个就其活动可以进行通讯和获得信息的

地址。

(4)对于指定由其机构承担的事项,法人通过该机构而活动,例如理事会、董事会或托事会,以及如果它有会员,会员大会。

(5)法人的法定代表权与司法代表权应以组织章程中或者可以适用的法律中规定的方式而予以授予。为第三人之利益,管理人被视为享有通过书面决议或书面授权书将此等代表权进行委托的权力。法人的管理人的权力限制在法律、设立文书和任何章程所授予其权力的范围内,在可适用于其特定法律形式的法律中有其他规定的除外。

对管理人的权力的任何限制,无论此等限制是否公开,产生于设立文书还是任何内部决定,均不得用以对抗诚信第三人,但证明该第三人知道管理人的行为违反限制的除外。

(6)任何法人必须有至少一名代表法人行事的管理人,如果没有至少一人担任管理人职务,检察长或任何其他利害关系人有权请求法院,以法院认为适当的目的、期间和条件任命一名管理人。

(7)以不存在的法人的名义行事的任何人,应当就履行所承诺的债务承担个人责任,任何特别法中有其他规定的除外。法人可以追认在其登记之前以其名义实施的任何行为。基于追认,法人受以其名义行事之人所缔结债务的约束并享有所有的权利。追认不构成更新,但交易的另一方当事人明确免除以法人的名义行事之人法人所承担的义务的,不在此限。

但在法人被设立之前为法人行事之人,如果合同有其他约定或者包含一项大意如下的声明:协议以法人将产生为条件,或法人可能不会被设立,或法人可能不会承担合同中承诺的债务的,则此人不承担个人责任。

(8)法人不得执行对人的监护或保佐。但在法律授权的范围内,法人可以担任财产的受托人或保佐人职务。法人还可以担任遗嘱的清算人或执行人、官方受托人、讼争物受寄人、另一法人的受托人或管理人。

(9)法人可以为遗嘱处分和赠与的受益人,但应符合下列规定:

(a)为未登记的组织之利益的遗嘱处分不产生效力,已经履行的,得基于遗嘱的任何利害关系人之请求而撤销,但在自继承开始之日起的1年内,根据可以适用的法律,该组织被申请登记的,除外;

(b)向某组织所为的赠与被视为基于如下假定而为之:该组织已经被登记或将被登记。如果该组织没有在赠与后的1年内根据可以适用的法律被申请登记,赠与不产生效力,已经履行的,得基于赠与人之请求而撤销;

(c)管理人被告知其被聘用并接受聘用的,应在上述期限内进行此等登记;

(d)基于任何管理人或其他利害关系人之申请,法院有权自由裁量延长该期限。

(10)第9款之规定不适用于本附录第6条第4款所调整的宗教基金会和婚姻遗赠。

(11)不得为实施欺诈而以法律人格对抗诚信之人。

第 5 条　　(法人的存续期间)

(1)除非法律或其设立文书有其他规定,法人永久存在。

(2)特别法直接设立的或根据特别法设立的法人,自该法生效之日起或者自其中规定之日起存在。在其他情形,法人自登记之日起或者自可以适用于其特定法律形式的法律中规定的其他日期起存在。

(3)根据可适用于其特定法律形式的法律或根据任何特别法的规定,法人被从相关登记簿中除名的,自除名之日起,法人终止有效存在。

(4)在不影响可适用于特定法律形式的法人之规定的前提下,法人或其主管人员没有根据可适用的法律实施此等相关行为的,基于任何利害关系人或登记员向法院提出的申请,在下列情形,法院可以命令将法人从登记簿中除名:

(a)如果被授予此等权力之人根据设立文书作出此等决定;

(b)基于明确规定的具有此等效力的下列事件之发生:

(ⅰ)设立文书中规定的事件,

(ⅱ)或者可适用于其特定法律形式的法律中规定的事件;

(c)如果法人设立的目的已经实现、穷尽或变得不可能;

(d)如果在超过6个月的期间内没有在职的管理人;

(e)如果在社团之情形,不再有任何登记的会员,或者在私人基金会之情形,不再有受益人。

第 6 条①　　**(相关日期之前存在的法人)**

(1)本法生效(下文称之为"相关日期")之前,根据习惯法或根据任何法院作出的任何最终判决被承认为法人的组织,即使未登记在产生法律人格的登记簿中,应继续被无限期地承认为法人,除非:

---

① 为2010年第196号法律通告所修正。

(a)负责司法的部长发布并公布于公报中的通知要求此等继续存在的身份应根据本附录或任何特别法进行登记,而没有在该通知中规定的期限内进行登记。在此情形,自该期限届满之日起,该组织不再被有效承认为法人;

(b)或者它们由于其他原因而依法终止存在。

(2)以公文书设立且在相关日期已存在的所有的基金会(下文称之为"既存的基金会"),自其设立之日起被视为具有法律人格,但应在相关日期后的4年内,根据本附录登记为法人。

(3)即使既存的基金会没有根据第2款的规定进行登记,该既存的基金会仍根据第1款继续具有法律人格,但自第2款规定的期限经过2年后,该基金会及其管理人应受本附录中可适用于未登记的组织之规定的有效调整。

(4)宗教基金会和婚姻遗赠无须登记,并继续具有法律人格直至终结。此等基金会,除非登记,应受本附录中可适用于未登记的组织之规定的即时调整。

(5)在相关日期之前以书面形式设立的,根据《解释法》①的规定被视为法人的社团(下文称之为"既存的社团"),即使并未登记,继续被视为法人。但自相关日期起经过1年后,未登记为法人的既存的社团及其管理人,应受本附录可适用于未登记的组织之规定的有效调整。

(6)在本附录中,提及"宗教基金会",包括:

(a)独立的宗教基金会,即被指定用于虔信目的或宗教目的、由适格的天主教权力机关或其他宗教权力机关设立的、作为法人的物的集合;

(b)非独立的宗教基金会,即以任何方式给予由适格的天主教权力机关或其他宗教权力机关设立的公法人而使之负有一项长期义务的世俗物品,义务期限由相关的教会法或其他宗教法律或规则确定。此等义务包括,约束法人以年度收入举行弥撒或其他宗教仪式、履行其他确定的教会职能,或以其他方式实现可适用的宗教法律或规则所定义的虔信目的或宗教目的。

"虔信目的或宗教目的"应被理解为,与虔信行为、传教行为、宗教或世俗的慈善行为有关的目的。

---

① 第249章。

第二分题　管理人

第 7 条　（对管理人的任命）

(1)任何组织均应由一名或多名管理人管理,管理人应负责保持占有和控制组织的财产、保护此等财产、确保对组织章程、本附录的规定以及可适用于其特定法律形式的任何特别法的遵守。

(2)在本附录的范围内,"管理人"是指主管人员或被任命负责控制和管理组织之人,包括总裁、董事、受托人或委员会成员,以及即使以其他名义履行此等职能的任何人。

(3)章程应任命第一任管理人,或者如果没有任命,指出如何任免管理人。

(4)在不影响管理人据以被聘用的条款的前提下,管理人应承受本法典第1124A 条规定的信义之债。

第 8 条　（剥夺被任命的资格）

(1)在过去 10 年中,被判《刑法典》①第一编第二分编第五题、第六题和第九题规定的任何犯罪之人,不具有被任命或选举担任下列职务的资格：

(a)组织的财务主管、财务副主管、助理财务主管或类似职务；

(b)组织的任何其他职务,如果该职务的担任人负责收取、支出、保管或控制组织的资产,或者负责组织的账目；

(c)组织的审计员。

(2)承受法院根据第 3 款发布的剥夺资格令之人,不得在该法令中规定的期限内以规定的身份行事。

(3)法院可以剥夺任何人作为组织的管理人从事活动的资格,或者根据负责司法的部长不时地制定的规章恢复此人的资格。

第 9 条　（对管理人的免除）

(1)如果管理人管理不善、没有声明利益的冲突、违反义务、不遵守章程或本题的任何规定,可以被免除。

不考虑组织章程的任何规定,旨在以此为由免除管理人的任何行为,应通过对此人作出的书面通知为之,通知中应指出所声称的免职理由并给予此人为自己辩护和反驳指控的合理机会。

---

① 第 9 章。

(2)对管理人的免除应根据组织章程进行。在组织内部穷尽所有可适用的救济之后,任何利害关系人均得向法院提出申请,请求免除管理人。法院在听取了申请人和管理人的陈述并考量了任何其他相关证据之后,应发布它认为必要的命令。

(3)法院在命令免除管理人时,如果在法院看来,章程规定的任命方法将不会产生对替代管理人的有效且即时的任命,可以指定一名临时管理人或最终管理人或替代管理人。

(4)在章程中任何不得基于第1款规定的原因而免除管理人的规定,无效。

(5)在法院命令免除管理人的任何情形,它可以根据本附录第8条剥夺其资格。

(6)本条述及的法院的权力,可以由受理有关管理人之诉讼的任何法院行使。

第10条　(记录、账目和报告)

(1)管理人应记录每个财政年度内组织的:

(a)所有的资产与债务;

(b)所有的收入与支出。

(2)管理人应在指定的期限内以指定的方式和内容准备指定的账目和报告,或者根据可适用于其特定法律形式的规定为之。此等账目和报告应按照指定或者根据可适用的法律之规定进行复核。

(3)此等账目、报告和记录应在所涉及的相关年度之后保存10年,或者可适用于其法律形式的任何特别法对该组织所要求的其他期间。

第三分题　登记员

第11条　(部长任命登记员的权力)

(1)应有一名法人的登记员,该登记员应由负责司法的部长为此目的而任命,且应履行本附录或根据第3款制定的任何规章所课加的义务,并行使本附录或根据第3款制定的任何规章所授予的权力。

(2)部长还可以任命副登记员以协助登记员,并将登记员根据本题所享有的全部权力或任何权力授予副登记员。

(3)部长可以制定规章,规定登记员的职责和权力。

(4)登记员有义务将其拒绝登记组织的申请之决定以书面形式作出通知,并说明其决定的理由。不服登记员的任何决定的任何人或组织,可以在收到该决定后的30日内就该决定向法院提起上诉,或者如果向登记员提出的登记组织的申请没有得到答复,可以在自申请登记之日起的45日后向法院提起诉讼。

第四分题 组织的登记

第12条 (登记)

(1)可以本附录中或者可适用于其特定法律形式的法律中不时规定的方式将组织进行登记。

(2)对于可被任何法律授予法律人格的任何形式的组织,就其登记没有任何规定的,应根据本题或任何规章的规定将该组织登记于公共登记处。

(3)根据可适用于其形式的任何其他法律,某组织可通过登记于公共登记处而取得法律人格的,不得根据本分题将该组织进行登记。

(4)除公共组织及已经登记并因登记而取得法律人格的其他组织之外,国家根据任何可适用的法律发放了授予组织法律人格的证书或许可证,而某组织据此予以注册的,应被解释为,作为一项附加条件,需要根据本附录将该组织进行登记。

(5)任何组织的管理人通常并不居住在马耳他的,该组织进行登记的条件是,任命并一直保持一名通常居住在马耳他并以该组织的司法代表的身份在马耳他从事活动的人员。在马耳他任何法律的范围内均应如此。

(6)给予组织的登记证书为本附录就登记、登记的先在事项和附属事项所作的规定已经得到遵守以及根据本附录对组织进行了适当登记的确凿证据。

第五分题 未登记的组织

第13条 (未登记的组织)

(1)未登记的组织是指,具有法律承认的形式、以书面文书设立、根据本附录或任何其他特别法应当登记而没有如是登记的组织。

(2)设立未登记的组织的书面文书应包含对设立组织的特定目的的明确声明,否则无效,该目的应被限制性地解释。

(3)在不影响任何人的集合和设立组织的任何人的权利的前提下,为了并非以书面形式规定的目的的人的集合或财产的聚集,在本附录的范围内不被承认。

(4)在本附录的范围内,下列组织即使并未登记,不被视为未登记的组织,它们由可适用于其特定形式的任何特别法调整:

(a)已经根据调整其取得法律人格的形式的特别法被登记的任何组织;

(b)公共组织,但公共组织需要以登记的法律形式设立但却没有登记的,除外;

(c)无须在马耳他登记的国际组织。

第 14 条 (未登记的组织的权力)

(1)未登记的组织不是法人,但遵守了本分题之规定的,它被有限地承认,并享有实现其特定的设立目的的法定权力。

(2)未登记的组织可以进行与动产或不动产以及其他可登记财产有关的交易,可以开设银行账户,可以雇用人员和承包人来提供完全为实现组织的明确目的所需的服务。

(3)未登记的组织可以其自己的名义订立合同。

(4)未登记的组织可以其自己的名义被起诉,在诉讼中为任何管理人所代表。未登记的组织可以其自己的名义起诉,并为根据章程享有代表权之人所代表;如果没有任命代表人,由单一管理人代表;如果有一名以上的管理人,由任何两名管理人代表。

(5)未登记的组织不得设立另一组织,但该另一组织被登记的,不在此限。

(6)未登记的组织的权力应被解释为,严格限于管理组织以及实现明确规定的目的且仅限于实现该目的所必要的范围内。

第 15 条 (未登记的组织的管理和财产权)

(1)未登记的组织的内部经营和管理由其章程调整。组织的法定代表权应被授予根据章程享有此等权力之人;如果没有任命法定代表人,由单一管理人代表;如果有一名以上的管理人,由任何两名管理人代表。

(2)发起人的出资以及通过该出资取得的资产构成未登记的组织的总括财产。未登记的组织所承担的任何债务均可以就此等总括财产强制执行,但不影响其他人对该债务应承担的责任。

(3)未登记的组织取得的任何财产被视为在发起人之间根据出资比例共有,但章程中有其他规定的除外。

仅当组织终止且对第三人所负的所有债务均已履行时,发起人始得请求分割此等总括财产并从未登记的组织中撤回出资。

(4)如果未登记的组织系为社会目的而设立或者为其他非营利组织,为该目的所聚集或捐助的任何财产,应由管理人以受信人的身份持有,并仅得用于章程中规定的社会目的或其他合法目的。组织解散后,财产必须被用于此等社会目的或其他目的或其章程规定的目的,否则,应将财产移转于负责社会政策的部长通过公布于公报中的通知所指定的组织,该组织应将该财产用于类似的目的或者可适用的法律所规定的目的。

第六分题　与组织有关之人的责任

第 16 条　(与已登记的组织有关之人的责任)

(1)已登记的组织的发起人和会员,或者在已登记的基金会之情形,创立人、赠与人或受益人,对该组织的债务,仅在他们明示同意或者在本附录或任何特别法的任何条款明示规定的范围内承担责任。

(2)已登记的组织的发起人和会员,就他们以书面形式允诺自己向组织出资的任何物,对法人承担责任,但法律有其他规定的除外。

(3)如果存在不法行为,基于任何利害关系人的申请,法院可以宣告对此作出同意或者以其他方式故意参与损害法人利益的不法行为的创立人、发起人、管理人或会员就法人遭受的任何损害承担个人责任。

(4)除下列情形外,已登记的组织的管理人对组织的债务不承担个人责任:

(a)在下列情形,就组织的债务对第三人承担个人责任:

(ⅰ)如果管理人在缔结债务时存在欺诈或恶信,

(ⅱ)如果管理人知道或应当知道组织由于支付不能而不存在能避免被终结的合理预期,此时他缔结为第三人之利益的债务的;

(b)管理人代表组织缔结债务,但组织无权享有利益的,以及管理人仅为自己的任何个人利益而缔结债务,如果他没有声明个人的利益或利益的冲突,就此等债务的履行对组织承担个人责任;

(c)如果管理人违反章程中或本附录规定的职责而恶信行事,或者在履行其职责时存在过失,就任何损失对组织承担个人责任;

(d)如果管理人如(c)项的规定一样行事或者处于存在利益冲突的状况,

对组织的受益人或代表此等受益人的检察长,承担个人责任。

但本款之规定不应使管理人就同一行为承担一次以上的责任。

(5)在此等情形,如果组织有一名以上的管理人,数名管理人承担连带责任。但某一职责被专门委托给某一特定管理人的,在此情形,仅该管理人承担责任。

(6)如果某一管理人表明他在其他管理人的行为发生时并不知道后者违反章程或职责,当他知道后,毫无迟延地以书面形式表示了异议,并采取了所有合理的措施以阻止此等违反行为的继续,或者他知道其他管理人意图违反章程或职责后,采取了所有合理的措施以避免其发生,则他不对其他管理人的行为承担责任。

(7)组织章程中的任何规定或任何约定,使管理人免于对故意的不端行为、重过失或违反职责承担责任的,无效。

第 17 条　(与未登记的组织有关之人的责任)

(1)未登记的组织的发起人与管理人就下列事项承担连带责任:

(a)使未登记的组织的财产可以被识别,并独立于他们自己的个人财产和他们管理的其他财产;

(b)保管所收受的任何财产;

(c)将资产用于实现未登记的组织的章程中明确规定的目的;

(d)在可能的范围内并考虑到其职责,确保对可适用于未登记的组织及其活动的法律的遵守。

(2)在不影响将未登记的组织的资产用于履行其债务的前提下,未登记的组织的会员和资助者仅对他们在章程或任何认资文书中明确承诺的债务承担责任。

(3)未登记的组织的发起人和管理人,无论是否仍在职,对于在本规定生效后所发生的该组织的任何责任,以及对于遵守有关该组织之活动的所有法律规定,他们应与组织承担连带责任。

管理人的责任应限于该管理人在职时所发生的责任及债务的履行。

除欺诈的情形外,发起人和管理人就未登记的组织的债务所承担的责任为补充责任,且在他们就债务的履行承担个人责任之前,对组织的财产享有先诉利益。发起人和管理人不得放弃该利益,对该利益的任何放弃不得强制执行。

发起人的责任应限于其将经营和管理移交给组织的管理人之前所发生的

责任。

(4)如果具有特定法律形式的未登记的组织的会员和管理人的责任明确由本附录或任何特别法的规定调整,此等规定优先于本条之规定。

第18条 (以不存在的组织的名义行事)

任何人声称以某法人的名义行事,而该法人并不存在的,或者声称以某未登记的组织的名义行事,而就该组织并不存在任何书面文书的,对于所承诺的所有债务的履行以及该行为所造成的任何损害,此人应承担个人责任。对于因为所声称的组织的目的而收受的任何财产,此人负有将之返还给授予人的个人义务。

第七分题　组织的责任

第19条 (组织的责任)

(1)法人独立于其发起人、创立人、管理人和会员。除法律有其他规定外,法人的行为仅约束其自己。

(2)组织以其现在和将来的所有资产承担履行其债务的责任,且仅在其明示同意的范围内对任何其他人的债务承担责任。

(3)财产的捐助如果与任何强制性规则相冲突,应进行扣减或撤销,或者如果损害了债权人的权利,根据本法典第1144条进行扣减或撤销。

诚信行事的管理人不知道第三人之主张的,就根据组织章程所支出、分配或消耗的任何资产,不承担责任。

(4)第2款和第3款之规定经适当的修改后适用于未登记的组织,但不影响本附录规定的管理人或其他人的个人责任。

(5)除非其章程禁止为之,已登记的组织可以设立任何法律形式的其他组织,以实现其全部或某一设立目的,后者是否为法人,在所不问。

(6)如果已登记的组织设立了被登记为法人的其他组织并保持对它们的控制,在本题范围内,上述组织构成集团组织。在下列情形,某组织被视为控制了另一组织:如果第一个组织的管理人有权任命或免除第二个组织的管理人;或者如果将该权利被授予第二个组织的其他人员或机构,而第一个组织有权变更或撤销此等权利的授予。

(7)构成集团组织之一部分的某组织,无论系集团的创立人或会员,就集团的其他会员的债务,仅在其以书面形式明确承诺或者本法典任何条文中的其他规定的范围内承担责任。

(8)所有的外国组织或国际组织,在马耳他被控制和管理的,或其主要活动在马耳他的,就其在马耳他的管理而言,此等组织及其管理人的责任受上述条文的调整,但不影响可适用于它们的任何特别法的任何规定。

第八分题　杂项规定

第20条　（已登记的组织内部的单列机构）

(1)已登记的组织有权在组织内部设立单列机构,以特定的资产实现特定的目的。如果可适用于已登记的组织的特定法律形式的特别法已经就单列机构或具有相同特征的机构作出规定,此等规定排除本条规定的适用。

(2)已登记的组织内部的单列机构因下列情形而存在：

(a)在设立组织时根据组织章程而正式设立；

(b)或者随后由管理人根据章程授予他们的权力而正式设立。

在任一情形,设立单列机构时,均应注明组织的会员或受益人的份额、利益或其他权利；或者没有任何此等权利的,应注明章程中或管理人的决议中所规定的目的；或者既注明此等权利又注明目的。

(3)单列机构不得为法人,也不具有登记为法人的资格,但应有自己独立的名称。

(4)当下列条件被遵守时,单列机构在组织设立之后被设立：

(a)组织章程授权组织为实现某项或多项与组织的主要目的相一致的特定目的而设立单列机构；

(b)组织的管理人以书面形式决定设立此等机构；

(c)有关设立单列机构的通知被送达给登记员进行登记。

(5)如果设立了单列机构：

(a)该单列机构的资产与债务构成一项独立的总括财产,该总括财产独立于组织的或者可能设立的其他单列机构的所有其他资产与债务；

(b)该单列机构的资产可以用于履行组织所承担的与该单列机构有关的任何债务,但不得用于组织为其自己或就其他单列机构所缔结的任何其他债务；

(c)组织的一般资产不得用于履行所承担的与单列机构有关的债务；

(d)在组织与单列机构所达成的每项交易中,均暗含（除以书面形式被明确排除外）如下条款：

（ⅰ）任何一方均不得在任何诉讼中或者以任何其他方式利用或试图利用属于任何单列机构的资产清偿不属于该单列机构的债务；

（ⅱ）如果任何一方通过任何方式利用了属于任何单列机构的资产清偿了不属于该单列机构的债务，该方应当向组织偿付一笔等同于它因此所获利益之价值的款项；

（ⅲ）组织根据本项规定的默示条款或者通过任何其他方式索回的任何资产或款项，在扣减或偿付任何索回费用后，组织应将其用于补偿相关单列机构；

（6）如果设立了单列机构，单列机构的资产必须与组织的所有其他资产相分离，单独持有和管理，并根据可适用于各单列机构的法律而保有独立的账目。各单列机构的存在或终止必须在组织的报告和账目中予以披露。

（7）仅当满足下列条件时，始产生第6款规定的法律效力：

（a）与单列机构有关的所有活动均以下列方式实施，即向第三人明确披露该活动系针对特定的单列机构；

但如果第三人以其他方式知道或根据具体情形应当知道所实施的活动系针对特定的单列机构，该要件即已满足；

（b）组织的管理人没有作出大意如下的任何声明或表示：组织对所承担的与单列机构有关的债务承担责任；

（c）单列机构系根据本条而设立，且相关的程序和手续一直得到遵守。

（8）如果满足了第7款中的条件，任何法院均不得就组织或其他单列机构所承受的请求权针对某单列机构的资产发布任何预防令或执行令。如果就不属于某单列机构所承担的债务而强制执行该单列机构的资产，且此等资产或对该资产的补偿不能以其他方式复归相关单列机构，则组织应当：

（a）促使其审计员以专家而非仲裁员的身份证明该单列机构所损失资产之价值；

（b）在可能的范围内，从债务所归属的资产中，向相关单列机构移转或支付足以使它恢复所损失资产之价值的资产或款项。

（9）可适用于其内部设立单列机构的组织的法律形式的规定，包括可适用于组织的解散和终结的任何规定，适用于单列机构，如同单列机构本身为具有相同法律形式的已登记的组织。某单列机构由于无力清偿债务而终结的，不以任何方式影响组织或其他单列机构的继续运作。为某单列机构任命破产管理人或清算人,不影响管理人对组织或任何其他单列机构的权力。

(10)适用于法人的《财政法》的规定,经适当的修改后,适用于单列机构,如同单列机构本身为与在其内部设立该单列机构的组织具有相同法律形式的已登记的组织。

(11)部长可以一般性地或者就特定法律形式的组织制定规章,以调整单列机构和与之有关的或附属的任何事项,包括单列机构的解散、某单列机构的资产向另一设有或未设有单列机构的组织的转让,以及此等转让的法律效力。

第 21 条 (法人从某一法律形式向另一法律形式以及法人向信托机构的变更)

(1)根据负责司法的部长依本条制定的任何规章所规定的程序,某一法律形式的法人可以变更为具有不同法律形式的法人。

(2)如果法人从某一法律形式变更为另一法律形式,无须解散和终结该法人,该法人继续作为同一法人而存在,享有变更前所存在的所有权利并承受变更前所存在的所有义务。

(3)根据负责司法的部长依本条制定的任何规章所规定的程序,可以将已登记的组织变更为有利于对该组织享有利益之人的信托机构。

(4)如果法人变更为信托机构,则受托人继受法人的所有权利与义务,而不得要求按照可适用的法律的规定解散和终结法人。根据规章规定的条件,应将该法人从它登记于其中的登记簿中除名。

(5)法人变更为另一形式或变更为信托机构,不对任何债权人或第三人以任何方式产生损害。

第 22 条 (法人的合并与分立)

(1)可以将两个或多个组织合并为一个组织,也可以将一个组织分立为两个或多个组织。为此目的,除非部长制定的与特定法律形式有关的规章有其他规定,《公司法》①的规定经适当的修改后予以适用。在基金会之情形,应由管理人和管理人作出重大决定需要其同意的任何人履行大会的职能。

(2)如果部长没有对特定的法律形式制定具体的规则或规章,适用于公司合并与分立的财政法的规定,经适当的修改后适用于任何其他法律形式的已登记的组织的合并与分立。

第 23 条 (公开募集)

---

① 第 386 章。

(1) 除《志愿组织法》①所允许者外,组织不得进行公开募集,但依据《公开募集法》②允许如此者,除外。

(2) 在本条范围内,"公开募集"具有《公开募集法》③所赋予它的相同含义。

第 24 条 (部长制定规章的权力)

除本法典中已经规定的制定规章的权力外,负责司法的部长还享有为下列目的制定规章的权力:

(a) 设定组织章程的内容;

(b) 制定规则进一步调整未登记的组织;

(c) 设定任何组织的登记形式、登记证书,设定登记员有关登记的权限及所有相关事项;

(d) 设定年度账目和报告的形式和内容以及复核方法;

(e) 调整在马耳他从事活动的外国组织或国际组织,以及登记形式、登记内容、登记的期限和条件;

(f) 如果基金会被用于商业交易,制定与此有关的任何规则,包括集体投资工具、证券化工具、船运组织;以及调整与此有关的所有辅助事项,包括可适用于基本组织单位、中央管理机构和有关事项的法律规则;

(g) 一般性地调整组织的管理人;

(h) 调整组织的终结;

(i) 调整组织的迁册【迁册(redomiciliation)是指,组织的注册地从一个地区转到另一个地区,或者从一个国家转到另一个国家等。——译者注】或延续;

(j) 对违反本附录之规定的任何行为规定任何处罚;

(k) 在马耳他已经遵守的必要范围内,执行与组织有关的任何国际公约或任何欧盟规章或指令;

(l) 设定上诉的形式和程序;

(m) 制定与组织的公开募集有关的规则;

(n) 调整组织从某一法律形式向另一法律形式的变更;

(o) 就法院有关解释或变更组织章程和管理的权力制定规则;

---

① 第 492 章。
② 第 279 章。
③ 第 279 章。

(p)为更好地执行本附录的任何规定制定规则。

第 25 条 （解释）

除非上下文有其他规定：

(a)本附录的规定仅适用于在可适用于法人的特定形式的任何特别法中没有就同一主题作出规定的情形,如果本附录的规定与任何特别法的规定发生冲突,适用特别法的规定；

(b)如果组织已经在某一公共登记簿中登记并因而被授予法律人格,本附录的任何规定均不意味着在另一登记簿中登记为法人的权利,也不意味着选择登记为可适用于某一特定法律形式的特别法中规定的法律形式以外的其他法律形式的法人的权利；

(c)对于作为可适用于其特定法律形式的特别法的调整对象的法人,登记员没有管辖权,但在此等特别法中明确授予登记员此等管辖权的除外。可适用于此等法人的权利与救济仅由此等特别法的规定调整,在此等情形,本题的任何规定均不授予额外的救济。

第三题　基金会与社团

第一分题　预备性规定与定义

第 26 条 （基金会的定义）

(1)基金会是创立人以书面形式,包括以遗嘱的形式设立的、由物的集合构成的、其资产被设定用于如下目的且被委托给指定的人管理的组织：

(a)为实现特定的目的；

(b)为指定的某人或某类人的利益。

基金会的总括财产,即资产与债务,独立于其创立人、管理人或任何受益人的总括财产。

(2)在本题的范围内,术语"基金会"包括以公文书或其他方式,为了将通过指定的管理人实现的规定的目的或者指定的某人或某类人的利益,通过遗赠、捐助或资产划拨而设立的所有的组织、机构或类似名称的财团(无论如何称呼),但不包括《信托与受托人法》①中所定义的信托机构。

(3)基金会的资产可以来源于任何合法的经营或活动,也可以是现在或将来的任何性质的资产。

(4)如果作出一项包含第1款规定的要素的遗赠,遗嘱执行人或死者的继承人被视为有权将此等遗赠变更为具有与遗嘱中规定的同样目标和目的的基金会,并将其登记。遗嘱执行人或继承人有权起草基金会章程的期限和条件、指定管理人并调整在他们看来与遵守登记的要件和遗嘱人的意愿有关的所有事项,但应以最大诚信为之。

(5)为了可适用的宗教法律中规定的目的而设立的宗教基金会,不是本附录的调整对象或者不以任何方式受本附录调整,而继续受相关宗教法律调整,除非它们选择根据本附录的规定登记为基金会,在此情形,它们自该日起受本法典规定的调整。

(6)婚姻遗赠形式的基金会继续受在2006年12月31日有效的法律调整,除非它们选择根据本附录的规定登记为基金会,在此情形,它们自该日起受本法典规定的调整。

(7)如果基金会的设立仅为了慈善、博爱或其他社会目的或者作为非营利组织或者为了任何其他合法目的,此等基金会应被称为"目的性基金会";如果基金会的设立系为了私人利益,此等基金会应被称为"私人基金会"。除非章程中有明确规定,基金会应被视为私人基金会。

第 27 条 （社团的定义）

(1)社团是三人或更多人设立具有特定目标或目的的组织的协议,其目标或目的将通过此等人和自愿加入的其他人的出资、出力来实现。社团的总括财产,即资产与债务,独立于其会员、管理人或任何受益人的总括财产。

(2)社团无须登记为法人,但有权登记为法人。

第 28 条 （混合型组织）

(1)如果一个组织(a)被设立为基金会但具有社团的特征,或者相反;并且(b)既具有登记为基金会的资格,又具有登记为社团的资格,则在本法典中被称为"混合型组织",并受本条下列规定的调整。

(2)混合型组织应当登记为基金会,但它在相关日期之后届满2年之前将其章程修正为社团章程的,不在此限。

---

① 第331章。

(3)管理人在其管理中,既应当注意本附录关于基金会的规定,也应当注意本附录关于社团的规定,直至组织的章程被修正,明确选择某一组织形式或另一组织形式。

(4)如果创立人或会员没有实施修正混合型组织的章程的行为,或者修正其章程不可能或不可行,混合型组织的管理人可以随时申请法院批准进行适当的修正,以明确该组织的法律形式,或者为基金会或者为社团。法院在考量了提交给它的所有证据并听取了希望提出意见的利害关系人的意见后,应发布它认为适当的命令,包括修正组织的章程与名称。

(5)在根据前款的规定作出决定时,法院还应当注意发起人的最初意图、组织的目的和当前的运作、受益人或会员的权利、组织目的的将来实现和组织的管理。

(6)基于管理人的申请,法院还有权命令通过设立其他组织将组织进行重组,依此,某个或数个发起人、创立人、会员或受益人(视具体情况而定):

(a)不再被视为基金会的创立人或其他,并且/或者形成一个目的仅在于维持上述基金会或者享受会员利益的社团;

(b)或者不再被视为社团的会员,并且/或者形成一个基金会,以实现规定的目的而不考虑任何会员利益;

(c)或者作出其他指令以确保有效地实现组织的最初目的。

(7)在发布此等命令时,法院应确保组织的目的或者授予任何人的任何权利不受影响,且此等修正或重组不在任何人自愿承担的债务之外产生任何债务。

第二分题　基金会

第 29 条　(章程的形式与内容)

(1)基金会仅得依生前公文书或遗嘱而设立。

(2)基金会文书应包含一项金钱或财产的捐助,其价值至少为1164欧元69欧分(1164.69),否则无效,但基金会的设立仅为了社会目的或非营利目的的情形除外,在此情形,捐助的价值至少为232欧元94欧分(232.94)。

(3)如果捐助的财产并非现金或其他资产,其价值体现在表面的,管理人应在附于登记申请表的陈述中声明,他们在经过考虑后认为,捐助给或授予基金会的财产具有的价值至少为本条规定的数额。

但已经适当被登记的基金会,如果在被登记后其资产的价值减少至低于本条规定的数额,并不丧失其维持登记的资格。

(4)基金会文书应包含如下事项,否则无效:

(a)基金会的名称,其中必须包含"基金会"一词;

(b)所登记的在马耳他的地址;

(c)目的或目标;

(d)据以设立基金会的资产;

(e)管理委员会的组成和第一任管理人的名字,如果尚未任命管理人,任命的方法;

(f)法定代表;

(g)基金会的设立期限(如果有的话);

(h)在其管理人并非马耳他居民的基金会之情形,被任命担任基金会在马耳他的地方代表并居住在马耳他之人的名字和地址;

(i)在私人基金会之情形,受益人的名字,或者如果没有指明受益人,内容为基金会系为受益人的利益而设立的一项声明。在后一情形,应在被称作"受益人声明"的书面文书中指明受益人,该书面文书不需构成公文书的一部分,但应由创立人签名并向管理人作出,出具基金会文书的公证人应对此予以鉴定。

(5)章程应由创立人签字。基金会设立后签署章程的任何人,被视为同意章程的所有规定以及基金会此前有效发布的所有规则。如果有3名以上的创立人希望设立基金会,可以在章程中对此事实作出声明,在章程明细表中规定的代表所有创始成员的3名创立人的签名即足以表明所有创立人的同意。

(6)在任何基金会被登记之前,必须将在章程中被指定担任基金会的管理人者的书面同意提交给登记员。

(7)规定的期限不得超过100年,但可以无限期设立的目的性基金会、被用作集体投资工具的基金会或被用于证券化交易的基金会,除外。如果没有规定期限,自设立之日起,基金会的有效期为100年。如果在文书中规定了更长的期限,自基金会存在之日起,在100周年纪念日终止。如果基金会系其他组织或信托机构根据本附录和任何规章变更而来,对存续期间的限制同样适用。在此等情形,存续期限应被累计。

(8)本法典第1753条第1款不适用于对已登记的基金会的捐助。

(9)根据本附录设立的基金会,不受本法典第331条、第757条至第761

条和第 1776 条的限制。

(10)基金会的期限不因基金会与创立人的遗产有关,也不因与属于基金会的财产有关的规定在创立人死后生效而受本法典第 586 条的影响。

(11)(a)本附录的规定适用于有利于基金会的遗嘱处分,无论此等基金会系生前设立或通过遗嘱处分设立。《民法典》第 688 条、第 693 条和第 695 条以及其他类似的规定,在所不问。

(b)除非得到受益人或法院的事先同意,基金会的管理人不得放弃有利于基金会的遗嘱处分中的基金会的利益。在此等情形,如果管理人不愿接受担任管理人或不愿继续担任管理人职务,适用本附录第 35 条的规定。

(12)本题的规定适用于本规定生效之时存在的所有基金会,但已经存在的基金会无须遵守第 2 款的要求,且仅基于登记而应遵守第 3 款的要求。本附录的任何规定不使在本法生效之前实施的在当时有效的任何行为无效。

第 30 条 (登记义务)

本题生效之后设立的宗教基金会和婚姻遗赠以外的任何基金会的所有被指定的管理人,有义务在本题规定的期限内,根据本附录将此等基金会进行登记。

第 31 条 (基金会的登记)

(1)在进行基金会登记时:

(a)如果为目的性基金会,第 2 款、第 3 款和第 4 款所规定之人应向登记员提交设立文书的真实的副本,该副本应由登记员进行备案;

(b)如果为私人基金会,不带"受益人声明"的设立文书以及一项仅提及创立人的附带说明,应由登记员对其进行备案。

(2)如果基金会系以公文书设立,下列人员需提交公文书的真实的副本:

(ⅰ)创立人;

(ⅱ)或者在接受担任管理人之后,在上述文书中被任命的管理人;

(ⅲ)或者出具文书的公证人。

(3)如果基金会系以遗嘱设立,遗嘱执行人或继承人需提交经过适当鉴定的遗嘱相关部分的摘录。

遗嘱执行人甚至可以在被法院确认为遗嘱执行人之前提交上述摘录。

(4)如果基金会系以秘密遗嘱设立,公开秘密遗嘱的公证人或继承人需提交上述摘录。

(5)第 3 款和第 4 款提及的继承人,无意声明或尚未声明其接受遗产的意图或者已经附清单利益地接受遗产的,仍应提交上述摘录,但此等提交本身并非接受遗产或者无条件地接受遗产的证据。

(6)上述提交应在自下列日期起算的3个月内为之：

(a)如果基金会系以公文书设立,自该文书之日；

(b)如果基金会系以公示遗嘱设立,自创立人死亡之日；

(c)如果基金会系以秘密遗嘱设立,自遗嘱公开之日。

(7)上述提交应由第2款、第3款和第4款提及的任何一人亲自或通过授权的代理人为之。

(8)登记员在收到第1款提及的文书之后,应当：

(a)如果确信本分题所有的规定均已得到遵守,对基金会进行登记；

(b)或者拒绝对基金会进行登记,并以书面形式通知申请人拒绝的原因。

(9)如果登记员认为任何信息对于基金会的登记是必要的,有权要求任何人提供该信息。但在私人基金会之情形,登记员无权向管理人或公证人要求获得"受益人声明"的副本。

本款的任何规定均不限制马耳他金融服务管理局根据可适用的法律享有的任何权力。

(10)如果没有在第6款规定的期限内进行第1款规定的提交,第2款、第3款和第4款提及之人,每人应被处以232欧元94欧分(232.94)的罚金,该罚金应向登记员缴纳。

但如果某人不知道创立人的死亡或任何其他相关事实,不因未遵守此项义务而承担责任。

(11)《组织与民事程序法典》①第636条第2款和第3款之规定适用于本条规定的摘录。

(12)在不限制对组织享有合法利益之人接近私人基金会的记录和其中包含的所有信息的情况下,登记员应实施一定的措施,以确保私人基金会及其资产、活动和受益人的隐私。

(13)如果登记员占有私人基金会的文书,除已登记者外,事先未经管理人、监事会(如果有的话)或法院的书面同意,此等文书不得向第三人公开,且仅当法院确信该第三人对信息享有合法利益时,始得作出书面同意。

第32条 （基金会的目的）

---

① 第12章。

(1)可以为实现合法目的设立基金会,包括为实现第 26 条第 7 款规定的没有受益人的社会目的设立之。除非以清晰的措辞指明了目的,登记员不得将基金会进行登记。

(2)创立人,或者如果章程允许,其他机构或个人,可以通过另外的公文书修正或增加基金会的目的。创立人死亡后,基于任何管理人、监事会或其他利害关系人的申请,法院可以授权进行此等目的的修正或增加。

(3)基金会文书可以指明,其金钱或财产可以被用以实现设立基金会的目的的方式。如果没有作出此等指示,管理人可以行使其自由裁量权。

(4)基金会文书可以指明,如果其目的实现、穷尽或变得不可能,如何运用基金会的资产。如果没有作出此等指示,管理人或监事会可以向法院提出具体的建议,请求授权使用或处分资产,但创立人根据第 3 款修正了基金会的目的的,除外。对资产的任何处分,仅得向具有类似目的的另一目的性基金会为之。

(5)如果基金会的主要目的在于资助某类人,由于他们特定的社会、物质或其他需要,或者由于他们遭受的无能力,此类人构成一个作为整体的团体,则对此类人的指明或者对此类人中的某个或多个成员的指明,根据本条,并不使该基金会成为私人基金会,而应被视为目的性基金会。

第 32A 条　(不得为贸易而设立基金会)

(1)不得为贸易或从事商业活动而设立基金会,即使其收益被设定用于社会目的,亦同,但:

(a)对于商业财产、营利性企业的股权、特许经营权、商标或产生收益的其他资产以及船舶,只要组织仅是此等资产的消极所有权人,即可用以捐助基金会;

(b)取得可适用的法律所规定的必要授权,基金会可以被用作集体投资工具,并可以向内部投资者发行股份,包括养老金或雇员福利安排,从而消极持有共同资产,共同资产的管理则委托给第三人;

(c)基金会可以被用作证券化交易目的的工具,可以通过发行债券借款,并可以实施所有的相关行为和辅助行为。

(2)本条的任何规定不以任何方式妨碍或限制管理人保护基金会对此等财产的权利或者将此等财产的管理委托给第三人。

第 33 条　(私人基金会)

(1)基金会可以为某人或更多人或某类人的私人利益而设立。此等受益人享有基金会条款和本附录的条文中规定的利益并享有可对基金会依法强制执行的权利。基金会意味着其所有管理人均承受本法典规定的信义之债。

（2）受益人对基金会享有的利益被视为动产，即使该利益包含不动产，亦同。

（3）对基金会享有的利益专属于受益人本人，并受制于任何可适用的法律和基金会条款的规定。受益人的债权人、配偶、继承人或受遗赠人仅在受益人对基金会所享有权利的范围内享有权利，而对基金会的资产不享有其他权利。除非在授予受益人某种利益的基金会文书中有其他明示规定，受益人死亡的，其对基金会所享有的权利并不移转给其继承人而是终止。如果基金会由于法律规定的任何其他原因终止，在不违反基金会条款的前提下，基金会的资产归于创立人或其法律上的继承人。

（4）私人基金会必须：

（a）尽可能清楚全面地指明享有利益的人员类别；

（b）或者通过下列方式尽可能清楚全面地指明享有利益之人：指出其名字、姓氏、身份证号码、父亲的名字、母亲的名字和婚前姓氏、任何其他相关的个人信息或家庭信息，以消除对意定的受益人的任何不确定性。

如果不能根据上述规定确定受益人，基金会被视为为创立人或其权利继受人的私人利益而设立。

此等确定无须在设立基金会的文书中作出，但可以根据本附录第29条第4款(i)项在独立的"受益人声明"中作出。

（5）在基金会设立时尚未受孕者，可以被指定为受益人或作为某类受益人的一部分，但其权利仅从其活着出生时产生。

（6）基金会的创立人也可以为受益人。

（7）在不违反基金会文书之条款的前提下，如果创立人仍然健在且有行为能力，他们可以自由修正文书以及取代、增加或移除受益人。

但创立人的任何决定不影响管理人在该决定之前或者在收到修正通知之前合法实施任何行为的有效性，也不影响或中断正在进行的合法行为或者管理人已经作出但尚未履行的合法承诺。

（8）如果创立人认为适当，受益人可以被如此指定：

（a）附条件地；

（b）附期限地；

（c）不高于特定的利益价值。

但如果创立人死亡,受益人可以向法院申请,请求除去考虑到所有情况而被认为不合理的任何条件或要求。

不配根据遗嘱取得财产者不能作为基金会的受益人取得利益。

(9)基金会的条款可以规定,管理人可以自主决定增加某人为受益人或排除某受益人获得利益。

(10)基金会的条款可以使受益人的利益:

(a)能够被终止;

(b)承受转让或处分的限制;

(c)减少或终止,如果受益人破产、变得支付不能或者为其债权人的利益其任何财产被扣押;

(d)如果明确表示该利益系为扶养受益人或作为养老金,未经法院事先同意,不因对管理人发布的债权扣押令而被扣押或终止。

(11)如果利益为年金或养老金或对财产的使用和享用以及对财产孳息的享用,基金会的条款可以使受益人的利益:

(a)承受转让或处分的限制;

(b)不因对作为第三债务人的管理人送达的债权扣押令而被扣押;

(c)未经法院的事先同意不得被终止。

(12)如果管理人被授权以其自由裁量增加受益人,该权力有效的条件是:在基金会文书或"受益人声明"中,对受益人作为其一部分的人员类别作出了充分的说明。没有此等说明的,该权力无效。

(13)根据授予管理人的权力或自由裁量权而可能被指定为受益人的人,在被管理人指定为受益人之前,不对基金会或管理人享有任何权利,也不以任何方式被视为受益人。

(14)管理人可以被授予以其绝对的自由裁量决定哪些受益人将受益、受益的数量、受益人在什么时间和以什么方式受益的权力,以及有关指定、运用或预支基金会财产的其他权力。

(15)为其利益而行使分配或指定财产的自由裁量权的受益人,在为其利益而行使指定、运用或预支基金会财产的自由裁量权之前,对基金会的特定财产不享有任何权利。

(16)受益人可以以书面形式放弃其全部利益,此等放弃不可撤销。

(17)在不违反基金会文书之条款的前提下,受益人可以放弃其部分利益,其是否已经从其利益中获益,在所不问。在任何此等情形,在不违反基金会文书之条款的前提下,可以通过放弃利益的文书使此等放弃成为可撤销的,并在该文书中规定的情况下以其中规定的方式进行撤销。

(18)在不违反基金会条款的前提下,受益人可以通过书面文书以任何方式出售其利益、使其利益承受负担、转让或以其他方式处分其利益。

(19)在不违反基金会条款的前提下,如果基金会或者基金会的利益系有利于某类人:

(a)当不可能再有任何其他人成为该类别中的一员时,该类别终结;

(b)年龄在55周岁以上的妇女,被视为不再有生育小孩的能力;

(c)如果任何类别的人的利益与基金会的收入有关,在任何时期当该类别中没有任何成员存在时,其收入应累积,并在不违反第29条第7款的前提下,保留至该类别中有成员存在或者该类别终结。

第34条 (基金的增加)

(1)创立人或征得其同意的任何其他人,可以随时通过额外的捐助增加基金会的资产。

(2)征得创立人、监事会或管理人的同意,或者没有此等人的,征得法院的同意,第三人可以通过新的捐助增加对目的性基金会的捐助。

但第三人未经创立人、管理人或法院的同意,通过遗嘱作出此等增加的,该遗嘱处分被视为要求设立新的基金会,指定的管理人应如此为之。

(3)管理人应当在任何增加后的3个月内,向登记员提交一份增加给基金会的财产清单或一项描述性说明。但在现金捐助的情形,仅需向登记员提交一份相关的银行存单的经证实的副本。

(4)在目的性基金会的情形,向此等基金会所为的捐助被视为为基金会的目的而被接受。如果此等基金会根据某项已向登记员登记的计划定期地接受捐助,管理人无须在每次增加捐助时都提交一份描述性的说明,但应每年提交一次捐助文件。

(5)捐助可以附条件、附期限或者根据基金会的明确规定为之。如果没有任何指示,任何捐助均被视为无条件地为之。

(6)对目的性基金会的捐助不可被撤销,即使在设立文书中有任何相反的规定,亦然。

(7)除非有其他明确规定,对基金会的捐助被视为不可撤销。除非在设立文书中有其他规定,捐助被规定为可撤销这一事实,并不意味着对管理人使用或指定资金或收入的任何限制。在撤销的情形,捐助人仅对仍未被使用的资金余额享有权利。

(8)如果捐助系两个或两个以上的捐助人共同为之,且明确表示可以被撤销,此等捐助仅得依所有捐助人的明示同意而被撤销。

(9)捐助的撤销不影响已经实施的行为或使之无效,不中断正在进行的行为,也不影响已经作出但尚未履行的承诺。在管理人向登记员证明所有的承诺均已履行之前,应暂缓捐助的撤销,且撤销被视为仅对未被用于履行此等承诺的数额为之。

(10)除非捐助被撤销的结果导致基金会所有财产的耗尽,此等撤销并不意味着基金会的终止。

(11)如果捐助的特定目的不同于接受捐助的基金会的目的,某基金会为此等捐助的受益人的,管理人应向捐助人寻求新的指示;如果不能获得捐助人的指示,管理人应向法院申请指令。

(12)在本题范围内,术语"捐助"是指对现存的或将来可能产生的金钱和其他财产的任何授予,包括对金钱或其他财产的权利的任何授予。

第35条　(基金会的管理人)

(1)被指定为基金会的管理人的人可以是法人,但该法人至少应有三名董事。

(2)目的性基金会至少应有三名管理人,或者至少应有一名法人担任管理人。

(3)如果在设立文书中被指定为管理人的人不愿或不能接受该职务,他应在15日内将其意思向登记员、创立人或其继承人和指定的继任人作出书面通知。占有基金会的任何资产意味着接受担任该基金会的管理人。在此等情形,基于任何利害关系人或登记员的请求,管理人应当以书面形式确认其担任该职务。未在被书面请求后的30日内作出确认的,被视为管理人违反义务。

(4)被指定或被任命继任管理人职务的任何人,负有与如同他被指定为第一顺位的管理人一样的义务,并应在接手该职务后向登记员作出书面通知。管理人在接手该职务后,可以向登记员和任何利害关系人书面通知其对于有关基金会或有关先前管理人之行为的任何事项所具有的保留意见,但应在接手后的30日内为之。在收回保留意见之前,该管理人不对作出保留的任何事项承担责任。

(5)无论是原先指定的管理人还是继任的管理人,如果已经实施了任何管理行为,在他们放弃管理之后,应当提交其管理的账目以及根据可适用的法律所要求提交的账目。此等账目应提交给继任的管理人,或者没有继任的管理人的,提交给登记员。

(6)除非基金会文书有其他规定,管理人可以从基金会的收入或资本中获得报酬。此等报酬的数额和方式根据基金会文书或创立人与管理人之间达成的任何协议或可适用的法律的规定为之。基于管理人或任何利害关系人之申请,报酬还可以由法院确定。

(7)在不违反第8款之规定的情况下,管理人可以通过向下列人员作出书面通知的方式辞职:向其共同管理人,在没有其他管理人的情形,向创立人或受益人,或者如果不可行,至少向一名受益人,或者如果没有可以向其作出通知之人,向管理人的被适当任命的继任人。自作出上述通知起,辞职生效。

(8)下列辞职无效:

(a)为便于违反义务而作出的辞职;

(b)将导致基金会没有管理人的辞职。

不考虑(b)项之规定,如果在辞职生效前,管理人向法院申请任命一名新管理人且一名新管理人被如是任命,则管理人可以辞职。

(9)基于下列事由,管理人立即终止为管理人:

(a)法院免除管理人;

(b)基金会文书中的免除管理人职务的条件生效;

(c)如果管理人为法人,已采取终结法人的措施。

(10)终止为管理人的管理人,除负有第5款规定的提交账目的义务外,还应当立即将其占有的基金会的所有财产提交给剩下的管理人或继任的管理人,并实施为了基金会的利益所必需的所有正式的行为或其他行为。

第36条　（创立人的权利）

(1)创立人和基金会文书中指定的其他人,可以行使对基金会管理的监督权、可以获得管理人持有的账目的副本以及财产清单的副本或者对财产的描述性说明的副本,并且如果对管理人的任命或者资产的处分系由法院作出,创立人和上述其他人可以介入此等事项。

(2)创立人可以成为基金会的管理人。

(3)创立人还可以在其生存期间成为私人基金会的受益人。

如果创立人为受益人,该创立人不得同时担任该基金会的唯一管理人。

第37条　（监督机构或保护人）

(1)基金会条款可以规定设立一个至少包括一名成员的监事会,或者规定设立具有类似职能的保护人的职位。

(2)监事会的成员或保护人应由创立人在基金会章程中任命或者随后任命。基金会文书还可以规定监事会成员或保护人的可能的替补人。

(3)监事会或保护人不被视为管理人。

(4)在不违反基金会条款的前提下,监事会或保护人享有对管理人的行为行使监督权的权力,并可被授予任命、免除、替代或增加管理人的权力。

(5)管理人对任何诉权或自由裁量权的行使必须取得监事会或保护人的明示同意。

第 38 条 (受益人的权利)

(1)在合理的范围内并在收到书面请求后的合理期限内,管理人应当向下列人员或机构提供关于基金会财产之状况和数额的全面且真实的信息,包括基金会的账目和管理行为(在不违反第 2 款规定的前提下):

(a)创立人;

(b)法院;

(c)监事会或保护人;

(d)在基金会文书中被授予此等权利的任何其他人;

(e)在不违反基金会条款的前提下,向基金会的已成年且有行为能力的任何受益人,或者如果受益人为未成年人,向其法定监护人或代理人;

(f)在不违反基金会条款的前提下,基金会系为其利益而设立的、所指明的任何其他目的性组织或慈善信托机构;

(g)在基金会的设立系为了某一目的的情形,检察长或可适用的法律所规定的相关权力机关。

(2)在不违反基金会条款和法院基于特定的原因而发布的任何命令的前提下,不得要求管理人或任何其他人向任何人披露私人基金会的有关下列事项的任何文件或信息:

(a)披露管理人有关行使权力或自由裁量权的方式的商议结果或者有关履行法律或基金会条款所课加的义务的方式的商议结果;

(b)披露任何特定的对此等权力或自由裁量权之行使或者义务之履行的原因,或者披露将作为或可能已经作为此等原因之基础的材料;

(c)有关此等权力或自由裁量权的行使或提议行使,或者有关此等义务的履行或提议履行。

(3)除非基金会条款明确规定了向受益人通知其对基金会享有的权利的

期限和方式,管理人有义务在其接受担任管理人后的合理期限内以书面形式向任何受益人通知其权利。

(4)如果根据本附录第33条第9款,基金会的条款授予一项自由裁量权,在自由裁量权为其利益而被行使之前,基金会的条款可以延缓管理人对可能受益于基金会的受益人或者对构成可能受益于基金会的某类人之一部分的受益人作出通知的义务。基金会的条款还可以指明通知此等受益人的期限和方式。

(5)如果基金会文书明确规定了应当向受益人或者向构成可以从中指定受益人的某类人之一部分的人作出信息通知,但没有提及任何已经确定的或可确定的期限,此等条款应被解释为包含一项管理人应在创立人死亡后的合理期限内通知此等受益人的义务。

(6)如果管理人认为根据上述各款的规定提供信息不利于基金会的受益人或某一受益人,管理人可以向法院提出申请,法院可以在它认为适当的条件下免除管理人的通知义务。

(7)如果能合理地证明对管理人占有的信息享有权利之人已经被通知或者已经知道此信息,则不产生上述条款规定的通知义务。

(8)在目的性基金会的情形,不产生向构成某类人之一部分的未指明的受益人或者向构成根据管理人的权力可以被指定为受益人的某类人之一部分的人作出通知的义务,基金会的条款在所不问。但在未指明的受益人之情形,如果管理人确定,存在少于10名受益人属于此类受益人的,除外。此外,如果没有任何相反的指示,未指明的受益人或者根据某项权力可能被增加为受益人之人,应被假定为主要在马耳他从事相关社会活动或其他活动之人。

(9)管理人应尽其最大能力并由基金会承担费用履行其通知义务。如果管理人认为该费用过高或难以承受,管理人可以向法院申请指示,法院有权在它认为适当的条件下免除管理人的通知义务。

(10)本条所规定的延缓管理人向受益人作出通知的义务,并不减少本附录或其他可适用的法律所规定的受益人的权利或者管理人对此等受益人的义务和责任。

(11)根据本附录第33条第12款规定的权力可能被增加为受益人之人,在他们被管理人依据该权力指定为受益人之前,不享有知情权。

第39条 (有多名创立人的基金会)

(1)如果有一名以上的创立人,无论是最初的创立人或随后的创立人,权利的行使应根据章程的规定为之。如果章程没有作出规定,在有两名创立人的情形,两人应一致作出决定;在有两名以上的创立人的情形,根据多数人的决定为之。

(2)对于有多名创立人的基金会,本附录第52条规定的关于大会的规则,经适当的修改后予以适用。

第40条 (基金会的撤销)

(1)在不影响第2款的前提下,除非章程或本题有其他明示规定,基金会不得在其设立期限届满前撤销。

(2)除非创立人明确排除了此等权利,私人基金会可以基于基金会的所有受益人的请求而终止,但以他们全部存在、已被确定且他们中没有人为禁治产人或未成年人为限。如果创立人仍然健在,需要其同意受益人方可进行撤销。创立人可以使基金会的终止受制于章程中规定的某人的同意。

(3)不考虑章程中的任何规定,创立人死亡后,当基金会的所有受益人提出请求时,如果法院确信,基金会的继续存在对于实现创立人的意图不再必要,法院有权解散和终结任何私人基金会。

(4)基金会的章程可以规定基金会可以撤销。

但基金会的撤销不影响已经合法实施的行为或使之无效,不中断正在进行的合法行为,也不影响已经作出但尚未履行的合法承诺。在管理人向登记员证明所有的合法承诺均已履行之前,应暂缓基于撤销的终止。

(5)创立人明确保留的撤销基金会的权利不得由该创立人的继承人或配偶行使,但在基金会文书中有其他明示规定的除外。在不影响法律规定的任何其他救济的前提下,基金会的债权人不得行使撤销基金会的权利。

(6)目的性基金会仅得以不可撤销的方式设立,章程中保留撤销基金会的权利的任何条款应予忽略。

但在规定的目的已经实现或者不再可能时,管理人将收益用于其他目的的权力,有效。

创立人保留的在需要时以其设立的基金会的基金扶养自己及其近亲属的权利,亦有效。在此等情形,法院对于决定基金会的基金是否可以用于此等扶养享有排他性的权利。

(7)如果基金会终止,应遵守本附录第59条规定的组织自愿终结的程序。

(8)除第47条第2款规定的情形外,如果基金会变更为信托机构,登记的终止意味着基金会的终止。登记员基于通知或通过其他方式知道该情形的,应将基金会予以除名。

(9)如果不存在本条规定的任何情形,管理人有义务维持基金会的登记。

第41条 (享有自愿管辖权的法庭对基金会的权力)

法院对有关基金会、其管理人、受益人和对基金会享有利益的其他当事人的事项,享有管辖权。

第42条 (法院对基金会文书之条款的变更和对特定交易的批准)

(1)在不影响第3款之规定的前提下,法院如果认为合适,可以通过命令,代表下列之人批准无论任何人所提议的任何安排:

(a)直接地或间接地对基金会享有既定的或未定的利益,但在法律上无行为能力的任何人;

(b)作为被明确指定之人或者作为任何被明确指定的某类人中的一员,在将来的某个日期或者基于将来的某个事件的发生而直接地或间接地对基金会享有利益的任何人,无论是否确定;

(c)任何未出生之人;

(d)由于授予任何人的使尚未丧失或尚未确定的任何现存利益予以放弃或确定的任何自由裁量权而可能享有任何利益的任何人。

是否存在享有利益且能够对该安排作出同意、能够变更或撤销基金会的任何条款或者能够扩大管理人经营或管理基金会的任何财产的权限的其他人,在所不问。

(2)除非法院确信某项安排系为了第1款(a)项、(b)项或(c)项所规定之人的利益,否则不得代表上述之人批准该安排。

(3)在基金会的经营或管理中,任何出售、出租、押记、放弃、免除或其他处分,或者任何购买、投资、取得、支出或其他交易,如果法院认为有益,但由于基金会的条款或法律没有授予管理人此等权力而不能实施,则法院可以其认为适当的期限,在其认为适当的规定或条件下,概括性地或在任何特定的情形授予管理人此等权力,并可以指令以何种方式以及由哪些财产承担被授权支出的任何金钱和任何交易的费用。

(4)根据本条向法院提出的申请,可以由管理人或任何受益人为之。

第43条 (法院的其他权力)

(1)针对有关基金会的任何事项,管理人可以向法院申请就他能够或应当以何种方式行事作出指令。法院可以作出它认为适当的指示。

(2)如果法院认为适当,它还可以:

(a)发布有关下列事项的命令:

(ⅰ)任何基金会的执行或管理;

(ⅱ)或者任何基金会的管理人,包括有关管理人的任何权力、自由裁量权的行使和义务的履行、管理人的任命或免除、管理人的报酬、账目的提交、管理人的行为和向法院作出的任何支付;

(ⅲ)或者任何受益人或与基金会有任何关系的任何人;

(b)作出关于某基金会的有效性或强制执行的任何声明;

(c)撤销或变更根据本题发布的任何命令或声明,或者发布新的或其他的命令或声明。

(3)向法院提出发布第2款规定的命令或声明的申请,可以由管理人或任何受益人或检察长或享有法律利益的任何其他人为之。

如果根据本附录第36条【从前文的规定来看,此处的"第36条"应为"第38条"。——译者注】,延缓向受益人通知其对基金会享有的利益的义务,在延缓生效之前,没有指定任何其他人对基金会的管理人进行监督的,基金会的创立人也可以根据本款向法院提出申请。在处理此等申请时,法院可以决定,上述知情权的延缓是否继续对全部受益人或某些受益人完全或部分有效。

(4)如果法院就管理人的任命发布一项命令,它可以课加一些它认为适当的条件。

(5)在不违反法院的任何命令的前提下,法院根据本条所任命的管理人享有如同他被基金会的文书最初任命为管理人一样的权力、自由裁量权并负有一样的义务。

(6)如果受益人由于管理人在经营基金会时的恶信而遭受损害,基于该受益人的申请,法院发布一项命令的,法院有权将其恢复到如果没有此等恶信行为他本会处在的状况,或者以其他方式保护其利益。

(7)如果居住在马耳他的某人根据本法典负有支付扶养费的义务,且为某基金会的受益人,法院享有对于复核管理人的自由裁量权的行使所必要的权力,从而对有权请求扶养费之人的权利作出适当考量。

第44条 (上诉、强制执行和审理)

(1)对于法院根据本附录的规定作出的任何裁定、命令、声明或指令,不得上诉。

(2)此等裁定、命令、声明或指令在被享有自愿管辖权或诉讼管辖权的法庭取代或变更之前一直有效。

(3)在法院审理申请期间,管理人或申请人应尽早向法院披露他所知道的可能与申请有关的所有重要事实,包括在马耳他或在外国法院作出的任何既判事项或开始的系属中的司法行为。

(4)向法院提出的所有申请,均应向管理人作出通知。申请人还应向所有他认为对申请的事项享有法律利益的人作出通知。法院如果认为合适,有权命令向它认为享有利益的任何其他人作出通知。

(5)法院应听取管理人和它认为适当的任何利害关系人的意见。

(6)在不影响本条前述规定或任何其他法律授予法院的权力的前提下,如果管理人疏于或拒绝履行任何义务,或者疏于或拒绝遵守法院的任何命令,法院可以根据其认为适当的期限和条件,命令它为此而指定之人执行或实施所要求的行为,费用由未履行义务或未遵守命令的管理人承担,或者法院可以作出其他指令。被如此执行或实施的任何事项,在所有方面,具有如同该事项被管理人执行或实施一样的效力。

第 45 条 （保密）

(1)根据此等条文提起的有关私人基金会的所有诉讼应当不公开审理,仅诉讼当事人、管理人、能够证明并使法院确信其对诉讼享有利益的受益人、其各自的律师或法定代理人被允许在审理期间出庭。

(2)法院作出的任何裁定或判决应对诉讼过程予以保密,仅得披露对于使当事人和管理人理解和强制执行该裁定或判决所必要的事实。

(3)所有的申请、答复、宣誓书、意见、陈述和其他文书或证据,应由法院的登记员以机密的形式予以保管,非经法院的书面同意,任何人不得接触。

(4)如果诉讼的一方当事人认为信息、文书或文书中的信息应对诉讼的其他当事人保密,法院在命令披露该信息或者就该信息发布其他命令之前,可以仅听取该方当事人的意见。如果法院确信,诉讼的其他当事人对被认为秘密的信息没有任何利益或者与诉讼要解决的事项没有任何关系,法院应当命令不得在诉讼中披露该信息。

第 46 条 （法院的规则）

关于根据本分题提出的申请,依《组织与民事程序法典》[①]第 29 条而设立的委员会可以制定《法院规则》。

第 47 条 （基金会变更为信托机构和信托机构变更为基金会）

---

① 第 12 章。

(1)通过下列方式,可以将基金会变更为信托机构,也可以将信托机构变更为基金会:

(a)经下列人员书面同意:

(ⅰ)所有的受托人或管理人,视具体情况而定,

(ⅱ)以及对信托机构享有确定的利益或者对基金会享有类似权利的所有的受益人,

(ⅲ)以及信托文书或基金会文书中(视具体情况而定)指定的、对相关资产作出重大决定可能需要其同意的任何其他人;

(b)并且通过制作适当形式和内容的基金会文书或信托文书,从而忠实地反映信托机构设立人或基金会创立人的意图以及受益人的权利(视具体情况而定)。

(2)如果基金会变更为信托机构,信托机构的受托人应当在收到前款规定的所有同意后的30日内,通过向登记员提交一份所规定的通知,注销基金会的登记。

(3)如果信托机构变更为基金会,基金会的管理人应当制作一份公文书,并在收到本条规定的所有同意后的30日内,通过向登记员提交本附录所规定的文书,将基金会进行登记。

第三分题　社　　团

第48条　(社团的类型和可适用的法律)

(1)可以为下列目的而设立社团:

(a)为促进私人利益;

(b)为促进某种贸易或职业;

(c)为实现某种社会目的;

(d)为从事任何非营利的合法活动。

(2)如果人的社团系为促进私人利益而设立(视具体情况而定),此等社团受下列法律和规定调整:

(a)本法典第二编第二分编第十题有关民事合伙的规定;

(b)有关商事合伙的特别法;

(c)有关特定职业的特别法;

(d)有关工会和雇主协会的特别法;

(e)有关合作社的特别法。

(3)如果社团系为在调整此等社团的形式或目的的任何特别法中所规定的其他私人利益而设立,此等社团受该特别法调整。

(4)如果社团系为实现某种社会目的或作为非营利组织而设立,此等社团受本题的规定和有关志愿组织的任何特别法的规定调整。

(5)根据本题的规定,所有的社团均有登记资格,但应遵守本附录第6条的规定。

第49条 （章程的形式和内容）

(1)设立社团的协议应为书面形式,否则无效。

(2)为使社团具备登记资格,章程中应规定如下事项:

(a)名称;

(b)所登记的在马耳他的地址;

(c)目的或目标;

(d)准许申请人加入社团的方法或程序;

(e)大会期间的议事方式;

(f)管理委员会的组成和第一任管理人的名字;

(g)选举管理人和免除管理人职务的方式;

(h)法定代表;

(i)如果社团的管理人并非马耳他居民,被任命担任社团在马耳他的地方代表并居住在马耳他之人的名字和地址;

(j)设立期限(如果有的话)。

(3)章程应由社团设立人签名。社团设立后签署章程的任何人,被视为同意章程的所有规定以及社团此前有效发布的所有规则。如果有3人以上希望设立社团,可以在章程中对此事实作出声明,在章程明细表中规定的代表所有社团设立人的3人的签名即足以表明所有设立人的同意。

(4)在任何社团登记之前,必须将在章程中被指定担任社团管理人之人的书面同意提交给登记员。

第50条 （目的）

(1)社团的章程必须清楚地指明其目的。

(2)社团的资产可以来源于任何合法的经营或活动,也可以是现在或将来的任何性质的资产。

(3)没有指明目的将导致协议无效。在社团的目的清楚明确之前,登记员不得接受此等组织的登记。

(4)为实现最初设立社团的目的,社团的会员可以通过将社团的目的延伸至包括类似性质的其他目的而增加社团的目的。此等其他目的必须明确规定在经修正章程所必要的会员人数同意的另一书面文书中。

(5)社会目的社团不得变更其目的或将其目的延伸至社会目的以外的其他目的。非营利社团不得变更其章程使之成为促进私人利益的组织。

(6)根据社团的物质资源或其他资源状况而不时地对会员人数的限制,或者一个有权接受或拒绝新会员加入社团的会籍委员会的存在,就其本身而言,并不意味着该社团为为私人利益的社团。

第 51 条 (社团的登记)

(1)为将社团进行登记,管理人必须向登记员提交设立文书的真实的副本,并由登记员予以备案。

(2)如果社团系通过公文书设立,应由上述文书中规定的管理人(如果他们接受担任管理人)或者出具上述文书的公证人提交上述文书的真实的副本,并且他们中的任一人进行提交即可。

(3)在收到第 1 款提及的文书后,登记员如果确信本分题的所有规定均已得到遵守,应对社团予以登记。

第 52 条 (大会)

(1)由所有会员参加的大会应至少每年召开一次。在大会上,应当提交和讨论由管理人批准的社团的年度报告和账目以及审计员或复核员的报告。

(2)其他会议,如果管理人认为必要,可以随时召开,或者在至少 10% 的会员签字的书面请求下召开。被如是请求时,如果管理人没有召开会议,法院可以命令召开会议,且应当指明会议的时间和地点,这对管理人具有约束力。

(3)如果章程中没有特别规定,在会员大会上,除下列情形外,决定应根据出席会议的会员的多数意见作出:

(a)如果决定修正章程,此等决定必须得到所有登记会员在每人一票的基础上至少 51% 的支持;

(b)如果决定终止社团或将其全部资产赠与其他组织,此等决定必须得到所有会员至少 75% 的支持;

(c)如果决定批准账目或与管理人的作用或职责相关的事项,管理人无权投票。

(4)会员可以任命代理人代表自己出席大会。如果此等代理人为会员,除了自己的投票权外,他还享有投票权。

(5)如果任何会员根据本条行使其请求召开会议的权利,在所请求的会议召开之前,管理人或社团不得将其开除或使其退社或以其他方式限制或减少此等会员的权利。

第53条　（管理人）

(1)除非章程有其他规定或暗含其他意思,假定管理人必须为组织的会员,但在管理人系根据雇用合同被聘用的情形,除外。

(2)本附录第35条的规定经适当的修改后适用于社团的管理人。

第54条　（会员）

(1)社团的会员为如下之人:

(a)赞同社团的目的;

(b)符合章程中规定的成为会员的个人条件或资格;

(c)提供必要的会员细项;

(d)支付适当的会费或者以其他方式符合组织章程或规则所要求的加入条件;

(e)以某种方式被会籍委员会或者被会员大会授权接纳新会员的委员会(如果有的话)接纳。

(2)成为社团会员的任何人均可自由退出社团。除未支付的会费外,退出社团的会员不承担任何责任。

但在未登记的社团中,如果会员退出社团,不影响他在作为会员期间根据可适用的法律所承担的责任,但他对退出社团后与社团有关的任何活动不承担责任。

(3)如果付清会费的社团会员的人数不足三人,管理人应当书面要求会员在一定期限内支付会费,并通知他们,根据本规定,不支付会费将导致会员资格的终止。在上述期限届满后仍未支付会费的,根据本题的规定,社团终止将其登记为会员。

(4)章程中的任何除名程序,除未支付会费或未遵守作为会员的其他纯形式条件外,应当:

(a)允许对争议有利害关系之人不参与除名的决定;

(b)允许拟被除名的会员享有向被授权作出决定之人作出妥协的权利。

(5)如果社团的章程没有规定第4款提及的程序,管理人执行的程序应当与前款规定的规则相符。

如果组织的管理人与争议有关,且不能找到中立的会员对除名的动议作出裁决,则应将该争议提交法院。

(6)在为社会目的而设立的社团或非营利社团中,会员资格不得转让或继承。

(7)对于为社会目的而设立的社团或非营利社团,社员对社团资产不享有财产性权利,也无权在退社或被除名或社团终结时获得任何补偿。

第 55 条 （捐助）

(1)本附录第 34 条的规定适用于对社团的捐助。

(2)会费并非捐助且不得被视为捐助,除章程中有明确规定外,也不予退还。

第 56 条 （终止）

(1)社团存在至根据其章程或根据本题的规定被终止之时。但基于管理人在社团终止前 30 日作出的书面通知,会员修正了章程,确定了社团的财产可以被用于的其他目的的,除外。

(2)社团的终止不影响已经实施的合法行为或使之无效,不中断正在进行的合法行为,也不影响已经作出但尚未履行的合法承诺。在管理人向登记员证明所有的合法承诺均已履行之前,应暂缓终止。

(3)在为社会目的而设立的社团或非营利社团的情形,社团终止后,管理人必须将所有资产赠与具有类似目的的其他组织。否则,在不影响法院作出指令的权力的前提下,应为了负责社会政策的部长通过公布于公报中的通知所指定的组织的利益处分社团的资产,该组织应将该资产用于类似的目的或者可适用的法律所规定的目的。

(4)登记的终止并不意味着社团的终止。社团的终止,仅当会员根据社团章程明确终止社团时始发生,或者在其他终止的情形,根据本附录的规定而发生。

第四题　组织的终结

第 57 条 （登记的终止）

(1)组织可以通过由其所有管理人签字的书面请求,或者通过其章程规定的其他形式,并提交一项账目声明,声明组织的资产与债务以及在组织终止后如何处理这些资产与债务,而请求终止其登记。

(2)登记的终止并不意味着组织的终结,组织可以作为未登记的组织继续存在,并适用本附录的有关规定。

(3)任何利害关系人或适格权力机关可以根据本题的规定,向法院申请终止登记和/或终结组织。

(4)法院基于意味着组织不能再运作的理由而命令终止组织之登记的,登记的终止应包含一项法院的命令,要求该组织终止作为一个法人和一个组织。在此等情形,该组织不得继续作为未登记的组织存在。

第58条 (终结)

(1)组织可以自愿终结或被法院命令终结。

(2)在本题中,术语"组织"既包括已登记的组织也包括未登记的组织。

第59条 (自愿终结)

(1)组织根据章程中规定的程序而自愿终结。除非有其他规定,组织的终结,在社团的情形,应获得所有会员的多数支持;在基金会的情形,应获得所有管理人的多数支持。

(2)应在终结决议通过后的14日内向登记员提交该决议的经证实的副本。

(3)仅当组织的资产超过其债务且所有的债务均已清偿时,组织始得自愿终结。管理人应准备一份组织的剩余财产的分配计划,并将之通知给登记员和所有的利害关系人。在执行该分配计划之前,应获得会员的批准;或者在基金会的情形,应获得创立人或受益人的批准(视具体情形而定);或者他们均不在的,应获得登记员的批准。

第60条 (终结时资产的处分)

(1)如果在目的性组织的章程中对组织终结时如何处分资产没有明确的规定,管理人应向法院申请指令,并按照法院的指令处分资产。

(2)在任何私人组织解散且终结的情形,如果在设立文书中对组织终结时如何分配资产没有任何指示,在偿付了所有费用后,法院在听取管理人、受益人和任何其他利害关系人的建议并考虑到创立人的意图后,应将资产偿付给受益人或返还给创立人。除非法院确信创立人意在使受益人取得资产,应将资产返还给创立人或其法律上的继承人。

第61条 (因期限届满等而解散和终结)

如果组织有设立期限,该期限届满时,或者组织的目的已经实现或变得不可能时,组织的管理人应当解散并终结组织。创立人或会员可以在即使上述事件发生后随时修正章程,以排除本条规定的解散事由。在此等情形,管理人的任何决定和任何解散程序应予终止且不产生任何效力。

第 62 条 （基于法院的命令而终结）

(1)任何利害关系人基于组织章程或本附录中的合法事由而向法院提出申请的,基于法院发布的命令,组织应予终结。

(2)如果法院认为公共利益需要或者本附录或任何其他法律的规定没有得到组织的遵守,且法院认为情势严重到需要发布此等命令,普通的违法救济在此等情形并不足够,基于终结组织的申请,法院可以命令终结该组织。

(3)在私人基金会的情形,根据本条请求终结此等基金会的权力还可以由马耳他金融服务管理局行使。

(4)在获得公共募捐的目的性基金会的情形,根据本条请求终结此等组织的权力可以由任何公众成员行使。

第 63 条 （上诉）

法院根据前条发布任何命令的,应当概述其理由,并就任何相关组织的所有资产采取措施,包括为该组织指定一名清算人。管理人和任何利害关系人有权在任何此等命令发布后的 15 日内向上诉法院提起上诉。

第 64 条 （因支付不能或其他严重困难而终结）

(1)如果组织变得支付不能或者遭受阻碍其运作和实现其目的的严重困难,管理人应终止运作并向登记员作出通知,登记员应立即与管理人合作,为组织的债权人、发起人或受益人以及组织本身的利益而指定一名清算人以终结事务。

(2)在本题中,"支付不能"是指,不能清偿其到期债务,并且在债务被司法确认或被承认后 3 个月内未能清偿之;或者考虑到组织的资产与债务,包括不确定的和预期的债务,能证明并使法院确信组织不能清偿其债务。

(3)如果组织超过 6 个月没有任何管理人,且法院没有基于任何利害关系人的申请而任命适当的人员,登记员应向法院提出请求,命令终结该组织并任命一名清算人。在私人基金会的情形,此等向法院提出请求的权力还可以授予马耳他金融服务管理局。

(4)基于此等命令,清算人应接管组织的所有资产并通知所有的债权人,如果必要,以公告的方式通知,并对可能产生的问题寻求适当的解决办法。清算人有权处分所有的资产并清偿所有的债务,但在向债权人作出清偿时,应遵守法律规定的债权人的顺位。

(5)对于争议的解决办法和资产的分配,清算人应咨询法院,法院应不时地作出指令。在清算中,清算人和任何债权人均可随时向法院申请指示。法院有权作出它认为适当的任何指示。

(6)同样的规则经适当的修改后适用于下列情形,即组织在非法运作或者被废弃,且登记员不能获得管理人或其他利害关系人的合作以正式终结该组织。

第 65 条 （登记的注销）

在收到管理人或清算人的声明,或者通过其他方式确信,所有的资产已经根据法律的规定被耗尽,并且所有的资产已根据经批准的分配计划被分配之后,登记员应注销组织的登记,该组织因此被从登记簿中除名,此后终止存在。

第 66 条 （登记的恢复）

如果发现已被注销的组织的资产或债务尚未确定、尚未处分、尚未分配、尚未支出或尚未以其他方式清算,法院享有必要的权力以恢复该组织及其任何机构,但其目的仅限于确定和处分或分配或清算该资产或债务。

第 67 条 （组织的终结对集团组织和单列机构的效力）

组织的终结不影响它所设立的其他组织的有效性或效力的继续存在。在此等情形,创始组织的职能由该组织的继受人或者由法院所指定之人承担。为使某组织终结,所存在的任何单列机构必须在该组织终结之前终结。

附录三①

城市房地产、住房和商业房地产的租约

今日，_____年_____月_____日

以此私文书，其一方当事人为_____，_____和_____（其婚前姓氏为_____）之子，出生于_____，居住在_____，持有的身份证号码为_____，下文称其为出租人。

另一方当事人为_____，_____和_____（其婚前姓氏为_____）之子，出生于_____，居住在_____，持有的身份证号码为_____，下文称其为承租人。

据此，当事人就下列事项达成协议：

a. 出租人以租赁的名义将房地产_____授予承租人，承租人同样以租赁的名义接受该房地产；

b. 承租人可以为_____之目的使用承租的房地产；

c. 租赁期限为_____，自_____起算；

d. 当事人同意，租约终止时，租约不得更新／应以如下方式更新：_____；

e. 该租约应付的租金为_____，应当每_____预付／后行支付。

2009年第10号法案——过渡性规定

第39条　（过渡性规定）

(1) 1995年6月1日之前生效且在2010年1月1日仍然有效的租约，继续受1995年6月1日之前有效的法律调整，而不受《民法典》第二编第二分编第九题——租赁合同——之规定的调整，后者为本法案所修正并受制于根据本法案所作的修正而制定的任何规章。

(2) 1995年《住房法修正法案》生效后所授予的，且在2010年1月1日仍

---

① 为2009年第10号法案第37条所增设。

然有效的租约,只要它们不受为本法案所修正的《民法典》第二编第二分编第九题——租赁合同——之规定的影响,就继续受上述法律调整。

(3)但如果本法案对承租人课加了2008年6月1日之前并未课加给他的其他义务,则2010年1月1日之前没有履行此等义务的,不得以任何方式使承租人对任何损害或其他不利的后果承担责任,例如终止租约之诉。

(4)如果终止的永租权或转永租权合同已经或即将依法变更为租赁,《民法典》第二编第二分编第九题——租赁合同——之规定同样适用于城市房地产的租赁。

但在依《住房(解除管制)条例》①订立的租约的情形,不考虑《民法典》的上述规定,上述条例中界定何为承租人的规定以及在承租人死亡后租约移转的规定应继续使用。

(5)依《城市房地产续租(调控)条例》②设立的租金委员会对于决定与城市房地产,包括商业房地产和住房的租赁有关的事项,享有排他性的管辖权,但在2010年1月1日仍然系属于法院或其他特别法庭中的有关租赁合同的案件,仍由该法院或特别法庭处理。

(6)本法和为本法案所修正的《民法典》中的任何规定,均不减损依《住房法》③或《住房管理局法》④属于社会住房局局长、住房管理局局长或者属于行使属于上述局长职务的公权力的任何其他人的权力。

(7)在不影响为本法案所修正的《民法典》之规定的前提下,1995年6月1日或之后的租约更新(无论此等更新系约定的、法定的、习惯的或其他方式的),不被视为在1995年6月1日或之后达成的租约。2010年1月1日或之后的租约更新(无论此等更新系约定的、法定的、习惯的或其他方式的),不被视为在2010年1月1日或之后达成的租约。

(8)除负责住房的部长可能通过规章作出其他规定外,本法案中的任何规定不影响在本法案生效前有效的下列法律规定的适用:

(a)《土地取得(公共目的)条例》⑤;

---

① 第158章。
② 第69章。
③ 第125章。
④ 第261章。
⑤ 第88章。

(b)《住房法》①；

(c)《政府处分土地法》②；

(d)《城市房地产续租(调控)条例》③第 8 条。

(9)在不影响本法案其他规定的前提下,本法案的规定适用于政府作为所有权人或承租人的租约。

---

① 第 125 章。
② 第 268 章。
③ 第 69 章。

图书在版编目(CIP)数据

马耳他民法典/李飞译,齐云校.—厦门:厦门大学出版社,2012.12
(外国民法典译丛)

ISBN 978-7-5615-4439-6

①马… Ⅱ.①李… ②齐… Ⅲ.①民法－法典－马耳他 Ⅳ.①D954.93

中国版本图书馆CIP数据核字(2012)第294336号

厦门大学出版社出版发行

(地址:厦门市软件园二期望海路39号 邮编:361008)
http://www.xmupress.com
xmup @ xmupress.com

厦门市明亮彩印有限公司印刷

2012年12月第1版 2012年12月第1次印刷
开本:720×970 1/16 印张:33.25 插页:2
字数:561千字 印数:1~1 200册
定价:58.00元

本书如有印装质量问题请直接寄承印厂调换

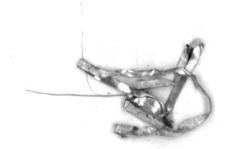